财务数据
治理实战

郑保卫 著

清华大学出版社
北京

图书在版编目 (CIP) 数据

财务数据治理实战 / 郑保卫著 . —北京：清华大学出版社，2022.12

21 世纪经济管理新形态教材 . 电子商务系列

ISBN 978-7-302-62228-4

Ⅰ . ①财…　Ⅱ . ①郑…　Ⅲ . ①数据处理—应用—财务管理—研究　Ⅳ . ① F275

中国版本图书馆 CIP 数据核字 (2022) 第 232601 号

责任编辑：张立红
封面设计：钟　达
版式设计：方加青
责任校对：赵伟玉　梁　钰
责任印制：朱雨萌

出版发行：清华大学出版社
　　　　　网　　　址：http://www.tup.com.cn，http://www.wqbook.com
　　　　　地　　　址：北京清华大学学研大厦 A 座　　　　　邮　　编：100084
　　　　　社 总 机：010-83470000　　　　　　　　　　　邮　　购：010-62786544
　　　　　投稿与读者服务：010-62776969，c-service@tup.tsinghua.edu.cn
　　　　　质 量 反 馈：010-62772015，zhiliang@tup.tsinghua.edu.cn
印 装 者：三河市东方印刷有限公司
经　　销：全国新华书店
开　　本：170mm×240mm　　印　张：23　　字　数：477 千字
版　　次：2022 年 12 月第 1 版　　印　次：2022 年 12 月第 1 次印刷
定　　价：88.00 元

产品编号：099027-01

本书编委会

主 编

郑保卫

副 主 编

汪广盛　刘天雪

编委成员

陈　虎　陈立节　骆　阳　刘　巍

汪振坤　唐玉金　黄兆斌　杜　海

张守超　黄金和　孙心国　刘　晨

温鲜阳　郭　奕　孙彦丛　杨秋勇

黄晓春　余新平

丛书序言

2021 年 10 月，"2021 DAMA 中国数据管理峰会"在上海成功举办。在会上，作为下一年度工作安排之一，DAMA 中国理事会提出了编写《数据管理和数字化》丛书的行动计划。经过一年多的努力，今天我们丛书的第一本《财务数据治理实战》终于出版了。

国际数据管理协会（DAMA）自 1980 年成立以来，作为一个全球性的非营利性专业组织，一直致力于数据管理和数字化的研究、实践及相关知识体系的建设，先后出版了《DAMA 数据管理字典》和《DAMA 数据管理知识体系指南》（DMBOK2）等书籍。特别是 DMBOK2 目前已被广泛使用，并已成为业界的标杆和权威著作。

然而，DMBOK2 作为一个知识体系和普适性的通用标准，无法考虑到具体的国情或者行业的特性。在具体落地过程中还是会碰到一些实际问题。为了完善从理论体系到实际落地，DAMA 中国准备基于 DMBOK2，编写 11 本专业丛书以指导不同行业的实践。

按照行业分类，本丛书的内容包括政务数据的治理和数字化城市运营、金融业数据治理实战、工业制造业数据治理实战、医药卫生行业的数据治理和应用、能源行业数据治理实战、财务数据治理实战、地产业数据治理指南、教育行业的数据治理和应用、交通和物流行业的数据治理和应用、零售业数据治理实战、运营商数据治理最佳实践等。

到今天为止，本丛书先后已经有 160 多位专家作为志愿者参与编写。我们将继续秉承 DAMA 公益、志愿、共享、开放和中立的原则，尽最大努力在确保质量的前提下早日完成本套丛书的全部编写。

我们希望本丛书能够对我国的数据管理和数字化做出一定的贡献。敬请大家批评指正。

DAMA 中国主席

汪广盛

2022 年 11 月

推荐序 1

21 世纪，高科技的发展和应用推动人类社会进入大数据和数字经济时代。大数据的应用使我们深刻感受到数据资产的价值，数字经济的高质量发展也有赖于构建科学完整的数据治理体系。财务数据是企业"数字神经系统"的核心部分，反映了企业大量核心的价值数据，而这些数据正是衡量、评价企业运营绩效的主要指标和企业制定战略决策的重要依据，是企业实现数字化转型的核心数据资产。同时，财务数据的质量也严重影响企业效率的提升、风控能力的强化、监管报送的评级，以及战略决策方向的把控。财务数据治理需求成了企业数据治理的主要业务驱动力。目前，多数企业财务部门在数据管理和应用方面面临数据集成、数据标准、数据质量、主数据管理、数据安全、数据统计等诸多问题，导致企业在多元化发展、业务结算效能提升、指标应用、业务审计效率提升、业财一体化实现等场景方面遇到诸多阻力。因此，财务部门作为受数据质量影响最大的一方，亟须牵头负责和构建完整的企业级数据治理体系，但财务相关人员对数据治理体系了解甚少，难以有效开展数据治理工作。因此，作为数据管理知识体系方面的权威组织，国际数据管理协会中国分会（简称 DAMA 中国）组织了 20 多位财务会计和数据治理领域的资深专家，共同参与编写了《财务数据治理实战》一书，通过财务数据问题和场景分析，深入剖析导致财务数据问题发生的根本原因，基于 DAMA 数据管理知识体系理论，提出财务数据治理解决方案，并在不同企业实践，以验证方案效果。

本书为国内首部将 DAMA 理论体系应用于财务数据治理方面的著作，实现了理论体系与实践的结合，为百万企业、千万财务人员开展数据治理工作提供了指引，也为数据治理理论研究和教学实践提供了参考。

数据资产的应用"大幕"徐徐拉开，以财务数据治理为核心的数据治理体系的研究与实践终将走上企业价值创造和可持续发展的舞台，一场大数据应用和数据治理的变革方兴未艾！

推荐序 2

在工业经济向数字经济转型过渡的大变革时代，数据成为企业的核心资产，几乎所有的企业都在探索该如何高效使用数据。这意味着，企业需要保障各个业务环节可以以相同的标准，一致地处理和使用数据，以挖掘数据价值，支持业务发展。因此，企业管理要想实现从流程驱动向数据驱动转型，数据治理是关键一环。

数据治理工作和财务部门有关系吗？回答是肯定的。财务作为企业天然的数据中心，数据治理是财务数字化转型的重要基础。然而，基于中兴新云在财务领域的持续深耕及服务过的几百家大型企业客户的实践案例，我们发现在数字化转型过程中，企业有诸多困惑，而财务也一直处于数据困境之中，不仅制约了自身的工作与发展，也致使其面临决策困境，无法做到赋能业务，支持决策。这些数据困境往往包括：第一，数据权属不清晰，流转流程冗长且不规范，财务人员取数难、溯源难；第二，数据质量差，很多信息采取线下手工台账记录，数据的准确性、时效性及可靠性无法得到保障，从数据源头开始为数据应用埋下了隐患；第三，数据标准不一致，主数据管理不规范，业财人员各执一套"话语"，业财数据无法互联互通，财务只能在会计科目体系内对信息进行确认、计量和报告，难以发挥服务业务与决策支持的作用；第四，数据安全隐患多，未能有效对敏感数据进行分类分级保护，随着数据频繁地跨组织流通，数据被盗用、误用、滥用的风险也不断增加。数据源源不断地产生，数据问题也日趋严重。

数据治理能够打破财务的数据困境，将"沉睡"的数据资源提炼为高价值的数据资产，这是数据释放价值的基础。数据治理好比选择高含金量的"金矿"。数据治理做得越好，意味着数据越干净，含金量越高，而且只有拥有高质量的数据作为基础，财务才能够更好地利用数字技术对数据进行进一步的加工和处理（这一过程好比黄金的开采和提纯），最终面向不同需求打造数据产品与服务（这如同面向市场需求打磨不同的黄金制品）。数据治理是非常关键的一环，糟糕的数据有可能带来糟糕的决策，但是在危机或问题出现之前并非人人都能意识到这一点，所以财务需要重视数据治理，深度参与企业数据治理战略的落地实施，进而通过实施数据治理实现更准确的分析和更敏捷的决策支持，在企业经营管理过程中更高效地发挥监控、控制、预警与预测作用，有力地保障企业实现精益管理与竞争力的提升。

我们非常有幸与 DAMA 中国以及数据治理领域各位专家联合编写这部著作。这是一本集理论阐述与实践案例于一体的财务数据治理实战指导书，书中从财务数据问题切入，高屋建瓴地阐述数据治理体系，深入浅出地对财务数据治理解决方案进行介绍，辅以典型的实际应用案例讲解，将有效地帮助财务人员认识数据治理，学习数据治理，实践数据治理。

　　中兴新云秉持着"改变会计，再造财务"的使命，致力于与中国企业一起探索财务数字化转型，实现财务数字化转型。我们衷心期盼这本书的出版能让各行各业的财务工作者从中获益，推动数据治理在财务领域得到认可与发展，促使财务人员深刻认识到数据治理的重要性与必要性，扎实推进数据治理战略的实施，为财务数字化转型夯实基础，贡献力量！

深圳市中兴新云服务有限公司　陈虎

目　　录

理论篇 数据治理体系 / 51

前瞻篇

数据春天

第1章
数据生产要素

1.1　财务数据治理背景

在短短的几十年里，随着计算机技术的加速发展和网络信息应用的普及，人类已经迈入由"大数据""人工智能""物联网""移动互联网""云计算""云存储""区块链"等各类信息元素融合而成的"大智物移云"时代。全球新冠肺炎疫情的暴发加速了远程信息技术的普及，增强了生活和商业对于信息应用的依赖性。新一轮以智能化网络信息技术为基础的工业革命已经悄无声息地到来，新一代以远程信息应用技术和绿色生产为主导的商业模式转型迫在眉睫。

与前两次工业革命相比不同的是，本轮工业革命的核心生产要素是数据。2019年10月，党的十九届四中全会首次提出将数据纳入生产要素并参与分配。第一次工业革命是从18世纪到19世纪，以蒸汽机、煤、铁、钢为核心生产要素，实现了人类社会从手工劳动向机器生产转变的重大飞跃，被称为"蒸汽时代"。第二次工业革命是从19世纪到20世纪，以电力和内燃机为核心生产要素，再一次实现了人类社会生产力的大幅提升，使人类的物质生活的内容更丰富、形式更便捷，被称为"电气时代"。第二次工业革命，从个人计算机的诞生和互联网技术的普及开始，累积到如今"大智物移云"等相关技术的广泛应用，贯穿所有技术的核心是数据。计算机设备（包括各类相关组件和移动设备等应用形式）是数据的硬件存在基础，互联网等技术是数据传输的形式，各类应用软件（包括基础系统、平台）是数据的采集和使用形式，而所有数据处理工作的目标是通过提高信息传输效率来提高工作效率，以及通过数据处理产生新数据来创造新的工作价值。

其中，数据处理包括但不限于以下内容：

通过对历史数据的智能化分析，优化工作流程，进一步提升工作效率，优化工作内涵，提高工作质量；

通过对现存数据进行持续跟踪与实时采集，监督一个时间段内的工作是否得以顺利、高效执行；

通过对未来数据的预测，规避未来工作的风险，结合长期策略调整来引导未来更好的发展；

通过智能化机器人的应用，进一步实现人力工作的自动化与高效化。

因此，未来信息时代的真正财富是数据。一方面，由于未来绝大多数生产的核心要素是数据，而数据的数量、质量、分析和分析成果的自动化应用等能力，都将决定未来工作的最终实现价值。另一方面，由于分布式账本存储技术的普及（区块链是分布式账本的一种），货币本身也会进一步数字化，所有和货币相关联的交易都将产生前所未有的海量数据，在保证隐私安全的前提下进一步形成特定人群需要的可掌控的数据。

财务数据治理指从财务视角出发，以会计六要素（资产、负债、所有者权益、收入、费用和利润）为核心关联数据，通过一系列与信息相关联的过程来确保决策权和职责分工系统的实现。这些过程按照达成共识的模型来执行，该模型描述了谁（who）能根据什么（what）信息，在什么时间（when）和情况（where）下，用什么方法（how），采取什么行动。财务数据治理的最终目标是提升财务相关数据的价值。财务数据治理非常有必要，它是企业实现数字战略的基础，是一个管理体系，包括组织、制度、流程和工具。

1.2　数据是信息时代的第一生产力

狭义的数据就是数值，即通过观察、实验或计算得出的结果，能输入计算机且能被计算机程序处理的符号的介质的总称，有文字、图像、声音等表现形式。广义的数据指所有拥有特定含义并可以被记录的信息的总称，包括但不限于所有通过采集、存储、分析、应用等方式的数据及利用不同表现形式的相关数据等。本节的"数据"泛指后者。

在信息时代，绝大部分工作是以信息化技术为基础或者作为必要实现环节的一部分来开展的，而大部分产业的商业模式也是以信息化技术应用作为其核心实现的前提。数据是所有信息技术实现的前提，因此数据是信息时代的第一生产力。但是从数据本身到其价值实现，尚有一段曲折漫长的路要走。每种商业模式的数据生产链可长可短，可简单可复杂，而**数据生产链的可实现效率决定了它们的商业模式的成功率**。另外，价值按实现形式可以分为直接产生价值、单次间接产生价值和多次综合多源头数据分析而产生的新数据进而直接或间接产生的价值；生产链按长度可以分为短链、中链和长链。

数据直接产生价值的短生产链，如批量采集销售一手数据：很多售楼处直接把购房业主联络方式等信息批量卖给家装公司及其相关产品服务供应商。这个生产链从客户到购买方只有两步，数据的内容和形式很简单，可重复快速产生一定的现金收入，但是实现的价值非常小，而且会产生很多负面影响，如购房人会接到许多不需要的广告电话等。在这个生产链里，数据本身直接产生价值。

比较常见的单次直接产生价值的中等长度的生产链，如流程优化、实时监控、简单的客户需求分析等，其数据的结果将会影响生产，从而间接地实现数据的价值。

多次综合多源头数据分析而产生的新数据进而直接或间接产生价值的生产链，比较复杂且较长，如大数据商业智能风险预测、未来精准需求分析、人工智能财税和审计，它们是未来数据高价值的发展方向，但是需要成熟的行业应用和有效的海量的大数据分析模型进行智能化来实现。

实体企业可以根据企业本身的行业、规模、区域特点、员工知识结构等适度调整现有商业模式中的数据价值，从而创造比较可行的环节，进行数据治理工作，以达到基于最低成本实现数据价值生产的效果最大化的目标。当然，特定企业，如某些国企、非营利组织等，也可以根据现有商业模式中风险最大的环节进行数据治理，以保证最低的运营风险。

数据生产要素包括数据采集、数据检索（初步梳理后）、数据处理（包括业务关联）和数据安全，而保证以上生产要素顺利进行的基础是硬件设施、应用软件、流程、制度和员工。员工根据工作流程，通过在硬件设施上操作应用软件，完成一手数据的采集，再用软件处理这些数据，使之成为新的数据，最后通过检索应用里的现有数据来指导工作和生成新的数据。在这一过程中，通过制度来保证员工生成数据的质量与效率，以及提高员工的积极性，同时和其他基础一起保障数据的安全。

数据采集，又称数据获取，是指在生产相关环节中，通过直接或者间接的方式产生或收集到信息，并将其录入特定硬件设施的应用软件系统里。数据采集可以分为主动针对性采集和被动采集。主动针对性采集的常见应用场景有工业生产中使用特定软硬件和处理方式采集产品的数量、质量、各项指标等信息；服务行业中采集人员、时间、业务数量、业务价值、评价等信息；财务管理中资产、负债、所有者权益等各项财务指标细节。被动采集是指通过信息化软硬件自动产生或者通过外部来源导入，如监控数据自动产生但是在非特定场合不主动使用，采购时产生的发票信息部分可以直接由税务局信息平台导入，有些企业的差旅系统可以自动在外部企业生成需要的数据并定期以特定形式将所需数据返还本企业。此外，通过会议、调研、培训等形式，以员工为媒介获取的与企业业务相关的信息虽然也可以直接使用，但是只能作为消息或者知识使用，需要在形成文字、图片、信息系统记录之后才可以被称为数据。

数据检索是指数据在初步梳理后，需要通过特定软件（包括个别软件内生和综合大数据采集软件）以数据库等形式，在特定软件平台，以分类、排序、关键词检索等方式，提供给各类应用场景中需要数据的员工，员工按需取用。数据检索直接影响数据的使用效率，因此是数据生成要素中基础但很关键的环节。数据检索本身也是一项工作量很大的任务，但时常被忽视。数据检索的具体内容包括前期的数据整理、清洗和过滤梳理出有用的数据，中期的数据湖仓搭建和应用分配，后期的数据手动调用、平台设计使用导出和多系统之间自动化调用接口设置。

数据处理的基本目的是从大量的、杂乱无章的、难以理解的数据中抽取并推导出对于某些特定人群来说有价值、有意义的数据。数据处理是数据治理的最终形式，也是从数据转化为新价值的完成途径。这里数据处理的具体内容是将采集到并整理好的数据，根据其与业务的关联，以静态加工、创新变换、定向传输三种形式进行处理。其中静态加工是指数据在经过前期基本采集和梳理后，可以直接以业务内容的一部分或者集中报告的形式使用，比如财务数据中的财务报表。创新变换，是指通过特定计算公式或者综合分析模型创造出其他与业务有直接或间接关联的新数据，比如财务数据中的财务风险分析报告、商务智能中的市场分析报告。定向传输是指主动将对业务有价值的可用数据直接推送给可能需要的关联人，如将特定岗位需要的管理报告、绩效报告、工作进度报告推送给特定员工。

数据安全是指通过采取必要措施，确保数据处于被有效保护和合法利用的状态，以及具备保障其连续、可靠、安全、正常运行的能力。数据安全存在着多个层次，如制度安全、数据采集安全、传输安全、存储安全、运算安全、处理与使用安全、产品和服务安全、合作伙伴管理安全、安全检查与审计等。数据安全不仅防范数据的泄露与滥用风险，还保护数据主体的权益，如个人信息权、国家数据主权、公共利益等。它不仅是保证以上数据生产三要素的必要基础，还同时存在于数据治理的各个环节，必须在硬件、流程、规章制度等方面相互配合，以最大限度地保障数据的合理利用、数据主体的权益、业务的正常开展和数据经济的发展。

1.3 数据管理与国际数据管理协会

数据管理是为了交付、控制、保护并提升数据和信息资产的价值，在其整个生命周期中制定制度、规程和实践活动并执行和监督的过程。本书中的财务数据治理，是数据管理的一个有机组成部分，是以财务部门的工作为窗口，完成和财务数据相关联的管理工作，目标是通过对财务数据的科学化管理，提升并实现财务相关信息资产的价值。

国际数据管理协会（DAMA 国际）是一个全球性的中数据管理和业务专业志愿人士组成的非营利协会，致力于数据管理的研究和实践。DAMA 国际在世界范围内拥有 40 多个分会，7500 余名数据管理专业会员。理事会成员由志愿者每两年一次选举产生，负责协会的日常管理。DAMA 国际自 1988 年成立以来，致力于数据管理的研究、实践及相关知识体系的建设，在数据管理领域积累了极为丰富的经验，并先后出版了《DAMA 数据管理字典》《DAMA 数据管理知识体系指南》（DAMA-DMBOK），集业界数百位专家的经验于一体，是数据管理业界最佳实践的结晶，已成为从事数据管理工作的指南，在全球广受好评。在专业认证方面，DAMA 国际还开发了"数据治理工程师认证"（Certified Data Governance Associate，CDGA）。

国际数据管理协会中国分会（DAMA 中国）是我国数据管理行业标准制定和关联服务的领军机构，是本书的发起组织。DAMA 中国的运营目标包括但不限于：

● 成为国际、国内数据管理专业人员在数据管理领域进行知识交流、经验共享、共同发展的一流平台；

- 帮助推广数据管理的最新理论、最佳实践和创新方法，提高各行业数据管理的水平，提升数据管理专业人员的专业知识和技能；
- 促进数据管理与业务管理的有机结合，协助企业解决业务发展中遇到的数据挑战和问题，包括跨业务数据的交叉和整合；
- 促进 DAMA 数据管理知识体系的不断完善和普及；
- 建立与各行业协会的合作，帮助各行业和跨行业数据标准的建设；
- 组织讨论数据管理中的关键难点和瓶颈问题，帮助业界开发有前瞻性且务实的解决方案。

1.4　财务数据治理研究的意义和全书结构

财务数据治理是数据管理工作的具体实施，**为不同规模、行业的企业提供一个通用可执行的切入口**。财务数据治理以**数据资产**和**数据生产要素**为核心对象，利用会计学的计算、统计、报告等方法，开创了**管理会计研究的新纪元**。

财务部门实施数据治理具有必要性，财务数据治理作为企业资金管控和金融服务的平台，通过建立数据治理工作体系，对成员单位资金进行动态跟踪，保障资金安全，落实企业财务管控要求；通过对资源的优化配置，节约企业整体财务成本，提升资金运行效率。同时，财务部门通过数据治理主动挖掘成员单位需求，提升公司的业务敏捷性，开展精细化管理，降低公司的运营成本，跟踪经营风险数据，满足公司管理风险与内控要求。综上，财务部门开展数据治理工作有其内生需求，对公司的发展也具有重要的意义。

现阶段我国金融行业的发展迫切需要实施数据管理，特别是财务数据治理工作的执行。中国银行保险监督管理委员会（以下简称"银保监会"）于 2018 年出台了《银行业金融机构数据治理指引》，这一法规对中国银行业数据治理及其规范体系建设提出了明确的要求，将金融机构数据治理工作提上了新的高度。金融机构的数据治理是指通过建立组织架构，明确董事会、监事会、高级管理层及内设部门等职责要求，制定和实施系统化的制度、流程和方法，确保数据统一管理、高效运行，并在经营管理中充分发挥其作用的动态过程。

本书以国内外财务数据治理中出现的问题和理论成果为基础，结合我国几类重点行业应用实施案例，集合各行业领军人物经验，讲解财务数据治理的具体内容。

2.1　数字化的概念

2.1.1　数字化是什么

　　从 20 世纪 90 年代起至今，数字经济从出现发展到当前数据成为一个重要的生产要素，从关系型数据库到涵盖结构化和非结构化的大数据，从系统化到智能化，再到当前已无处不在的数字化，数字化的概念一直在发展，不断被赋予各种含义。数字化在不同发展阶段、不同领域具有不同的内涵，具体体现在形式、技术、模式等方面。这些比较抽象且宽泛的阐述可以帮人们快速了解数字化的概念和发展方向，并且获知数字化的重要意义。但是，当进一步去探讨数字化如何实现、演变和转型时，我们会发现不知道从哪里开始，也不清楚当前的状态。因此，数字化需要一个具象化的概念。

　　数字化应该兼具系统化、线上化、自动化和智能化的特征。系统化是利用信息系统实现生产、管理和服务等活动的过程，主要目的是代替手工处理，提升效率和一致性，保障规章和规范的执行。系统化将活动过程中的各类信息转化成数字信息保留下来。线上化是基于网络技术的发展，将跨领域、跨业务的相关活动和环节连接并融合起来，消除内外部系统间的断点，改变信息分享与交换的媒介和渠道，产生新的商业模式、运作方式和管理理念，进一步提升效率和规范性。数据被连接起来也对数据的标准化提出了新的要求。系统化和线上化是数字化的基础，也直接促进了自动化和智能化的发展。自动化是基于对规则的梳理和总结，对业务活动及其产生的数据进行分析的过程的系统化实现的，自动化从大量的数据中快速获取信息，支持业务管理、分析和决策。智能化是在自动化的基础上，通过各种智能技术的应用，逐步具备感知能力、记忆和思维能力、学习能力、自适应和行为决策能力，通过数据的处理和反馈，面对随机性的外部环境，做出决策并付诸行动。

　　数字化还应该具有完整、可信和可运营的数据特征。完整是指业务和管理各相关方面、各环节的要素都没有缺失且毫无遗漏地被记录下来，这是数字化的基本要求。可信包括标准、数据质量和信息安全三个方面的要求。这里的标准是指数据必须被清晰且规范地定义，并遵从同一标准。数据质量取决于多方面的因素，从业务规划到系统设计、开发，再到后续数据处理的过程，每一环节都会对数据质量造成影响。

信息安全是数字化最基本的要求，不仅要在技术上保障数据安全可控，还要遵从法律法规层面的各项要求。可运营是数字化不断发展的重要保障。数字化不是一朝一夕就能实现的，需要长期持续的资源投入。因此，相匹配的战略、组织、人才乃至企业文化都是数字化的重要特征。

此外，数字化最重要的特征之一就是数字驱动，这是数字化区别于以往系统化、信息化等概念最重要的特征。相比于技术驱动，数字驱动更能给业务运作的模式和商业运转的逻辑带来质的转变，不再只是单纯地解决企业的降本增效问题，而是成为赋能企业商业模式创新和突破的核心力量。最终，数据会成为一个重要的生产要素，它既来源于业务和技术，服务于业务和技术，又不依附于业务和技术。

2.1.2 财务管理的数字化

财务管理工作是反映和监督企业经营活动的管理工作，提供企业财务状况、经营成果和现金流量的相关信息，并对企业经营活动和财务收支进行监督。在此基础上，实现对企业的经营分析与管理决策需求，提高资源配置效率，进而促进企业可持续发展。数字化可以为财务管理的各方面带来新的提升，使财务管理职能得到更好的发挥，实现企业管理目标。

系统化和线上化提升财务核算和报告的工作效率，不仅可以把业务开展的过程和结果都转化成数据存储起来，而且可以提高数据的完整性、准确性和及时性。传统的财务工作包括两个方面的内容：一方面是财务人员对整理后的业务数据进行核算、质证和报告；另一方面是企业员工按照财务流程进行费用报销、支付申请等。财务系统取代以往的手工作业、纸质单据和财务报表等，使财务数据以系统数据的形式被存储起来。系统化的进一步发展主要表现在对业务数据的整理和对财务数据的管理应用上，譬如，从获取有限的业务信息扩展到对更广泛、更细粒度、更及时的业务数据进行整理，从财务核算到更细的业务交易级别，更快、更好地编制不同类别、不同口径的财务报表等。线上化的提升将财务系统与业务系统更好地结合起来，包括与外部相关系统的连接、批量数据交换、报销发票录入、流程审批等，通过实时数据接口和交换协议、OCR识别、电子审批等方式消除企业内部不同系统间、企业内部与外部间的断点，显著提升财务管理工作水平，提高准确性，降低成本投入。此外，将财务和业务系统连接起来得到的一致数据，可以为企业的业务开展、经营分析决策、风险管控等提供良好的数据基础。

自动化和智能化有助于提升企业经营分析、管理决策能力和企业的数字能力；基于业财一致的数据，建立业务场景和规则库，深化业财融合；利用规则引擎和BI分析工具（商务智能分析工具）进行多视角、多维度、多层次的分析，不只是分析财务状态，还从业务和财务两个视角进行交叉分析，帮助财务管理人员更快、更准确地发现市场和业务的变化及其原因，为业务发展提供相关建议；将市场、客户、销售、成本、费用、现金流、风险等多主题的数据进行整合，利用机器学习与人工智能技术对海量数据进行分析和挖掘，快速准确地找到各业务要素的特征和规律，搭建预测分析模型。通过决策模拟、执行监控等方式对企业进行全面的预算管理和经营决策。

2.2　数字化转型之路

2.2.1　数字化转型的内涵

企业的决策者需要考虑清楚数字化转型对公司意味着什么。数字化转型就是企业实现数字化的过程，这个过程不仅是企业战略层面的转变，也是组织、人才和技术三方面的变革，同时对资源投入也会有新的要求。数字化转型将数字技术集成到业务的所有领域，从根本上改变企业的经营方式和为客户创造价值的方式，同时改变企业原有的文化。

在战略层面，企业的决策者首先需要清楚地了解数字化的含义。每个企业所处的行业、发展阶段和战略规划都不一样，在一般数字化概念的基础上，企业的决策者需要为企业定义一个具象的数字化概念，才能将其转化成具体的战略规划和行动方案，建立适合企业特性的数字化转型框架和规划，在全公司统一和明确对数字化战略的认识的情况下，确定数字化的具体目标，并针对数字化战略，落实和统一协调组织、人才和技术等方面的行动计划和资源投入。组织和人才是决定数字化转型成功与否的关键环节。转型也就意味着需要不断挑战现状，经常进行试验并适应失败，有时还要放弃公司建立的长期业务流程，转而采用仍在定义中的相对较新的做法。原先的组织可能是转型最大的障碍，它往往以强大的惯性保持着原有战略。新的组织和团队需要快速响应、持续创新，并具有强大的执行能力和学习能力，在数字化转型的过程中形成正确的应对策略，最大限度地发挥才能。在技术层面，一方面是各类新技术的发展和应用，譬如大数据、AI、区块链、云服务等，切忌一味追新求大，而是要根据企业自身的发展和定位，选择适合企业的技术方案和路线；另一方面是要转变数据和业务的关系，这是进行数字化转型的技术关键。以往数据大多体现的是业务和管理的过程和结果，因受到技术和理念的限制，数据在广度、粒度上都比较有限，无法完整、细致地记录业务发展，且在记录的过程中缺乏一致的标准和质量管控措施，导致出现了各种数据质量问题，这些问题限制了利用数据对业务进行分析和决策支持的能力。数字化转型首先要解决以往的数据问题，在此基础上，进一步利用数据驱动业务来发展。

数字化转型也许意味着新增大量的、长期的资源投入，但更重要的是对以往的资源分配和评估方式进行调整。从数字化转型的目标和要求出发，建立合适的资源投入方案和评估机制。这可能涉及业务的各个环节和管理的各个方面，如果仅仅依靠某方面的、某个时期的新增投入来带动数字化转型，企业往往会力不从心，甚至会转型失败。

2.2.2 数字化转型的路径

每个企业的起点和目标不同,所处的行业也不一样,没有通用的数字化转型框架、方案和路径可循,这也就意味着企业无法仅依靠某个委员会或某个框架来实现变革。数字化转型是一项长期战略,必须不断地实践新方案、解决新问题,持久地调整,才能获得过程中的阶段性收益乃至达到最后的成功。这种调整不一定是颠覆性的,也可以是渐进式、迭代式的。尽管没有统一的框架和方法,但是可以通过以下四步来获取适合企业的数字化转型路径。

第一步,制订正确的战略计划。企业的决策者首先必须就数字化战略达成共识,制订一个明确且连贯的计划。制订正确的战略计划需要考虑以下几个方面的问题:①社会和行业数字化变革的规模、速度和力度可能有多大,多快,多强?②内外部的数字化变革给企业带来的机遇和威胁有哪些,企业希望在整个行业,乃至社会的数字化变革中处于什么位置,达到怎样的目标?③企业自身的组织架构和人力资源能否应对数字化转型的要求,当前的信息化建设处于怎样的阶段?④企业能够为数字化转型投入多少资源,并为此承受多大的损失?对以上问题有了清晰的认识后,再确定适合自身的数字化战略,这是至关重要的。

第二步,组织调整和人才培养。在开始或进一步推进数字化转型前,对企业的组织架构和人力资源进行审视和主动调整是十分必要的。有些企业经过精心设计,其组织架构能够进行直接调整来满足数字化转型的阶段性要求。有些企业在组织和人员层面的变革比较困难,只能等待被动转型,或者成立一个专门的部门来进行数字化建设,吸引和培养数字化人才。这个部门不仅要有主管数字化建设的领导,还要有业务经验和技术能力兼备、积极进取的中层骨干,他们是进行变革和建设的中坚力量,是数字化举措获得成功的关键。在当下的环境中,找到合适的人才并不容易,因此必须制订合理的培训计划和采取适当的激励措施来培养数字化人才。

第三步,明确阶段关键交付和 KPI(Key Performance Indicator,关键绩效指标)。关键交付和 KPI 的实质是一个战略拆解的过程,将数字化战略逐个分解成各部门、各层级行动计划的目标,是战略得以执行的关键步骤。数字化战略的拆解应该体现在业务开展、内部管理和技术开发等方面,单独以数字化为目标进行任务设定的方式往往很难奏效。譬如进行业务上云、数据中台建设,如果只是简单地把服务器统统搬到云上,把数据全部集中到中台,但相关的业务流程、系统架构和组织制度不做相应的调整,这种数字化转型是艰难的,成效也不明显。好的数字化战略是由业务流程、组织人才和技术方面等关键环节的转型共同组成的。此外,企业还要对各个关键环节设定可以量化追踪的 KPI,尽管这经常难以定义,但这便于对数字化进程进行监控和衡量,并就此展开沟通,这是企业确保数字化转型按期望发展并持续投入的重要过程。

第四步,进行数字能力建设。对战略、组织和 KPI 等方面的调整和建设的最终目的是数字能力的提升。数字能力中那些能促进业务创新和交付的能力最为关键,包括业务决策智能化、客户服务线上化、业务流程系统化等。这些能力建设可以是引入新技术和新方法，也可以是对现有系统的升级和集成，在这个过程中非常重要的是对数据本身的管理。从业务流程开始对数据进行梳理和定义，明确标准规范，保障数据质量，进而得到好的、可用的数据。此外，IT 开发和交付能力也是至关重要的，很多企业投入大量 IT 资源进行各类业务系统的建设，却忽视了对 IT 本身能力的建设，包括开发模式、技术选型和开发技能等。对 IT 本身交付能力的提升可以有效降低数字化转型的成本，提高数字化建设的效率和收益。

企业可以通过以上四步来明确适合自身发展阶段和目标的数字化转型框架。转型过程中也将不可避免地影响企业原有的文化，产生与数字化相匹配的，更敏捷、更协同、更开放、更创新的新文化。企业文化建设要及时发现这些新变化，给予员工正确的引导并形成价值认可。

2.2.3 财务管理的数字化转型

企业财务管理的数字化转型需要企业根据自身的发展情况，结合企业的数字化战略要求，明确转型目标。财务管理的职能和目标通常包括核算监督及报告、业务分析和战略决策等方面，但不同企业的发展阶段不同，对财务的侧重要求也不同。在组织架构层面，可能会由不同部门分别承担财务管理的职能，甚至个别职能还存在不同程度的缺失，财务人员的能力结构和系统化程度等也不尽相同。因此，财务的数字化转型应该先从战略、组织和技术三个方面对企业自身的发展阶段进行评估，再结合企业的战略要求明确转型目标，进而制定行动方案，明确关键交付阶段。

2.3 数字化转型中的几个问题

2.3.1 数字化转型，企业准备好了吗

企业在数字化转型中可能遇到的最大问题就是，在没准备好的时候便开始推进数字化建设。在年终总结时，公司高层充分肯定数字化变革的重要性和必要性，提出宏伟的目标和方向，但没有在流程、组织和人才等方面做出思考和调整。这种情况将造成两种后果：一是战略与行动脱节，组织调整和资源投入不到位，转型工作举步维艰，进度缓慢且效果不明显，继而导致公司高层的关注和投入逐渐缩减，甚至失去信心和耐心，最终，数字化转型陷入恶性循环，改革失败；二是数字化转型仅停留在口号和规划层面，没有具体的方案和行动，反而努力维持现有的模式，投入大量人力、物力也未能得到期望的结果。企业高层不仅需要认可数字化转型，还应持续关注转型的过程并承诺转型的结果，将转型的承诺落实到组织职责中，匹配具有转型能力的人才，明确阶段交付和 KPI 是准备好进行数字能力建设的标志。

2.3.2 数字化转型就是IT建设吗

很多传统企业在推进数字化转型过程中通过投入大量资源进行 IT 系统建设以提升技术能力，利用技术提升带动其他方面的转型，实际效果却不尽如人意。大量系统重复建设和系统建设过于超前，导致企业投入大量资源也无法收到预期的效果和收益。由此可见，技术能力提升是非常重要的，技术平台是企业实现数字化转型的基础，业务开展、流程运转和数据治理都需要技术平台来承载和实现。但是，技术能力的提升需要业务和管理的升级来配合，由业务转型来驱动技术提升，会带来更好的转型效果。

2.3.3 投资回报怎么算

评估数字化转型的投资回报非常困难，但每个企业都很关注这个问题，每个项目和季度都会对此进行评估，但大多是定性评估，无法得到明确定量的收益。很多时候，数字化转型项目的目标在于优化商业模式、提升业务能力和转变运营方式，短期内大量的成本投入虽然能得到长期的潜在收益，但存在较大的不确定性，很难得到传统业务价值计算和财务收益评估的认可，导致企业无法持续为数字化转型进行资源投入。

数字化转型是公司的重大战略实施，因此在评估数字化转型的收益时，应该从公司整体层面进行长期的评估，包括客户满意度、销售收入、运营效率和成本投入等关键指标的变化，而不是在单个项目或者某个季度进行。数字化转型的目标是使企业获得更高的回报，具有高收益高风险的特征。如果每个项目都能轻易获得成功，那可能并未达到预期的变革和创新，只是进行了渐进式的更改。然而，变革类的项目即使失败了，也能收获很好的学习经验。

自 2018 年 5 月银保监会发布《银行业金融机构数据治理指引》以来，数据治理的热度逐年递增，受到来自大江南北的从业者的关注。

《DAMA 数据管理知识体系指南》第 3 章数据治理的语境关系图中涉及数据治理的定义、目标与原则、业务驱动和技术驱动、输入、活动、交付成果、提供者、参与者、消费者、技术、工具、度量指标等内容，如图 3-1 所示。

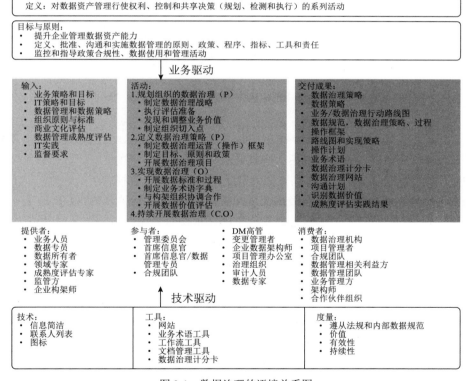

定义： 对数据资产管理行使权利、控制和共享决策（规划、检测和执行）的系列活动

目标与原则：
- 提升企业管理数据资产能力
- 定义、批准、沟通和实施数据管理的原则、政策、程序、指标、工具和责任
- 监控和指导政策合规性、数据使用和管理活动

业务驱动

输入：
- 业务策略和目标
- IT 策略和目标
- 数据管理和数据策略
- 组织原则与标准
- 商业文化评估
- 数据管理成熟度评估
- IT 实践
- 监督要求

活动：
1. 规划组织的数据治理（P）
   - 制定数据治理战略
   - 执行评估准备
   - 发现和调整业务价值
   - 制定组织切入点
2. 定义数据治理策略（P）
   - 制定数据治理运营（操作）框架
   - 制定目标、原则和政策
   - 开展数据治理项目
3. 实现数据治理（O）
   - 开展数据标准和过程
   - 制定业务术语字典
   - 与构架组织协调合作
   - 开展数据价值评估
4. 持续开展数据治理（C.O）

交付成果：
- 数据治理策略
- 数据策略
- 业务/数据治理行动路线图
- 数据规范，数据治理策略、过程
- 操作框架
- 路线图和实现策略
- 操作计划
- 业务术语
- 数据治理计分卡
- 数据治理网站
- 沟通计划
- 识别数据价值
- 成熟度评估实践结果

提供者：
- 业务人员
- 数据专员
- 数据所有者
- 领域专家
- 成熟度评估专家
- 监管方
- 企业构架师

参与者：
- 管理委员会
- 首席信息官
- 首席信息官/数据管理专员
- 合规团队

DM 高管
- 变更管理者
- 企业数据架构师
- 项目管理办公室
- 治理组织
- 审计人员
- 数据专家

消费者：
- 数据治理机构
- 项目管理者
- 合规团队
- 数据管理相关利益方
- 数据管理团队
- 业务管理方
- 架构师
- 合作伙伴组织

技术驱动

技术：
- 信息简洁
- 联系人列表
- 图标

工具：
- 网站
- 业务术语工具
- 工作流工具
- 文档管理工具
- 数据治理计分卡

度量：
- 遵从法规和内部数据规范
- 价值
- 有效性
- 持续性

图 3-1　数据治理的语境关系图

本章将基于图 3-1 所示的知识体系讨论数据治理的重要性，主要包括数据治理概念、数据治理原则、业务驱动因素、组织和岗位设置、资金投入情况、组织文化培养、度量指标、数据治理定位 8 个方面。

数据治理概念诞生距今已经有 30 多年的历史，在此期间其概念的内涵和外延都发生了巨大变化，名称随着时间的推移不断演变，这显示出数据治理一直被社会所关注和重视。

数据治理最重要的用户或者需求者是业务人员，所以数据治理的主要驱动力来自业务，主要推动的部门是财务部门，财务部门在企业中的重要程度不言而喻，数据治理对财务部门具有非常重要的业务价值。

在一个企业中，数据治理重要与否主要体现在数据治理组织的级别、人员岗位设置等整体情况、数据治理相关人员数量的多少、每年在数据治理项目中资金投入的多少和企业在推动数据治理工作过程中的文化宣传程度等，这些方面均可体现企业对数据治理的重视程度。在企业中彰显数据治理重要性的另一个重要指标是将数据治理系列工作纳入绩效考核体系，在部门和个人的绩效中占有一定的比重，从而利用绩效考核推动数据治理工作的落实。

除了从二维视角看数据治理具有一系列重要性外，从三维视角看数据治理，其仍具有推动社会发展、影响行业稳定、加速新兴市场建设、促进企业转型等作用，尤其是在当下的数据时代。

3.1　数据治理概念

3.1.1　数据治理概念的演变

数据治理并不是一个新生事物，早在 20 世纪 90 年代末，它就已经作为一项新兴技术在一些特定领域得到应用。但是在过去的 30 多年时间里，因数据被重视的程度不够，数据治理并没有得到充分的发展。然而，随着数据时代的到来，尤其是 2018 年 5 月，银保监会下发《银行业金融机构数据治理指引》，2019 年 10 月，党的十九届四中全会首次提出将数据作为生产要素参与分配，2020 年 3 月 30 日，国务院在《关于构建更加完善的要素市场化配置体制机制的意见》中首次将数据要素作为生产要素上升为国家政策，数据治理随着数据地位的提高而被高度重视。

国际标准化组织的 IT 服务管理与 IT 治理分技术委员会（ISO/IEC JTC1/SC40，以下简称 SC40）在 2018 年 5 月 16 日正式发布了《信息技术 - 信息技术治理 - 数据治理 - 第 2 部分：ISO/IEC TR 38505-1 对数据管理的影响》（ISO/IEC TR 38505-2）（以下简称 ISO/IEC TR 38505-2），本报告指出，在 IT 治理的基础之上，将 IT 治理框架和模型应用于数据治理，还指出数据治理是 IT 治理的一个子集或子域，通过持续地评价、指导和监督，平衡数据技术及其流程中的风险和收益，实现企业治理目标。也就是说，数据治理是在数据产生价值的过程中，治理主体对其进行评估、指导和监督的活动集合。

（DAMA 国际）在其 2010 年出版的《DAMA 数据管理知识体系指南》一书中

提出了数据治理的概念，认为数据治理建立在数据管理的基础上，是一种高阶的管理活动，是各类数据管理的核心，是对数据资产行使权利和控制的活动集合（包括计划、监控和执行），指导所有其他数据管理功能的执行，在更高层次执行数据管理操作。

随着数据治理技术的不断发展，在当下的数字经济时代，数据治理被赋予了新的内涵，DAMA 国际在其 2020 年出版的《DAMA 数据管理知识体系指南（第 2 版）》一书中对数据管理和数据治理做了进一步的明确定义：数据管理是指为了交付、控制、保护、提升数据和信息资产的价值，在其整个生命周期中制订计划、制度、规程和实践活动，并执行和监督的过程；数据治理是指在管理数据资产过程中行使权利和管控，其中包括计划、监控和实施。DAMA 知识体系中的数据治理是狭义的数据治理概念，数据管理是广义的数据治理概念，本书中所指的数据治理与 DAMA 知识体系中的数据管理概念等同。

3.1.2　相关概念辨析

与数据治理相关的概念有数据管理、数据管控，这三个概念存在一定的重合和关联，经常混用。但是随着数据管理实践的发展，三者在内涵、侧重、使用场景方面也存在差异。

数据管理、数据治理、数据管控的准确定义如下。

数据管理（data management）是为了交付、控制、保护和提升数据和信息资产的价值，在其整个生命周期中制订计划、制度、规程和实践活动并执行和监督的过程。

数据治理（data governance）指在管理数据资产过程中行使权利和管控的过程，包括计划、监控和实施。数据治理的职能是指导所有其他数据管理领域的活动，目的是确保根据数据管理制度和最佳实践正确地管理数据。数据管理的整体驱动力是确保组织可以从数据中获得价值，数据治理聚焦于如何制定有关数据的战略、策略、人员、流程、管理制度及规范等。数据治理项目的范围和焦点依赖于组织需求。

以上两个概念出自《DAMA 数据管理知识体系指南》，在该书中数据管理概念的内涵更广，包括数据治理、数据架构、数据建模、数据存储和操作、数据安全、数据集成和互操作、文件和内容管理、参考数据和主数据、数据仓库和商务智能、元数据、数据质量这 11 个领域，数据治理只是其中之一。在《DAMA 数据管理知识体系指南》车轮图中，数据治理处于数据管理活动的中心位置，为数据管理各领域实施提供有力保障和支持。

数据管控（data control）是对数据对象施加的具体管控措施，通常包括数据标准、数据模型、元数据管理、数据质量、数据生命周期等实现过程中所包括的人员角色、流程、工具和输入输出等。数据管控聚焦落地实施，注重流程和平台建设，强调在业务流程、开发流程和管理流程中融入数据治理工作，以实现事前、事中、事后控制的目的。

数据治理强调顶层战略、制度和标准的制定，数据管理侧重活动实施，数据管控着重具体的措施、手段、工具、流程。狭义的数据治理属于数据管理的一个领域，广义的数据治理与数据管理有部分重叠。数据管理的范围更广。数据管控是数据治理和数据管理的落地及平台实施。

3.1.3　数据治理定义

基于国际标准化组织的 IT 服务管理与 IT 治理分技术委员会和 DAMA 国际关于数据治理的定义以及本书关于数据治理、数据管理、数据管控等概念的辨析，结合国内各行业的大量数据治理实践，本书将从数据治理的内涵及外延两个方面给予定义。

数据治理的内涵是指数据治理主体在数据产生价值的过程中，对数据资产行使权利和管控的活动集合，其中包括评估、计划、指导、监督、实施等活动。数据治理的范围包括数据治理、数据架构、数据建模、数据存储和操作、数据安全、数据集成和互操作、文件和内容管理、参考数据和主数据、数据仓库和商务智能、元数据、数据质量 11 个领域，以及为了支撑该 11 个领域落地所需要的工具、管控流程、组织架构、人员角色、制度规范等内容，即本书中定义的数据治理包括了狭义的数据治理，也覆盖了数据管理中的 11 个领域，同时囊括了数据管控的内容。

数据治理的外延是指为确保数据治理能够落地实施和产生价值而采取的一系列保障措施。根据国内数据治理实践，通常将数据治理实施分为基础设施建设、推广应用、全面治理、建立长效机制四个阶段。基础设施建设阶段主要包括建章立制、设置组织架构及人员角色、平台建设、关键领域体系建设、试点系统、应用、场景切入试用；推广应用阶段主要包括扩大被治理的系统和业务数据范围，在此过程中实现组织架构、人员角色、制度、流程、平台等的优化，以确保制度有效、组织架构清晰、人员角色明确、流程简洁易用、平台用户体验好等目的达成，为实现数据治理价值奠定基础；全面治理阶段主要包括企业级全面治理，将数据治理融入开发和日程管理流程，让所有关键数据的产生、流转、使用均在数据治理的体系内运作，开展企业级数据治理量化考核，将数据治理成果与相关部门的绩效结合；建立长效机制阶段主要包括将数据治理的各项工作变成常态化工作，并以服务的形式向尽可能多的用户提供服务，构建企业级数据资产信用体系。

3.2　数据治理原则

数据治理的目标是提供高质量、安全、可信、可用且易用的数据，释放数据作为生产要素的能量，使其成为推动社会和企业发展的关键生产力。为保障在此目标驱动下顺利开展各项活动，需要对数据治理体系进行标准化，定义数据治理活动应遵循的原则。具体原则如下。

3.2.1　战略重视和组织保障原则

战略重视和组织保障是决定数据治理工作成败的关键，是数据治理工作应遵守的重要原则。数据治理规划属于企业顶层设计，需要从企业战略层面规划出长期数据治理路线图，规划权责明确的组织架构，包含业务、管理、技术等相关人员，明确数据治理组织与其他组织之间的职责边界及交互的内容和方式，及时掌握主导组织和辅助组织的工作情况，监督各项任务执行情况，解决组织间的矛盾，调整规划内容。

3.2.2　责任共担和协调配合原则

数据治理工作涉及多个部门，需要明确各部门的职责及任务，各部门之间需要通力协作。各方在统一的战略规划指导下，以解决问题为导向，制定工作原则，明确各自任务及职责边界，建立配合机制，共同确保数据治理整体任务的实现和目标的达成。

3.2.3　业务驱动原则

数据治理的主要目标是提高数据质量，通过数据赋能业务，挖掘数据价值。数据标准、数据质量、数据模型、数据资产、数据应用等数据管理领域均应基于业务需求的驱动来开展相关活动，业务驱动因素来自业务活动中发现的数据不标准、不一致、不准确、不可信、用数困难等问题以及业务部门提出的各类数据需求，通过业务驱动开展计划、控制、开发、运营等数据治理活动，并通过数据治理考核机制来监督落实。

3.2.4　可持续发展原则

数据治理是一项系统工程，需要人、财、物的持续不断的投入，才有可观的效果。数据治理战略的规划与战术的执行均应遵守可持续发展原则，企业级数据治理工作可分为基础设施建设、试点推广应用、全面推广应用、长效机制建立四个阶段，各阶段逐级推进，前一阶段是后一阶段的基础，后一阶段是前一阶段的成果保障。全过程是一个完整的体系，不可分割，不可间断。

3.2.5　流程嵌入原则

数据治理是涵盖管理、业务、技术三者的系统工程，实施过程中最大的困难在于将数据治理活动及流程嵌入日常管理、业务管理、技术开发等过程，以确保在此过程中产生的数据符合标准和质量要求。因此，为了保证数据治理可以获得预期效果，必须坚持将数据治理活动、工具、输入输出物、人员角色等嵌入到管理、业务、技术的关键过程中，使其成为必经环节。

3.2.6 落地实用原则

数据治理必须具备可落地性和实用性，落地实用原则是数据治理效果和价值的重要保障，是可持续发展、服务提供等重要原则的前提，也是验证战略重视和组织保障、责任共担和协调配合等原则是否落实到位的重要原则。在数据治理规划、工具建设、内容构建等方面，都应坚持落地实用原则。例如，在数据标准方面，为了便于落地，应设计数据标准的业务属性、技术属性、管理属性等，且构建全覆盖的技术标准、单词词库、数据元库等，构建符合企业实际情况的落标和对标体系，从工具、流程、人员方面予以保障，工具建设要尽量做到用户体验好，自动化程度高，流程简单实用。

3.2.7 服务提供原则

数据治理的目的是为数据应用提供可用和可信的数据，并为业务赋能。数据治理本身不是目的，只是过程，因此需要转变理念，将数据管理或治理理念转变为数据服务理念，将数据治理与数据使用转变为数据供给与数据需求。利用数据治理手段，将高质量的数据以便捷的方式提供给数据需求方，以便数据需求方轻松获取所需要的数据，并将其应用于业务和管理。因此，在治理数据的过程中，必须以明确的数据服务目标为导向，以数据需求方的需求为驱动力，不断扩大数据服务内容及范畴，挖掘数据服务应用场景。

3.2.8 可度量原则

数据治理各项工作成效如何，须通过一系列可量化指标进行度量，从度量结果反映各领域的成效，以针对成效好的方面采取持续优化的措施，针对成效差的方面及时采取有效措施予以补救。同时，基于可量化的原则，不仅有助于企业评估数据治理相关参与方工作成效，为绩效考核提供数据依据，也有助于监管部门客观评估企业数据治理各项工作的成效，以便为企业的进一步发展提供明确的指导方向。

3.2.9 生态共建原则

数据治理是一项系统工程，完整的数据治理工程建设包括咨询服务、内容实施、工具建设、内容和工具应用等，这四个部分具有明确的先后顺序和依赖关系，通常咨询服务由专业的咨询公司完成，内容实施和工具建设由专业的建设公司完成，内容和工具应用由信息系统或数据开发公司完成。不同的企业之间需要明确分工，精诚合作，共建健康的数据治理生态圈，共同促进数据治理可持续发展。

3.3 业务驱动因素

数据治理最常见的驱动因素是法规和监管合规要求,特别是受重点监管的行业,如金融行业和医疗健康行业。2021 年中国人民银行发布的《金融业数据能力建设指引》《中国人民银行办公厅关于在 2021 年全国"质量月"期间开展"金融标准 为民利企"主题活动的通知》,银保监会 2018 年发布的《银行业金融机构数据治理指引》和 2021 年 9 月发布的《商业银行监管评级办法》等重要政策是国内金融行业数据治理被高度关注和实施系列工作的主要驱动因素,但监管驱动属于外部驱动,对于金融机构而言,相当于有了开展数据治理工作的"尚方宝剑"。为了满足监管要求,金融机构会从资金、人力、组织架构等方面予以保障。

外因通过内因起作用,而决定事情成败的关键在于内因。因此,业务需求才是驱动数据治理真正落地实施,并体现其价值的根本动力。业务包括两层含义:第一层含义是指财务部门或其他业务部门在使用数据过程中,发现数据上存在找不到、看不懂、不标准、质量差等问题,为了解决业务统计、数据应用等工作而发起的对数据方面的治理需求;第二层含义是指数据部门作为准业务部门,承担企业级数据管理工作,为了系统化、体系化地从全局视角提升数据质量并实现数据价值而提出的一系列数据治理需求。

数据治理的业务驱动主要表现在五个方面:数据标准全面应用,各业务环节应用数据标准;指标标准全面应用,全流程指标应用及管理;全生命周期质量管控,从源头抓治理;数据需求管理,全面数据需求管理;治理服务化,将治理转为服务。各部分的具体内容如图 3-2 所示。

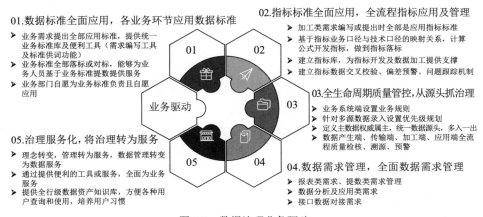

图 3-2　数据治理业务驱动

在整个组织内贯彻业务是数据治理业务驱动的一项基础性工作,使它与企业的整体业务战略保持一致。如果只谈数据治理,而忽视其与业务之间的紧密关系,往往会得不到那些认为数据治理没有明显效益的领导者的配合,从而影响数据治理在企业内的整体推进效果和价值体现。

本书之所以从财务角度讲解数据治理，其中一个非常重要的原因是，数据治理与财务管理具有众多相似之处。如果将审计、财务与数据治理放在一起进行比较，就会发现，审计员和财务主管制定管理财务资产的规则，数据治理专家制定管理数据资产的规则，其他业务部门配合执行这些规则，并有一定程度的考核。在财务管理和数据治理的工作机制上具有共同的原理。

3.4　组织和岗位设置

企业是否从真正意义上重视数据，最主要的表现在于能否设置以数据为中心的组织，配以相应的岗位，并提高数据管理组织的等级，赋予其明确的职责和权利。将数据作为重要资产，在生命周期所有阶段进行管理，包括项目开发和持续运营阶段。为实现以数据为中心，组织必须改变将战略转化为行动的方式。数据不再是流程和业务产品的附属。业务处理就是为了得到高质量的数据。有效数据管理成为企业致力通过分析获得洞察、制定决策时的优先考虑事项。

建立以数据为中心的组织。企业面临转型，转型必然面临数据文化和管理制度与现有文化和管理制度、数据管理所有权、预算、存量系统上的数据问题等方面的冲突，这些都将成为企业数据治理工作的障碍。

尽管困难重重，但是银行业不乏取得不错效果的组织，这些组织以数据为中心，其建设的成功经验或者共通之处值得我们借鉴和学习。具体内容如下。

- 高管对数据的认知程度很深，愿意成立以数据为中心的组织，并通过数据的管理和应用带动企业的转型。
- 制定了明确的数字化转型战略规划，其中包括数据战略与业务战略的配套规划内容，并按照规划付诸行动。
- 数据组织在企业内级别较高，通常为一级部门，且成立了由高管亲自负责的数据治理委员会。
- 认识到数据是企业的重要资产，并愿意以资产管理的方式投入资源进行管理。
- 发动和鼓励所有部门参与且实践数据管理和数据应用。
- 改变现有流程，不断增设数据管理流程，并将数据管理流程嵌入日常开发与管理流程。
- 通过各种方式宣传数据文化。

数据治理岗位的设置也是企业重视数据治理的重要标志之一。数据治理是一项涉及内容多、持续周期长、覆盖范围广的系统工程，为了获得预期效果，组织需要设置专职或者兼职的数据管理岗位，以便确保具体工作能够持续开展。《DAMA 数据管理知识体系指南（第 2 版）》中介绍了组织应当设置首席数据官、企业数据管理专员、业务数据管理专员、数据所有者、技术数据管理专员、统筹数据专员等岗位，但是国内企业在数据治理岗位设置方面存在较大差异，尤其是在金融行业。虽然在岗位的设置上存在差异，但是与《DAMA 数据管理知识体系指南（第 2 版）》中涉及的岗位所负责的工作事项基本相同。图 3-3 所示为某金融机构的数据组织架构及岗位设置。从该金融机构在数据组织架构和岗位设置的现状，不难看出其对数据和数据治理的重视程度。

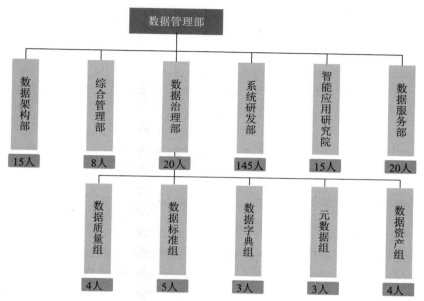

图 3-3　某金融机构的数据组织架构及岗位设置

3.5　资金投入情况

企业在数据治理方面的资金投入是指企业为了实施数据治理相关项目而投入的项目资金。数据治理方面的项目包括数据治理咨询项目、数据管控平台建设项目、数据治理实施项目、数据资产管理平台建设项目，以及相关工具和实施项目等。从企业每年在此类项目上投入的资金额度可以看出企业对数据治理的重视程度。自2018 年银保监会发布《银行业金融机构数据治理指引》以来，不同的金融机构在数据治理方面投入的资金差别比较大，投入资金较多的金融机构，效果自然比较好，反之亦然。除此之外，资金投入的持续性也非常重要，因为数据治理是一项需要持续投入的工程，间断性的投入一定不会获得好的效果，所以资金的持续投入也充分彰显了企业对数据治理的重视程度。

3.6　组织文化培养

有效而持续的数据治理需要组织文化的转变和持续的变革管理。文化包括组织思维和数据行为,变革包括为实现预期的行为方式而应具备的新思维、采取的新行为、制定的策略和流程。无论数据治理战略多么精确,多么独特,忽视组织文化因素都会降低成功的概率。因此,实施战略必须专注于变革管理。

数据治理文化的培养,需要通过开展持续的数据治理相关培训,构建畅通的数据治理部门、业务部门以及技术部门之间的沟通渠道,建立多重的、便利的沟通方式,以推动相关参与者的沟通与交流,从而逐渐培养数据文化。

- 培训:建立和执行数据治理项目培训,对各级组织进行培训,以提高对数据管理最佳实践和管理流程的认知。
- 沟通:提高数据管理专员和其他数据治理专业人员对自身角色和职责的认识,以及对数据管理项目目标和预期的认知。

3.7 度量指标

3.7.1 度量指标概述

为了体现数据治理工作的成效,需要设置相应的度量指标,并将其作为评价数据治理项目业务价值和目标实现程度的依据。度量指标的设置不仅可以判断工作成效,同时可以被纳入绩效考核,成为数据治理工作参与者业绩的评价指标,并与个人利益挂钩。指标设置的全面程度以及是否被纳入绩效考核都是体现数据治理重要性的参考依据。

3.7.2 度量指标示例

为了衡量数据治理的推广情况、治理需求的符合程度,以及为组织带来的价值,需要不断完善数据治理价值、推广有效性、数据治理可持续发展程度等方面的指标。数据治理度量指标示例如下。

(1)价值

1)对业务目标的贡献

2)风险的降低

3)运营效率的提高

(2)有效性

1)目标的实现

2)相关工具的使用

3)沟通的有效性

4)培训的有效性

5)采纳变革的速度

（3）可持续性

1）制度和流程的执行情况

2）标准和规范的遵守情况

数据治理工作度量指标的全面程度及各项指标的契合程度充分显示了企业对数据治理工作的重视程度。很多企业为了评估自身在数据治理方面取得的成效，参与国家推行的数据管理能力成熟度评估工作，取得 DCMM（Data Management Capability Maturity Assessment Model，数据管理能力成熟度评估模型）认证，仍然需要投入大量人力和资金来提升自身数据治理能力。因此，这些方面的投入也足以彰显企业对数据治理工作的重视程度。

3.8　数据治理定位

3.8.1　构建数据要素市场和加速激发数据生产要素潜能的前提

《中华人民共和国国民经济和社会发展第十四个五年规划和 2035 年远景目标纲要》提到"十四五"时期要加快数字化发展，激活数据要素潜能，以数字化转型整体驱动生产方式、生活方式和治理方式改革，稳妥发展金融科技。信息技术革命深入发展，数字经济形态向社会生产的各个领域快速渗透，数据作为新生产要素已经成为经济发展、产业革新和创造未来发展机遇的战略资源。"标准助推创新发展，标准引领时代进步"，数据标准奠定数据价值的基础，促进数据标准化的实施落地，将进一步深化激发数据新生产要素活力，有效提升数据质量与数据赋能水平。

3.8.2　数据治理是社会治理的重要组成部分，推动社会治理进程

数据治理已被纳入社会治理范畴，尤其在数据成为第五生产要素以后，数据治理已成为推动社会治理进程的重要动力。通过数据治理，解除数据割据和行业数据壁垒，促进数据互联互通与业务融合协同，实现数据"聚、通、用"目标，促进数据要素、数据资产的有效流通，助推完善社会治理，服务数字中国建设。

3.8.3　实现数字化转型的重要基础

产业数字化转型是借助新一代信息技术实现更高效的业务流程、更完善的业务体验、更广阔的价值创造的必然途径。产业数字化转型的核心特征如下：

● 数据成为新的生产要素；

● 消费者需求成为商业模式的新动力；

● 快速、敏捷、开放成为产业运行新常态；

● "软件定义一切"成为产业价值创造的新抓手；

● XaaS 成为产业数字化转型新范式。为了评价产业数字化转型成果，设置了

13 个评价指标，其中包括数据治理[①]。

数字化转型的基础是数据，高质量的数据是数字化转型的保障。高质量的数据需要通过数据治理来实现，因此数据治理是产业及企业实现数字化转型的重要基础。数据治理在数字化转型的体系中所处的位置和重要性，就如同地基和柱子在整栋大楼中的地位和重要性。

3.8.4　满足监管要求和预防金融风险的必要条件

随着大数据、人工智能、互联网、云计算、5G 等新信息技术与金融领域的深度融合应用，金融业务向自动化、智慧化、数字化不断转型升级，认真落实 2021 年中国人民银行《金融业数据能力建设指引》《中国人民银行办公厅关于在 2021 年全国"质量月"期间开展"金融标准 为民利企"主题活动的通知》和 2018 年银保监会《银行业金融机构数据治理指引》等文件中关于数据标准建设及数据治理的监管要求。金融监管方式及数据质量要求的不断提升，对银行数字化转型和数据能力提升提出更高、更新的要求，金融机构数据资产价值的发挥能力逐步成为决定其竞争力的关键因素，数据治理的关键作用不断凸显。加速推进全行级数据资产管理落地实施，符合央行数据建设能力和银保监会数据治理指引的要求，成为金融市场主体和监管部门的数据共享、数据管理能力和综合分析能力建设的必要组成部分。

3.8.5　建设企业数据体系和深化数据应用的重要组成部分和基础

随着数据要素市场的不断完善和数字化转型的推动，为持续满足监管的高质量报送要求，快速实现企业级数据标准化和数据高质量目标已成为当前最为紧迫的任务。因此，数据治理是实现企业级数据标准的有效管控和落地，数据资产的登记、盘点、运营，数据质量问题的发现、分析、跟踪和解决，元数据采集解析自动化、数据管理平台化和流程化等工作的保障和基础。

---

① 中国科学院科技战略咨询研究院课题组：《产业数字化转型：战略与实践》，北京：机械工业出版社，2020 年版。

财务数据应用问题分析

第 4 章
财务数据问题影响分析

4.1　财务数据整体现状

　　财务部门是企业的"数据中枢"，汇聚了企业从前端业务到后端财务管理的大量数据。因此，在众多企业中，财务数据往往是企业整体数据治理落地实践的首个"试验基地"，财务数据的整体情况也反映着企业数据的整体治理水平，是验证数据治理有效性的切入点[①]。

　　一般而言，在各大企业实践过程中，财务数据整体现状通常取决于企业整体技术与系统、流程与制度、组织与人员的体系构建水平，这三个方面是影响财务数据治理能否向着高质量、高水平发展的关键因素（如图 4-1 所示）。也正是因为企业在以上三个方面的建设不足，财务数据问题日渐暴露，阻碍了财务数字化前进的步伐以及企业的数字化创新。

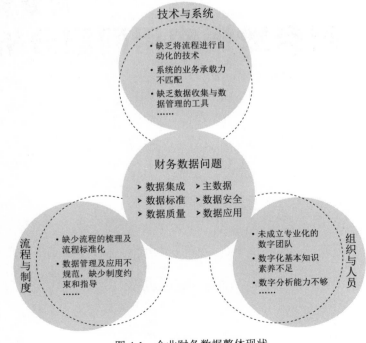

图 4-1　企业财务数据整体现状

---

① 这里所说的财务数据泛指财务部门可以汇聚的各领域数据。

4.1.1 技术与系统

技术与系统是获取数据的工具也是承载数据的载体。新兴技术与ERP（Enterprise Resource Planning，企业资源计划）系统等科技手段已在企业中得到广泛应用，极大推动了企业的现代化运营管理进程。然而，在众多企业集团中，要做到技术和系统的深度应用与全面布局，实现自动化与智能化的极致发展，以构建合理合规、井然有序的数字世界，还是比较困难的。

普遍来看，仍有企业缺乏将流程进行自动化的技术，无法实现数据的自动抓取和采集，这直接导致一些核心系统中的数据缺乏下钻能力及可追溯性。系统的业务承载力不足或者布局冗余也会直接造成数据混乱，并且数据收集和管理缺乏数据仓库、数据开发工具等技术架构、系统架构的建设，也是限制数据高质量发展的重要因素，会严重阻碍数据从物理世界向数字世界流通，以及数据在数字世界内的集成与共享。

4.1.2 流程与制度

数据的有序管理还依赖于流程的固化与制度的约束规范。财务共享服务的建设实现了财务管理领域的"工业化革命"，完成了财务的专业化、标准化、流程化和信息化，是财务转型的第一步。在数字化时代下，财务共享服务中心作为企业"天然的数据中心"，需要进一步建设并固化数据的治理流程，建立相应的制度规范，加强数字能力。

流程是数据的流通动线，反映数据的移动轨迹，是数据传递、数据溯源的有效路径，制度则对数据流通状态、流通方式、流通方向等进行约束。有了端到端的流程相当于数据有了"道路"，有了标准、规范的制度相当于数据的"道路"两旁有了"护栏"，前方也有了"指示牌"。现阶段，大量企业对部分流程的设计缺少前期的梳理，并且缺乏标准化、规范化的文档，也没有考虑统一的数据获取、传递和使用指导，导致许多业务内生数据需要额外进行质量检查、问询核对等工作，给业务带来风险，也不利于数据整合和知识沉淀。

4.1.3 组织与人员

组织与人员是数据能力的建设者，也是数据的真正使用者。针对数据能力的建设，企业的组织架构中应专门设置数据治理委员会来负责数据机制的建设和管理。另外，从管理层到业务人员都应该具备一定的数据基础知识，为企业的数字化战略提供支持。但是，成立专业化数字团队并普及数据知识仍是许多企业正在努力达成的目标和前进的方向。

数字化时代，数据作为一种新的生产要素，早已演变为企业的重要资产，但面对这份极具潜在价值的资产，目前许多企业却没有成立专门对其进行管理与运作的组织，更没有专门的部门单位对这部分资产负责。这会使数据资产的质量与安全性得不到保障，数据价值也将被"封存"，难有用武之地。

技术与系统、流程与制度、组织与人员是搭建企业财务数据架构的基础。数字化时代已至，但部分企业似乎没有完全觉醒或还未采取有效举措，技术与系统的深化应用缺失，流程与制度流于形式，组织与人员能力配置不到位，这使得财务数据问题逐渐显现，主要表现在财务数据集成、财务数据标准、财务数据质量、财务主数据、财务数据安全和财务数据应用这六个方面。下面，将会对这六个方面的问题展开具体介绍。

4.2　问题表现一：财务数据集成方面

数据作为信息的载体，其本身的流动会带来跨域的信息传递及交换、共享及复用，从而加深知识在原领域的应用并激发新知识的产生，催生出更多的数据创新应用。数据集成是保证数据跨域共享、应用的重要基础，有赖于信息技术自动感知全量数据，并打通系统壁垒实现数据的双向流通，如同在企业的数字世界中建立统一的"入口"与"通道"，将数据从"线下"搬到"线上"，并互联互通[①]。在财务数据的集成方面，如果企业未能建设好统一的"入口"和"通道"，很容易造成数据"线上断点"和"信息孤岛"这两类问题。

4.2.1　数据存在"线上断点"

所谓的数据"线上断点"是指数据未完全由自动化技术或信息系统进行采集、承载，而是在部分流程节点或全流程环节上采用传统的手动方式，人工进行数据收集。对于企业的数字世界而言，一旦存在数据"线上断点"，就相当于出现部分缺失，会影响数据的流动，或者即使手动采集数据"补齐"这部分缺失，也难以保证这部分数据完全符合数字世界的规则，采集过程很难严格把控。

财务部门连通了业务前后端的大量数据，从端到端的过程中，如出现数据依靠手工采集、输入等"掉落线下"的情况，数据的连通就会出现断点，数据的准确性、时效性、可靠性等都无法得到控制和保障，从数据源头开始就为财务数据的应用带来隐患。以采购结算业务为例，很多企业的财务部门仍沿用线下沟通开票信息并手动开具增值税发票的方式，再手动采集纸质发票信息，对于发票开具、采集这些环节的"线上断点"，一方面，线下处理过程烦琐，工作量大；另一方面，因与供应商沟通不畅而导致的发票信息错误率高等问题频频出现，严重影响结算业务的处理进度，更影响供应商数据的维护和使用。供应商信息及其他业务数据、财务数据的

---

① 数字世界是通过对物理世界的感知，借助互联网、云技术等技术力量构建起的对物理世界的完整映射，企业可通过对数字世界的认知消除时间与空间上的约束，突破对现实物理世界的认知，提升认知能力。华为公司数据管理部：《华为数据之道》，北京：机械工业出版社，2020年版：第297-298页。

流转存在断点，导致数据溯源与信息整合非常困难，供应商协同及管理水平受限，业务人员更无法有效利用数据信息优化采购决策。

4.2.2 数据存在"信息孤岛"

建立统一的通向数字世界的"入口"可以解决数据"线上断点"问题，但进入数字世界后，数据也并不是可以轻松流通的，封闭、异构的系统之间会存在阻碍数据流通的壁垒，尤其在拥有众多分支机构的大型集团企业中，如果不建立统一的数据"通道"，"信息孤岛""数据烟囱"等问题将会大量存在。数据被封装在各自的系统当中，只在非常有限的体系内进行循环流通，即使每一个业务流程的端口都是数据触点，也没有将数据在同一数字空间内汇聚、拉通，因此，数据的共享、复用严重受限，数据的价值开发更难以触及。

传统的财务部门通常会从自身职能出发，在物理上独立于其他部门建立财务专用的信息系统，并依据会计科目体系采集、存储并报告相应的财务数据，逐渐在很大程度上与企业其他部门的数据信息相脱离或在财务信息体系内出现割裂，难以发挥财务支持决策的深层价值。随着企业的不断发展以及对精细化管理要求的不断提升，越来越多的大中型企业走上了财务共享服务建设之路，由此逐步打通财务与业务间的数据通道，并在数字化转型的推动下逐渐扩展财务职能，唤醒沉睡的数据价值。

然而，没有走向财务转型或还在转型路上的企业还是会因系统建设时缺乏全局观念、系统缺乏兼容性或者各信息模块由不同部门建设维护而导致编码规则不统一等问题，造成"信息孤岛"。尤其是在一些生产制造类企业中，财务职能管理涉及的单位组织比较多，包括人事、房产、水电、生产车间等多个部门，各部门的管理系统均独立开发，数据编码不统一，数据格式也不一致，操作复杂，严重影响了业务处理的效率与质量，更无法实现数据汇聚，无法发挥数据集成的作用①。

4.3 问题表现二：财务数据标准方面

数据资产需要通过内外部的使用、交换等途径实现价值变现，无论哪种途径都需要统一的标准，以约束和规范数据的一致性和准确性，保证数据变现过程中的高效合规。数据标准作为一个从业务、技术、管理三个方面达成一致的规范化体系，在企业内赋予了数据全局性的定义，以明确数据的责任主体，为数据质量、数据安全提供保障，同时，还将提升数据处理和分析效率，为各主题的数据应用服务提供支持（如图 4-2 所示）。财务数据标准体系的建设需要站在更高的层面，进行全局性的考量，使其兼具全面性与规范性，还须可实践落地，否则，即便有相应的数据标准，也只是空中楼阁。

---

① 数据编码是指对计算机加工处理的对象进行编码，用一个编码符号代表一条信息或一串数据。

图 4-2　数据标准体系

4.3.1　数据标准不统一

应对数据标准不统一的最理想的模式应该是,首先建立标准,再建立应用系统、大数据平台、数据仓库、数据应用服务等。但实际上,一般的企业组织很难有这样的认识,大多数情况下都是先建设再治理,先把信息系统、数据中心建设好,之后发现标准不统一造成数据质量、安全等多个方面的问题,再来建设数据标准。这样的做法无异于亡羊补牢,前期在数据上的很大一部分投入会因此付诸东流,但这也是难以避免的。换言之,数据标准不统一这一问题是大多数企业都可能会面临的。

同样,对于财务来说,受困于数据标准的不统一,财务职能很难得到扩展,企业"天然的数据中心"却只能在会计科目体系内对信息进行确认、计量和报告。财务的传统职能包括核算和监督两大方面,是信息的传递者和管理者,但这也逐渐使财务远离业务活动,成为企业真正的"后台部门",如果没有数据标准的制约和规范,业财人员将会各执一套话语体系,业财数据将更加不能互联互通。因此,在一定程度上,数据标准也是连通财务与业务的桥梁,让双方可凭借相互理解的语言进行对话,在此基础上财务才可能走进业务,使披露的信息能够在反映经济实质的同时发挥支持决策的功能。

4.3.2　数据标准不全面,不规范

数据标准体系的制定需要系统性的思考和筹划,涉及面广泛,包括企业主数据的标准、数据质量的标准、数据安全的标准、数据指标的标准等,还要考虑外部的监管要求、行业的通用标准、专家的实践经验及企业内部的实际情况等众多方面的内容。因此,即使企业已经完成标准体系的制定和建设,但如果制定得不全面、不规范,也会导致主数据、数据质量、数据应用等多个方面出现混乱。

在财务领域,数据标准体系是否具有全面性和规范性将直接影响财务职能发挥的效能。比如,绩效管理是财务部门在企业中发挥管理导向的重要职能之一,财务

通过采集、处理、计算各部门的绩效数据，披露经营成果、考核结果等发挥绩效导向。以"利润率"这一指标为例，不同部门的人员，甚至财务部门不同岗位的人员都会对它有不同的定义和理解，比如销售人员通常会将其理解为销售利润率，反映单位销售收入获得的利润，而财务人员可能会将其理解为净利润率，反映单位销售收入获得税后利润的能力。如何消除歧义？是给"利润率"统一下一个定义吗？但这一指标对不同职能的单位而言代表着不同的含义。因此，面对这种需要多个不同口径的"利润率"共同存在的情况，企业要做的是用规范、严谨的定义和限定词将它们区分开，比如销售利润率、资本金利润率、产值利润率等，并配套制定阐述明确且唯一的业务含义、计算公式、数据来源、限定范围（如时间范围、业务范围）等[①]。否则，缺乏全面性和规范性的数据标准体系会容易流于形式或在数据使用中造成混乱。

4.3.3 数据标准的制定缺乏实践性

数据标准工作是一项复杂且长期性的工作，其真正的实施落地并非仅凭借一份标准化文档就能完成，而是需要企业各业务、管理、技术等部门的通力配合，从调研考察开始，从实际情况着手，方案在规划、制定时就要充分考虑到可落地性、可实施性。除此之外，明确组织架构与人员分工，确定相应负责人的职责内容、考核标准、监管措施也是保障数据标准可以被执行的重要因素。

财务数据标准的制定会跨越多个部门并涉及众多系统，因此，在前期的考察调研和现状梳理阶段就会耗费大量的人力与时间，但为了防止数据标准方案在制订后被束之高阁，负责方案制订的相关团队必须对数据现状、系统现状、技术现状等了如指掌，并与各部门的数据标准责任人、使用者紧密配合。比如，可以对现有系统间的数据传输接口进行标准化改造，让数据在系统间进行传输时全部遵循数据标准。但在财务部门，各模块系统的建设和集成往往不是一次就能部署到位的，企业在快速发展前很少会主动考虑客户的管理、供应商的管理等，在发展到一定规模时，客户协同系统、供应商协同系统、预算系统及绩效系统才会陆续在现有系统的基础上进行叠加、集成。在这种情况下，再采用改造数据传输接口的方式进行数据标准化会涉及系统底层代码重构，这是一项非常复杂且浩大的工程，即使数据接口的标准制定非常全面、规范，也难以真正实践与落地，看似是一条"捷径"，实际上可能不如建立数据中台或数据仓库以统一落地数据标准更为实用。

4.4 问题表现三：财务数据质量方面

高质量的数据是一切数据应用的基础。如果一个组织是以劣质的数据为基础去

---

① 付登坡，江敏，任寅姿等：《数据中台：让数据用起来》，北京：机械工业出版社，2020年版：第208-210页。

分析探索、指导业务、支持决策、实现创新，那会与"拍脑袋"式的决策创新一样可怕，因为通过"脏数据"进行的数据分析应用往往会带来"精确的误导"，于任何组织而言，这无异于一场灾难。衡量数据质量的标准有很多，在企业的财务领域，财务数据的准确性、时效性、一致性和唯一性等常常因不能满足数据应用的要求及标准，阻碍财务转型。

4.4.1 数据准确性不足

准确性是数据质量最基本的要求，在多数情况下，如果数据不准确，数据质量的其他方面以及后续的数据分析环节也就不必再考虑。引发数据准确性不足的环节有很多：在数据采集阶段，数据是否真实可靠直接决定了数据的准确性；在数据存储阶段，如果缺少相应的监督管控，会存在数据被篡改的风险；在数据处理加工阶段，很可能涉及对原始数据的修改，产生数据失真的风险。因此，数据的准确性几乎在数据全生命周期内都需要被关注，并需要从技术、管理等多个方面给予保障。

相应地，技术与管理等方面的保障、控制不足，数据的准确性就会受影响。比如，很多企业会以工时及相关数据作为重要依据来监管员工的工作情况并衡量员工绩效，财务部门还会以此计算工资、加班津贴、绩效奖金等，但工时及相关数据的填报往往是采用手动填报、收集的方式，如果缺少配套管理制度的约束、技术的把控或者监督机制的督查，采集过程的可控程度会直接影响数据的准确性，可控程度越低、可追溯情况越差，数据的准确性就越难以保证。

4.4.2 数据时效性不足

在瞬息万变的商业环境中，时间价值更加宝贵，数据的时效性成为各大企业把握机遇、抢占先机的关键。财务数据作为支持业务处理、驱动业务决策的企业重要生产要素，需要不断提升时效性，以提高业务的处理效率，并及时整合数据、分析应用数据、提供数据服务，在有限的时间内发挥数据的最大效用。否则，数据的滞后将会使产生的结果信息不再"新鲜"，传递的价值大打折扣。

数据自动化采集与实时传输技术布局不充分、系统间标准接口不充足、部分数据依赖线下沟通填报等都是造成数据时效性不足的原因。造成财务数据缺乏时效性的原因之一在于，财务是支持业务运营的管理部门，虽然在努力寻求转型突破，不断进行业财务融合，逐步可以手握业务的"第一手资料"，但财务系统中的数据更新还是依赖于业务系统的同步。财务系统的"敏捷性"不足，也为数据的时效性埋下隐患。例如，销售人员在销售管理系统上录入销售订单，但客户的最新相关信息不能及时同步至财务相关系统，致使在开具增值税发票时，财务人员仍然需要与客户线下对接确认开票信息，耗费时间的同时还存在较高的操作风险。缺乏时效性的数据增多，财务的处理效率就会不断降低，信息传递、支持决策的基本职能会不断被削弱，更会阻碍财务的职能扩展与创新。

4.4.3　数据不一致

数据不一致的问题常会出现在多数据源的情况中。例如，命名不一致，数据编码不一致，数据结构不一致，约束规则不一致，统计口径不一致等，其本质都是相同数据拥有多个副本，因数据标准体系不完善而产生数据内容、形式冲突等数据质量问题。财务部门集聚着大量跨域、跨部门的数据。对于大型企业集团层面的财务而言，集团旗下有众多分支机构，有可能还分布于不同的业务板块。因此，数据不一致的问题普遍存在。

数据不一致会造成财务部门与其他部门或是不同分支机构的财务部门之间沟通受阻，割裂组织的协同运作。数据在"漫长"的流通和交换当中，所承载的信息价值被消耗殆尽，促使财务人员最终放弃再用数据对话，转而寻求低效能的线下沟通、对接等方式。集团层面合并报表的编制和出具过程，就普遍存在因各分支机构财务数据不一致而导致数据处理工作量大、出错率高的问题。尤其是在编制冲抵分录时，独立核算的各主体很可能存在会计科目不统一、计量方式不一致等问题，导致财务人员只能进行手工处理编制。又如，大型跨国企业中，因各国会计准则的差异，财务数据口径不一致的问题更是大量存在，烦琐复杂的数据整合、数据处理工作严重影响着财务的业务处理效率。

4.4.4　数据重复

数据没有在封闭系统间很好地实现相互流通、共享是导致数据出现大量重复的重要原因。在系统建设阶段，难以立足当下面向未来做整体性、预判性的规划；在系统维护阶段，解决业务需求是首要任务，仅面向单一的使用部门不断开发、增加系统功能，系统间的连接、数据的复用就很容易被忽略；在业务处理阶段，业务人员只局限在自己的业务范围内，很难发掘数据复用的可能性和需求度。

然而，财务部门几乎是面向企业全部门单位的窗口，集团财务人员更是面向集团各分支机构的大型窗口，具有全局性的视角。因此，数据重复问题在财务眼中会更加突出。大型企业集团面向不同的业务板块、不同的业务处理场景，为满足不同的管控需求，相继开发了预算管理、成本控制、风险预警、合规管控等多个跨业务、跨域的系统，但没有实现数据的共享与复用，需要分别进行维护，致使重复数据大量出现，这意味着存在大量重复的数据输入、数据处理等工作，造成时间、人员等资源的浪费。

4.5　问题表现四：财务主数据方面

主数据描述了核心业务的实体，例如人员、组织、客户、供应商和科目等八个维度（如图 4-3 所示）。换言之，主数据支撑的是企业关键业务与管理流程，并且能够跨部门、跨流程、跨主题、跨系统和跨技术使用①。这些数据如果能够被识别并且得到有效共享，企业中各部门就可以得到更为一致、规范、完整且有效的数据，这不仅可以降低企业的数据管理成本，而且能够避免部门之间进行协作时由于数据质量问题或者质量差异而导致决策错误、丧失机会等问题。无论是在财务部门还是其他部门中，主数据都应当代表与业务实体相关的、全面完整的、权威规范的、及时准确的一种数据，如果未达到这些要求，那么其带来的积极影响也会大打折扣。

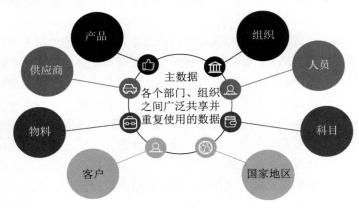

图 4-3 主数据维度

4.5.1 主数据不完整

财务部门与其他部门组织之间需要广泛共享并且重复使用的数据，如果没有纳入数据库主数据中，将会造成财务主数据不完整的问题，导致部门、系统之间出现壁垒，阻碍企业信息集成与共享。财务主数据是否完整更会影响财务系统与其他系统之间的信息能否有效互联互通，部门之间能否有效协同，以及企业整体战略的协同力。

试想一下，如果企业未能将销售合同编号作为主数据纳入数据库中，财务部门收到客户货款时编制业务编码为 CW0123，销售部门的此单合同编码为 XS0003，销售部门将合同信息以及提货详情提供给储运部门之后，储运部门在自己系统中维护该客户信息编码为 CY20001。首先，财务部门与销售部门核对客户货款清单并开具收据时，需要建立一张对照表，将 CW0123 翻译为 XS0003。接下来，财务部门收到货款后通知储运部门安排货物发出时，需要建立一张对照表，将 CW0123 翻译为 CY20001，然后储运根据货款信息和客户信息安排发货。如图 4-4 所示，财务部门、销售部门和储运部门都需要维护各自系统内的客户数据信息（重复维护三次），同时需要维护部门之间客户数据的对照关系，不仅会使相同的信息在各个部门之间重复存储，造成数据冗余，而且增加了员工工作的复杂程度和工作量，影响了各部门

---

① 中国信通院．主数据管理实践白皮书（1.0 版）．2018 年版．

之间协作配合以及业务开展的时效性。

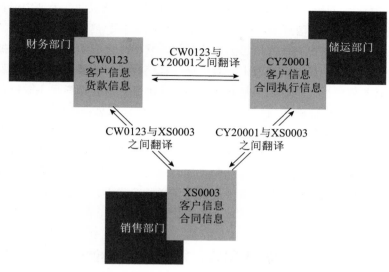

图 4-4　客户信息重复维护

4.5.2　主数据不规范

主数据不规范主要包括企业中主数据的来源、管理级别以及数据长度、数据类型、数据格式等没有规范统一的解释及要求，导致无法实现部门之间和系统之间的数据集成和共享，进而阻碍企业横向产业链发展和纵向产业链管控。

财务主数据的范围较为广泛，规范体系建设较为困难。例如，某集团需要统计其下属子公司的客户信息以进行风险评估及经营预测分析，将客户名称作为主数据。然而，各个子公司提供的客户名称规范不统一。有的子公司提供的是客户名称缩写，有的子公司提供的是客户常用名，另外一些子公司提供的是工商管理局注册全称，比如滴滴、滴滴出行、北京嘀嘀无限科技发展有限公司分别对应这三种规范，但实质上这三个名称对应同一个公司。上述场景中，主数据不规范造成企业内部数据重复存储，形成数据冗余，增加了数据清洗难度，加大了后期进行数据分析的工作量，阻碍企业及时有效地进行决策。

主数据不规范还会影响财务部门与企业其他部门之间的数据共享。在采购及销售业务处理中，财务部门为了完成供应商付款以及客户打款，财务系统需要与业务系统对接，但是供应商名称以及客户名称等主数据未规范统一，数据难以在不同系统间共享复用，导致财务人员无法有效提取应收应付信息以快速完成业务处理。

4.5.3　主数据维护不及时

未能及时根据制度或者政策对已经记录到数据库中的主数据进行修正和调整将会造成主数据维护不及时的问题。虽然，主数据相对交易数据更加稳定，但还是需要进行一定周期的更新，否则，对已滞后主数据的持续使用会导致一系列的连锁反应，带来很大的风险。对财务数据而言，主数据维护不及时会造成业务处理中错误频发，与其他部门沟通对接时信息不对称，甚至传递错误的信息导致错误的决策。

财务在企业中承担着传递信息的重要职能，其中，报表编制以及信息披露工作是其重要职能之一，在这一过程中，对于财务部门来说最重要的就是会计科目主数据。如果财务部门没有及时根据最新修订的会计准则更新会计科目主数据，而是沿用过时的科目体系进行确认、计量、报告，所传递的会计信息将缺乏准确性和可比性，尤其是在与同行业进行横向比较时，很可能会使得投资者、企业管理者以及其他利益相关者根据有误的报表做出错误的决策。例如，新收入准则针对收入确认的原则进行了较大的修订，如果企业财务部门未能及时根据新收入准则更新收入确认原则并调整会计科目主数据，将会严重降低信息传递的可靠性，进而影响企业的管理决策行为。

4.6　问题表现五：财务数据安全方面

财务部门与其他部门及其系统之间集成和共享数据可以为企业的业务决策和战略部署提供支持，但也会导致财务数据安全风险的增加。从数据安全和全生命周期的角度来看，企业财务数据在采集、传输、存储、处理、交换和销毁的各个环节都不同程度地存在安全隐患。财务数据作为涉及企业核心信息的重要数据，需要制定具有针对性的安全管理制度，并得到格外的安全保护和风险防范。如果财务数据在数据脱敏、安全认证、分级管理、异常监控、风险防御等任何方面出现纰漏，造成的损失都将难以估量。

2018 年，某知名中介公司的数据库管理员韩某，利用其职务便利及其掌握的公司财务系统最高权限，删除了公司 9 TB 的财务数据，导致公司花费 18 万元人民币去进行数据库的修复，其中还未包含因数据库瘫痪而导致的业务损失和人工成本支出 [1]。韩某在职时负责的是财务系统数据库管理，按照规定，韩某只有从公司数据库取用增删数据的权限。然而，由于公司内部管理混乱，数据库审计流程以及员工权限方面存在严重管理问题，导致韩某在入职后就拥有可以在系统上安装、删除相关应用程序的权限。韩某利用该权限删除了公司自成立以来使用的财务数据库，直接导致公司各种业务无法正常开展。

数据安全是企业的一道"防火墙"，尤其对于触及企业深层信息的财务数据而言，如果企业内相关安全制度不完善，未能有效对各利益相关方的敏感数据进行分类分级保护，缺乏成熟的风险防御技术，一旦出现问题，很可能影响企业正常的经营运转，甚至使企业遭受重大损失或遭遇重大危机。

---

① 韩冰破坏计算机信息系统二审刑事裁定书，案号（2020）京 01 刑终 490 号，2021 年 1 月 6 日。

4.7 问题表现六：财务数据应用方面

数据应用是数据价值释放的过程，是真正面向业务需求盘活数据资产、开发数据功能、发挥数据作用的价值链，但是数据的开发应用也需要条件。一方面，企业数据如果缺乏标准体系和制度的统一规范管理，数据处理工作难度就会大幅增加，导致数据价值开发不充分。另一方面，数据价值的充分变现还需要借助算力和算法两方面的加持，这不仅需要技术力量的赋能，还需要专业化人员的助力。任何一方面的短缺都可能导致数据未能得到有效开发，价值未能有效释放。

财务部门汇聚企业内外部的海量数据，但受限于以上两个方面，大量数据在汇集之后就被封存在服务器内处于休眠状态，无法帮助企业管理层从经验支持决策转化为数据驱动决策，数据应用水平较低。尤其受限于算力和算法的不足，许多数据资产丰富的企业也无法利用数据分析进行科学准确的决策。例如，大型企业的集团财务部门通过资金预测发挥决策导向，在进行资金预测的过程中，需要对各分支机构下各部门资金情况以及财务部门大量的现金流数据进行整合、清洗和分析等一系列操作，但是由于企业中缺乏相匹配的技术工具，难以对数量如此庞大的数据快速地进行清洗和分析，此种情况下，数据分析时效性差，数据分析结果滞后，即便企业拥有丰富的数据资源，也无法帮助管理层理解当前状况，更无法及时做出决策。而且，企业内的数据分析算法落后，包括计算效率低，计算结果差，以及计算占用的系统空间大等缺陷，导致无法快速准确地帮助管理者从海量数据中科学有效地提取信息，最终丧失其可能带来的经济效益。

4.8 财务数据问题带来的影响

就目前财务数据的整体状况而言，大部分组织是"先污染，后治理"，因此，数据的治理工作经常需要"翻旧账"。随着数据源源不断地产生，业务不断地拓展、变化，财务数据所牵涉的部门组织会越来越多，并且会面临系统庞杂、业务流程复杂、数据源众多等情况，再延缓建设或不加完善保障财务数据高效、高质量应用的系统性管理体系，将会严重影响企业的管理水平、治理能力、风险防控，以及数据价值的释放（如图4-5所示），财务转型与企业的数字化进程将会被迫按下"暂停键"。

缺少责权利标准
管理活动受到阻碍

缺乏技术手段
治理能力难以加强

"低阶"数据应用
数据价值释放不充分

忽视数据合规
风险防控无法落实

图 4-5 财务数据问题带来的影响

4.8.1 缺少责权利标准，管理活动受到阻碍

财务部门是企业未来的数字神经网络，需要实现多源异构数据的融合和存储，建立完善的管理机制，制定规范的质量评估监督体系，形成财务数据应用管理的闭环。为了实现这一发展目标，财务必须重视组织管理的作用，明确权责利标准，逐步建立健全包括管理型人才和技术型人才的适应数据发展的人才结构，并注重数据标准体系建设以保障信息体系的有序发展。财务数据一旦缺乏对责任、权利和利益的界定或三者出现失衡，不但会导致财务数据在支持管理决策时权威性不足，还会导致核心财务数据的安全性被忽视。除此之外，企业内财务数据标准体系缺失或不完善，将造成财务数据混乱，并在一定程度上影响财务数据驱动决策的能力。

4.8.2 缺乏技术手段，治理能力难以加强

更加自动化、智能化的数据管理工具是推动庞杂的数据体系向着高质量发展的关键力量，同时，依赖人工操作带来居高不下的人力成本会大大降低财务数据潜在的开发价值。在财务领域，从多源数据的采集汇聚，到异构数据的共享流通，普遍缺少技术力量的支持与推动，除此之外，数据标准体系的落地、数据安全制度的实施均需要大量技术赋能，但在这些方面，技术的脚步却总是慢于需求。技术手段可以触及人工无法或难以达到的水平，合理布局技术、善用工具，可以助力企业根据自身需求突破现有的数据治理能力，反之，技术运用不足、架构不完善，则会严重制约治理能力的发展。

4.8.3 忽视数据合规，风险防控无法落实

财务数据要素价值的释放路径随着财务管理职能的不断创新而趋向多元化发展，但无论是组织内部的财务数据应用还是组织间的财务数据流通与财务信息披露，数据面临的各类风险也将随着其价值的逐步凸显而更加突出。一方面，财务数据应用的复杂性和财务数据分析挖掘的多样性增加了数据合规管理的难度，数据安全体系、数据标准体系的不完善，又会进一步增加财务数据应用、分析过程中的安全风险与决策风险，合规管理与风险防控将更加难以落地。另一方面，数字化进程中，财务部门逐步向企业的数据中心发展，财务部门所拥有的数据资产日益增加，并逐渐走向开放和共享，增加了数据权属管理和抵御安全攻击的难度，在企业没有制定全面、规范且具有实践性的数据标准体系和安全制度之前，越来越多的跨组织数据流通会进一步加大数据被盗用、误用、滥用的风险 [1]。

4.8.4 "低阶"数据应用，数据价值释放不充分

数字时代为各类企业带来重生、颠覆和创新，企业应重点关注、顺势而为，重

---

[1] 中国信通院.大数据白皮书，2020年版.

塑符合自身业务和数据特点的数字化能力。财务部门作为企业的"数据中枢",在企业不断集聚并进化数字化能力的过程中,应走在队伍的最前列,充当探索者与开拓者的角色,引领企业制胜数字化未来。但数据集成方面的不足在各大企业中普遍存在,削弱了财务部门的数据汲取能力,同时,受限于较低的数据质量水平、较为空泛的数据标准体系,单薄的数据基础难以为"高阶"的数据应用提供原材料。更为重要的是,企业的数字化意识还未被真正唤醒,财务人员也缺少数字化的思考,没有专业的数字团队,财务数据面临的问题将很难被正视并科学地解决,财务数据的价值也很难通过应用得到充分释放。

第 5 章
财务数据
问题场景

从财务数据价值的实现路径出发，数据从采集、加工到应用、服务，都需要数据治理的保驾护航。因此，数据治理是促进财务数据价值实现的重要保障。然而，在各大企业中，数据普遍是滞后治理，当数据质量、标准、安全、主数据等方面的问题慢慢凸显并越发严重，开始阻碍业财融合，甚至引发财务转型困境，进而困扰各行业各类型的企业，数据治理才开始从最初的得不到重视，逐渐成为企业数字化战略目标实现的重要基础。

上一章介绍和总结了常见的财务数据问题及其影响分析。本章将以实例揭示以上各类财务数据问题在不同案例场景下的真实表现及产生的影响。

5.1 案例场景一：主数据管理缺失，难以支持集团多元化发展

广东某集团的前身是以地产业、建筑业为核心业务的民营公司，在政策鼓励以及市场需求的刺激下，积极扩大战略布局，经过 30 多年的稳步经营，集团逐步打造多价值链品牌，发展成以金融、房地产、交通、都市农业为核心产业的大型多元化集团。

为支持企业快速发展扩张，集团信息中心在 2017 年进行了 IT 战略规划，并于 2018 年大力推进纵向贯通、横向关联、资源共享的企业级一体化平台建设和决策支持系统建设工作。为此，实现全面的数据互通和流程整合将是奠定集团 IT 建设的基础，但该集团数据基础薄弱，数据问题普遍且大量存在，难以支持集团 IT 战略规划的实现。其中，主数据编码不统一、来源不一致、定义不规范、内容不准确等问题更是严重阻碍了集团业财一体化平台的建设，该集团迫切需要通过主数据管理平台固化主数据管理流程和管理规范，改善集团数据治理和应用现状，从而更好地实现信息资源的充分共享和最大化利用。

5.1.1 集团主数据管理问题及原因分析

集团和下属板块的各个业务线在日常管理活动中产生大量交互信息，是投资型企业最为重要的信息资源和知识财富，这些信息构成了集团总部的主数据。在项目启动之前，集团总部对这类数据的管理还停留在无序的状态，具体表现在以下两个方面。

（1）各业务板块主数据各自维护

虽然集团总部牵头建设十八套共性系统，管理驾驶舱系统一期项目已基本实施完成，集团总部财务管理系统也正在逐步推广，集团统一门户平台、OA系统、流程管理系统、投资系统等已陆续开工建设，但各业务板块间仍然存在大量系统重复建设、各自维护的情况，导致各系统集成困难，也间接导致集团层面主数据难以统一建设。在此基础上，集团缺乏主数据标准体系，各单位部门之间数据报送缺乏协调与配合，引发集团层面主数据不规范以及主数据不完整等问题。例如，总部和地产板块各有一套员工编码，组织机构编码更是有数十种，每种编码在管理级次、数据长度、数据类型、数据格式等各方面均存在差异，严重影响了集团数据治理策略的施行。

（2）主数据管理系统建设情况差异大

集团总部尚未部署实施成熟的主数据管理系统以完成多套应用系统的深度集成对接。例如，交通业务板块正在建设以A公司系统产品为平台的主数据管理系统；地产业务板块却已建成以B公司系统产品为平台的主数据管理系统，并已实现了部分主数据域的管理；金融业务板块以及农业板块尚未建设专业的主数据管理系统。主数据管理系统建设情况差异较大带来的数据接口不一致、主数据规范不统一等问题，致使数据难以在不同系统间共享及复用，各单位部门需要重复存储相同的数据，最终造成数据冗余及资源浪费。

随着集团在多元化道路上的不断发展，主数据问题长期存在且日趋严重，导致集团与区域之间、业务与财务之间，数据纵向不贯通、横向不关联，严重影响了集团内部信息资源全面共享，致使集团难以实现降本增效和信息安全的基础目标。

5.1.2 集团主数据管理建设方案

为了解决集团总部主数据管理方面存在的问题，实现"十三五"信息化目标，集团需要建立健全企业统一管理的信息化标准，整合已有的信息系统和信息资源，完成对集团上下游系统数据的治理，促进内外资源的互联互通、资源共享和业务协同。财务主数据也将在建设过程中得到有效治理，从而促进业财融合，推动集团的多元化发展以及数据驱动战略的实现。

第一，基于集团IT战略规划确定集团总部九大应用域和十八个共性系统，识别出集团总部的主数据；基于板块主数据建设材料以及现场访谈，分别识别出地产、交通和金融板块的主数据，出具集团主数据全景图。

第二，基于集团的主数据全景图，结合集团主数据平台的建设模式，将主数据的管理分为集团集中管理、集团与板块分级管理及板块自行管理三类，从集团到板块分别建立主数据管理组织，由集团统筹，各板块进行分级管理。

第三，形成完整的集团总部企业数据标准体系框架，为集团数据标准工作的持续推进奠定基础。主数据标准体系由规章制度、标准规范、接口规范、基础数据规范、数据集成规范五个部分组成，规范了系统之间行政组织、员工、法人组织、供应商、客户、人力、财务等共计九大类、十八项的主数据编码规则，为总部和下属企业内部各组织机构的信息资源定义、分类、使用和扩展提供了具体的操作办法。

第四，建设部署统一的主数据管理平台，完成财务核算系统、费控系统、资金系统、合并报表、产权管理系统、食品板块物业系统、金融风险管理系统、地产主数据系统、交通主数据系统、板块财务系统等十二类、三十多套应用系统的深度集成与对接工作。

5.2 案例场景二：财务数据问题降低机场业务结算效能

某民用运输机场为国际大型机场，在建设规模、繁忙程度及年旅客吞吐量各方面的排名中，常年位列国内民用运输机场前十，与国内外 60 余家航空公司建立了航空业务往来，开辟通航点达 170 多个，航线 300 多条。

机场业与航空运输业密切相关，机场业的主要业务收入来源于机场为航空公司提供的起降、停场、客桥、旅客服务和安检等航空服务。因此，航空服务收入结算成为该机场的一项重要财务结算工作，在该机场整体财务工作中占比较大。但由于航空服务费用的收取、分配、审核牵涉多家单位，服务信息数据来源范围较广且相对复杂，没有数据标准与数据质量管理体系的规范与约束，致使航空服务收入结算工作在原本就低效的状态下，还时常面临因数据出现错误而重复核算、处理的情况。为了解决上述问题，提升航空服务收入结算的效率与质量，该机场需要梳理现阶段的数据现状，重新建设并维护数据资产，进一步实现科学化的业财管理。

5.2.1 常见的数据问题

大量数据问题的存在大大拖延了财务人员正常的工作节奏，让财务人员陷入无休止的内外沟通与协调中，降低了财务人员的工作热情，消耗了大量人力和时间。例如，以下三类问题就经常困扰着财务人员。

（1）航班机型数据更新不及时

在民航日常的运营过程中，由于各种因素，原航空计划中执飞的机型经常会临时发生调换。作为航空服务收费结算的一项重要参数，不同机型对应的座位数、最大起飞重量等属性特征不同，因此其对应的收费标准差别也较大。财务人员应该依据实际执飞的机型上传相应的结算数据，以处理结算业务。但因为航班机型相关数据更新不及时，加之实际执飞机型与计划执飞机型两个数据未在字段上做区分，财务人员无法识别从业务系统中获取的是否为实际执飞机型，如果误将计划执飞机型的参数上传结算，会因为机型不符而不能参与结算。为了避免这种问题的产生，财务人员需要登录民航的官方网站，查看并比对所有当日执飞的机型与已获取的数据是否一致，并对不一致的数据逐一进行修改，仅此一项工作就会耗费大量时间，导致财务人员需要通过加班来完成这项工作。

（2）旅客数量相关数据统计不一致

机场为航空公司提供的旅客服务和安检服务是按照旅客流量进行计费的。然而，在这一过程中，航站楼内的业务系统无论是安检系统还是值机、登机系统都仅是用来处理业务流程的，没有专门统计实际旅客数量用以支撑财务结算的功能。因此，如果出现人员安检后未登机、登机后又因故取消行程等情况，会造成实际旅客数与系统数不符的问题。财务依据前端业务系统获取的数据生成结算信息，这些信息与航空公司所记录的结算信息之间可能存在偏差。因此，在结算期仍需要机场财务人员与各航空公司的财务人员进行对接，花费大量的时间和精力确定、统一最终的结算数据。

（3）飞机停靠时间数据采集不准确

每个航班在机场停靠的时间是机场收取停场费的直接依据，并且收费标准较高，一旦数据产生差异，对收费金额也会产生较大影响，因此机场和航空公司对停靠时间相关数据的关注度较高。目前大部分机场是通过获取廊桥对接机身的设备中的相关数据来判断飞行器进港和离港的时间，有的是自动生成，有的则需要人工点击"开始"和"结束"按钮才可计算出停靠时间。但在繁忙的航站楼里，通常是一位廊桥司机负责多个廊桥的起降工作，而且计时这项工作并不是廊桥司机的核心工作，因此往往会出现误操作或遗忘操作的情况，即使有自动生成的设备，也经常面临机电设备在对接时由于一些外界干扰而产生错误信息的情况。停靠时间的相关数据得不到可靠采集，停场收费作为机场收入的重要组成部分得不到准确计算，致使机场和航空公司的财务人员要花费大量时间和精力才能保证最终结算工作的完成。

5.2.2 数据问题原因归纳

以上列举了几类机场业务结算时常见的数据问题，这些问题阻碍了机场业务结算效率与质量的提升，归根结底，可以从以下三个方面进行分析和归纳。

（1）数据标准体系不完善

虽然机场、民航领域信息化的发展程度已经很高了，但是在业务与财务融合的层面上还存在较多的障碍，主要体现为在公司层面未对业务和财务建立统一、完善的数据标准体系，包括统一的数据定义、类型、长度等数据口径，以及数据含义上的一致和统一。比如，在上述第一类数据问题中，航班"计划执飞机型"与"实际执飞机型"在业务系统中都是以"执飞机型"这一字段名称列示，但在具体场景中二者存在较大差异，这种差异应在充分理解业务场景和财务需求的前提下通过数据标准化的方式得以解决。

（2）数据质量管理缺失

类似旅客数量统计不一致、飞机停靠时间采集不准确等的数据质量问题是困扰财务结算工作的顽疾。导致数据质量问题产生的原因是多样的，究其根本，在于缺少有效的数据质量管理手段。比如，在前端数据的录入端，如果是人员手动操作，那么是否有足够的技术支撑以减少录入错误；是否有清楚的规则来明确正确的数据录入方式；是否有持续追踪和检查机制，保证数据在任何环节中的准确性；是否有清楚的考核评估制度对相关人员的质量管理工作进行评价。这些必要的管理手段是保证数据质量的关键，当然数据清洗和校对也是必不可少的。只有在数据的产生、存储、加工和应用这一完整链路上建立起完善的数据质量管理体系，并在各个环节进行监控，定期检查数据质量，确定解决方案后再加以改进，才能从根本上提高财务结算工作的效率和准确度。

（3）业财职责界定不清晰

从更深层的角度来分析，出现数据问题的根本原因还包括在数据治理方面的业务方和财务方的具体职责界定不清晰。例如，财务核算所需的旅客数量与飞机停靠时间这两项关键数据，究竟该由哪个部门负责采集？又该由哪个部门对其质量负责？如果能够通过数据治理建立常态化的业财数据管理迭代机制，确定数据治理组织架构及各方工作职责，明确划分职能领域，并在此基础上制定对应的规范化管理流程，就可以为提高数据质量提供保障，指导业务、财务及 IT 部门跨职能的数据治理工作有效开展。

机场在航空业务结算中遇到的财务数据问题需要基于数据治理工作搭建统一规范的数据标准体系，加强数据质量管理，界定业财人员相关职责，在提升数据质量的同时形成高度整合的数据资产，更好地满足机场业务结算效能提升的需求。

5.3 案例场景三：数据问题引发财务指标应用困境

财务指标作为财务数据的关键组成部分，在企业日常运营管理、决策分析、对外信息披露中具有不可或缺的作用，主要包括企业总结和评价其财务状况及经营成果的相对指标，比如流动比率、资产周转率、净资产收益率等。企业通过财务指标分析价值驱动因素，为管理层投资运营和管理决策提供科学依据，从而支持公司业务发展和公司价值的持续增长。

但是，在信息技术迭代发展和系统建设步伐不一致的情况下，在缺乏整体持续的数据管控的情况下，造成很多企业系统烟囱林立、数据多头管理、数据利用率低等问题，进而导致财务指标定义不清晰、不准确，指标数据统计口径存在差异，应用过程中错误频发，更无法正确反映和评估企业财务状况和运营成果。财务指标应用出现的困境，阻碍了企业业务发展和价值提升等管理目标的实现。

例如，受限于手动采集发票信息，企业无法实时监控进项税额、销项税额等税务数据，造成进项税额和销项税额变动弹性这一财务指标所能发挥的税务风险预警作用滞后，风险不能被提前规避；不同销售区域间销售利润率的定义与计算口径不统一，有的是毛利率，有的是税后净利率，那么在分析各区域经营状况时，因为各区域的评价标准未统一，不能直观地根据销售利润率的数值大小判断各区域的盈利水平；大数据背景下，财务指标数据更加关注业务价值链全程，而不再局限于财务领域的结果数据，但在大多数企业中，财务部门得到的前端业务数据、外部数据往往是"二手数据"，基于此开展的多维度指标分析，比如产品定价分析、客户画像分析等，通常时效性较差，并且受数据统计颗粒度影响，指标结果也难以被下钻，因而分析者难以探寻出数据间的联系与内在规律，更难以从中发现趋势，预测未来。

以上仅列举了财务指标应用过程中遇到的一些典型问题，实际场景中还有大量类似情况频繁发生。导致财务指标应用难、应用不足的重要原因之一是原始数据基础薄弱，这就需要结合实际情况具体分析，其中，系统建设与数据管理这两个层面不完善导致的数据问题最为普遍。

5.3.1　系统建设落后

一方面，系统缺乏协作联动，造成数据不准确。业务系统和财务系统未实现自动对接，联动性不足，人工数据核算严重影响数据准确性，如业务系统中显示已完成最后一次收款，但财务系统所显示的项目状态为"项目未终结"。另一方面，系统建设落后使功能存在缺陷，也将无法保障数据质量。比如，系统字段设置缺失，如股权资产系统未设置资产状态标识；系统存在计算逻辑错误，如核算系统的保证金转回功能逻辑错误，造成税金重复计提。系统功能不完善，致使数据在采集、清洗、应用环节中缺少智能化审核与必要的节点控制，仍然需要依赖人工进行核对与监督。数据质量得不到保障，大大增加了财务指标的出错风险，更难以支持灵活、多维的数据分析，无法满足公司级客户营销和产品创新的分析需要。

5.3.2　数据管理机制不完善

第一，数据标准管理机制不完善，使业财数据标准不一致，造成信息冲突。业务管理和财务管理要求不一致，未统筹考虑数据内容以进行数据标准化管理，造成"业财两套数"，同一名称的指标常会呈现不一样的计算结果。第二，数据质量管理机制不完善同样会造成数据不准确。比如，缺少不良资产收购业务资产原值计息的相应管理流程与机制，导致资产价值数据缺失；缺少相应的管理监督机制，出现由于人员疏忽未在变更回款计划时剔除提前收回的资金金额而造成虚增投资收益的情况。

5.4　案例场景四：财务数据问题制约大数据审计工作高效开展

大数据审计作为区别于传统审计的审计方式，在传统审计的内容载体上，将大数据和大数据技术作为实现目标、处理内容的方法和工具，其强大的数据分析能力从根本上改变了审计人员的工作方式，将审计人员从繁杂重复的数据收集、整理工作中解放出来，专注于职业判断，在扩大审计覆盖广度、消除审计盲区的同时提高工作效率，节省人力资源。

　　"大数据审计"是利用大数据的思维方式进行审计分析的一种统称,指将大数据、大数据技术应用于审计,以被审计单位的数据为切入点,构建以数据为主导的审计模式,并对审计过程和结果产生增值的过程。因此,大数据审计得以高效实施的基础是数据,具有统一标准、良好质量、较高可获得性和集成性的数据基础才可促进大数据审计发挥价值,真正提高审计质量、防范审计风险、履行好审计监督职责。然而,审计工作中存在一系列数据问题,阻碍了审计部门挖掘数据中隐含的深层次信息,致使资源无法得到有效利用。

　　审计数据问题普遍发生在大数据审计过程中,以下列举三个典型事例,事例中的数据问题成为阻碍大数据技术在审计工作中发挥作用的重要原因。

5.4.1　数据依赖线下获取

　　某银行部分分行的信用卡分期业务数据主要依赖线下手工台账进行记录。该行内目前尚未对该类贷款规模和数据质量进行自动化管理和检测,导致总行层面难以对全行范围内的数据进行归集和整理,无法高效、准确地获取全部分行该类型贷款的情况,难以开展日常该类型贷款业务的监控监测及质量状况的实时追踪,从而制约了审计工作的高效开展。

5.4.2　系统录入数据与上传信息不一致

　　某银行企业经办人员在系统录入押品信息的同时,将附件作为辅助证明材料上传至系统,但在审计过程发现经办人员在系统中录入的数据和审计人员通过附件资料计算的结果不一致。例如,系统录入取得不动产权证书的年份为1995年,土地法定使用年限为50年,按附件计算,2020年土地剩余使用年限为25年,但与经办人员在系统中手动录入的37年不一致。押品数据不准确将导致从企业层面难以对押品进行统一监控与管理,不能及时掌握押品的价值变化趋势,增加了信用风险,同时,无法对押品价值进行准确判断,也不利于及时对保证人进行后续的贷后工作管理。

5.4.3　系统数据缺乏可信度

　　在某银行的年度审计工作中,审计师要求银行从相关信息系统和平台中导出审计所需的明细业务数据,以便开展审计工作。根据审计人员前期访谈和调研情况可知,该行的数据仓库已整合并存储了全行各部门及业务系统的业务交易数据,可以向负责审计对接的财务部门和信息科技部门提出系统提数要求。但是行方表示数据仓库的数据不可信,业务部门不认可这些数据,所以这些数据无法作为审计依据,仍需要审计人员以手动方式由各业务部门及分支机构按照审计调查表进行手工填报。由于缺乏数据确权和认责,导致系统中已有的数据在审计中不可用,而仍须借助传统手工填报的方式,降低了审计的工作效率和质量。

　　导致审计相关数据出现问题尤其是质量问题的原因多而复杂,一般情况下可总结为以下四个层面：

第一，管理层面。由于数据的管理职责不明确，职责切分不清楚，导致无法找到具体数据的管理部门，产生不符合要求的数据也无从问责。

第二，流程层面。由于流程设置不完善，如尚未建立数据更新维护机制，导致数据无法及时更新和同步。

第三，数据标准层面。由于不同组织及同一组织内不同部门对数据本身的理解、标准设定的偏差影响了数据的准确性。

第四，技术层面。由于具体数据处理技术环节出现问题，如接口数据及时率低、接口数据漏传、网络传输过程不可靠，导致数据不完整。

5.5 案例场景五：财务数据问题成为业财一体化管理障碍

随着金融改革逐步深入以及金融信息化水平不断提升，汽车金融作为非银行业金融机构的重要组成部分，其业务发展也逐渐驶入"快车道"。某汽车金融公司在监管政策利好和需求持续增加的双重作用下，历经 10 年的快速发展，目前业务范围覆盖全国 300 多座城市，与近 3000 家汽车经销商或代理商建立了汽车金融合作关系，为超过 200 万名客户提供专业的汽车金融服务，零售贷款余额将近 500 亿元人民币。

出于银保监会的监管需求，该汽车金融公司必须建立与业务经营、监管要求相适应的信息技术架构，在此建设过程中，业财一体化管理的重要性开始凸显。然而在建设发展过程中，该公司发现，由于业务规模高速增长，企业内部数据治理体系不完善，数据方面的问题严重阻碍了业财一体化进程，制约了公司业务发展和战略目标的实现，因此该公司决定梳理数据问题，以实现数据的科学管理。

5.5.1 数据问题及原因分析

公司经营 10 年，核心业务系统、财务系统、数据仓库中存储着大量的历史数据，随着创新业务的不断开展，系统变更越发频繁，导致数据种类复杂多变。而且，大量线下数据与线上数据并存，管理分散，数据质量、数据安全等问题频发，阻碍数据应用。

（1）配套信息化建设不完善导致数据准确性问题

造成该公司数据不准确的原因较多，既有数据批量导入系统的初始化的原因，也有系统功能存在缺陷的原因，究其根本是由于配套信息化建设未能跟上公司不断开拓的业务领域以进行更新和完善。对于很多新业务产生的数据，其数据源多且分散，有埋点平台、服务端记录、人工线下记录等，但相应的系统建设周期长，新设功能易用性不足，数据很难及时在线上得到归集和维护，业务过程中各项要素的基本信息得不到完整准确的描述，业务人员在使用的时候也不会进行数据溯源，数据准确性无法保障。

（2）数据标准体系未建立导致数据一致性问题

数据一致性问题主要表现在数据仓库指标的统计口径上。一方面，数据仓库中有贷后管理系统、客户服务台账、风险登记册等多个不同部门单位的数据源，由于各系统之间计算规则不一致、数据接口不同，导致指标统计结果不一致，财务部门每月都需要花费大量的时间、精力进行对账。另一方面，由于财务部门、风险控制部门、运营部门、市场部门的考核出发点不同，各部门管理层所关注的重点也有所不同。比如，财务部门需要每月统计当月的贷款余额，但风险管理部门只关注不良贷款，市场部门和运营部门则会把不良贷款分等级并对不同等级进行定义，因此从各种维度看到的结果很可能不一致。由于前、中、后台各个部门不同的管理要求，对于同一个指标，指标定义、统计口径、计算公式等都不一致，公司内部也没有成立专门的部门组织以负责数据标准的制定及管理，使相关数据、指标不能支持决策分析。

（3）数据分散管理导致数据可获得性问题

汽车金融公司为满足风险管理需要，除了从内部业务系统获取数据外，还会从第三方获取个人信用评级或市场销售数据，同时，汽车金融业务的复杂性使得相关业务数据的种类繁多。公司既要管理银行、券商等金融机构对金融公司的借贷、融资信息，又要管理金融公司对贷款客户的贷款信息以及合作伙伴的授信信息。以贷款客户类数据为例，就有贷款人、押品、授信主体、担保人、保险方等多种数据，如果客户是企业法人，在此基础上还需要了解其实际控制人、集团总公司等相关信息，而这些数据分散在不同的管理部门，如果是某部门购买的外部数据，其他部门也无权使用。由于该公司尚未从公司层面建立数据体系，数据没有明确的归口管理部门，内部数据没有实现互联互通，外部数据使用率低，导致数据消费者需要花费大量的时间从各部门收集数据。

（4）安全合规管理缺失导致数据安全性问题

由于公司对数据安全缺乏足够的重视，数据资产安全管控体系不完善，没有对数据进行分类分级管理，企业内部线上数据可以随意查询，线下台账数据也可以任意共享，这将带来极大的数据安全隐患。例如，公司的核心业务系统不能覆盖全部创新业务，大量重要数据缺少线上的安全管控，也没有线下安全制度、监管部门的约束，因而客户信息可以在客户部门以及贷后管理部门通过台账进行传输共享，在数据共享过程中难以控制数据传输范围，导致客户数据这一公司的核心数据存在极高的泄露风险。

5.5.2 数据问题解决方案

若要解决上述数据问题，需要借助数据治理手段，通过有效的数据整合、数据应用与数据服务，使企业真正具备业务信息化管理能力。其中，机制设计是数据治理工作的重点，而数据治理的机制设计只有在公司战略和 IT 规划的指引下才能保证其有效性，其价值最终将通过组织架构、制度、流程的建设和执行在公司核心价值链中的关键数据上得以体现。

第一，建立并完善公司级数据治理体系（组织、制度、流程等），确保数据治理工作从上至下有规可依、有章可循、有人可用。基于合规性要求及数据治理的规划目标，设计和编制数据治理相关工作制度，包括数据治理工作总则、数据资产管理办法、数据质量管理办法和数据分级分类管理办法。

第二，数据资产管理。从实际业务出发，构建企业级主题域数据模型，并细化设计客户域的概念模型，通过将客户域概念模型与关键信息系统（核心系统与数据仓库）进行映射，掌握数据分布情况，并识别数据所有者。

第三，数据分级分类。针对该公司在 IT 合规方面的现有问题，结合业界先进实践，设计适用于公司级的数据分级分类方法，制定数据分级分类标准规范及相关流程制度，并根据数据资产管理的工作成果，梳理客户数据分级分类规范。

第四，数据质量管理。统一数据质量与业务指标，在数据质量管理过程中建立问责制。结合业界先进实践，设计公司的数据质量问题检核工作方法，结合公司管理现状与业务的关键问题，包括数据采集、加工和处理过程中涉及的信息系统和人工操作，识别和诊断存在的数据质量问题，并提供相应的解决方案。

理论篇
数据治理体系

第6章
数据组织与职责

6.1　设立数据治理组织的必要性

数据是数字经济时代企业新型的重要资产。之所以谓之"新型"，是因为对数据资产的挖掘利用尚处于起步探索阶段，其价值尚未充分展现，没有像企业的固定资产、流动资产、长期资产、重要投资等那样纳入现行资产负债表内核算。之所以谓之"重要"，是因为作为新能源，数据的存、管、用能力是企业未来的核心竞争力，预期会给企业带来巨大的经济利益。

企业传统的资产均有明确的组织或部门进行管理，如现金及银行存款由财务部门管理、固定资产及无形资产由办公室管理、信贷资产由信贷部门管理、投资由投资部门管理等。数据作为一种新型资产，目前还未像传统资产一样具备成熟的管理模式。随着数据资产价值日益显性化，建立一个组织体系来管理运营数据资产成为企业打造核心竞争力的必然选择。

6.1.1　从财务视角看到的数据问题

大数据时代背景下，大到国家、地区、行业，小到企业及企业内部各领域，都在思考探索数字化转型路径。企业财务管理是指企业根据内外部经营环境和自身业务发展需要，对经营管理中的资金来源和资金运用等进行有效的组织、计划、核算、监控、分析、考核等，从而实现经营管理目标的一系列经营管理活动的总称，包括预算管理、资产负债管理、资本管理、成本管理、风险管理、业绩评价等主要内容。财务管理以其枢纽地位在企业经营管理中发挥着极其重要的作用，财务管理数字化转型是企业全面数字化转型应该思考的首要问题。

以商业银行财务管理为例，主要会遇到如下数据问题。

（1）没有进行企业级维度管理

由于数据分析维度不够、深度不足引发若干问题。如产品维度绩效考评实现困难，产品没有作为重要的主数据进行管理，产品名称、产品编码等产品属性在不同的渠道系统不统一，造成产品数据整合困难。

（2）不能自助便捷地获取管理所需数据

业务人员获取数据主要以固定报表为主，固定报表开发流程长，不能满足时效性要求。特别是明细类数据需要技术人员从后台取数，而由于数据标准缺失，技术人员对数据项业务定义不清，导致提数不准或反复提数。

（3）数据的及时性需求难以满足

大部分管理数据都是以 T+1 日的方式呈现，财务"调账"的场景时有发生。如年终决算日，为保证考核达标，财务人员需要保证存款、贷款、利润、资本、风险等指标达到考核要求，由于决算日终不能获得实时数据，只能于次日要求科技部门在进行账务调整后重新跑批。

（4）没有建立企业级指标体系，指标数据"打架"

固定报表开发由各业务部门向科技部门提出需求，同一指标口径、数据来源、加工过程不一致，使数据莫衷一是，影响决策。如同为"存款余额"指标，财务部门和公司其他部门报告的数据结果不一样。

（5）统计自动化水平较低

虽建设了数据报送平台，但其中大量数据仍依赖手动补录，自动化取数水平不高，影响了数据统计准确性和效率。

（6）统计工作停留在满足监管报送要求层面，没有很好地对报送数据进行分析加工利用。

业务人员进行数据分析工作时面临缺乏技术手段的困境，特别是对明细数据的加工分析，由于数据体量大，必须借助技术手段，依靠技术和业务的高度配合才能更好地加以分析利用。由于缺乏既懂技术又懂业务的数据分析人员，无法在有相关需求的业务场景中使用相应的技术，数据的价值无法体现。

（7）数据质量权责不清

由于没有实施数据认责制度，指标数据和基础数据没有权威部门从数据含义、口径、格式、码值等方面进行规范。数据质量问题出现后，各部门间互相推诿、扯皮，问题难以解决。

（8）业务要素信息缺失

一项业务在客户申请办理至后台支持管理的全流程中，产生的规模、收支、税务、资本成本等数据应在各自环节按统一的颗粒度和信息完备标准生成，才有可能支持后续的整合加工，获得完整的盈利分析测算数据。目前，多种业务在其各类业务要素信息生成过程中，存在数据缺失、数据错误、颗粒度不匹配等问题，导致财务管理精细化程度难以提升。

6.1.2 设立数据治理组织与角色要解决的问题

关于"数据治理是什么"的话题众说纷纭。在 DAMA 的数据管理知识体系中，数据治理处于"车轮图"的中心位置（如图 6-1 所示），被描述为"通过建立数据决策的权限和责任，为数据管理活动和职能提供整体的指导和监督"。DAMA 认为：数据治理处于数据管理的核心地位，指导其他所有数据管理职能；数据治理管理统领其他数据管理领域，确保各项数据管理活动统筹有序开展；数据治理并非一次性工作，必须被嵌入数据管理生命周期和基础活动中。

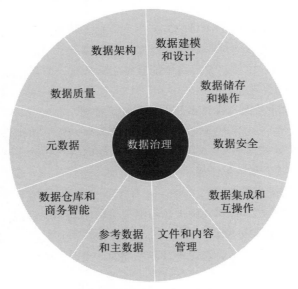

图 6-1　数据治理在 DAMA 体系中的定位

国际数据治理标准 ISO/IEC 38505-1（由中国专家主导编写）中没有对数据治理进行直接定义，而是从责任、战略、采购、绩效、一致性、人员行为方面提出了指导原则。2018 年银保监会发布的《银行业金融机构数据治理指引》提出"数据治理是指银行业金融机构通过建立组织架构，明确董事会、监事会、高级管理层及内设部门等职责要求，制定和实施系统化的制度、流程和方法，确保数据统一管理、高效运行，并在经营管理中充分发挥价值的动态过程"。高德纳（Gartner）认为数据治理是"一种技术支持的学科，其中业务和 IT 协同工作，以确保企业共享的主数据资产的一致性、准确性、管理性、语义一致性和问责制"。2021 年中国人民银行发布的《金融业数据能力建设指引》（JR/T 0218—2021）将数据治理的定义规范为"对数据进行处置、格式化和规范化的过程，是数据和数据系统管理的基本要素，涉及数据全生存周期管理"。

在实际工作场景中，数据治理可总结为"协同"两个字。数据治理的部门和岗位负责协同机构的业务愿景与数据战略对齐，协同数据架构与业务架构对齐，协同 IT 架构和开发与数据服务能力对齐，协同不同的短期项目与长期目标对齐，协同数据流上下游在数据管理方面对齐，协同各组织层级对齐，协同各相关部门在特定数据项目上任务对齐，以及根据我国及全球的数据安全保护的要求与趋势，协同数据跨境时不同地区的合规要求对齐等。

协同各方关系的性质决定了数据治理不应该，也不可能是某个部门、某个岗位甚至某一业务线或某一层管理职能的工作，而必须纳入公司治理范畴。只有纳入公司治理范畴，数据治理才能解决传统数据管理无法解决的数据质量问题（如图6-2所示）。

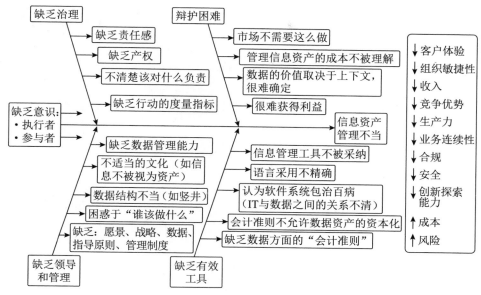

图6-2 数据质量管理的障碍和问题根因

以金融行业为例，2018年5月银保监会发布了《银行业金融机构数据治理指引》（如图6-3所示），要求银行业金融机构将数据治理纳入公司治理范畴，银行董事会、高级管理层推动数据治理的发展，建立组织机构健全、职责边界清晰的数据治理架构，明确董事会、监事会、高管层与相关部门的职责分工，建立数据质量管控机制，依法保护个人信息，推动促进金融机构数据应用。该指引要求数据治理组织架构上至董事会、监事会、高级管理层，下至各业务部门及其分支机构都设有数据管理归口部门。数据治理从传统IT或财务管理中完全分离出来，并成为金融机构面对数字化经济转型必须具备的核心能力。

数据治理组织在以下四个方面开展。

（1）数据确权

一个机构开始开展数据治理，一般会按照本机构的自身条件选择数据治理工作的抓手，但其首要产出物一定会包括整个机构的《数据治理章程》或《总章》作为最高层次的数据治理政策，指导本机构数据治理、管理活动和防范数据风险的基础性政策、建立和完善数据体系所必须遵循的基本原则和纲领。《总章》一般包含数据治理总则、管理范围、组织架构、专项规定、问题处理机制与相应的附则或附件。《数据治理章程》贯穿数据和信息的创造、传输、整合、安全、质量和应用的全过程，数据治理专项办法和细则都应在符合《数据治理章程》提出的原则和纲领的基础上制定。

图 6-3　《银行业金融机构数据治理指引》相关内容

《总章》中最重要的部分是数据的权利确认。以数据标准为例，在最细粒度的数据项所遵循的标准，包括业务标准、管理标准与技术标准中，都须明确此项数据标准的定义与权威解释部门为谁、其加工的权威系统为何、权威系统的负责人是谁。此数据项的管理标准一般落在数据归口部门的数据标准管理组的工作范畴内。

数据确权贯穿数据流动上下游的血缘关系。每个数据项的血缘关系上的每个节点都需要有清晰定义、解释、权威系统与管理者的确权状态。

在数据确权的实际工作中，经常出现同一个数据标准拥有两个或以上权威部门或权威系统的情况，比如"客户证件类型"的码值，在核心业务系统中用"A"代表身份证，在客户信息管理系统中用"01"代表身份证。核心业务系统的业务主管部门是营运管理部，客户信息管理系统的业务主管部门是零售业务部，两个部门都维持自己的数据标准，谁也没有动力或责任去解决这个问题。这是需要专职数据管理部门的一个典型案例。

在监管要求之外，数据确权也是释放数据价值的第一步。《中华人民共和国数据安全法》《中华人民共和国民法典》《中华人民共和国个人信息保护法》都明确规定国家保护个人、组织与数据有关的权益，数据处理者与数据中介担有合规义务并依法开展风险评估，确保数据主体权益得到保护，并提出在数据确权的前提下规范数据交易市场的准入资格。确权是数据进行合规保护基础上的流通、交换、共享与交易等处理活动的基础。

（2）数据认责

权利的另一面是责任。数据确权的同时，对数据有定义、解释、系统创建、加工权利的部门和角色，对数据具有定义和解释的义务。换句话说，对它们所定义的数据标准以及相关的术语，有责任进行统一定义、解释和要求，例如指标标准名称、业务定义、业务口径、统计维度等业务特征，指标标准编号、指标分类、指标状态、指标发布日期、指标维护者、版本信息、主管部门、使用部门等管理特征，以及指标来源系统、数据类型、计量单位等技术特征。

根据指引的要求，除了常见的业务、技术、管理三个方面的数据权责之外，相关部门的数据责任还包括对所负责数据资产的质量、安全承担最终责任，推动数据质量问题的解决并确保数据的安全使用，以及遵从数据管理方面的考核要求。

一般来讲，数据责任的考核内容包括组织制度、关键信息要素项的数据质量、重大事项的扣分与加分项、创新与工作效率提升等。

（3）数据决策协助

数字化转型的特征之一是决策趋于由数据驱动。数据治理组织的职责之一是协助制定本机构的数据战略，与业务和技术职能部门共同制定落地数据战略的数据策略，根据业务架构管理本机构的数据架构，管理企业级数据需求和数据共享及应用服务。

（4）数据管理协同

以《总则》中通常包含的专项管理办法为例，如《数据标准管理办法》《数据质量管理办法》《元数据管理办法》《主数据管理办法》《数据安全分级分类管理办法》等，每项制度都基本包含编制与维护、评审与调整、发布、应用、反馈与评估等环节，而每个环节也都包括各种细则。这就需要数据管理归口部门通过跨业务部门或条线、跨系统或数据流的上下游、跨组织层级来进行协调、拟订、汇报与发布。

在数字化经济中，数据的流动是跨机构、跨产业且跨国境边界的。针对数据传输所隐含的安全风险，各国各地区都在不停地出台各种合规法案。国家与地区层面也密集出台了促进数字助力关键领域的安全、有效、创新的政策，如政务数据的打通，疫情数据的采集、控制与使用，这些都是数据治理所涉及的应用场景。数据治理组织日益关注的一个增长的领域就是数据跨机构、跨行业、跨境传输，并在机构中充当顾问与决策的角色。有些大型企业也会在数据经济领域对自己提出社会责任要求，为国家、社会或行业的整体战略输入可用数据集。

6.2 数据组织的定义

6.2.1 数据治理在组织中的定义与目标

（1）定义

从广义上说，组织是指由诸多要素按照一定方式相互联系起来形成的系统。从狭义上说，组织就是指人们为实现一定的目标，相互协作结合而成的集体或团体。

组织的组成要素主要包括以下三个方面。

- 组织必须有目标。任何组织都是为了实现某些特定目标而存在的，目标是组织存在的前提和基础。
- 组织必须有分工和协作。一个组织为了达到目标，需要有许多部门，每个部门专门从事一种或几种特定的工作，各部门之间又相互配合，把分工与协作结合起来。
- 组织要有不同层次的权利与责任。组织在分工之后要赋予各部门及每个人相应的权利，以便于实现目标。在赋予权利的同时，必须明确各部门及个人的责任。

明白了什么是组织，就容易给数据组织下定义了。数据组织是为了达到某种数据管理目标，赋予企业相关部门、机构、个人不同层次的数据管理权利和责任，相关部门、机构、个人既分工又协作而形成的一个有机整体。

（2）目标

从根本上说，数据治理的目标是保障正确的数据被用于正确的目的，促进数据在权益保护基础上，基于业务场景的价值释放。这个根本目标可以分解为以下六项。

- 提升数据质量，帮助做出基于数据的更高效、更准确的决策，为业务提供数据价值并赋能业务。
- 构建统一的、可执行的数据标准与相关规范，确保数据得以安全、有效地互联互通与共享应用。
- 良好地响应数据生产者、消费者、数据处理技术人员等数据利益相关者的需求。
- 培训组织内部所有的管理层和员工，统一对数据的权责与相关工作的认识，采用共同的解决数据问题的办法。
- 建立可执行、可重复的数据管理流程与长效机制，并确保流程与机制清晰、透明。
- 实现数据资产的可持续营运，把资产的数据治理好、保护好、应用好。

6.2.2 从业务视角看数据组织

（1）数据组织必须是业务和 IT 高度融合的组织

数字化时代，技术已成为企业发展的重要驱动力之一，是转型中的企业不可或缺的力量。如何用好技术，赋能业务管理，促进业务数字化转型，是在建立数据组织时必须考虑的问题。

在建立数据组织之前，业务部门提出数据相关需求，和 IT 部门沟通，弄清需求的具体内容与细节。IT 部门针对该需求规划排期后，由开发人员进行技术开发，然后交由运维人员完成保障工作。

这种方式就像击鼓传花，看似分工明确、流程顺畅，实际上问题重重。第一个问题是过程慢、周期长。第二个问题是由于组织阵线较长导致时间、人力等成本较高。第三个问题是信息沟通阻滞。各业务部门的需求差异造成了技术部门的资源分配不均问题，需要部门之间实时进行沟通调整。在功能型组织结构中，各部门功能差异性较大，部门间彼此隔离，沟通成本高。

业务IT一体化，就是把技术能力建立在业务上，由业务领导担任负责人，业务人员和技术人员一起成立数字化团队，技术人员不再是一个孤立的群体，而是具体业务部门的一部分。业务和技术高度融合是数据组织的显著特点。

（2）数据组织应是企业级的，而非部门级的

有的企业从业务条线的视角设置数据管理部门，如银行从风险管理视角将数据组织作为二级部门设在风险管理部，从授信审查视角将数据组织作为二级部门设在信贷管理部，从财务管理视角将数据组织作为二级部门设在财务部，从线上产品发展视角将数据组织作为二级部门设在网络金融部，也有企业认为数据治理技术性强，因而将数据组织作为二级部门设在技术部。这种从局部视角设置的数据组织，一是由于格局天然受限，只会从其所在部门数字化转型的角度去开展工作；二是即使是有全局视野，也会因为部门层级不协调导致数字化转型推动能力有限。

数字化转型是一项全局性工作，数据组织必须有企业级的架构与分工。

6.3 数据治理组织建立

6.3.1 如何着手建立数据治理组织

一个机构的数据治理顶层设计包括规划数据战略和围绕数据战略搭建数据治理组织架构。数据组织架构体现在机构发布的数据治理总则中，是总则的核心要素，确立了数据管理的组织、归口部门与相关部门的职责，以及相关部门由此产生的职能调整。

在实现机构的数据战略（如图6-4所示）的过程中，建立数据治理组织架构属于初期项目工作中需要完成的关键任务。

（1）识别数据管理的参与者

在项目初期梳理数据生命周期时，会收集到以下重要信息：

● 数据对这个企业在价值上意味着什么？管理层是否了解缺乏数据治理所带来的成本与风险？

● 此企业的数据治理能力成熟度如何？

● 在数据生命周期（CRUD）和血缘关系中，都有哪些数据管理的参与者？（CRUD：Create 创建，Read 读取，Update 更改，Delete 删除）每个人都在做什么？

● 以上这些参与者的数据能力和技能水平如何？

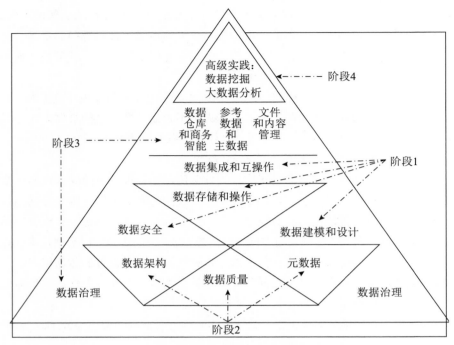

图 6-4　Aiken 金字塔表示的组织数据管理战略的演化路径

通过了解上述信息，初步完成了对数据管理人员（尽管他们目前的岗位不一定有"数据"二字）的盘点。这些参与者一定是分散于各个部门、拥有不同职位的。同时，通过这种盘点也可以察觉到在数据管理不同流程，如数据质量管控、数据集成、数据问题解决等过程中某些重要角色的缺失。

（2）识别数据治理委员会的参与者

在数据确权和认责的过程中，我们也会了解到企业目前的管理方式与文化。例如，某个数据相关的决策是由谁做出的？一个具体数据问题是由哪些人解决的，还是没有解决？目前是谁在从事数据管理相关工作？

一个必要的文件是此机构的组织架构与部门职责说明，这是确认数据权利、责任与考核的最终依据，也是数据治理委员会构成的重要参考资料。从这里我们可以了解到各个部门与岗位的汇报关系，以及企业级数据管理覆盖了哪些部门。

通常在请示成立数据治理委员会的时候，我们会发现企业中已经存在了其他很多委员会，也会被问到是否可以利用现有委员会推进数据治理工作。从明确组织职责的角度来说，答案是否定的。现有（服务于其他目标的）委员会很可能使得数据治理工作无法得到应有的关注，造成数据问题无法在应有的层面得到有效解决，或数据战略和关键决策得不到合理的制定与支持，而专门的数据治理委员会可以更合理、更高效地规划所需的变更。专门的数据治理委员会不仅能在建立数据治理组织的初期发挥建章立制的作用，随着数字化和智能化工作方式的转型，委员会还须负责不断优化数据治理体系、管理与技术能力以及运行效果，并通过制度流程持续加以固化，以确保数据治理工作的持续发展。

（3）识别和分析利益相关者

利益相关者是指在数据CRUD的任何一个环节有影响或被影响的所有人或实体，可以是内部或外部的领域专家、管理者、员工、客户、供应商或监管机构等。数据的血缘关系可以帮助识别大部分利益相关者。他们与数据治理的相关点通常体现在三个方面：数据需求、数据问题，以及组织与流程变革对他们工作方式与业绩的影响（如图6-5所示）。

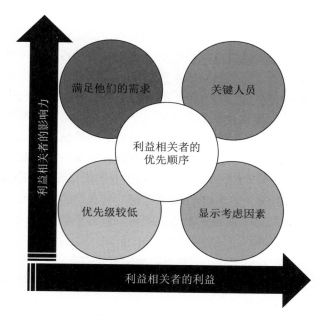

图 6-5 利益相关方示意图

Aiken金字塔中的初期项目经常会引入数据标准管理与数据问题解决的流程。收集数据问题、追踪数据问题是现有管理制度下的解决方式与痛点，是非常有价值的信息。它揭示了当前企业"全覆盖""全周期"的范围内谁在管理数据、这些人都扮演着什么角色，以及他们之间如何沟通与协作。

收集数据问题的阶段经常夹杂着收到新的数据需求，它们可能是对新的数据的需求、对已有系统的新功能的需求，或是单纯对获取数据速度或质量的更高要求。鉴于数据需求管理在成熟的数据治理企业中通常被作为数据管理归口部门的一项职能，在数据治理组织建立初期，了解数据需求如何被管理和满足，是非常重要的。数据需求往往是企业引入新业务模式与新数据处理技术的原因，也是优化数据架构、调整数据战略的重要因素。

对企业数据治理成熟度现状的评估也会揭示利益相关方的组织方式与运营模式，如汇报关系是集中制还是自发和分散的、项目管理周期与数据生命周期之间的关系如何、企业文化中对优化改进数据管理流程存在哪些文化上的阻碍、哪些部门和人员对改进数据治理有更强的动机与推动力。

6.3.2 建立数据治理组织

数据治理组织的建立必须根据企业自身的业务目标、竞争优势与数据战略自行决定，切忌生搬硬套；必须从实际出发，随着企业数据治理能力的提高而演变，切忌追求一步到位。

银保监会《银行业金融机构数据治理指引》第八条（银行业金融机构应当建立组织架构健全、职责边界清晰的数据治理架构，明确董事会、监事会、高级管理层和相关部门的职责分工，建立多层次、相互衔接的运行机制。）、第十一条（银行业金融机构高级管理层负责建立数据治理体系，确保数据治理资源配置，制定和实施问责和激励机制，建立数据质量控制机制，组织评估数据治理的有效性和执行情况，并定期向董事会报告。）、第十二条（银行业金融机构应当确定并授权归口管理部门牵头负责实施数据治理体系建设，协调落实数据管理运行机制，组织推动数据在经营管理流程中发挥作用，负责监管数据相关工作，设置监管数据相关工作专职岗位。）、第十四条（银行业金融机构应当在数据治理归口管理部门设立满足工作需要的专职岗位，在其他相关业务部门设置专职或兼职岗位。）清楚说明了数据治理组织在机构中的成立原因、管理定位及其所应发挥的职能和作用。在本章中，我们借用金融业术语，将负责数据管理的专门部门称为"归口部门"。

数据治理组织架构是机构各个职能单位协同方式的正式化和固化。这种固化是随着企业的数据管理成熟度的提高产生的，并非从无到有、凭空而来。在固化数据治理组织架构之前（无论是否称为"数据治理"），企业里往往已经有虚拟的、有经验的和自发的数据治理的功能、角色与流程存在。

让我们回顾一下数据治理组织的最佳实践的发展历程。数据管理这个概念刚提出的时候，被作为一种独立于 IT 管理和业务管理之外的管理职能，数据治理则是被包含在数据管理中的一个环节，在组织架构中也是被放在某一职能部门（一般为IT、运营或财务）下，而非独立的归口部门（事实上现在的很多企业也是如此。金融领域的强监管特色导致了归口部门成为金融企业的标配，极大地加快了金融同业的数据治理组织架构的建设）。在这种组织配置下，负责数据管理的部门迅速发现了协同方面存在的问题：没有权利和能力管理数据的全生命周期、无法全覆盖地管理数据的创建与处理、无法说服其他部门一起解决数据问题、无法对数据质量实际负责等。发生这种情况时，对数据质量提高具有强动机的一个或多个部门，从实践出发，会强调形成跨部门、跨条线的"虚拟工作组"或"虚拟部门"，来应对上述协同问题。

此时的"虚拟工作组"解决的是某类具体问题，如在不同数据竖井中的一致性与标准化的问题、报表数据不及时的问题等。在解决问题的时候逐渐形成了跨部门协同的流程。这些问题往往是成立数据管理归口部门时定义的部门职责范畴，而经过虚拟工作组实践得来的流程也经常是最先被固化为企业级制度的流程。从 Aiken 金字塔的实践总结来看，这些制度大概是企业的数据标准管理制度与流程、数据质量管理制度与流程、元数据、数据模型、数据架构的管理制度与模型，即我们经常说到的数据管理的"核心领域"内容（如图 6-6 所示）。

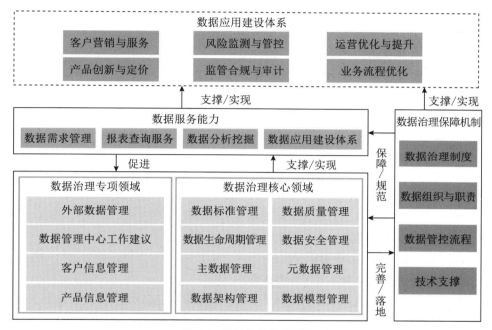

图 6-6 数据治理体系框架

在虚拟工作组时期，事实上已经形成了部门间冲突升级的机制，以及对企业数据战略的蓝图绘制的责任归属与议事机制，这些机制在固化后，成为企业数据治理总则的重要组成部分。随着数字化经济的发展、企业数字化转型的推进，企业的业务模式越来越依赖于从数据得来的洞察与决策，企业趋于将数据战略纳入自身发展的战略，以及制定随之而来的数据策略，以求变现数据资产的价值。该阶段的企业形成了另一些"虚拟工作组"——对数据需求进行统一管理、将技术能力与数据战略对齐、采用新技术的数据实验室等既不完全属于业务也不完全属于 IT 的跨部门协作形式。

这解释了我们看到的数据归口部门设立的成功案例中将数据治理的核心领域（数据标准、质量、元数据管理等）作为最先发布的部门职能的原因。随着核心领域制度的稳定、组织磨合与优化，往往将数据需求管理、数据应用服务规划、创新研究等纳入部门职责范围，并将归口部门升级，使其逐步成为引领业务发展的数据引擎功能的具体承载者（也就是逐步将分散式的数据管理功能中心化）。

数据归口部门设立的目标是牵头数据工作各参与方的协同与配合，而协同的前提是明确各参与方的职责，理顺企业各部门间、各级机构间工作的协同关系，梳理数据治理领域各主要板块的管理流程。要进行数据管理部门的职责划分，首先要对业务部门、IT 部门和数据管理部门之间的特征差异与合作平衡有正确的理解。

企业是为了业务而存在的。从数据管理的角度来看，**业务部门的职责包括：**

- 制定业务战略；
- 定义产品或处理需求；
- 定义分析或数据需求；
- 批准或接受相关方案；
- 遵守数据治理原则及标准；
- 提供相应资源以保证数据所有权及配套机制得以运转；
- 为数据、系统提供业务主题数据专家。

IT 部门的职责包括：

- 构建数据技术框架、技术标准；
- 基于业务需求和企业数据政策提出并构建技术解决方案；
- 成为企业数据用户的合作伙伴，确保其更轻松地获取数据；
- 建设并维护标准化的数据工具及相关基础设施；
- 基于企业数据路线图开发并实现数据需求。

数据归口部门的核心职责至少包括：

- 构建并宣贯企业数据政策和路线图；
- 构建并维护数据治理政策、制度、流程和标准规范；
- 管理元数据、数据标准、数据质量、主数据等；
- 分析数据需求并通过数据源、数据集市等提供解决方案建议；
- 分析应用解决方案建议。

数据治理委员会的职责至少包括：

- 对企业数据治理结果负最终责任，规划数据治理工作和发展路径；
- 协调并配置数据治理工作所需的企业级资源；
- 督促各部门分配并落实相应数据治理工作职责与角色。

数据治理组织的建立，要注意与企业的组织层次结构和资源保持一致（这也是企业的组织架构与部门职责的定义文件对数据治理工作至关重要的原因）。激进的、运动式的组织改革从统计上来讲失败的案例居多（后文会简要讲述数据治理组织带来的企业变革的管理），而成功的案例基本上都具有适应现有的组织文化和组织规范的特征。

因为数据治理的组织兼具牵头实现企业数据战略和监督保障数据质量合格的功能，所以它既需要获得高层的支持，以自上而下地推动业务模式的数字化转型，也需要得到一线工作人员对其可用性的认可，以自下而上地实现数据工作能力的提升

（如图 6-7 所示）。

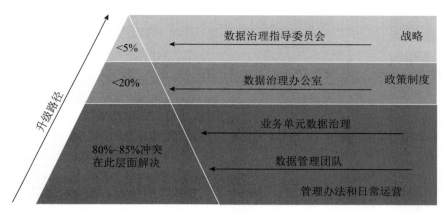

图 6-7 数据问题在数据治理组织中的升级路径示例

数据治理组织设计中的一个关键步骤是确定组织的最佳运营模式。运营模式是阐明角色、责任和决策过程的框架，它描述了各单位如何互相协作。图 6-8 所示为典型的数据治理组织的运营框架示例。图 6-9 所示为银行业归口管理模式的典型示例。图 6-10 所示为某商业银行的数据管理组织架构示例，也就是最常见的三层组织架构。

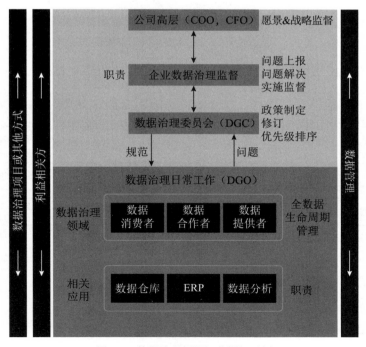

图 6-8 数据治理组织运营框架示例

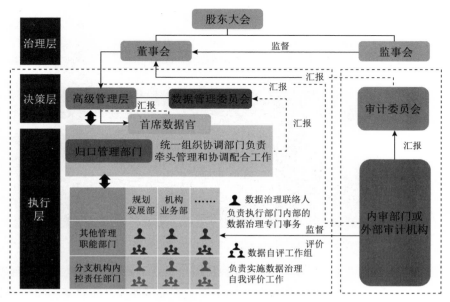

图 6-9　银行业归口管理模式典型示例

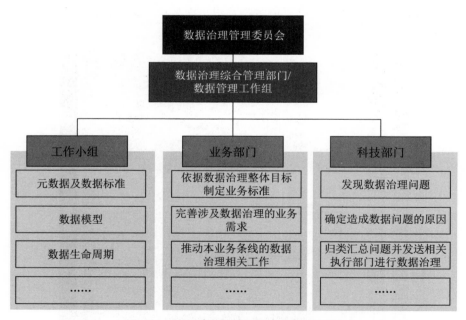

图 6-10　某商业银行数据管理组织架构示例

下面以图 6-10 所示架构来说明各个层级的权责分工。

（1）数据治理管理委员会

数据治理管理委员会是董事会与高级管理层的融合组织，旨在提高决策的权威性与议事效率。其组织成员包括董事会和党委会中的核心成员和企业高层管理者（如银行里分管核心职能部门的副行长）。其职责包括制定企业的数据愿景、数据战略，审批或授权审批与数据治理相关的重大事项，建立和批准数据治理体系，确保数据治理资源配置，制定和批准问责和激励机制，建立和批准数据质量控制机制，是数据治理的最高决策层，实际上承担着企业数据治理工作的最终责任。

依据金融业的监管要求，委员会定期（如每半年）召开会议，其会议纪要作为监管合规审计的资料，主要考察企业是否真正制定了数据治理工作的指导思想、数据战略，是否健全了数据治理制度、责任与岗位设置、工作流程与沟通机制、汇报路线、统筹协调的系统化部署等。

（2）数据治理工作组

数据治理工作组有时也称为委员会办公室，是委员会授权日程管理决策职责的组织，成员包括归口部门负责人、企业重要数据所涉及的相关部门负责人等。工作组主要实现针对具体事项的跨部门沟通与协作、利益相关者的识别、工作资源的分配、数据治理工作具体维度的评估，在建设数据治理体系过程中，实际上拥有制度与流程设立的最大发言权，也承担改进流程与项目、识别和规避风险、引入创新、评定考核方法等具体责任。

在工作组中，数据归口部门之外的业务部门负责本业务领域的数据治理，管理业务条线数据源，确保准确记录和及时维护，落实数据质量控制机制，执行监管数据相关工作要求，加强数据应用，实现数据价值。部门内设置专职或兼职岗位来满足企业建立数据治理工作需要的专业队伍的需求。技术部门负责数据标准、数据质量管控等工作的技术实现，提供数据治理所需的管控平台、管理工具以及信息技术支撑等工作。

工作组最重要的工作之一，是协助达成企业内领导之间的共识。如果领导者之间没能达成一致，可能导致他们发出抵制并最终破坏变革的信息。由于领导的专业背景与职责不同，其对数据治理的价值与实施方法天然具有认知上的差异。这些差异主要表现为对数据治理目标的定义不一致、对数据治理结果的期待值不一致、在数据工作职责分工与考核机制上存在分歧。工作组需要评估并定期重新评估各级领导者之间的意见，确定他们之间是否存在较大的分歧，并采取措施快速解决这些问题。

（3）数据治理归口管理部门

数据归口管理部门的狭义职责包括牵头负责实施数据治理体系建设，协调落实数据管理运行机制，组织推动数据在经营管理流程中发挥作用并进行相关考核；广义上则延伸到发挥数据资产价值、优化数据服务与应用、引领数据创新应用研究等。

数据治理组织建立的成功案例拥有一些关键要素的公约数。其中比较重要的有以下几点。

● 高层的支持：拥有适当的高层支持，可确保受数据治理规划影响的利益相关者获得必要的指导与资源配置。成功的数据治理组织把与高层的沟通放在非常优先的位置，对重要的事项秉承尽早沟通、持续沟通、经常性沟通的原则，通过与高层的沟通来影响所有利益相关者参与数据治理工作。

- 明确的愿景：数据治理组织的设立是为了确保企业的数据治理工作顺利开展，而数据治理工作的目标是实现企业的愿景。根据企业所处的发展阶段与业务特征，这些愿景（以 Aiken 金字塔的发展路径为例）可能是"为提高我司各业务部门的数据应用效率，满足日益严格的监管和信息披露要求，更好地支撑我司的经营决策"，也可能是"为落实我司数字化转型战略，全面实现大数据体系对我司营销精准化和管理精细化的支撑，更好地发挥数据资产价值"，以及"挖掘数据价值，实现数据向资源、资产的转变，发挥数据在企业生产经营活动中的驱动作用，优化企业资源配置，应对市场不确定性，提高核心竞争力"等。

- 利益相关者的参与：数据治理组织的建立必然对个人和团队产生影响，这些个人与团队会对新组织、制度以及企业势力分布的变化产生不同反应。对数据治理的熟悉度、关注度与数据能力会影响利益相关者对数据治理组织建立与协作的态度。明确权责和考核机制、加强沟通、理顺流程，是减少利益相关方对新组织的抗拒、激发其参与数据治理工作积极性的前提条件。

- 演进，而非革命：在数据管理的各个方面，"演进而非革命"的理念有助于最大限度地减少重大变化或大规模高风险项目。在实践中，增量变化更容易被证明，也更容易获得利益相关者的认可和支持。在一些不成功的组织建立的案例中，我们观察到"弯道超车""后发先至"之类不切实际的期望，导致在归口部门设立之初就把 Aiken 金字塔中所有元素堆放到数据管理部门的职责范围内，在数据质量基础不可靠的情况下，大规模建设数据服务应用，并要求数据应用创新方面的业绩。这种做法将导致新的核心数据管理流程没有足够使用周期来完善，一个流程的改动影响范围过大，而不稳定的流程、不可用的数据质量则导致利益相关者失去信心，最后部门重新改组回归数据治理的核心职能，而此种部门设立、企业治理总则的频繁变化对公司组织架构的权威性并无积极的影响。

6.4 数据归口部门与其他数据相关机构间的沟通

6.4.1 不同类型归口部门的沟通优势

以金融银行业的数据治理组织架构为例，由哪个部门作为归口管理部门是业界关注的热点与话题。各家银行根据自己的实际情况进行考量，确定的部门也各有不同。从银行实践来看，因为巴塞尔新资本协议的实施，有从风险出发而归口在风险管理部门的，也有因监管统计报送以及《银行监管统计数据质量管理良好标准》的实施而归口在计划财务部门的，还有因为科技属性较强、与各信息系统强相关而归口在信息科技部门的。此外，越来越多的银行单独设立一个数据部门来对数据相关的工作进行归口管理，还有一些银行将业务部门和技术部门共同作为归口管理部门。图 6-11 所示为几种典型的归口部门设立方案。

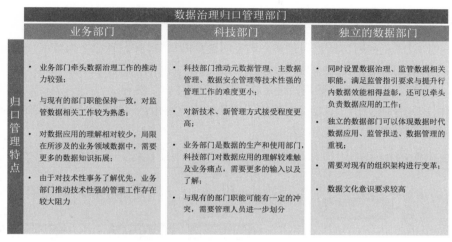

图 6-11 几种典型的归口部门的设立方案

在与委员会、工作组内其他利益相关方沟通时，业务部门作为数据归口部门有着天然的优势：理解现有与未来的业务模式，充分认识到数据对业务发展与企业战略的价值，了解业务应用的实际使用场景与优化需求，对数据治理的目标、成本与效果有清晰和实际的认识，因此对牵头数据工作的推动力较强，且对监管报送中的数据业务逻辑较为熟悉。金融业的业务部门精通统计、大数据分析等数据科学，在数据管理方面对质量维度评估、确保可用性的流程有着天然的理解与认同，并且与高层沟通时有能力使用一致性的业务管理视角与语言。业务部门作为数据创建、数据质量管控与数据问题汇总的职能单元（如数据流下游的财务部），也有着天然的短板：对数据应用的理解往往是部门级而非企业级的；难以推动技术性强的数据管理工作，如数据架构、安全管理、元数据管理等。

数据管理的发展历程中，科技部往往是最先被考虑作为数据归口部门的职能单位，因为从技能来讲，推动元数据、主数据、数据标准、数据质量、数据安全与数据架构管理的难度更小，对新技术接受度更高；但其缺陷也很明显，作为后台部门，与业务场景距离最远，科技部对业务的理解程度很难说服业务部门协作推动跨职能的企业级数据治理工作。

独立的数据管理部门是目前主流的组织架构，在人员方面可以抽调业务与科技部门的相关人员共同组成，在数据工作中起到独立的立法和司法职能，也具有演变的空间与潜力。随着企业数据管理成熟度的提升，数据管理部门的职责可以从数据标准管理、元数据管理、数据质量管理、数据架构管理等核心功能，扩展到企业数据需求的统一管理、企业数据服务能力建设的统一规划并将数据服务产品化、数据合规与风险管理、业务应用创新研发等。从目前典型的成功案例中，可以观察到数据归口部门从银行的二级数据管理部升级为数字银行部一级部门，并在实际中引领和推动着企业的数字化业务模式转型。

6.4.2 与内部机构之间的沟通

我们以常见的财务数据问题来举例说明数据归口部门（姑且称之为数据管理部）与各个利益相关方的沟通内容、目标与产出。

如上文所说，在企业数据治理《总则》的附件中，必然有专项（数据标准、质量、元数据等）管理制度。制度中则包括了相关的流程与角色，以图 6-12 所示的中企业数据质量问题的解决流程为例。

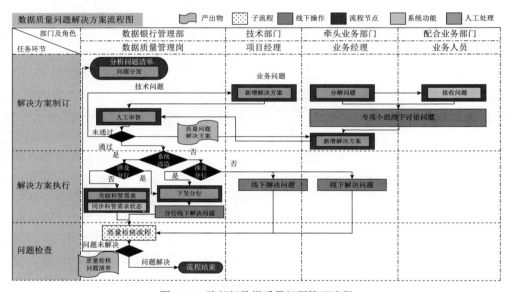

图 6-12 跨部门数据质量问题管理流程

某日数据管理部收到财务部反映某笔交易中"承兑汇票、信用证业务的明细数据存在到期日小于数据日期"的情况，此问题出现于财务部使用的"资产负债管理系统"，但血缘关系显示数据来源于前台两个部门使用的"信贷系统"。科技部信贷系统的负责人确认了在这笔交易中，系统产生了"信贷保证金合同到期日期小于签定合同日期、到期日期小于开始日期"的现象，并解释此为贷款展期等业务情境下的传统默认操作方式。业务经理要求这类问题不要再发生。

数据管理部了解到每个报表周期几乎都会出现这种情况，并做了以下处理。首先，在来自信贷系统的此类数据中加入数据检核机制，将数据与相应的数据标准（如取值的准确性约束）进行对标，下次这种情况的发生会直接触发一个数据异常并获得关注，使错误数据在弥漫至下游之前得到处理。其次，数据管理部与信贷系统和资产负债管理系统的负责人讨论是否有可能从功能上避免这类异常情况的发生，经过分析数据的 CRUD，结论为无须更改生产交易系统，而应变更财务部报表取数的数据源，即从交易系统换为数仓等存储历史记录的分析型数据库。这个改进的建议被提给数据管理部中的数据架构师与科技部的开发人员评估。数据架构师决定将此需求纳入优化企业数据交换层与数据服务层的功能部分，并经常与数据管理部交流数据异常问题都是什么、产生的原因是什么，发现类似的情况还存在不少，比如财务部会计管理系统中"贷款业务上次重定价日大于数据日期""贷款业务下次重定价日小于等于数据日期"等错误，数据源除了来自信贷系统还来自核心系统。数据架构师结合从数据需求管理小组获得的信息，对企业的数据架构不断进行优化，数据管理部则将这些优化更新纳入数据架构管理。

当遇到现有业务模式无法解决的持续发生的数据质量问题，如多起重复出现的"内部机构号为空""员工状态为空""柜面系统录入不全"，必须手动通过关联其他信息表补录的数据，结合数据需求管理收集到的一些员工希望将大量重复性的工作自动化，数据管理部结合目前金融科技可用的解决方案，提议并协同科技部、业务部门引入 NLP/RPA 流程机器人等新技术，不仅规避了手动操作的数据问题、提高了工作效率与准确性，而且为业务的进一步智能化（智能风控、审计、交叉销售等场景）提供了先行试点经验。这也是为什么很多数据管理组织的建立会将数据质量提升作为早期的抓手，由此开始实现业务场景和流程的创新与数字化转型。

业务部门引入外部数据的需求也会通过数据管理部来协同实现内外数据的集成服务。

数据合规也是数据管理部与其他部门与机构沟通的要点，例如 2020 年 5 月银保监会对八大行针对数据治理问题的罚款，促使很多金融机构对照《指引》与属地银保监局的发文，就监管报送工作进行了自查，并根据自查结果，进一步推动企业内各部门的职责划分与协作，将数据治理真正纳入公司治理范畴。

6.5　数据管理角色（岗位、职责与技能）

6.5.1　组织角色

数据管理的组织角色涵盖数据治理委员会、工作组或办公室、归口管理部门、业务部门、IT 部门等，已经在上文中详细说明，此处不再赘述。

6.5.2　个人角色

（1）首席数据官（CDO）

1）概念

关于"首席数据官的工作内容是什么"，并非像其他高级管理职位一样由字面意思可知，其职责内容和优先级是根据对各个企业的调研形成的洞察报告来确定的。

例如，某一行业设置 CDO 的百分比，"他们正在做什么"。可以得出的结论是，CDO 的使命是包括建立与实现数据资产战略与领导力、通过数据治理保障数据安全合规、提高数据分析与创新能力、实现数据运营与数据资产变现的增值能力。从全球 CDO 设置历史较长的国家和地区收集的数据显示[①]，CDO 优先级最高、重合最多的任务分布在企业数据治理、企业数据战略、数据质量管理、数据架构、元数据管理等方面，大部分 CDO 被授予数据治理、数据架构、商务智能（BI）与数据合规管理的职责，并专注于制定组织的数据战略、管理数据资产、建设数据队伍。由于我国绝大多数企业数据管理目前正处于起步、提升和定义的阶段[②]，数据显示，目前企业数据管理的主要任务是数据标准化制度的制定、核心数据资产梳理、核心数据与优质数据的管控和使用，CDO 在处理以上事务的同时，也面对业务模式创新、成本优化，以数据科学支持驱动业务发展与决策支持、业务流程智能化与运营能力优化的业务需求，以及企业缺乏数据文化，缺乏相应的制度、流程、工具、人才、技能和考核标准等痛点。有的 CDO 甚至面临缺乏高管的支持或与高层无法达成一致性的困境。

2）企业需要

数据治理的重要性日益凸显，并成为现代企业管理至关重要的影响因素之一。随着 IT 技术的发展，"企业数据治理"作为一个全新的管理概念被提了出来，这也正是促使 CDO 成为企业管理团队中重要角色的原因。同时，随着数据重要性的凸显，在企业中往往会出现三种很明显的不足：其一，在进行数据建模等工作时，与业务的需求联系不紧密，很难准确地反映业务现实中需要的维度，并据此形成适当的指标和标签进行数据挖掘分析；其二，当更多的数据被分析出来后，"然后"却没有下文，未能将数据分析的结果完全转化为业务语言，数据无法转化为信息和智慧；其三，数据治理是一项长期工作而非项目制、战斗式的工作，企业中的数据工作如果以项目为单位进行，而非根据业务需求和战略方向有计划地、持续地、运营性地进行，一方面会继续造成数据孤岛的形成，另一方面无法实现数据洞察能力，无法把数据管好、用好。CDO 这一职位应运而生，且需要承担起全面发挥数据价值的重任。

3）汇报关系

CDO 不仅仅是技术层面的，企业中的数据工作需要独立于业务部门、IT 部门、销售部门而存在，同时需要和这些部门紧密相连，对业务部门、品牌部门负责。CDO 一般直接向 CEO 或高管层汇报，以很好地将数据的价值与企业的决策进行关联。

4）任职资格

CDO 必须具备丰富的行业经验与专业知识，在本行业相关的关键业务领域具备

---

① P.Aiken，& M. M. Gorman（2013）. The Case for the Chief Data Officerr: Recasting the C-Suite to Leverage Your Most Valuable Asset. Morgan Kaufmann，2013，Print.

② 数字产业创新研究中心：《2020 中国首席数据官报告》，2020 年版.

领导信息管理计划的丰富经验，在业务和信息技术架构方面具备专家级经验，熟悉领先的架构标准，熟悉企业元数据管理（包括业务元数据和技术元数据）、OMG标准。调研显示，CDO最重要的两种能力是卓越的领导能力和与高层沟通的技巧，除此之外，还需要具有丰富的数据治理、数据管理专员制度和数据质量等方面的专业经验，在应用方面也需要大数据科学相关的知识与应用技能。

成功的CDO具有如下特质：

● 不太侧重于技术但是具备很强的技术背景。
● 具备综合的技术能力、业务知识和人员沟通管理技巧。
● 具备把业务需求转化为信息技术方面的问题的方法、经验和业务知识。
● 理解风险、产品和服务、客户等方面的核心数据信息。
● 可以和IT人员、数据管理专家等协同工作来缩减信息差距。
● 具有政治技巧、高超的人际关系处理能力和沟通技巧。

（2）数据分析师

数据科学是一门整合了数学、统计学、计算机科学、数据可视化技术以及具体行业的专业知识的学科。数据分析师的工作就是量化问题，然后利用数据科学去解决问题。数据分析师的主要工作包括分析数据、处理数据和解读数据。

作为数据分析的灵魂，统计学是数据分析师必须熟练掌握的知识。通过对统计学中概率分布、假设检验、贝叶斯理论等概念的理解，数据分析师能更好地解读数据。数据分析师还应当对预测模型有深刻理解，尤其是常见的回归、聚类、决策树等预测模型，这样有助于在理解应用场景的基础上合理构建预测模型，从而对未来的情况进行正确的预判。数据分析师还要能够熟练使用一种或多种统计软件，其中不仅包括以EXCEL和SAS等为代表的当下流行的统计分析工具，还应当包括以Spark和Hadoop为代表的得到越来越广泛的应用的大数据框架。数据分析师还应该具有优秀的代码能力。优异的口头表达能力和强大的视觉表现力也是数据分析师应该具备的技能。数据分析师最应该具备的是强烈的好奇心。对解决问题的渴望也是数据分析师应该具备的。

与CDO相比，作为专业的数据科学研究人员，数据分析师通常要处理专业性更强、更具体的数据问题，因而需要极强的数据分析和数据处理能力，而CDO更多是处理关系到企业经营与战略决策方面的问题。但是随着企业越来越重视数据，数据分析师也将越来越多地参与企业经营和决策，这就对数据分析师的技术水平和业务能力提出了更高的要求。称职的数据分析师不仅要有对数据分析的深刻理解，还应有丰富的业务知识，能够受理并分析业务部门提出的数据需求，独立设计方案、解决相关问题。

企业的业务部门往往也配备了数据分析师，这些人员精通企业的业务、产品、流程和数据，了解企业经营管理的统计分析需求，也会作为数据治理的业务部门对接人参与企业级数据治理工作，负责本业务条线的数据治理与统计分析工作。

（3）数据挖掘师

数据挖掘师应具备数学和统计学方面的理论知识，才能在理解数据模型的基础上，进行合理的模型选择、组合、复用，甚至创新，以处理实际问题。

除了良好的数学及统计学理论背景外，数据挖掘师还需要具备强大的编程能力，尤其是实际开发能力和大规模的数据处理能力。很多数据的价值其实都来源于挖掘的过程。

另外，数据挖掘师还需要具备特定应用领域或行业的专业知识。大数据是和特定领域或行业的实际应用结合起来产生价值的，所以数据挖掘师不能脱离这些实际应用，不能只是懂得数据，还需要对与业务相关的领域有一定的理解。

（4）数据运维工程师

数据运维工程师的主要职责就是对大数据平台运行进行日常维护，能及时发现并解决平台运行中出现的各类问题，保证大数据平台运转的连续性。

由于大数据系统是一个非常复杂的系统，涉及的技术繁多，对数据运维工程师提出了非常高的技术和能力要求。数据运维工程师应熟悉 Java、Python、Shell 等语言，熟悉 Hadoop 工作原理，并对 HDFS、MapReduce 的运行过程有深入理解，熟悉数据仓库体系架构，熟悉数据建模，熟悉大数据生态圈及其他技术等。

（5）数据架构师

数据架构师的主要任务不是写代码，而是负责更高层次的开发架构设计。例如，负责对整个应用软件系统提出整体解决方案，对整个平台的数据架构进行设计，根据业务功能进行企业级数据模型设计，管理元数据和数据血缘关系。

数据架构师首先要了解各种编程语言，比如 Spark、Python、Hive、CSS、HTMLS 等，并且对最新的技术有一定的研究和关注，还要理解项目需求，对项目的整体方案做出设计和实施，跟进项目并将其最终转化为软件架构。另外，数据架构师要具备采用大数据技术分析海量数据的能力，了解机器学习技术，知道如何更好地在云计算环境中工作，并具有云计算的经验和知识，要在数据仓库和数据挖掘方面具有丰富的经验。

除了以上所列要点，数据架构师还应该了解企业的业务架构，从业务视角出发设计与之相适应的数据架构，统筹企业级的信息系统和数据平台建设需求，并合理分配资源，避免重复、交叉开发和建设带来的数出多源等数据质量源头问题。

（6）数据标准与质量工程师

数据质量管理是指对数据从计划、获取、存储、共享、维护、应用到消亡的生命周期中每个阶段里可能引发的数据质量问题，进行识别、度量、监控、预警等一系列管理活动，并通过提高和改善组织的管理水平，使数据质量获得进一步的提高。数据质量管理的终极目标是通过可靠的数据，提升数据在使用中的价值，并最终为企业获取经济效益。

数据标准是数据质量的衡量标准，也是实现数据质量源头管控的重要手段，因此数据标准和质量是联系紧密的两项常规的数据管理工作。

数据标准与质量管理不单纯是一个概念，也不单纯是一项技术、一个系统、一套管理流程，而是一种集方法论、技术、业务和管理为一体的解决方案。数据标准化与质量管理是企业数据治理的重要组成部分，企业数据治理的所有工作都是围绕提升数据质量目标展开的。

数据标准与质量工程师是一个知识技能要求比较全面的角色。其一，该角色要具备一定的管理能力，如能落实数据标准的制定与实施，推动数据质量问题从整改方案制定、问题分发、问题整改到考核考评等全流程管理活动的进行。其二，要具备必要的业务知识，如快速理解业务逻辑、业务场景。其三，要具备必要的技术技能。如熟悉数据仓库建设理论，理解数据模型，理解数据 ETL 过程，熟练掌握 SQL 等。

（7）数据安全管理员

数据安全是指通过采取必要措施，确保数据在数据全生命周期中处于有效保护和合法利用状态。数据安全管理是指从决策层到技术层，从管理制度到工具支撑，自上而下建立的数据安全保护体系和保护生态，是贯穿整个组织架构的完整链条。

数据安全管理员的管理职责主要包括：负责企业数据安全管理制度及标准规范的制定与持续优化，推动数据安全相关管理流程的标准化执行；负责配合技术团队建设数据安全体系所需的平台工具，提出安全策略要求，设计配套安全管理流程；追踪并研究国内外数据安全方面的法律法规及相关要求、数据安全发展动态，并组织企业内推动落实；负责定期组织数据分类分级的更新，推进数据防泄漏策略与流程的梳理和优化；负责参与敏感数据使用流程的审核，以及数据脱敏方案的制定与优化并推动实施；负责开展数据库审计及数据安全监控，监视数据安全管理机制的有效性；负责根据业务需求评估数据安全风险，提出安全管理解决方案并推动落地；协同各部门共同推进个人信息安全与隐私保护。

数据安全管理员应全面了解国内外数据安全与隐私保护的有关标准和规范，具有数据生命周期安全维护、大数据安全维护、客户信息保护、隐私保护等方面的丰富经验，同时应熟悉敏感数据识别、数据加密脱敏、数据追踪溯源等安全技术。

6.6　数据组织建设中的变革管理

数字化转型需要变革人们的协作方式，改变人们对组织中数据所处角色的理解，以及人们使用数据和技术部署来支持组织流程的方式。推动数据管理工作，需要对数据在组织中扮演的角色、数据将如何作用于组织的发展进行重新思考。数据管理的成功实践往往有以下特征。

- 根据价值链调整数据责任制度，构建跨条线横向管理机制，将垂直的部门数据责任制度转变为跨部门整合、共享的数据管理工作。
- 将局部业务或 IT 关注数据核心价值的数据演变为整个组织的核心价值，将对数据的思考转变为组织的核心价值能力。

要达成上述目标需要变革组织数据处理的方式，以及在数据相关活动中的互动方式。"变革管理"（change management）即当组织成长迟缓，内部不良问题产生导致无法应对经营环境的变化时，企业必须制定组织变革策略，对内部层级、工作流程以及企业文化进行必要的调整与改善管理，以实现企业的顺利转型。

建立数据组织架构本身就是企业发展中的重大变革。变革不仅涉及组织、制度、技术，而且涉及个人。变革推动者要积极地听取员工、客户和其他利益相关者的意见，以便在问题出现之前发现问题，有助于更顺利地执行变革。

6.6.1 建立数据组织面临的变革挑战

在建立数据治理组织的实践中，我们发现了以下真实存在的挑战。

挑战 1： 企业内部各层级重视程度不足，对数据管理工作的认识和准备不足。

比较常见的安于现状的表现有：对监管变革，反应为"我们还好，根据现行规定，我们还没有遭受罚款"；对业务变革，反应为"多年来，我们一直成功地经营这项业务，我们不会有事的"；对技术变革，反应为"这项新技术未经验证，当前系统很稳定，我们知道如何解决问题"；对问题或错误，反应为"我们可以指定一个问题解决小组对问题进行修补，在我们部门肯定有可用之人"。

另外，准备不足的表现还包括将重要的变革管理过度简单化，如：

- 高估数据牵头部门的推动力，认为单一部门（如科技部）可以推动巨大的组织变革；
- 低估了让业务部门走出舒适区，承担自身数据工作的难度；
- 未能预见变革行为和方式可能引起员工的抵触，进而回归现状；
- 在组织内部变革愿景尚不明确时启动了变革活动；
- 将数据工作和工作开展的优先级和步骤混为一谈，企图毕其功于一役。

挑战 2： 未能建立强大的指导联盟，管理层对数据管理的参与和支持不足。如果缺乏组织领导（正职）的积极支持，未能与其他领导人（副职）联合起来，要实现重大变革几乎不可能。在数据治理中，领导参与尤其重要，这是因为数据管理工作需要显著的行为改变。如果缺乏高层领导人承诺，局部的、部门的、短期的自身利益将会压倒数据治理所带来的长期利益。

挑战 3： 低估了数据战略和愿景的力量，未能以数据价值实现为驱动。如果对变革愿景缺乏清晰明确的描述，即使是再紧迫，再强大的指导联盟也远远不够。变革愿景必须清晰地被定义、有效地被表达，要避免模糊不清的描述，因为这些描述只能使执行者产生迷惑或误解。值得一提的是，如果过分高估数据价值而放大愿景，也不利于推动长期的数据管理工作。例如，一些机构为了争取高层对数据治理工作的支持，在数据治理开展的初期就承诺 Aiken 金字塔的第三、四阶段的成果与能力，反而造成由于达不到项目的愿景而使高层对整个数据治理工作失去兴趣和信心。

挑战4：数据管理工作中存在实现愿景的各种障碍，对困难准备不充分。所遇障碍有三种：一是意愿障碍，业务部门普遍关注日常的业务工作以及与其经营业绩相关的事项，而非数据管理工作，业务部门先天对数据管理工作意愿不足；二是组织障碍，由于职责分工和绩效考核产生的部门间的沟通障碍，迫使各部门在机构愿景和自身利益之间进行取舍；三是言行障碍，组织内部的不同部门和关键成员对变革愿景发出了正确的声音，表面上支持相关数据管理工作，却没有相应的行为来支持愿景。

挑战5：过于关注短期目标，缺乏长期统筹和准备，难以持续开展数据管理工作。数据管理涉及的范围广、任务重，数据管理工作一定是长期进行的，而不是一次性的项目工作。能否平衡短期目标和长期规划之间的矛盾，是一大挑战。

挑战6：过于重视流程和技术，却忽视了数据组织变革在企业文化中的地位。常见的误区就是认为做完一个项目、上了一个系统，数据管理工作就会自动做好。事实上，数据管理工作最大的难点不是建立相应的流程或技术工具，而是建立企业级的数据管理文化，将数据工作融入各部门日常经营管理活动中。

6.6.2 变革管理的要点

上述变革挑战产生的原因被组织变革管理专家总结为基本的"变革法则"，在变革之初就认识到这些问题，有助于取得变革成功。

● 组织不变革，人也会变，并非因为新组织的宣布成立或新系统的实施上线而发生变革。当人们认识到变革带来的价值而采取新的行动时，变革就会发生。改进数据管理实践和实施正式数据管理流程将对组织产生深远的影响。人们需要变革数据处理方式及在数据相关活动中的互动方式。

● 人们不会抗拒变革，而是抵制被改变。人们无法接受看似武断或独裁的变革。如果他们始终参与变革，定义变革，如果他们理解推动变革的愿景，并知道变革发生的时间和方式，他们就更有可能愿意进行变革。数据相关举措的变革管理部分涉及团队合作，以及在组织层面建立起对数据管理实践改进后价值的理解。

● 除非有人推动，否则变革很可能止步不前。如果想有所改进，就必须采取新措施。正如爱因斯坦的名言——我们无法用创造问题的思维来解决问题。

● 如果不考虑人的因素，变革将很容易：变革在技术层面上的实现通常是很容易的，其挑战来自如何处理人与人之间的自然差异。每个人基于自身的背景、动机和性格特质，对变革可能是支持态度，也可能是反对的态度，并且不一定会将他们真正的态度表达出来。

因为变革的要素是人的思想的改变，要推动变革成功地发生，组织变革管理计划中需要包含以下关键要素。

● 沟通，沟通，再沟通。持续的沟通能够促进对项目的理解和支持。如果沟通是双向的，那么沟通计划可以通过让利益相关者分享关注点与想法来帮助加强合作伙伴之间的联系。许多人不理解数据治理对组织成功的重要性，所以数据治理变革相关的每一次沟通，都要从以下几个方面去计划。

第一，有明确的目标和期望的结果。

第二，由支持所需结果的关键消息构成。

第三，为受众/利益相关方量身定制。

第四，通过适合受众/利益相关方的媒体传达。

● 无论沟通的性质是教育、通知、设定目标还是制订解决方案、促进变革、获得反馈或支持，都需要将目前沟通的具体任务与数据治理的价值和战略对齐，逐步达到治理的目的。促进行为与互动方式的改变。可以从以下几个方面入手。

第一，提升数据资产价值。针对数据资产在组织目标中所起的作用，向员工进行宣贯。

第二，实施数据管理培训。对各级组织进行培训，提升其对数据管理最佳实践和管理流程的认知。

第三，拿到反馈并采取跟进行动。共享信息，引导相关者反馈，以指导数据治理方案和变更管理过程。寻求和利用利益相关者的意见，建立对项目目标的承诺，同时确定成功和改进的机会。

第四，建立 KPI 指标和关键绩效。厘清数据治理考核在全机构考核体系中的目标与定位。明确牵头部门、辅助部门以及考核主体。数据治理的奖惩标准，应由数据治理归口部门拟订与执行，可以结合现有考核体系，遵循客观公平、奖惩并重、逐步推进的原则来扩展设置。

在数据管理工作中，变革是持续的，不会停止在建立数据治理组织这一事件上（即使在这件事上，变革也是持续发生的）。企业的数据战略随着数字化转型的深入，也会不断地加入新的愿景，而这些愿景会导致新的变革发生。对变革的管理是数据治理组织中需要有计划和高优先级进行的长期性工作之一。

6.7　经验总结与案例分析

6.7.1　经验总结

（1）"一把手"亲自抓

数字化转型中的企业就像在未知的大海上航行，一位有经验的船长将起到重要作用。在航行过程中怎么调整船员的状态、遇到风暴怎么办，这些都是"船长"的工作。企业的"一把手"必须意识到自己"船长"的身份，对于企业数字化转型，"一把手"得亲自抓。数字战略必须与企业的发展战略协同。企业为用户带来的价值、企业的业务演进路径、企业的架构成长规划等都装在"一把手"脑中，只有"一把手"亲自抓，才能保证企业的数字化战略与企业发展战略保持协同。当然，这里的"一把手"，除了企业的"一把手"，还应包括部门"一把手"、分支机构"一把手"等。

因此在数据组织与职责的设立中，"一把手"无论是作为个人角色还是组织角色，对企业数字化转型成败与否都起着决定性作用。目前国内许多企业"一把手"对数字化转型意识不到位，没有紧迫感，数据治理及数字化转型工作处于由下向上推动的状态，就像推着石头上山一样，艰难无比。这也是许多企业的数字化转型很难取得效果的重要原因之一。

（2）充分认识数据治理的专业性

数据工作的本质是跨学科的，只有单一领域的知识和经验一定无法满足数据管理工作的需要。从行业初始发展以来，就对数据的管理和治理岗位相关角色提出了跨领域、跨学科、具备丰富的专业工作经验、管理经验，以及优秀沟通能力和领导能力的要求，如必须有高超的业务领域知识、多年的管理经验与相当的技术背景，甚至架构能力，在目前数据安全管理的框架下还要求对法律术语有恰当的理解。不少企业由于对数据治理的工作性质理解有偏差（毕竟很多工作都冠有"数据"二字，很容易使人以为这属于数据管理部门的工作内容），在设置数据组织、配备数据角色时，混淆了数据治理的核心能力与专项能力的资质要求，或是在 Aiken 金字塔中的不同阶段所设的目标不切实际，或是将本应处于"立法""司法"位置的数据管理部门的职责中加入了"执法"的部分，导致岗位与部门设立的职责看上去有很大的随意性，组织和角色往往不能满足数据治理的能力建设要求。例如，企业面临迫切的合规、监管要求或市场压力，没有设置等同于 CDO 的专门岗位，或即使设置了，在其位置上的人员也缺乏相关专业知识和技术背景。

（3）全领域参与

企业数据治理及数字化转型是一项全局性的战略，所有的企业及其经营管理领域都值得用数字化方法重做一遍。全面数字化转型才是成功的数字化转型。处于数字化转型起步阶段的企业，容易认为数字化转型是企业总部的事，在进行数据组织设置、职责赋予时停留在总部层面，如只在总部设立了数据治理委员会及数据管理部门，只在总部部门设置了数据治理岗位，而忽视了分支机构数据组织与职责的设置，导致数据治理及数字化转型职责"纵向不到底，横向不到边"。

（4）准确定位数据管理部门

有的企业设置数据管理部门只是迫于监管等外部组织对数据质量的诟病，其目标是解决统计报送中的数据质量问题，而不是立意于企业内在的数字化转型，也没有清晰的数字化转型战略。这样的企业将其数据管理部门定位于针对统计报送数据的数据质量管理部门，而不是着眼于企业数字化转型需要的数据管理部门。在这样的定位下，很多统计报表、数据报送的职责纷纷向数据管理部门堆积，把数据管理部门变成了又一个统计部门。然而，数据管理部门是企业数据资产的管理者、数据平台的协同建设者、数据应用的服务者，而不是一个数据统计报送部门。

（5）数据管理部门层级协同

有的企业把数据管理部门设置为企业的二级部门，隶属财务、科技、营运或其他一级部门。部门层级不协同，导致数据管理部门在组织中话语权不够，资源调用困难，上下沟通不畅。

（6）技术和业务高度融合

传统企业组织架构中，技术部门和业务部门泾渭分明，各司其职，导致技术人员没有业务思维、业务人员没有技术思维，双方就像东西方文化存在差异一样，语言不通、思维方式不同，有时沟通起来犹如鸡同鸭讲。数据管理部门应是技术和业务高度融合的，数据服务和应用的基础是数据和技术。数据是算料，技术是算力，服务和应用是算法，三者必须融为一体才能涌现价值，就像一个农夫，有种子，却没有土地和劳动工具，若要收获，还得先租借土地和劳动工具。

在数据管理部门人员配备上，应高度重视业务人员和技术人员搭配；业务人员中各业务专业的搭配，如兼具风险专业、财务专业、销售专业等；技术人员中各技术专业搭配，如兼具数据架构师、数据挖掘师、数据运维工程师等。

6.7.2　案例分析

以某城市商业银行（以下简称 A 行）数据治理组织及职责建设为例。

A 行是一家具有总、分、支层级架构的金融企业，搭建了股东大会、董事会、监事会和高级管理层（以下简称"三会一层"）的治理架构。高级管理层设行长一名，副行长、首席风险官、首席信贷官等副行级高级管理人员若干名，下设业务发展与创新委员会、资产负债管理委员会、风险控制委员会、授信审批委员会、目标考核和预算管理委员会等专业委员会。总行层面设置了财务、风险、营运、公司、零售、信贷等业务部门和科技部门。总行下辖若干分行，各分行下辖若干支行。数据治理工作启动后，在数据治理组织与职责建设上做了如下部署。

（1）明确了董事会、监事会及高管层数据治理职责，将数据治理纳入公司治理范畴

董事会负责制定本行数据战略，审批与数据治理相关的重大事项，并督促数据治理在本行的有效推动，对数据治理承担最终责任。监事会负责对董事会和高级管理层在数据治理方面的履职尽责情况进行监督评价。高级管理层负责建立数据治理体系，确保数据治理资源配置，制定并实施问责和激励机制，建立数据质量控制机制，组织评估数据治理的有效性和执行情况，并定期向董事会报告。

（2）成立了数据治理委员会

高级管理层下设数据治理委员会，作为本行数据治理工作的专业机构，代表高级管理层履行数据治理职责。委员会主任委员由总行行长担任。

数据治理委员会负责审议数据治理工作规划和年度目标、年度工作考核办法；

负责审议数据治理相关制度流程、实施细则及组织建设方案；负责数据治理资源配置，保障数据治理体系有效运转；对数据治理工作中的重要事项进行决策，协调解决数据治理工作中的重要争议问题；负责审议数据治理工作中具体事项的问责和激励方案；定期听取数据治理工作汇报，组织评估数据治理工作成效，对数据治理工作进行及时指导，并代表高管层向董事会进行汇报。

（3）成立了数据管理部门

A行成立了数字银行部，作为一级部门负责全行数据资产管理及应用，具体包括：负责拟订全行数字化银行建设战略规划，制订全行数字化建设年度工作计划；负责全行数据管理的制度建设与流程管理；负责全行数据与人工智能类系统的架构规划与技术规范的制定、执行与监督，并组织系统建设工作；牵头全行数据类项目与外部数据相关的预算编制工作，并组织实施；牵头全行数据治理工作；牵头全行数据分析与挖掘工作；统筹全行数据需求，提供数据产品与服务；牵头全行外部数据管理工作；负责跟踪金融科技领域前沿技术，开展全行数字化创新与人工智能类应用研究；负责与外部机构合作探索数字化创新机制，并共建联合实验室；负责全行数字化创新实验室的日常运行与管理；在全行风险与合规管理框架下，负责数字化银行的风险与合规管理；负责数据队伍建设与管理。

（4）在总行各部门设置了数据治理岗位

总行各业务部门作为数据治理的业务执行部门，设置了数据治理岗，配备了数据专管人员。具体职责：制定所负责数据的数据标准业务属性，推动数据标准在源头的落标与执行，向数据管理归口部门提出数据标准需求；遵循行内数据质量管理要求进行数据的收集、整理和录入，监督检查所负责数据的数据质量，发现数据质量问题，推动数据质量问题分析与整改；配合数据管理归口部门及信息科技部进行数据需求、数据模型、数据生命周期、数据分析与服务、数据安全、数据存储的管理，完成相关数据治理工作的开展与执行。

（5）明确了分支机构数据治理部门职责

A行明确了分支机构营运管理部为本行数据治理归口管理部门，各分、支行营运管理部增设数据管理岗，其岗位职责包括：落实总行数据治理相关政策、制度、流程和规范，牵头制定本行的实施细则并向总行数据治理归口部门报备；组织和指导本行数据治理工作，协调解决数据治理工作中遇到的问题；向总行业务部门和数据管理归口部门发起新增或修订本行数据标准的需求；组织完成总行下达的数据质量问题整改任务；开展本行数据质量的监测、整改方案制定及数据质量的考核。

A行建立了比较完备的数据治理组织架构，形成了职责分明、上下联动的数据治理机制，数据治理及数据应用均取得了显著成效。

第 7 章
数据架构

数据架构是数据管理知识体系中非常重要的概念之一，也是每一位数据领域从业者需要清楚的概念。很多数据管理的理论体系中，对数据架构的定义不够具体，导致很多数据领域的从业者很难准确定义数据架构的范围。

回顾数据架构相关概念的历史可以知道，数据架构的概念最早在 2002 年被首次纳入开放组织架构框架（The Open Group Architecture Framework，TOGAF）中，数据架构是企业架构中所包含的四种架构之一。DAMA 国际成立之后，汇聚了诸多数据管理领域的专家，用了多年的时间将经验和知识进行了高度总结和沉淀，发布了著名的《数据管理知识体系指南（第 1 版）》和《数据管理知识体系指南（第 2 版）》，对数据领域从业者来说起到了非常重要的指导作用。这两本著作都对数据架构的框架体系做了详细的介绍，进一步阐明了数据架构概念的重要性，也指导着从业者不断开展和优化数据架构管理的实践工作。

在国内，虽然数据架构相关的理论体系不够成熟和完善，但是很多大型企业投入了大量的资金和精力，以探索和建立一套符合国内企业特点的数据架构管理模式。这些企业大多是基于国际上的优秀架构框架，结合自身的实际需求做了很多落地的实践工作，在国内数据管理领域逐步形成了一些符合国内特点的数据架构管理概念和定义。

本章以国内外已形成的数据架构理论为基础，结合国内应用实践的经验来介绍数据架构管理相关的概念和工作内容。

7.1 企业架构和数据架构

"架构"（architecture）一词在很多领域中被广泛地使用。从字面含义来理解，架构类似于一个框架或体系，其中包含很多与特定领域相关的组件。例如，在计算机软件领域中，软件架构是指描述软件内部各种功能组件和组件间关系的框架，在可视化设计工具中，通过图形化方式展示出一张描述软件内部功能组件和组件之间逻辑关系的架构图。在解释"架构"这一概念的时候，也常常会借鉴建筑物架构的示例进行说明，可以将架构简单地理解为房屋的内部结构图。

数据管理领域中的数据架构不仅描述企业中数据存储位置的分布图，还描述了企业当前和未来数据管理工作所涉及的管理方法、管理流程、管理组织和管理内容等多个方面的内容。因此，在理解数据架构之前，首先要理解企业架构的概念。

7.1.1 企业架构

企业架构（enterprise architecture）是为了满足企业需求、完成企业经营目标，系统化地描述如何构建和维护企业信息系统基础设施的框架。关于企业架构有很多成熟的模型和框架可以作为最佳实践参考，例如，TOGAF、Zachman[①]、FEAF[②]、DoDAF[③] 等。在 TOGAF 企业架构框架中根据管理目的和对象的不同，定义了业务架构、数据架构、应用架构和技术架构四个架构，它们不是独立存在，而是相互依赖、相互影响的（如图 7-1 所示）。

业务架构是基于业务战略和业务模式对企业的组织架构和流程进行定义的框架。数据架构是从对业务流程执行过程中包含的数据进行管理的角度定义的框架。应用架构中描述了支撑业务流程高效运转的软件或系统管理相关的内容。技术架构则定义了支撑业务架构、数据架构和应用架构的底层技术基础设施管理相关的内容。

架构中包含的具体内容需要根据企业的特性进行定义，首先要定义一套符合企业特点的架构框架（architecture framework），无论企业架构中包含哪一类架构，都需要先从框架的选型着手。在制定架构框架时，优先选择一个符合度较高的行业参考模型，对参考模型进行裁剪和选择。图 7-2 所示为企业架构框架的示例，其中包括企业架构政策、企业架构内容和企业架构管理三部分内容。

---

① Zachman：由约翰·扎科曼（John Zachman）在 1987 年创立的全球第一个企业架构理论，其论文《信息系统架构框架》仍被业界认为是企业架构设计方面最权威的理论，是其他企业架构框架的源泉。Zachman 框架（Zachman framework）是一种逻辑结构，旨在为信息技术企业提供一种可以理解的信息表述，对企业信息按照要求分类并从不同角度进行表示。本框架采用了一种 6 行（管理人员视角、业务人员视角、架构师视角、工程师视角、技术人员视角、操作人员视角），6 列（谁、什么、什么时间、什么地点、为什么、如何做），共 36 个单元格的矩阵模式，从抽象到具体定义架构中每个部分的工作机制。
② FEAF：联邦企业体系结构框架（FEAF）是管理体系结构描述开发与维护的组织机制，并为组织美国联邦政府资源及描述和管理联邦企业体系结构活动提供了一种结构。FEAF 是一种以架构建设过程为重点的企业架构框架理论，并且对于企业架构内容也有着一定程度的归纳。FEAF 分为四个层次（业务、应用、数据、技术），上一层次为下一层次提供了理解结构或参考结构，前三个层次以图形的方式阐述了开发与维护联邦企业体系结构的 8 个组成要素及其不断细化的过程，导出了一种逻辑结构，用来分类与组织第四层次中的联邦企业的描述方法。
③ DoDAF：DoDAF 是美国国防部发布的用于指导体系架构开发的顶层的、全面的框架和概念模型，它使国防部各级管理者能够打破国防部、联合能力域（JCA）、部门或项目等层次界限，实现有序的信息共享，提高关键决策能力。DoDAF 定义了一套元模型（DM2）用以描述 12 个基本概念及其内部关系。基于 8 个视点，从干系人的角度，将问题空间划分为更加易于管理的小块，以便不同的干系人可以从不同的角度去关注体系内特定利益相关领域的数据和信息，并为每个视点提供了 52 个相应的模型。

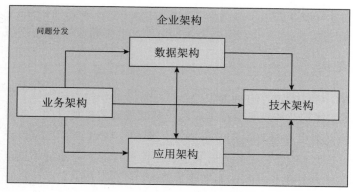

图 7-1 企业架构的内部架构关系

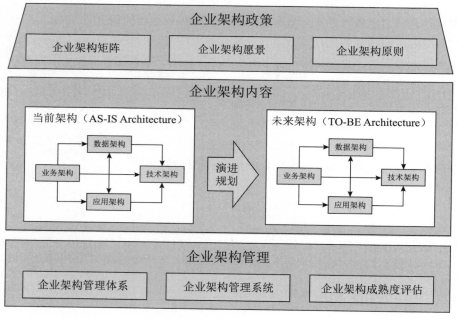

图 7-2 企业架构示例

（1）企业架构政策

企业架构政策中包含企业架构矩阵、企业架构愿景和企业架构原则三部分内容。企业架构矩阵（architecture matrix）是对不同角色在不同管理领域内的职责范围和工作内容进行定义的工具，明确了不同岗位上的角色在各个管理领域建设过程中的产出物（如表 7-1 所示）。企业架构愿景是对企业架构未来发展方向和目标的定义，自上而下建立对企业架构的统一认识，确保企业架构中各个领域的建设工作朝着统一的方向不断演进。企业架构原则是为了达成企业架构愿景而制定的管理原则和基准，用于指导参与企业架构建设的组织和人员在具体执行工作中需要遵循的规章制度和标准要求。

表 7-1　企业架构矩阵示例

视图 ＼ 角度	构建企业的业务和组织	构建企业级的数据结构	构建企业级的应用系统	构建企业的技术要素
规划者（概括级）	・企业业务模型 ・组织模型 ・业务战略	・企业数据领域模型 ・数据管理原则	・企业应用领域模型 ・应用管理原则	・企业技术领域模型 ・技术参考模型
拥有者（概念级）	业务细分领域和业务、组织之间的关系	主要数据实体和实体之间的关系	上层应用功能及应用系统之间的关系	各类资源的构成和接口信息
	・业务功能模型	・概念数据模型 ・数据标准	・应用模型 ・应用标准	・标准规范框架
设计者（逻辑级）	业务领域之间的关系和业务的流程	详细的逻辑数据结构	应用系统的详细功能以及物理分布信息	各类基础技术的具体结构和管理体系
	・流程模型	・逻辑数据模型	・组件模型	・技术架构模型
开发者、维护者（物理级）	业务执行的具体步骤、内容的格式和业务之间的关系	详细的物理存储信息	程序的物理结构体系以及程序实现的详细内容	技术引入后进行运营和管理相关的具体信息
	・业务指南	・物理数据模型 ・数据库对象	・程序清单	・技术资源清单 ・产品清单

（2）企业架构内容

企业架构内容由当前架构（AS-IS Architecture）、未来架构（TO-BE Architecture）以及架构演进规划三部分构成。当前架构和未来架构中的内容要与企业架构矩阵定义的内容保持一致。例如，在企业架构矩阵中定义了企业架构中包含业务架构、数据架构、应用架构和技术架构这四个架构的建设工作，每一类架构都包含了与不同角色相对应的产出物。因此，建设企业架构的具体工作包含对当前企业中与这四类架构相关内容的梳理，以及未来这四类架构要达到目标成果的设计，也包含将当前架构转换成未来架构的规划和具体实施过程，也就是企业架构的演进规划。

（3）企业架构管理

企业架构管理包含企业架构管理体系、企业架构管理系统、企业架构成熟度评估三部分内容。企业架构管理体系也常常被称作企业架构治理，企业架构管理体系中包含了保障企业架构管理活动正常进行的组织架构、管理办法、管理原则和管理流程等，在管理体系的范围内对管理活动进行监督和控制。企业架构管理系统是为了保障企业架构管理活动高效运转构建的信息系统，一般由企业架构内容设计的建模工具、企业架构内容管理用的知识库以及共享和使用企业架构信息的门户网站等构成。企业架构成熟度评估是利用客观评估企业架构成熟度水平的模型，在企业架构建设过程中，周期性地对建设成果进行评估的工具，通过成熟度的评估了解企业架构的现状和问题点，有针对性地对存在的问题进行改善和优化。

7.1.2 数据架构

数据架构（data architecture）是企业架构的重要组成部分，管理范围涵盖了数据从定义到销毁的整个生命周期。

数据架构中对企业的数据域做了分类，将其划分为业务数据和元数据。业务数据是指在实际业务活动中产生的数据，是存储于实时交易类系统或统计分析类系统中的具有业务意义和价值的数据。元数据是指描述数据结构的数据。

数据架构中最主要的管理对象是企业数据模型，也可以说建立企业数据模型是展开数据架构管理工作的主要工具。企业数据模型中根据角色视角的不同和概念抽象程度的不同，划分了不同级别的数据模型，包括从企业级角度定义的主题域模型和基于主题域模型逐步具象化之后得到的概念模型、逻辑模型和物理模型。除此之外，数据架构中还包含以企业数据模型为中心的一系列管理活动，如数据需求、数据标准、数据流、数据质量等相关内容的管理规范和管理活动等。

企业数据模型构建和维护是一个长期的过程，在构建的初期可以参考行业的通用模型，在结合模型落地的过程中，大多数成功的企业数据模型会基于不同层级的数据模型，以增量迭代的模式，结合自顶向下和自底向上两种方式构建企业的数据模型。层级最高的是主题域模型，层级越高优先级越高，抽象程度越高，而下层级别的模型都需要与上层模型保持一致，越是下层级别的模型，其中的内容也越具体（如图 7-3 所示）。

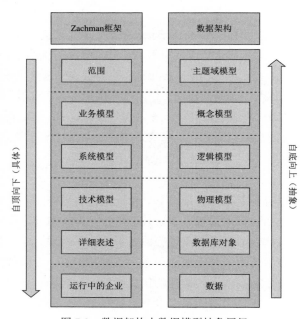

图 7-3 数据架构中数据模型抽象层级

主题域模型是从最上层视角对企业业务数据进行分类的模型，可以理解为主题域模型是从数据主题的角度对企业各业务条线中的数据进行分组的，并且包含了不同业务主题数据之间的关系。概念数据模型是对某一个主题域中核心数据和关系的描述，可以通过实体关系图的方式可视化地展示出来，也可以通过文档或目录的方式进行管理。逻辑数据模型在概念数据模型中定义的核心实体和关系的基础上，根据具体的业务规则进行扩展设计。通常逻辑数据模型和物理数据模型都是在可视化的模型设计工具中进行。逻辑数据模型中详细地描述实体的具体属性、标识符、约束条件以及实体之间的逻辑关系，最终设计完成的逻辑数据模型还需要对实体和属性的名称、定义、格式、规则、编码等进行标准化，以确保数据模型中的对象命名和数据格式定义的准确性和一致性。物理数据模型是结合技术组件的特性对数据实际存储的方式进行设计后形成的模型图，其中包括具体的分库分表设计、索引设计和反范式化设计等，最终在数据库中基于物理数据模型图转换生成相应的对象。

7.2 数据架构框架的构成

企业架构框架是制定数据架构框架的依据，数据架构框架的构成也与企业架构保持一致。企业架构框架中包含架构政策、架构内容和架构管理三部分，因此，数据架构框架由数据架构政策、数据架构内容和数据架构管理三部分构成（如图7-4所示）。如果企业尚未建立起完整的企业架构，也可以优先建设数据架构，但是，在制定数据架构框架的时候，需要考虑如何保证数据架构框架与未来企业架构框架保持一致，便于后续在逐步建立企业架构的过程中保证架构体系整体的一致性。图7-4所示为与企业架构框架保持一致的数据架构框架示例。

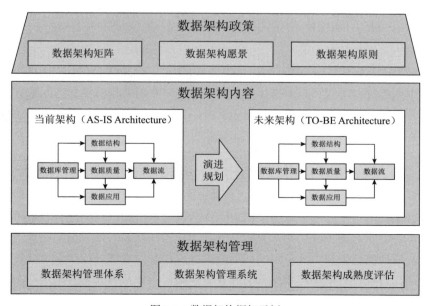

图 7-4 数据架构框架示例

7.2.1 数据架构政策

在构建数据架构管理体系的过程中，首先要确定企业构建数据架构的目标和方向。数据架构的目标和方向应对齐企业架构的目标和方向，对企业架构中关于数据部分的目标和方向进行细化。

数据架构政策由数据架构矩阵、数据架构愿景和数据架构原则三部分组成。数据架构矩阵是对数据架构管理内容进行体系化定义和分类的工具。数据架构矩阵一般采用对 Zachman 框架六个视图中的数据领域进行细化的方式来定义不同级别的内容。例如，横轴为数据架构管理内容，其中包含数据结构、数据流和数据管理等部分，纵轴为抽象程度的视角或者说是数据管理组织中不同层级的角色视角（如表 7-2 所示）。

表 7-2　数据架构矩阵示例

数据架构管理内容 数据架构管理角色	数据结构	数据流	数据管理
首席数据架构师 （概括级）	主题域模型图	数据集成架构图	数据管理政策
数据架构师 （概念级）	概念模型图	数据流图	数据标准管理 需求管理
模型设计师 （逻辑级）	逻辑模型图	内外部数据流定义	数据模型管理 数据流管理
开发运维人员 （物理级）	物理模型图 数据库对象	—	数据库管理

数据架构愿景是组织成员对数据架构建设目标所达成的一致理解，其中也包含为了达成目标而制定的战略和方案。数据架构原则是确保组织成员在建设数据架构的过程中能够统一思想、高效执行的规则和要求。数据架构管理原则为数据架构管理相关工作的执行提供了客观的指导和帮助，也保证了在组织沟通和协调过程中的透明化管理，从而确保数据架构管理工作能够契合企业的业务发展方向和企业实际情况。

7.2.2 数据架构内容

数据架构内容中包含了数据架构矩阵中所定义产出物的当前状态和未来状态，以及基于当前状态逐步演化为未来状态的具体方案和规划。在数据架构内容建设的过程中，依据数据架构矩阵中定义的各类内容，在企业内部进行梳理，并基于梳理的当前架构内容设计未来的数据架构内容，以确保当前架构和未来架构支持之间的一致性和关联性。

一般来说，当前数据架构的建设是指按数据架构矩阵中定义的内容，对企业当前数据架构的实际情况进行梳理并形成相应产出物的过程。主要工作是梳理当前的主题域模型、概念模型、逻辑模型和物理模型，以及与物理模型保持一致的实际数据库对象，并建立不同抽象程度数据模型之间的依赖关系。未来数据架构的内容体系与当前数据架构的内容体系是一致的，但是，具体的内容需要依据当前数据架构进行设计和完善，形成一套符合企业发展目标的理想数据架构体系。架构演进规划中包含基于当前的数据架构向未来数据架构演进的具体战略和规划等内容（如图 7-5 所示）。

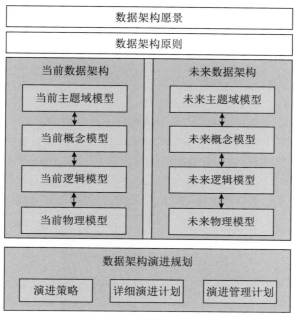

图 7-5 数据架构内容示例

7.2.3 数据架构管理

在数据架构管理过程中，为了保障持续高效地管理数据架构，需要建立数据架构的管理体系，建设与管理内容和管理体系一致的数据架构管理系统。同时，建立一套数据架构成熟度评估模型，用于对数据架构成果进行周期性评估。

数据架构管理体系的建设工作就是通常所说的数据架构治理工作，也可以说是数据治理工作。这个过程主要就是制定数据架构能够持续优化和提升的管理体系，其中包括对数据架构管理原则的制定、管理组织和流程的制定等工作，确保在数据架构管理工作的执行过程中能够对工作成果进行管控，始终与数据架构管理的目标保持一致。而数据架构管理系统则是辅助管理工作，包括设计和共享数据架构成果的平台或工具。不同的企业使用的工具可能不同，但至少包含数据模型设计工具以及对数据架构成果进行管理和共享的资产管理平台等工具。

7.3 数据架构管理和实施流程

数据架构管理和实施的流程是指构建和管理数据架构的流程体系，其中应包含构建和维护数据架构的工作方法和工作内容。数据架构管理和实施的流程大致可以划分为四个阶段，分别是数据架构政策的制定、数据架构管理体系的建设、数据架构内容的建设和数据架构内容的应用（如图 7-6 所示）。

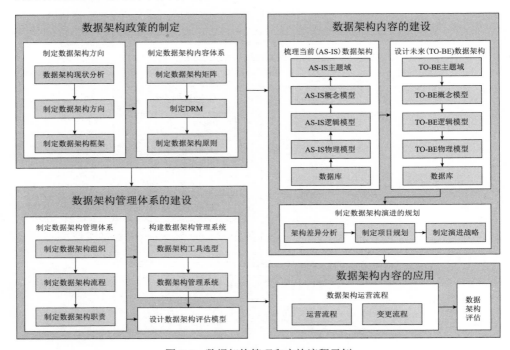

图 7-6 数据架构管理和实施流程示例

数据架构政策的制定是数据架构建设第一阶段的工作，在这个过程中结合对企业当前数据架构现状的分析，建立对数据架构现状的统一认识，在统一了数据架构建设的方向之后，通过数据架构框架的定义、数据架构参考模型的选择和数据架构原则制定等工作，形成对数据架构管理的清晰认识，对后续的体系建设和内容建设具有指导意义。

数据架构管理体系的建设是指结合企业的实际情况，建立起能够保障数据架构管理有效执行的组织、流程和岗位职责等，最终将架构管理体系与管理系统或平台相融合。建立一套数据架构管理成熟度评估模型，确保数据架构管理的成果可以被客观地度量、认可，也能够根据评估结果确认改善和优化的方向，形成闭环式的管理体系。

数据架构内容的建设是依据定义的数据架构框架和架构矩阵，对企业当前的数据架构进行梳理，对企业未来的数据架构进行设计，以及制定从当前架构演进为未来架构的具体规划。在这个过程中，数据架构内容的主要工作还是以企业数据模型为抓手，逐步完善管理的内容，最终建立当前状况与未来发展目标一脉相承的架构内容体系。

数据架构内容的应用阶段是对数据架构管理内容进行维护和运营的过程，通过闭环式的管理流程，建立对流程进行监控的体系，确保之前阶段所制定的管理政策和内容的可落地性，通过持续的运营反馈，对数据架构进行优化，还包括根据制定的数据架构成熟度评估模型，进行持续的周期性的评估等。

7.4 数据架构师

架构师（architect）是企业中对架构进行设计和管理的专家，架构师的主要职责是将业务语言转换成技术语言来表达技术或系统未来蓝图和落地实现的过程，确保企业技术的发展始终与企业发展目标保持一致，助力业务的快速扩展和发展。

架构师都有自身负责的某一个细分领域，根据领域的不同，架构师的类型也不一样。根据架构域的不同，架构师可以划分为企业架构师（enterprise architect）、业务架构师（business architect）、应用架构师（application architect）、数据架构师（data architect）和技术架构师（technical architect）。除此之外，在细分更具体的领域中也可以看到软件架构师（software architect）、解决方案架构师（solution architect）、系统架构师（system architect）等不同的角色。

数据架构师是企业中设计数据结构和建立、设计、落实企业数据管理体系的专家角色。其日常的工作范围涵盖了以业务需求为基础设计和优化数据结构，提高数据的可用性、处理性能和数据安全水平等多个领域。而在设计数据结构的过程中，既要考虑当下的需求，也要结合未来业务发展方向，灵活扩展，同时要符合所制定的相关数据管理策略和数据标准的要求。

7.4.1 数据架构师的定位

数据架构师是建立和管理数据架构体系的专家角色，数据架构师所承担的岗位职责都围绕数据展开，包括数据管理制度、标准化和数据结构的设计与执行等工作。为了建设一个高质量的数据架构体系，数据架构师不仅要对数据架构各个细分领域的详细内容有深入的理解，还要充分地理解企业架构管理方法，以确保数据架构领域中的体系符合企业架构的框架，与企业架构内的其他架构保持高度的一致性。

虽然数据架构是直接参与数据架构体系建设过程中的具体工作，但是，随着企业规模的扩大，对企业级范围的定义也越来越大。在大规模系统建设和管理的背景下，数据架构管理组织和架构师角色也在不断拓展，所以，数据架构师的工作重心也逐渐集中在通过制度的建立和监管保证架构的发展方向不偏离企业架构策略的相关工作内容上。在大型的企业中，数据架构往往会设立独立的数据架构组织，组织中设立企业级数据架构师、领域数据架构师等细分的数据架构师角色，以专业管理团队的模式开展数据架构管理工作。

7.4.2 数据架构师的具体职责

（1）管理数据需求

数据需求来源于业务需求，基于数据需求设计系统的数据库或数据仓库。

（2）建立数据架构管理体系

从负责企业全局的角度，建立数据相关的管理制度、组织架构，以及设计概念级数据结构等工作。

（3）定义参考架构

选定具有借鉴意义的参考架构模式，供企业中其他用户或设计人员在使用和创建时参考。

（4）管理数据模型

负责概念数据模型、逻辑数据模型、物理数据模型的设计，以及数据模型的管理工作。

（5）设计和管理数据模型标准

定义数据模型标准化原则，负责设计和管理数据模型标准化的内容，包括单词、域、用语、代码等。参与决策模型标准的变更，周期性地对模型标准进行检查，确保将模型标准持久地维护起来。

（6）设计数据库存储、安全管理策略

参与和指导与数据库设计相关的工作，包括数据分布结构、容量、可用性、测试、安全、备份等物理模型观点角度的设计工作。

（7）设计数据转换

负责从 AS-IS 系统到 TO-BE 系统进行数据迁移的数据映射设计及执行转换的工作。

（8）设计数据流

管理数据流，明确企业的数据从何处产生，在哪些业务功能或服务中产生什么样的数据需求，以及在数据流转的过程中过程什么样的转换。

（9）沟通和协调

数据架构师需要与企业内外部各个组织之间的相关人员进行沟通和协调，在建立数据架构体系和执行数据架构管理的过程中，需要投入很大的精力建立良好的沟通机制，确保数据架构的相关制度能够在各个组织中落地，推动组织成员按架构策略开展相关工作。

7.4.3 数据架构师与其他角色的区别

常常会发生数据架构师与其他数据相关角色之间职责划分不清的情况，下面针对常见的几种角色与数据架构师之间的职责边界进行简要的说明。

（1）数据架构师与数据建模师的区别

数据建模师是专业的数据结构设计人员，通过与使用数据的业务人员进行沟通，获取业务执行过程中涉及的数据，将其设计为合理的数据结构，并且收集用户的痛点和问题，提出从数据结构层面改善的建议。而数据架构师是为数据建模师建立工作过程中所需的标准和政策的角色，包括数据标准化、数据质量管理、主数据管理等方面的数据管理制度。因此，数据架构师的职责范围比数据建模师更广。而数据建模师对所负责领域的业务知识的掌握程度和数据建模技能的专业化程度更高。由于数据架构师和数据建模师所需的技能重合度较高，所以数据建模师也常常被称为数据架构师。

（2）数据架构师与数据库管理员的区别

数据库管理员的日常工作是与数据库直接相关的一系列工作，主要职责是保障数据库和数据的存储、性能、安全等，确保数据能够高效、稳定地提供给数据消费者。从物理层面设计的角度来看，由于数据模型设计的过程也会涉及物理数据库相关设计的内容，所以数据建模师或者说数据架构师与数据库管理员的工作范围也有重叠的部分。另外，从角色需要掌握的技能角度来说，虽然两种角色都需要具备对数据模型的理解能力，但数据库管理员的工作范围更偏向于底层存储方面，需要更加精通于某一特定数据库的相关知识，也包括数据库服务器的运维管理和网络等基础设施的相关知识。

（3）数据架构师与数据管理员的区别

数据管理员（data administrator）是对企业信息负责的业务角色，不负责特定系统或数据库的维护和安全，他们的主要关注点在数据的价值和质量等方面。数据管理员需要对企业业务有深入的理解，并具备从业务价值和业务方向的角度来理解和使用数据模型，确保数据高质量产出的能力，简单来说就是要具备通过数据为业务赋能的能力。数据管理员需要持续地共享数据资产，找到数据在应用过程中需要优化的问题，持续地提升数据质量和应用价值。

（4）数据架构师与数据工程师的区别

数据架构师与数据工程师（data engineer）在概念上很相似，且所涉及的技能也有很多相同的要求。但是，从业务职责的角度来看，两种角色所负责的工作内容有很大的差别。数据架构师更关注管理制度的制定、业务需求的分析和数据模型设计管理体系等方面，而数据工程师专注于数据管理系统的设计和实现，在系统落地实现的过程中参与较多，专注于数据的加工和分析工作。因此，数据架构师并不参与数据的分析，而是为使用数据的角色提供所需的基础条件，而数据工程师则是为了数据能够被加工、分析和使用，对数据进行采集、管理和维护，甚至是环境搭建的专业角色。从这个角度来说，数据工程师、数据分析师（data analyst）和数据科学家（data scientist）的工作有一定交叉，这也是导致这三个角色的概念容易混淆的原因。虽然目前还没有对"数据科学家"这个概念的明确定义，但是作为数据工程师，需要具备数据库和数据分析的相关技能。

第8章
数据建模与设计

8.1 什么是数据建模

数据建模是发现、分析和确定数据需求的过程，然后用一种称为数据模型的精确形式表示和传递这些数据需求。数据建模是数据管理的一个重要组成部分。建模过程中要求组织发现并记录数据组合的方式。建模过程本身设计了数据组合的方式。数据模型有助于组织理解其数据资产。多种不同的方案可用来表示数据的模式，最常用的六种方案是关系、维度、面向对象、基于事实、基于时间和非关系型数据库。按照描述详细程度的不同，这些方案又可以分为三层模型：概念模型、逻辑模型和物理模型。每个模型都包含一系列组件，比如实体、关系、事实、键和属性。一旦建立了模型，就需要对其进行质量审查，一旦得到批准，后续还需要对其进行维护。数据建模与设计的语境关系如图 8-1 所示。

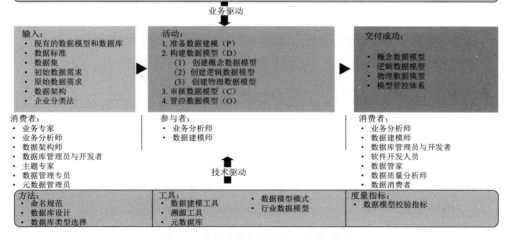

图 8-1 数据建模与设计的语境关系图

数据模型包含数据使用者所必需的元数据。在数据建模过程中发现的大部分元数据对于其他数据管理功能都是必不可少的。例如，数据治理的定义，数据仓库与数据血缘分析。

下文将描述数据模型的用途、数据建模中的基本概念和常用词汇，以及数据建模的目标和原则，将使用一组与教育相关的数据作为例子来说明数据模型工作的方式，并显示它们之间的差异。

8.1.1 业务驱动因素

数据模型是数据管理域的重要部分，对有效的数据管理来说至关重要。数据模型设计和管理的业务驱动因素如下。

- 提供有关数据的通用术语表，其中包括单词表、数据元（又称之为域）表、术语表等。
- 获取、记录组织内数据和系统的详细信息。
- 在项目中作为主要的交流工具，为沟通决策提供重要依据。
- 提供应用定制、应用或数据整合，甚至升级改造或替换的重要依据。
- 以业务规则为基础，利用可视化的方式准确描述信息系统中的数据规则。
- 作为数据架构的主要组成部分，以及数据资产管理和数据治理的主要管理对象。
- 确保数据的一致性和完整性，成为提高数据的易读性和可信性的主要方式。

8.1.2 目标和原则

（1）目标

数据建模的目标是确认和记录不同视角对数据需求的理解，从而使应用程序与当前和未来的业务需求更加紧密地结合在一起，并为全面的数据应用和管理活动奠定基础。例如，数据模型是主数据管理的重要依据和基础，也是制订数据治理计划的重要参考。高质量的数据建模能够大幅降低沟通成本，增加数据和应用的复用性，降低构建新应用的成本，加速实现数据和应用自主可控。数据模型也是元数据的一种重要形式。数据建模的目的如下。

- 数据结构化。数据模型是对数据结构和数据关系的简单定义，能够评估当前或者理想情况下业务规则对数据的影响情况。结构化的数据定义赋予数据一个规范的结构，以减少在访问和保存数据时出现数据格式混乱的问题。数据模型通过展现数据中的结构和关系，使数据更容易被使用。
- 边界清晰化。数据模型能够清晰地解释数据上下文的边界，以及所购买应用程序包、实施的项目、现有系统的数据范围和业务边界。
- 知识记录化。数据模型通过以书面的形式获取知识来保存系统或项目的企业信息。它能给未来项目提供原始记录。数据模型能够帮助大家更好地理解一个组织、一个业务方向、一个已存在的应用，也有助于理解和修改现有数据结构所带来的影响。数据模型作为一种可重复利用的示意图，可以帮助业务专业人员、项目经理、分析师、建模师和开发人员了解环境中的数据结构。正如地图绘制者学习并记录地理环境来帮助他人寻找方向一样，建模师帮助他人理解信息蓝图（Hoberman，2009）。

- **沟通工具化**。数据模型是数据库设计的蓝图，有助于设计人员、开发人员和用户等相关人员正确地理解要构建的系统中的数据结构，以便更好地就需求的实现等进行沟通。如同在建筑物施工之前要预先计划和设计建筑设计图一样，在设计阶段中试图更改某个房间的大小会很容易，但建筑物完工后再想改变某个房间的大小，就要对墙壁、上下水道、电路等所有相关系统进行重新施工，从费用和时间角度来看都会产生相当大的开销。那么如果在施工之前修改逻辑设计图，需要的费用和时间就会非常少。因此，在实际生活中，建筑施工之前设计人员会通过各种类型的逻辑图纸展现建筑物的模样，并在与施工方、业主方等相关人员沟通确认之后，再按照设计图进行施工。

信息系统的建设与建筑物的设计和实施类似。在数据建模阶段，如果发现一些理解和表达错误的业务或定义等，只要在模型和相关的文档中进行修改即可。而在数据库和应用程序已经开发完成后，如果再发现类似问题，就需要对受到牵连的所有程序和 SQL 语句进行更改，甚至需要重新设计数据架构。如此大规模的修改所造成的损失非常大。因此，在建模阶段就要不断进行沟通，正确地理解业务逻辑，尽最大努力避免出现理解上的误差，而在此过程中，数据模型图是最好的沟通工具。

（2）原则

数据模型设计应遵循完整性、整合性、可扩展性、复用性、可读性和命名标准化原则。

1）完整性

完整性是指数据模型要涵盖完整的业务需求，并且按规范详细地定义模型的信息。完整性是判断数据模型质量最重要的原则，是其他设计原则的基础。

- 数据模型设计的范围需要与系统业务需求的范围保持一致，覆盖所有的业务需求。
- 数据模型设计的过程应充分地表达业务规则。
- 按规范填写实体、属性等对象的信息，充分表达数据的业务含义和设计思想。
- 基于业务规则设计数据模型的过程中，需要充分考虑数据的完整性，确保数据采集、数据校验、数据关联、数据使用等的完整性。

2）整合性

整合性是指通过抽象、提炼等方式对性质或结构相似的数据进行集中设计和管理。整合的目的是提高数据的集中化管理程度，从而减少冗余、确保数据的一致性、提高模型的灵活程度。

- 设计的过程参考企业级数据模型的设计思想。

- 从主题域设计阶段考虑集中管理的模式，避免同样的数据被定义在不同主题域中。
- 逻辑数据模型设计阶段应严格遵循范式化原则，物理数据模型设计阶段再结合具体场景考虑提升性能的设计方法。

3）可扩展性

可扩展性是指数据模型应具备快速应对业务变化的能力，以确保数据模型结构稳定，提升开发效率。

- 数据模型在满足完整性要求的前提下，允许进行一定的扩展设计。
- 为了避免过度设计，建议选择有明确扩展需求的业务进行适当配置化设计。
- 在进行扩展设计时，优先考虑将配置信息存储在数据库中，简化程序代码逻辑，降低扩展需求对程序的影响。
- 扩展设计过程中需要充分考虑业务交易的频率和数据量，避免扩展设计不当引发性能问题。

4）复用性。复用性是指参考企业级数据模型、共享模型和优秀系统的案例进行设计，提高模型结构的一致性，以及最大限度地利用现有数据，实现提升数据共享性和数据质量的目的。

- 设计数据模型时，优先借鉴行业内通用的模型设计思想和经验。
- 设计数据模型时，尽量减少新数据的添加，应优先考虑现有数据。避免重复设计或数据冗余过程中产生数据结构和数据的不一致问题。

5）可读性

可读性是指数据模型要具备充分表达业务规则、易于理解和维护的特点，确保业务人员和技术人员通过数据模型快速达成对需求的一致理解。

- 通过丰富的模型表示方式在模型中描述业务规则。
- 使用划分主题域和标注颜色等方式对数据结构进行分层分组，便于快速定位核心实体。
- 实体和关系的布局需要符合自上而下、自左向右的顺序排列。
- 子类型也是对数据进行分类和表达业务逻辑的方式，通过子类型清晰表达实体的构成。

6）命名标准化

- 标准化：优先采用标准词库的中文、英文或者缩写进行命名。
- 命名一致：各模型对象的命名应保持单词级别中文和英文缩写一致。
- 命名唯一：命名应遵循词义层面一致性原则，避免一词多义或同义词的情况发生。
- 句法：应依照各命名组成部分的说明以及指定格式命名。
- 词法：逻辑模型中对象的命名主要由中文组成，物理模型中对象的命名主要由英文组成，应依照指定的缩写（简写）、拼写、大小写、连接符规则，并遵照标准词库的使用要求命名。

8.1.3　数据建模的重要性

数据建模和业务建模是系统开发的两大核心。使用以流程为中心的分析和设计方法设计出的数据模型极易受到业务流程的影响，当业务流程发生变化时，数据模型也需要进行更改。因此，为了降低业务变化对数据模型产生的影响，保证数据模型能够灵活地应对业务的变化，以数据为中心的模型设计方法显得更为重要。

数据建模和业务建模虽然在方法论上存在差异，但相互之间也存在一些关联。数据建模和业务建模是互补的，业务建模是数据建模的输入，是数据建模的基础和前提，数据建模是业务建模的后继输出或交付成果，是业务规则的数据化描述。数据模型是系统的骨架，数据建模的结果会直接影响系统的稳定性和可扩展性。也正是因为数据模型的好坏会对系统的稳定性、灵活性、性能等产生很大的影响，所以，设计高质量数据模型对于整个系统的开发就显得格外重要。

过去的系统构建方法大多是以流程为中心，这样的方法常常会导致系统的可扩展性和灵活性差、性能问题突出、信息共享困难等。最终直接影响到数据的完整性，对整体数据质量造成不良的影响。

目前国内很多企业为了快速解决数据质量问题，已经使用了数据质量管理工具，当然，还有很多企业正在考虑使用这样的工具，它们计划使用数据质量管理工具及构建数据质量管理体系的目的，试图通过这种事后的方式来提升和确保数据质量，这也说明企业已经意识到现有信息系统中的数据质量存在诸多问题。尤其是在大数据时代到来后，企业不断向数据索取更多效益，却发现数据质量问题极其严重，迫于无奈才采取此事后治理的措施。但是，这也只是一个提高数据质量的临时对策，无法从根源上解决数据质量的问题。

2021 年 DAMA 国际与 DAMA 中国携手开展了数据管理和数字化中美市场调查。调查显示，在美国有近 20% 的企业调查的数据架构师在推动企业数据管理工作，约60% 的企业已完成数据架构的构建，尽管如此，2021 年与 2020 年相比，数据架构方面的项目增加了 44.7%。这一现象充分说明了数据架构对数据资产管理、数字化转型、数据质量提升的重要性。然而，我国调查结果显示，只有 7.43% 的调查企业比较重视数据架构和数据模型，远低于美国，这说明我们还没有真正地认识到数据架构和数据模型在数据资产管理、数字化转型、数据质量提升方面的重要性。

对于一个企业而言，其 IT 系统应被看作是一个整体的生态系统。对于一个正在成长中的企业而言，整个企业组织结构、业务体系的变化必然会影响到 IT 系统。一般而言，企业 IT 系统的架构会存在两种情况：第一种情况是从无到有，根据企业架构师与业务架构师的设计，严格按照设计蓝图来规划所有的 IT 系统或数据系统；第二种情况是多种不同的系统并存，可能是由于各种系统是在不同的时间建设而导致的。第一种情况看似美好，但仍有可能发生规划蓝图不能满足需求的可能性。第二种情况则因各种复杂因素并存而导致情况更加难以控制，最后可能还是出现了传统的"烟囱系统"（stovepipe system），需要花费大量人力和物力对其进行整合。

如试图彻底解决烟囱系统带来的各种问题，必须从企业架构全局出发，重新规划和设计企业架构中的业务架构、数据架构、应用架构。尤其需要设计可扩展性和整合性较高的企业级数据架构。

数据建模是系统建设过程中必不可缺少的重要组成部分，对系统建设的成败起决定性作用，其重要性表现如下。

（1）影响面大

在系统上线之前，需要反复进行测试，其中包括单元测试和集成测试。在测试工作中，一方面测试功能是否存在错误，另一方面测试数据处理方面是否存在错误。假如在测试阶段不得不对数据模型的某一部分进行更改，需要先进行大量相关影响分析工作。例如，由于数据模型的修改导致需要执行标准影响分析、应用变更影响分析等工作。在一系列分析结束之后，方可对因数据模型变更而产生影响的部分进行真正的修改。对数据模型变更的量和范围直接决定应用代码变更的量和波及的范围。由此可见，我们不可否认的一点就是在这一阶段中，因需要对数据架构进行修改而产生一系列额外的工作，甚至因为修改的应用代码范围较大，而影响整个项目的推进。由此可见，数据建模在系统构建过程中占有相当重要的位置。

（2）以简单易懂的方式描述复杂的信息需求

数据模型是明确地描述信息系统中信息需求和约束的工具。掌握信息需求最好的方法就是反复理解数据模型，这比查看大量功能性需求文档的效率要高得多。数据模型好比建筑物的施工设计图，将建筑施工设计图分享给建筑工程师之后，工程师要对设计图纸有正确且深入的理解，才能有条不紊地建造出宏伟的大楼。同理，在信息系统构建的过程中，系统开发相关人员必须对数据模型有正确且深入的理解，才能准确地理解模型设计人员所表达的信息需求，在此基础上才能设计和开发出满足需求的应用，确保数据的准确性。为了完成此重任，模型应该具备的最重要特征就是正确、简洁地表达和描述信息需求。

（3）从源头上影响数据质量

数据库中的数据是企业的重要资产之一。这些数据保存的时间越长，其价值越高。那么，保存了很久的数据中存在大量不正确的数据，该怎么办？这样的问题并不像修改系统中某一部分功能那样容易解决。数据的错误可能会导致企业丧失重要的商机，影响企业对数据应用的效率，延缓企业数字化转型进程等，因此数据的质量至关重要。尽管如此，大部分企业仍意识不到应当从业务规则定义、数据架构设计、应用程序开发就开始认识到数据质量的重要性，并采取一定的措施。企业往往是在对长期积累的数据进行应用或分析的时候才会发现问题的严重性。

导致数据质量差的重要原因之一就是数据架构的设计问题。例如，没有正确定义数据的冗余，没有充分定义数据模型中的业务规则，本应整合的同质数据被分开设计在多处而导致数据不一致等。通常数据模型设计上的缺陷导致的数据质量问题，解决难度比较大。

8.1.4　基本概念

本部分将介绍几类可建模的不同数据类型、数据模型组件、数据建模的方法和数据模型级别，以及在不同数据情况下选择不同类型的原因。这组定义非常广泛，部分原因是数据建模本身就是关于定义的过程，理解支持实践的词汇是很重要的。

（1）数据建模和数据模型

数据建模最常用在系统开发与系统维护的工作环境中，我们称之为系统开发生命周期（SDLC）。数据建模也可以用于更广泛的领域（如业务和数据架构、主数据管理和数据治理计划），其直接的结果不在数据库，而是对组织数据的理解。

数据模型描述了组织已经理解或者未来需要的数据。数据模型包含一组带有文本标签的符号，这些符号以可视化的方式展现数据需求并将其传递给数据建模人员，以获得一组特别的数据，这些数据大小不一，小到可以用于项目，大到可以用于组织。模型是一种文档形式，用于记录数据需求和建模过程产生的数据定义。数据模型是用来将数据需求从业务传递到IT，是在IT内部从分析师、建模师和架构师到数据库设计人员和开发人员之间进行传递的主要媒介。

（2）可建模的数据类型

在任何既定组织中，可用建模的数据类型反映了组织或项目需要数据模型的优先级。以下四种数据类型是可进行建模的数据（Edvinsson，2013）。

● 类别信息（category information）：用于对事物进行分类和分配的事物类型的数据。例如：按市场类别或业务部门分类的客户；按颜色、型号、大小等分类的产品；按开放或关闭分类的订单。

● 资源信息（resource information）：实施操作流程所需资源的基本数据，如产品、客户、供应商、设施、组织和账户等。在IT专业人员定义中，资源实体有时被称为参考数据。

● 业务事件信息（business event information）：在操作过程中创建的数据，如客户订单、供应商发票、现金提取和业务会议。在IT专业人员的定义中，事件实体有时被称为交易性业务数据。

● 详细交易信息（detail transaction information）：详细的交易信息通常通过销售系统(商店或在线应用)生成。它还可以通过社交媒体系统、其他互联网交互(点击流等)和机器上的传感器产生。这些传感器可以是船只和车辆的部件、工业组件或个人设备（全球定位系统、射频识别、无线等）。这种类型的详细信息可以被聚合，用于派生其他数据，并分析趋势，类似于业务时间信息的使用方式。

这种类型的数据（大容量或快速变化）通常被称为大数据。

以上四类都属于"静态数据"。部分"动态数据"也可以建模，如系统方案，包括用于消息传递和基于事件的系统协议和方案等。

（3）数据模型组件

正如将在本章后所面讨论的一样，不同类型的数据模型采用不同的约定符号来表示数据。然而，大部分数据模型都包含基本相同的组件：实体、关系、属性和域。

1）实体

在数据建模之外的概念中，实体的定义是有别于其他事物的一个事物。在数据建模概念里，实体是一个组织收集信息的载体。实体有时被称为组织的一组名词。一个实体可以被认为是一些基本问题的答案——谁、什么、何时、何地、为什么、怎么办，或是这些问题的综合。表8-1定义并给出了常用实体类别的例子（Hoberman，2009）。

表 8-1　常用的实体类别

分类	定义	示例
谁（Who）	相关的人或组织，也就是"谁对业务很重要？""谁"通常是一个参与方的泛指或角色，如客户或供应商。人员或组织可以有多个角色，也可以包含在多个参与方中	员工、病人、玩家、嫌疑犯、客户、供应商、学生、乘客、竞争者、作者
什么（What）	为相关企业提供的产品或服务。"什么"通常指的是组织的产出或提供的服务，也就是"什么对企业来说是重要的？"类别、类型等属性在这里非常重要	产品、服务、原料、成品、课程、歌曲、照片、书
何时（When）	和企业相关的日历或时间间隔，也就是"业务什么时候进行？"	时间、日期、月、季度、年、日历、学期、财政周期、分钟、出发时间
何地（Where）	企业相关的地点。地点可以是实际的地方，也可以是电子场所，也就是"业务在哪里进行？"	邮寄地址、分发点、网址、IP地址
为什么（Why）	企业相关的事件或交易，且这些事件使业务得以维持，也就是"为什么企业得以运行？"	订单、退货、投诉、取款、存款、表扬、查询、贸易、索赔
怎么办（How）	和企业相关的事件文档。文档提供事件发生的证据，如记录订单事件的购买订单，也就是"我们如何知道事件发生了？"	发货单、合同、协议、账户、购买单、装箱单、贸易确认书
度量（Measurement）	超过某时间点的其他类别的计数、总和（什么、何地）。	销售、项目计数、付款、余额

通用术语"实体"可以使用其他名称表示。最常见的是使用"实体类型"代表一类事物（例如，Jane是Employee类型），因此Jane是实体，Employee是实体类型。然而，目前普遍用法是用术语"实体"表示Employee，用"实体实例"（Entity Instance）表示Jane（见表8-2）。

表 8-2　实体、实体类型和实体实例

用法	实体	实体类型	实体实例
常识用法	Jane	Employee	
推荐用法	Employee		Jane

实体实例是特定实体的具体化或取值。实体学生可能有多个学生实例，比如名字是鲍勃·琼斯、乔·杰克逊、简·史密斯等实例。实体课程可以有"数据建模基础""高级地质学""17 世纪英国文学"等实例。

实体别名也会根据模型类型而变化。在关系模型中经常用到"实体"这个术语，在维度模型中经常使用"维度""事实表"等术语，在面向对象的模型里经常使用"类""对象"等术语，在基于时间的模型中经常使用"中心""卫星""链接"等术语，在非关系型数据库模型中经常使用"文件""节点"等术语。

实体的别名根据模型抽象程度不同而有所不同。概念模型中的实体一般称为概念或术语，逻辑模型中的实体就称为实体（取决于不同模型类型中有不同的称呼），而在物理模型中，实体的称呼因数据库技术的不同也不一样，最常见的称呼是表。

在数据模型中，通常采用矩形（或带有圆边的矩形）代表实体，矩形的中间是实体的名称，如图 8-2 所示，图中有三个实体：学生（Student）、课程（Course）和讲师（Instructor）。

图 8-2　实体

实体定义对于任何数据模型所描述的业务价值都有巨大贡献。它们属于核心元数据。高质量的定义澄清了业务词汇表的含义，并有助于精确管理实体之间关系所描述的业务规则。它们帮助业务和 IT 专业人员针对业务和应用程序设计做出明确的决策。高质量的数据定义具备以下三个基本特征。

- 清晰（clarity）：定义应该易于阅读和理解。采用简单清晰的语言表述，没有晦涩的首字母缩写词或难 c 解释的歧义表达，如"有时"或"正常"。
- 准确（accuracy）：定义是对实体的精准且正确的描述。定义应由相关业务领域的专家进行审查，以确保其准确性。
- 完整（completeness）：定义要尽量全面，定义中所包括的内容都要体现。例如，在定义代码时，要包括代码值的示例。在定义标识符时，标识符的唯一性范围应包括在定义中。

2）关系

关系（relationship）是实体之间的关联（Chen，1976）。关系捕获概念实体之间的高级别交互、逻辑实体之间的详细交互以及物理实体之间的约束。

通用术语"关系"也可以用其他名称来表示。关系的别名根据模型不同而有所不同。在关系模型中经常使用术语"关系"，在维度模型中经常使用术语"导航路径"，在 NoSQL 非关系型数据库模型中经常使用诸如"边界"或"链接"等术语。关系的别名也可以因模型抽象程度不同而有所不同。在概念和逻辑级别上的关系就被称为"关系"，但是物理级别上的关系可能会采用其他名称来表示，如"约束"或"引用"等，主要取决于具体的数据库技术。

关系在数据建模图上通常显示为线条。如图 8-3 所示。

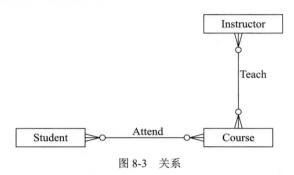

图 8-3　关系

在图 8-3 中，学生和课程之间的关系描述了学生可以参加课程的规则。讲师和课程之间的关系描述了讲师可以教授课程的规则。线上的符号（称为基数）以精确的语法说明了规则。关系通过关系数据库中的外键来表示，在非关系型数据库中通过边界或链接来表示。

在两个实体之间的关系中，基数说明了一个实体（实体实例）和其他实体参与建立关系的数量。基数由出现在关系线两端的符号表示。数据规则是通过基数指定来强制执行的。如果没有基数，对于关系，人们最多只能说两个实体以某种方式相连。对于基数而言，只能选择"0""1"或"多"。关系的每一方都可以有"0""1"或"多"的任意组合（"多"的意思是超过"1"个）。指定"0"或"1"表示关系中是否需要实体实例。1 个或多个表示给定关系中参与的实例数量。

如图 8-4 所示，学生和课程的关系解释了这些基数符号的含义。业务规则：每一名学生可以参加一门或多门课程，每一门课程可以被一名或多名学生参加。

图 8-4　基数符号

关系中涉及实体的数目称为关系的元数，最常见的有一元、二元和三元关系。

● 一元关系（unary relationship），也被称为递归关系（recursive relationship）或自我引用关系（self-referencin relationship），它只包含一个实体。一对多的递归关系描述了一种层级关系，而多对多的关系描述的是一种网络或图表。在层级关系中，一个实体最多拥有一个父实体（或称上级实体）。在关系模型中，子实体处于关系中的"多"的一边，而父实体处于关系中的"一"的一边。在关系网络中，一个实体可以拥有多个父实体。例如，一门课程需要有先导课程。如果想要参加生物学研讨会，学生必须首先听完生物学讲座，听完生物学讲座是参加生物学研讨会的先决条件。在关系型数据模型中，使用信息工程表示法，可以将这种递归关系建模为层级关系（如图 8-5 所示）或网络关系（如图 8-6 所示）。在层级关系中，要参加生物学研讨会需要先参加生物学讲座。一旦生物学讲座被设定为生物学研讨会的先导课程，生物学讲座就不可再作为其他课程的先导课程。在网络关系中，则允许生物学讲座作为其他课程的先导课程。

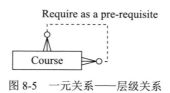

图 8-5 一元关系——层级关系

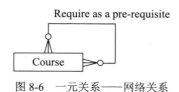

图 8-6 一元关系——网络关系

● 涉及两个实体的关系被称为二元关系（binary relationship）。在传统数据模型中，最常见的二元关系包含两个实体。图 8-7 是一个 UML 课程的图解，学生和课程为构成二元关系的两个实体。

图 8-7 二元关系

● 涉及三个实体的关系被称为三元关系（ternary relationship）。图 8-8 所示为一个基于事实（对象角色表示法）建模的例子。此例中，学生可以在特定的学期中选择一门特定的课程。

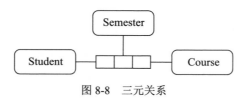

图 8-8 三元关系

● 外键（foreign key）通常用在物理数据建模中表示关系，在逻辑数据建模中，有时也用这种方法表示关系。当在两个实体之间定义关系时，可以隐式地创建外键，这取决于数据库技术或数据建模工具，以及所涉及的两个实体是否具有相互依赖性。在图 8-9 所示例子中，注册（Registration）包含两个外键，来自学生的学号（Student Number）和来自课程的课程号（Course Code）。课程号来自课程实体，学号来自学生实体。外键体现在关系中的"多"的一边的实体，即子实体中。例子中的学生和课程是父实体，而注册是子实体。

图 8-9　外键

3）属性

属性（attribute）定义、描述或度量实体某方面的性质。属性可能包含域。实体中属性的物理展现为表、视图、文档、图形或文件中的列、字段、标记或节点等。

在数据模型中，属性通常在实体矩形内的列表中描述，如图 8-10 所示，其中实体学生的属性包括学号、姓（Student First Name）、名（Student Last Name）、出生年月（Student Birth Date）。

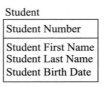

图 8-10　属性

标识符（identifiers），也称为键，是唯一标识实体实例的一个或多个属性的集合。根据键的结构（单一键、代理键、组合键、复合键）和功能（超键、候选键、主键、备用键）进行分类。

- 单一键（simple key）是唯一标识实体实例的属性。通用产品代码（UPC）和车辆识别号（VINS）都是单一键的例子。代理键也是一种单一键。代理键是表的唯一标识符，通常是一个计数符，由系统自动生成。代理键是一个整数，其含义与其数值无关（换句话说，代表月份的代理键数值为 1，不能据此推断其代表一月份）。代理键具有技术功能，不应对数据库的最终用户可见。它们维存在后台，以帮助保持唯一性，允许在结构间进行更高效的导航，并促进跨应用程序的集成。组合键（compound key）是一组由两个或多个属性组成的集合，这些属性一起唯一地标识一个实体实例。例如，美国电话号码（区号＋交换机＋本地号码）和信用卡号码（申请者 ID＋账户号＋校验数）。复合键（composite key）包含一个组合键和至少一个其他单一键、组合键或非键属性。例如，多维事实表上的键，可能包含几个复合键、单一键和可选的加载时间戳。

● 超键（super key）是唯一标识实体实例的任何属性集。候选键（candidate key）是标识实体实例的最小属性集合，可能包含一个或多个属性（如一个单一键或复合键）。最小意味着候选键的任意子集都无法唯一标识实体实例。一个实体可以有多个候选键。电子邮件地址、手机号码和客户账号是客户实体候选键的例子。候选键可以是业务键，有时称为自然键（natural keys）。业务键（business key）是业务专业人员用于检索单个实体实例的一个或多个属性。业务键和代理键是互斥关系。主键（primary key）是被选择为实体唯一标识符的候选键。即使一个实体可能包含多个候选键，但只有一个候选键能够作为其主键。备用键（alternate key）是一个候选键，虽然也是唯一的，但没有被选作主键。备用键可用于查找特定实体实例。通常，主键是代理键，而备用键是业务键。

独立实体是指其主键仅包含只属于该实体的属性。非独立实体是指其主键至少包含一个来自其他实体的属性。在关系模式中，大多数数据建模图用矩形符号表示独立实体，非独立实体则用圆角矩形表示。在图 8-11 所示的学生例子中，学生和课程是独立实体，注册则为非独立实体。非独立实体至少含有一个标识关系。标识关系是指父实体的主键作为外键被继承到子实体主键的关系，正如学生和注册之间、课程和注册之间的关系。在非标识关系中，父实体的主键被继承为子实体的非主外键属性。

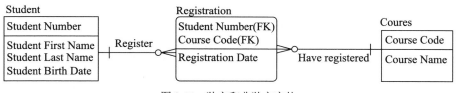

图 8-11 独立和非独立实体

4）域

在数据建模中，域（domain）代表某一属性可被赋予的全部的可能取值。域可以用不同的方式来表达。域提供了一种将属性特征标准化的方法。例如，"日期域"包含了所有可能的日期，适用于任何逻辑数据模型或物理数据模型中的日期属性，如雇用员工的日期、收到订单的日期、提交声明的日期、课程开始的日期。域中的所有值都是有效的值。不在域中的值被称为无效的值。属性中不应当含有其指定的域以外的值。例如，员工性别编码，限定在女性或男性的性别编码域中。雇用员工的日期域，可被简单地定义为所有有效日期。在此规则下，雇用员工日期的域不应包含每年的 2 月 30 日。

我们可以用附加的规则对域进行限制，这些限制规则被称为约束。规则可以涉及格式、逻辑或两者兼具。例如，通过将雇用员工日期域限制为早于今天的日期，可以从有效值域中排除 2050 年 3 月 10 日，即便它是一个有效日期。雇用员工日期也可以被约束在一个特定的工作日（在星期一、星期二、星期三、星期四或星期五中选择的日期）。域可以用多种不同的方式定义。

- 数据类型：域中的某一属性中的数据有特定的标准类型要求。例如，整数、字符（30 字节）和日期都属于数据类型域。
- 数据格式：使用包括模板和掩码等格式的域，如邮政编码和电话号码，以及字符的限制（仅用字母数字代码、字母数字代码及某些特殊符号等）等格式来定义有效值。
- 列表：含有有限个值的域。很多人都非常熟悉的下拉列表就属于此类。例如，订单状态域的值可以限制在"订单开立、发货、订单结束、退货"几个状态。
- 范围：允许相同数据类型的所有值在一个或多个最小值/最大值之间的域。有些范围可以是开放式的。例如，订单送货日期必须在订单下达日期之后的三个月内。
- 基于的规则：域内的值必须符合一定的规则才能成为有效值。规则包括将关系或组合中的值与计算值或其他属性值进行对比。例如，物品价格必须高于物品成本。

（4）数据建模的方法

用于表示数据建模的六种常见方法是关系、维度、面向对象、基于事实、基于时间和非关系型。每种方法都采用特定的表示法来表示，如表 8-3 所示。

表 8-3　建模模式和表示法

模式	表示法
关系（Relational）	信息工程（IE） 信息建模集成定义（IDEF1X） 巴克符号（Barker Notation） 陈氏符号（Chen）
维度（Dimensional）	维度
面向对象（Object-Oriented）	统一建模语言（UML）
基于事实（Fact-Based）	对象角色建模（ORM2） 完全面向交流的信息建模（FCO-IM）
基于时间（Time-Based）	数据拱顶模型（Data Vault） 锚建模（Anchor Modeling）
非关系型（NoSQL）	文档（Document） 列（Column） 图（Graph） 键值（Key-Value）

本部分将简要介绍每一种方法及其采用的表示法，有些方法仅适用于特定的技

术，至于使用哪种方法，部分取决于要建立的数据库类型。

在关系方法中，三层模型都适用于关系型数据库管理系统（RDBMS），而概念模型和逻辑模型也适用于其他类型的数据库。这对于基于事实的模式同样适用。对于维度模型来说，三层模型都适用于关系型数据库管理系统和多媒体数据库管理系统（MDBMS）。面向对象的方法适用于关系型数据库管理系统和对象数据库。

基于时间的方法是一种物理数据建模技术，主要用于 RDBMS 环境中的数据库。NoSQL 方法严重依赖底层数据库结构（文档、列、图或键值），因此是一种物理数据建模技术。表 8-4 展示了建模过程中的几个要点，甚至包括在非传统数据库（如基于文档的数据库）中基于关系的概念数据模型（CDM）和逻辑数据模型（LDM）之后，出现基于文档的物理数据模型（PDM）。

表 8-4　数据库交叉应用模式

模式	RDBMS	MDBMS	对象 数据库	文档 数据库	列式 数据库	图数据库	键值 数据库
关系	CDM LDM PDM	CDM LDM	CDM LDM	CDM LDM	CDM LDM	CDM LDM	CDM LDM
维度	CDM LDM PDM	CDM LDM PDM					
面向对象	CDM LDM PDM		CDM LDM PDM				
基于事实	CDM LDM PDM	CDM LDM	CDM LDM	CDM LDM	CDM LDM	CDM LDM	CDM LDM
基于时间	PDM						
非关系型			PDM	PDM	PDM	PDM	PDM

1）关系建模

关系理论提出了一种能够清晰表达含义的系统方法来组织数据（Codd，1970），这种方式在减少数据存储冗余方面卓有成效。Codd 发现二维关系是管理数据最有效的方式。术语"关系"来源于该方法所基于的数学方法——集合理论。关系模型的设计目的是精确地表达业务数据，一处只有一个事实（消除冗余）。关系模型特别适合设计操作型系统，因为这类系统需要快速输入信息并精确地存储信息（Hay，2011）。在关系建模中有几类不同的表示法可以用来表达实体间的关系，包括信息工程表示法（IE）、信息建模的集成定义（IDEF1X）、巴克符号表示法和陈氏表示法。最常见的是信息工程表示法，该方法采用三叉线（俗称"鸭掌模型"）

来表示基数，如图 8-12 所示。

图 8-12　信息工程表示法

2）维度建模

维度建模的概念源于 20 世纪 60 年代由通用磨坊食品公司（Gerneral Mills）和达特茅斯学院（Dartmouth College）所做的一次联合研究项目。在维度模型中，数据组织的方式是为了优化海量数据的查询和分析。与此对应的是，操作型系统支持事务的处理，为优化单个事务快速处理而生。维度数据模型获取专注于特定业务流程的业务问题，图 8-13 所示为用维度模型分析招生情况。可以根据学生所在的区域、学校名称、学期以及学生是否接受财政资助来查看招生信息。导航可以从一个区域上升到地区和国家、从学期上升到学年、从学校名称上升到学校等级。在这个模型中，我们用到了图形方法"轴表示法"（axis notation）来建模，对于那些不习惯阅读传统数据建模语法的人来说，"轴表示法"是一种非常有效的沟通工具。关系和维度概念数据模型都基于同样的业务过程（如录取情况的例子所示）。不同点在于关系代表的含义不同。在关系模型中，关系连线表示业务规则；而在维度模型中，实体之间的连线表示用于说明业务问题的导航路径。

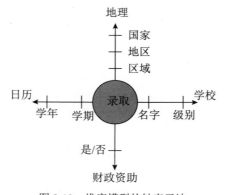

图 8-13　维度模型的轴表示法

- 在维度模型中，事实表（fact tables）的行对应于特定的数值型度量值，如金额、交易量或个数等。有些度量值是算法的结果，在这种情况下，元数据对于正确理解和使用至关重要。事实表占据了数据库的大部分空间（90% 是一个合理的经验法则），并且往往具有大量的行。
- 维度表（dimension tables）表示业务的重要对象，并且主要包含文字描述。维度是事实表的入口点或链接，是"查询"或"报表"约束的主要来源。维度通常是高度反范式的，通常占总数据的 10% 左右。各个维度必须在每一行都有一个独一无二的标识符。维表中最主要的两种标识键是代理键和自然键。维度也有一些属性，它们以不同的速率发生变化。渐变类的维度根据变化的速率和类型来管理变化。三种主要的变化类型有时被称为 ORC。第一类是覆盖（overwrite），指新值覆盖旧值。第二类是新行（new row），指新值写在新行中，旧行被标记为非当前值。第三类是新列（new column），指一个值的多个实例列在同一行的不同列中，而一个新值意味着将系列中的值向下一点写入，以便在前面为新值留出空间。最后一个值被丢弃。

- 雪花模型（snowflaking）是指将星形模式中的平面、单表、维度结构规范化为相应的组件层次结构或网络结构。

- 粒度（grain）是指事实表中的单行数据的含义或者描述，这是每行都有的最详细的信息。定义一个事实表中的粒度是维度建模的关键步骤之一。例如，如果一个维度模型用于度量学生注册过程，粒度可能为学生、日期和班级。

- 一致性维度（conformed dimensions）是基于整个组织构建的，而不是基于某个特定的项目。由于具有一致的术语和值，这些维度在不同的维度模型中可以共享。例如，如果日历是一个一致性维度，那么为按学期计算学生申请人数而建立的维度模型，将与为计算毕业生建立的维度模型具有相同的值和定义。

- 一致性事实（conformed facts）使用跨多个数据集市的标准化术语。不同的业务用户可能以不同的方式使用同一术语。客户加成（customer additions）与毛利润加成（gross additions）或调整加成（adjusted additions）是否一致？开发者需要敏锐地意识到很多事物称谓一样，但在各组织中概念并不相同，或者相反，事物的称谓不一样却在各个组织中实际表达的是同一概念。

- 统一建模语言（UML）是一种图形风格的建模语言。UML 因数据库不同有不同种类的表示法（类模型）。UML 规定了类（实体类型）和它们之间的关系类型（Blaha, 2013）。图 8-14 体现了 UML 类模型的特点：类图与 ER 图相似，但 ER 图没有操作（operation）或方法部分；在 ER 图中，与操作最为接近的概念是存储过程；属性类型（如日期、分钟）是用程序编程语言的数据类型表示的，而不是用物理数据库数据类型来表示；默认值可以在符号中有选择地显示；访问数据是通过类的公开接口，封装或数据隐藏是基于"局部影响"的，类和实例的维护都是通过暴露出来的操作方法进行。每个类包含相关的操作或方法（也称为"类行为"）。由于类行为需要排序和计时，其只是松散地连接到业务逻辑。在 ER 术语中，数据库表具有存储过程 / 触发器。类操作可以是：公开的（public）——完全可见；内部可见的（internally）——对子实体可见；私密的（private）——隐藏的。相比之下，ER 物理模型只提供公共访问途径；所有数据都暴露在进程、查询或操作当中。

图 8-14　UML 类模型

3）基于事实的建模

基于事实的建模（Fact-Based Modeling，FBM）方法起源于 20 世纪 70 年代末，是一种概念建模语言，这类语言通常基于 FBM 对象的特征，以及每个对象在每个事实中所扮演的角色来描述世界。一个广泛而强大的约束系统依赖于流畅的自动语言和对具体实例的自动检查。基于事实的模型不使用属性，通过表示对象（实体和值）之间的精确关系来减少直观或专家判断的需求。使用最广的基于事实建模方法是对象角色建模，由特里·哈尔平（Terry Halpin）在 1989 年提出。

4）对象角色建模

对象角色建模（Object Role Modeling，ORM 或 ORM2）是一种模型驱动的工程方法，它以典型的需求信息或查询的实例开始，这些实例在用户熟悉的外部环境中呈现，然后在概念层次上用受控自然语言所表达的简单事实来描述这些实例。受控自然语言是受限制的无歧义的自然语言版本，因此所表达的语义很容易被人理解，其也是形式化语言，因此可以自动将结构映射到较低级操作上（Halpin，2015），如图 8-15 所示。

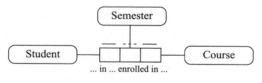

图 8-15　ORM 模型

5）完全面向通信的建模

完全面向通信的建模（Fully Communication Oriented Modeling，FCO-IM）在注释和方法上与 ORM 相似。图 8-16 中的数字是对事实的描述。例如，"学生 1234 的名字是 Bill"这段话中的"2"指的是数据描述。

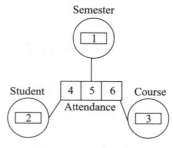

图 8-16　FCO-IM 模型

6）基于时间的数据模型

当数据值必须按照时间顺序与特定时间值相关联时，需要用到基于时间的建模。

● 数据拱顶（data vault）是一组支持一个或多个业务功能领域，面向细节，基于时间且唯一链接的规范化表。数据拱顶模型是一种混合方式，综合了第三范式（3NF）和星型模式的优点。数据拱顶模型专门为满足企业数据仓库的需求而设计。数据拱顶模型有三种类型的实体：中心表、链接表和卫星表。数据拱顶模型设计的重点是业务的功能领域，中心表代表业务主键，链接表定义了中心表之间的事务集成，卫星表定义了中心表主键的语境信息（Linstedt，2012）。如图 8-17 所示，学生和课程是中心表，它们代表主题中的主要概念。参加课程（Attendance）是一个链接表，将两个中心表联系在一起。学生联络方式、学生属性和课程描述是几个卫星表，提供了一些关于中心概念的描述信息，可以支持不同类型的历史。

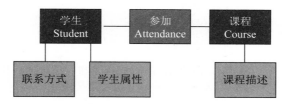

图 8-17　数据拱顶模型

7）锚建模型

锚模型（anchor model）适用于信息的结构和内容都随时间发生变化的情况。它提供用于概念建模的图形语言，能够扩展处理临时数据。锚建模有四个基本的建模概念：锚、属性、连接、节点。锚模拟的是实体和事件，属性模拟了锚的特征，连接表示了锚之间的关系，节点用来模拟共享的属性。如图 8-18 所示，学生（Student）、课程（Course）和参加课程（Attendance）都是锚点，灰色的菱形代表连接，圆圈代表属性。

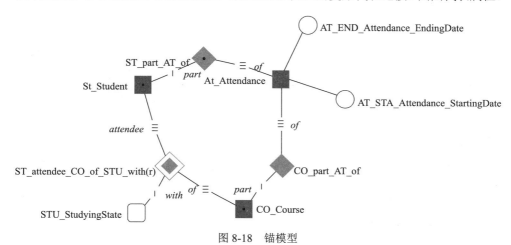

图 8-18　锚模型

（5）数据模型级别

1975 年，美国国家标准协会的标准规划与需求委员会（SPARC）发布了数据库管理的三重模式具体如下。

● 概念模式（conceptual）：体现了正在数据库中建模企业的"真实世界"视图。它代表了企业当前的"最佳模式"或"经营方式"。

● 外模式（external）：数据库管理系统的各个用户操作与特定需求相关的企业模型子集。

● 内模式（internal）：数据的"机器视图"由内模式描述。该模式描述了企业信息的存储表示形式（Hay，2011）。

这三个层次通常分别在概念层次、逻辑层次和物理层次上进行细节展现。在项目中，概念数据建模和逻辑数据建模是需求规划和分析活动的一部分，而物理数据建模属于设计活动。下面将概述概念、逻辑和物理数据建模。此外，每一级都将采用关系模型和维度模型的实例进行说明。

1）概念数据模型

概念数据模型（Conceptual Data Model，CDM）是用一系列相关主题域的集合来描述概要数据需求。概念数据模型仅包括给定的领域和职能中基础和关键的业务实体，同时给出实体和实体之间关系的描述。例如，我们要对学生和学校之间的关系进行建模，采用信息工程语法描绘的关系型概念数据模型，如图 8-19 所示。每所学校（School）有若干个学生（Student），每个学生只来自一所学校。此外，每个学生可提交若干个申请（Application），每一个申请只能由一个学生提交。关系线获取了关系数据模型中的业务规则。例如，学生 Bob 可以申请郡高中或皇后学院，但不能同时去就读这两所大学。此外，一份申请只能由一个学生提交，而不是两个或零个。如图 8-20所示，使用轴表示法的维度型概念数据模型说明了学校相关的概念。

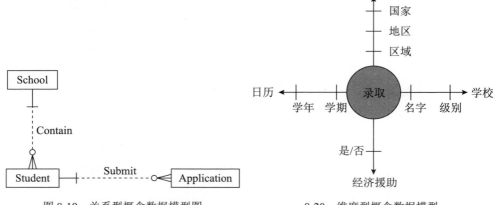

图 8-19　关系型概念数据模型图　　　　8-20　维度型概念数据模型

2）逻辑数据模型

逻辑数据模型（Logical Data Model，LDM）是对数据需求的详细描述，通常用于特定用法的语境中（如应用需求）。逻辑数据模型不受任何技术或特定实施条件的约束。逻辑数据模型通常是从概念数据模型扩展而来。在关系型逻辑数据模型中，通过添加属性来扩展概念数据模型。属性通过应用规范化技术分配给实体，如图 8-21 所示。每个属性和它所在实体的主键之间都有非常强的关系。例如，学校名称（School Name）与学校代码（School Code）有很强的关系，学校代码的每个值最多返回一个学校名称。很多情况下，维度型逻辑数据模型是维度型概念数据模型的完全属性透视图，如图 8-22 所示。关系型逻辑数据模型捕获业务流程的规则，而维度型逻辑数据模型捕获业务问题以确定业务流程的运行状况和性能。图 8-22 中的录取人数（Admissions Count）是回答与录取（Admissions）相关的业务问题的度量。围绕招生录取（Admissions）实体提供的语境来查看诸如按学期和学年等不同粒度级别的招生人数。

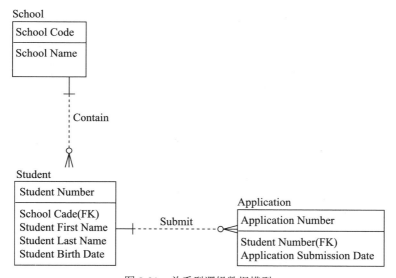

图 8-21　关系型逻辑数据模型

3）物理数据模型

物理数据模型（Physical Data Model，PDM）描述了一种详细的技术解决方案，通常以逻辑数据模型为基础，与某一类系统硬件、软件和网络工具相匹配。物理数据模型与特定技术相关。例如，关系型数据库管理系统应被设计成具有特定功能的数据库管理系统（如 IBM DB2、UDB、Oracle、Teradata、Sybase、Microsoft SQL Server、Microsoft Access），图 8-23 展示了一个关系型物理数据模型。在这个数据模型中，为了满足特定的技术要求，学校已经被逆范式化到了学生实体中。当访问一个学生信息时，他的学校信息会同时被访问到，因此，两者一起存储的结构比两个独立存储的性能更好。由于物理数据模型受实现技术约束，因此常通过对结构进行组合（逆范式化）来提高检索性能，类似上面例子中的学生和学校。图 8-24 说明了一个维度型物理数据模型（通常是星形模式，意味着每个维度都有一个结构）与关系模型的物理数据模型类似，该结构已从逻辑对应结构修改为使用特定技术，以确保业务问题能够以简单和快速的方式得到解决。

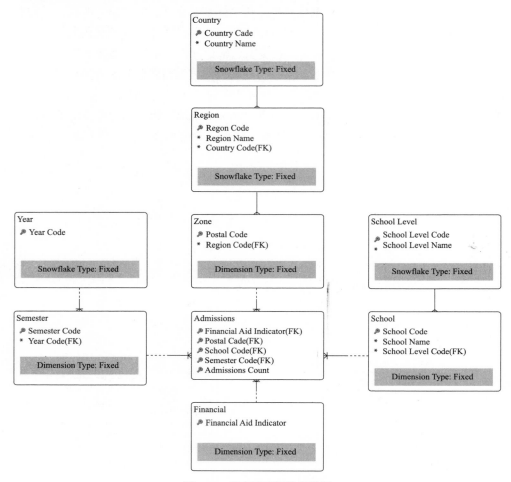

图 8-22　维度型逻辑数据模型

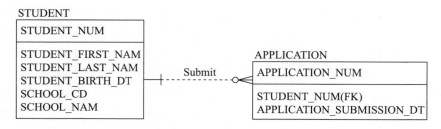

图 8-23　关系型物理数据模型

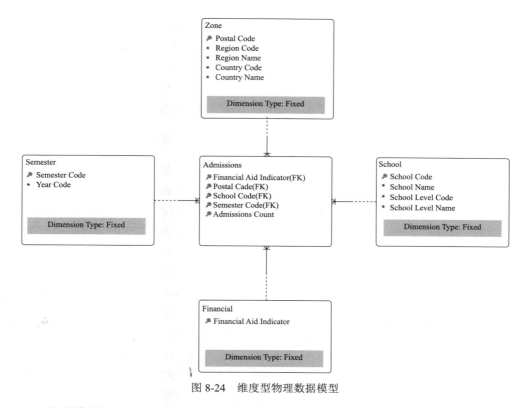

图 8-24　维度型物理数据模型

规范模型（canonical model）是物理模型的一个变种，用于描述系统之间的数据移动。该模型描述了在系统之间作为数据包或消息传递的数据结构。当通过 Web 服务、企业服务总线（ESB）或企业应用程序集成（EAI）发送数据时，规范模型描述了发送服务和接收服务应该使用的数据结构。这些结构的设计应尽可能通用，以实现重用和简化接口需求。

- 视图（views）是虚拟表，它提供了一种从多张包含或引用实际属性的表中查看数据的方法。当请求视图中的一个属性时，标准视图会运行 SQL 来检索数据。实例化（通常称为"物化"）视图在预定的时间运行。视图用于简化查询、控制数据访问和重命名列，而不会由于逆规范化而导致引用完整性的冗余和丢失。
- 分区（partitioning）是指拆分表的过程。它的执行是为了方便存档和提高检索性能。分区可以是垂直的（按列分组）也可以是水平的（按行分组）。①垂直分割：为减少查询返回的结果集，可根据列的不同为某表创建子集。例如，将客户表分割成两张表，分别基于相对静态的字段和相对易变的字段（以提高加载／索引性能），或基于查询中常见和非常见字段（提高全表扫描性能）。②水平分割：为减少查询返回的结果集，使用某列的值作为区分创建子集表。例如，创建只包含特定区域中客户信息信息的区域客户表。

- 逆规范化（denormalization）是将符合范式规则的逻辑数据模型经过慎重考虑后，转换成一些带冗余数据的物理表。换言之，去范式化有意将一个属性放在多个位置。将数据逆规范化有很多原因，其中最重要的是提高性能：提前组合来自多个其他表的数据，以避免代价高昂的运行时连接；创建更小的、预先过滤的数据副本，以减少昂贵的运行时计算和大型表的表扫描；预先计算和存储昂贵的数据计算结果，以避免运行时系统资源竞争；逆规范化还可以用于根据访问需要将数据划分为多个视图或副本表来提高用户安全性。逆规范化处理由于数据冗余而引入了数据错误的风险。因此，当使用视图或分区在物理设计上还是无法满足效率要求时，才会选择逆规范化处理。为确保正确地存储属性副本，执行数据质量检查是一种好方法。一般来说，逆规范化只会提高数据库查询性能或提升用户安全操作。虽然在本节中使用了"逆规范化"这个术语，但这个过程并不仅只适用于关系数据模型。例如，可以在文档数据库中执行逆规范化，但这个过程采用了不同的术语表达，如嵌入（embedding）。在维度数据建模中，逆规范化被称为折叠（collapsing）或合并（combining），如果每个维度都被折叠成一个结构，生成的数据模型被称为星型模式（Star Schema）。如果维度没有折叠，生成的数据模型就称为雪花（snowf lake）。

- 规范化（normalization）是运用规则将复杂的业务转化为规范的数据结构的过程。范式化的基本目标是保证每个属性只在一个位置出现，以消除冗余或冗余导致的不一致性。整个过程需要深入理解每个属性，以及每个属性与主键的关系。范式规则根据主键和外键整理属性。范式规则可归类到不同层次，对每一个层次可应用更细的粒度和规范性来搜索正确的主键和外键。这样每一个层次都包括一个独立的范式，并且每个连续的层次都不需要包括之前的层次。范式层次包括以下六种。

  第 1 范式（1NF）：确保每个实体都有一个有效的主键，每个属性都依赖于主键，而且消除冗余的分组，以确保每个属性的原子性（不能有多个值存在）。第 1 范式包括了与通常称为关联实体的附加实体的多对多关系解析。

  第 2 范式（2NF）：确保每个实体都有最小的主键，每个属性都依赖于完整的主键。

  第 3 范式（3NF）：确保每个实体都没有隐藏的主键，每个属性都不依赖于键值之外的任何属性（仅依赖完整的主键）。

  Boyce / Codd 范式（BCNF）：解决了交叉的复合候选键问题。候选键是主键或备用键。复合意味着不止一个（如一个实体主键有两个属性），交叉是指键与键之间隐藏着业务规则。

  第 4 范式（4NF）：将所有三元关系分解成二元关系，直到这些关系不能再分解成更小的部分。

第 5 范式（5NF）：将实体内部的依赖关系分解成二元关系，所有联结依赖都部分使用主键。

模型的规范化通常要求达到第 3 范式水平即可。实践中 BCNF、4NF、5NF 很少出现。

● 抽象化（abstraction）就是将细节移除，这样可以在更广泛的情况下扩展适用性，同时保留概念或主题的重要和本质属性。抽象化的一个例子是参与者 / 角色结构，可以用来描述人员和组织如何扮演特定的角色（如员工和客户）。并不是所有的建模人员或开发人员都熟悉或有能力处理抽象化。建模人员需要权衡开发和维护抽象结构的成本，以及在未来需要修改非抽象结构时所需的返工工作量（Giles，2012）。抽象包括泛化（generalization）和特化（specialization）。泛化将实体的公共属性和关系分组为超类（super type）实体，而特化将实体中的区分属性分离为子类（sub type）实体。这种特化通常基于实体实例中的属性值。超类也可以使用角色或分类创建子类，将实体的实例按功能分离到组中。一个例子是参与者，它含有个人和组织两个子类。子类关系意味着超类的所有属性都被子类继承。在图 8-25 所示的关系示例中，大学（University）和高中（High School）是学校（School）的子类。在数据模型中，子类可以减少冗余。这也使得看起来截然不同但拥有相似之处的实体之间更容易沟通。

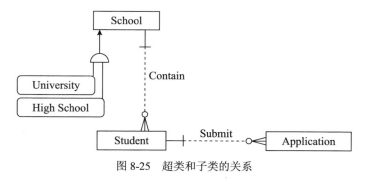

图 8-25　超类和子类的关系

8.2　活动

本节将简要介绍概念、逻辑和物理数据模型的设计步骤，以及维护和审查数据模型的步骤和方法，并讨论正向工程和逆向工程。

8.2.1　数据建模工作交付成果

数据建模工作交付成果包括以下四个方面的内容。

（1）图表

一个数据模型包含若干个图表（diagram），图表是一种以精确的方式描述需求的形式。需求可以描述到不同详细程度的层级（如概念、逻辑或物理模型）、采用的数据模型（关系、维度、对象、基于事实的、基于时间的、NoSQL），以及实例中采用的表示方法（如信息工程、统一建模语言、对象角色建模等）。

（2）定义

实体、属性和关系的定义对于维护数据模型的精度至关重要。

（3）争议和悬而未决的问题

数据建模过程中经常出现一些无法解决的争议和悬而未决的问题（issues and outstanding questions）。此外，负责解决这些争议或回答这些问题的人员或团队通常位于数据建模团队之外。因此，通常数据建模工作交付的文档应包含当前的议题和未解决的问题。例如，对于一个学生模型而言，比较突出问题可能是：如果一个学生离开后又返回，为他分配新的学号，还是保留原来的学号？

（4）血缘关系

对于物理模型，或是逻辑数据模型来说，了解数据血缘关系是非常重要的。血缘关系是指数据是从哪里来、经过什么样的加工、变成了什么样的结果的脉络关系。一般而言，血缘关系会以来源或目标映射的形式呈现，这样就可以了解到源系统的属性以及它们如何被迁移至目标系统。血缘关系还可以在同一建模过程中，追踪数据模型层级，如从概念模型到逻辑模型。血缘关系之所以在数据建模过程中很重要，有两个原因：其一，有助于数据建模人员深入理解数据需求，准确定位属性来源；其二，确定属性在源系统中的情况，是验证模型和映射关系准确性的有效工具。

8.2.2 建立数据模型

为了更好地开展建模工作，建模人员前期通常需要搜集大量材料，开展大量的分析工作，以便了解之前的建模情况。在研究完这些内容后，才能够真正开始建模工作。数据建模是一个不断迭代的过程，具体迭代方式如图 8-26 所示。在建模过程中首先要研究现有的数据模型和数据库，并参考已发布的建模标准和数据标准，搜集及思考随时提出的新数据需求，在此基础上建模人员设计数据模型初稿，然后再与业务专家和业务分析师确认及讨论模型设计是否符合业务规则要求，同时提出修改建议，再由建模人员进行修改，如此反复进行，直至没有任何问题，如图 8-26 所示。

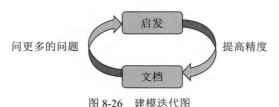

图 8-26　建模迭代图

数据模型设计是发现、分析和确认业务需求，并通过数据模型的表达形式传递业务需求、设计数据存储结构的过程，数据模型是业务架构、应用架构和技术架构沟通的桥梁，数据模型设计的过程也是系统建设过程中至关重要的环节。通过数据将现实中的业务进行抽象，将业务规则和数据的结构融入系统建设的整个流程中，确保最终存储到数据库中的数据的完整性、一致性、灵活性等。

数据模型设计的过程是结合自顶向下和自底向上两种方式分阶段执行的，从大的方面来说，可以划分为概念数据模型设计、逻辑数据模型设计、物理数据模型设计三个阶段。然而，在实际的项目实施过程中，为了便于快速实施和提高效率，绝大部分情况下直接从逻辑模型设计开始，因此，下文只针对逻辑模型设计和物理模型设计进行说明。

（1）逻辑数据模型建模

1）主题域设计

主题域是对实体的逻辑分组，从自顶向下的视角对系统数据进行分类。相同主题域中的数据关系紧密，不同主题域之间的数据相对比较独立。根据业务需求和系统特点不同，可以从数据结构和业务模块的角度，以目录的结构划分主题域。

- 主题域划分的方式根据系统的特点和目的有所不同，可以按数据主题、数据结构的特点、业务模块进行主题域划分。一级主题域可参考企业级数据模型中的主题分类进行划分，如客户、协议、事件等；二级主题域可以根据数据结构的特点进行划分，如客户基本信息、客户关系信息、客户详细信息（联系方式、住址等）、客户管理信息（权限、管理员等）、客户统计信息（资产规模、财务指标等）；三级主题域可以根据业务模块进行划分，如存款、贷款等。

- 主题域划分时需要考虑管理的便捷性，要避免一个主题域中包含太多的实体，导致模型管理效率低下。通常在一个系统中一级主题域个数为 8~15 个，最多不超过三级，每个主题域中管理的实体个数建议不超过 100 个，确保每个主题域中管理的实体数量相对均衡。

- 同一级主题域中的数据具有互斥性，消除数据的重复定义。划分的边界模糊时，将实体划分到关联性更强的主题域中，使用共享和引用的功能实现跨主题域和跨模型文件的引用。

- 主题域的定义需要考虑未来系统业务的扩张性，以确保能够灵活应对新的需求。

2）实体设计

实体是对业务中对象和行为等数据进行抽象的概念，用于描述业务逻辑和业务中数据之间的关系。实体是一个名词，事物、概念都可以是实体，如人、产品和合约。实体也可以被理解为具备同质性的数据的集合。实体必须是系统业务范围内需要管理的对象，并且能够通过实体中的属性充分描述业务对象的信息。实体里必须包含一个以上的属性，并且存储一行以上的数据。实体定义时需要明确实体中实例的性质，并且所有实例必须具备同质性，根据抽象程度不同，定义的范围也不同。例如，客户实体中仅能包含客户相关信息，客户的范围包含对公客户、对私客户和同业客户；通用模型中参与人实体，是从行为主体的角度进行了抽象，参与人不仅包含自然人，也包含法人。实体中至少要包含一个标识符，确保通过标识符能唯一识别每行数据。每个实体都至少要与一个实体存在关系，设计完成的数据模型中不允许存在没有任何关系的实体。在逻辑数据模型图中，父子关系的实体按自上向下的方式布局，如果存在多对多关系分解的关系实体，按左中右方式布局。在模型工具中，对性质相似的实体设置相同的背景色有利于提升模型的可读性。

3）实体整合设计

实体整合又被称为泛化，是指根据管理对象的特性，将结构或性质相近的实体合并到一个实体中进行管理。实体整合的思想是对概念的抽象，找到对象概念上存在共性的部分，但是，抽象和整合的程度需要根据实际业务需求、管理要求和系统开发效率等多方面因素权衡后决定，过度整合反而会在系统落地的过程中引发很多问题。

- 实体整合时应优先参考企业级数据模型和先进模型案例。
- 避免对实体中对象概念的过度抽象和整合，过度的抽象会导致实体概念混淆不清，增加数据管理成本。
- 抽象程度和抽象概念要优先在企业内达成共识，避免过度抽象后，不同角色对统一概念理解得不一致。
- 实体整合本质是从业务对象的性质和业务规则的相似程度出发，因此，设计时，需要考虑要整合的实体是否具有共性属性和共性关系，共性属性或共性关系越多说明实体的性质和业务规则相似程度越高，整合的可能性越大。
- 逻辑模型设计过程中，如果发现实体之间存在一对一关系，需要慎重地考虑关系分析是否正确，是否遗漏了某些关键的业务规则，如果确定关系无误，可以考虑进行实体整合。通过一对一关系进行垂直拆分的设计方法是在物理模型设计阶段考虑的内容。
- 逻辑模型设计过程中，排他关系过多也是造成实体整合程度不足的一种可能性，可以考虑通过实体整合，减少排他关系。
- 从统计分析的角度来说，经常需要同时进行汇总计算的数据，可以考虑进行实体整合。
- 进行实体整合后，需要明确地通过定义来描述和表达实体整合的作用和构成的集合特性。也经常通过设计子类型的方式来明确地划分实体的组成，提高模型的可读性。

4）子类型设计

子类型是对实体的构建的详细描述，是逻辑模型设计阶段的阶段之一。通过子类型可以极大地提升逻辑模型对数据结合和业务规则的表达能力。实体中设计子类型后，实体相当于超类型，通过子类型属性，定义子类型集合，其中包含多个子类型。例如，客户实体中，将客户类型属性设置子类型属性后，客户实体成为子类型的超类型，在实体中会创建客户类型的子类型集，在子类型集中根据业务的特性可以将客户集合划分为对公客户、对私客户和同业客户三个子类型。

- 需要通过子类型详细设计实体或进行实体整合时，建议使用子类型。
- 当实体中的部分实例与其他实体之间存在关系时，建议使用子类型表达。
- 同一个子类型集中的不同子类型之间是排他的关系，不允许出现交集。例如，根据性别可以分为男性和女性，而男性和女性之间不存在交集，即同一个人不可能既是男性也女性。
- 同一个子类型集中的子类型的合集是一个完整的集合。例如，客户类型包含对公客户、对私客户和同业客户，三种类型的客户合并后就是所有客户。
- 子类型的种类过多时，不建议设计为子类型，过度设计会导致模型图过于庞大，建议子类型不超过 10 个。例如，国家或地区属性不建议按国家地区全部列举到模型图中。
- 不能理解为所有的码值字段都应该设置为子类型。
- 不满足以上设计意图的代码属性，不建议设计为子类型。

5）关系设计

关系是指实体之间的逻辑关系，是数据模型中描述数据之间关系和规则的一种方式。在数据模型设计的方法中，关系种类包括一对一、一对多、多对多三种类型，在 Barker 表示法中，根据基数、选择性、标识和非标识的不同，可以延伸出一对多标识、一对多非空和一对多可空等多种不同类型的关系。根据数据的结构和形态又包含了递归关系和排他关系两种特殊的表示方式。

递归关系是一种特殊的关系，是实体自身引用的表达，从数据结构的角度来看，描述的是一种层级/树状的数据结构，常用于组织机构、分组分类、流程控制等场景中。排他关系也是实际设计场景中经常会出现的一种特殊关系，排他关系是一个实体继承一个以上的父实体时产生的，并且实体中的每一个示例所继承的外键只能同时来自其中一个父实体。例如，当将对私客户和对公客户分别设计为两个实体时，账户实体继承了对私客户和对公客户的主标识符作为账户所有人，但是，一个账户同时只能拥有一个账户所有人，即每一个账户实体的所有人只能同时从对私客户或对公客户一个实体继承到账户实体中。

- 逻辑模型设计的过程中，建议通过关系表达实体之间的关系，除了整合代码表或参数管理用途外，建议避免无关系实体的存在。
- 逻辑模型中出现最多的是一对多关系，设计过程中，以一对多关系为基准，考虑实体之间是否可能存在多对多的关系。设计完成的逻辑数据模型中不允许存在多对多关系。
- 关系的基数确认完成后，考虑准确定义关系标识或非标识性。即结合业务的紧密程度，判断父实体的主标识符是否需要继续继承到子实体的下级实体。若子实体的下级实体需要频繁地使用父实体中的属性，则需要考虑设为标识关系。

- 在进行递归关系设计时需要考虑树形结构的层级是否需要支持可扩展，该结构提升一定的可扩展性，也会一定程度上增加系统编码的复杂度。
- 排他关系有利于促进逻辑模型对业务逻辑的表达，但排他关系也意味着父实体存在整合的可能性，因此，建议优先考虑对实体进行整合。

6）属性设计

属性描述的是实体所具有的某一业务特性，一个实体可以由若干个属性来刻画。属性是实体中的具体信息项，它是最小的数据单位，无法再对其进行更细的分割。比如出生日期、性别代码、民族代码是个人实体的属性，用于描述个人属性。逻辑数据模型基于概念数据模型，通过增加实体所包含的属性，对实体进行细化设计。范式化是设计数据模型过程中必须要遵循的一重要原则。建议设计过程中严格遵循范式化的原则，根据反范式化设计的原则，进行适度的拆分和冗余设计。

- 实体中的属性需要满足业务的要求，包含所有业务需要的属性。
- 在定义属性时应保证属性名称与含义的一致性，规避同义不同名或同名不同义的问题。建议从企业级角度统一定义，实现对属性的集中管理，确保名称和定义的一致性和质量。
- 属性必须是不能再被分解的最小单位集合。根据业务的需求具体判断属性拆分的粒度，在保证数据一致、减少冗余的前提下，允许存在部分粗粒度的属性。例如，不需要将所有的日期全部拆分为年、月、日，如果业务中需要经常以年或月为单位进行分析和统计，就需要进行细粒度的拆分。
- 属性中的数据必须具有单一性，不允许将多个属性的值合并在同一个属性当中。例如，当客户有多个兴趣的时候，将兴趣以逗号分隔合并成一个长的字符串存在到兴趣属性中，此时兴趣属性则违背了该原则。
- 属性的定义与实际数据的含义必须相符，避免出现属性挪用的情况。
- 派生属性属于反范式化设计方法，在逻辑模型设计阶段，可以参考派生属性的具体生成规则，导出更多的原子属性，不建议在设计初期直接设计派生属性。
- 设计派生属性时，要着重考虑保证数据一致性和准确性的方式。对属性进行冗余设计时，需要明确定义冗余的来源和方式，对计算生成的派生属性，需要明确定义计算规则，并且明确定义派生属性更新和计算的具体发生时间和触发逻辑。
- 派生属性不允许成为实体的标识符。

7）标识符设计

标识符也称为键，是能够唯一识别实体中实例的属性或属性集合。

- 实体中必须定义一个主标识符，允许实体中包含多个备用标识符，在模型工具中通过键组功能进行设置。

- 将业务中使用频率高且具备唯一识别性质的一个属性或一组属性定义为主标识符。
- 建议主标识符的数据不允许修改，避免选择数据值经常发生变更的属性作为主标识符，禁止使用派生属性作为主标识符。
- 为了提升主标识符的业务可识别性，建议不使用无意义的流水号或自增属性作为主标识符，若流水号作为业务流转的唯一标识，允许使用其作为主标识符。
- 主标识符属性必须不允许存在空值，主标识符包含多个属性时，也不允许其中的某一个属性中存在空值。
- 主标识符中所包含的属性个数应尽量少，建议不超过 5 个。
- 考虑主标识符中的属性需要继承的级别，即是否需要将主标识符的所有属性继承到子实体的下级实体。

8）范式化设计

范式化（normalization）是运用规则将复杂的业务转化为规范数据结构的过程，是保证数据一致性、去除冗余、提升稳定性的方法。范式化包含多个不同的阶段，每个阶段都是在满足之前阶段的前提下，进一步增加数据结构的合理性而执行的。范式化的过程按执行顺序包含第 1 范式、第 2 范式、第 3 范式、BCNF（Boyce-Codd）、第 4 范式和第 5 范式。模型的范式化程度通常要求满足第 3 范式即可，实践中很少出现其他几种情况。

- 第 1 范式要求所有属性必须满足单一值原则，不允许一个属性存储多个数据值。
- 建议将编码中包含特殊业务含义的属性拆分为单独的属性设计。例如，产品编号中，使用前两位英文表示产品类型，建议将产品编号和产品类型设计为两个单独的字段，除了增强可读性，也降低了编码时的烦琐程度。
- 第 1 范式要求每个属性中的数据都都必须确保是一致的数据类型。
- 第 1 范式要求每一行数据都必须是可以被唯一识别的。
- 第 2 范式要求在满足第 1 范式的基础上，非标识符的属性必须依赖于完整的标识符属性，不允许存在部分依赖的情况。
- 第 3 范式要求在满足第 2 范式的基础上，所有非标识符的属性之间，不允许存在依赖的情况，即不允许部分非标识符属性被某个非标识符唯一识别。

9）变更历史管理

变更历史管理是指以时间为维度对业务处理过程和历史数据进行记录和管理的数据。

- 建议对于事件型数据使用时点历史设计，仅在事件发生时进行记录，如日志数据。
- 在并发量大或需要频繁快速插入的业务场景中，建议使用时点方式进行设计。
- 需要对数据完整生命周期进行管理时，避免使用时点历史方式，建议使用区间历史方式进行设计，便于回溯到任意一个时间点的数据。

● 时点历史存储数据量过大时，建议使用区间历史方式设计，仅存在变更的增量信息。

● 区间历史的结束时间，不允许设置为空值，需要设定为一个最大的时间或日期作为默认值。例如，结束日期统一定义为"99991231"。

● 行级历史存储的方式便于随时查询某个时刻的所有数据，若并非所有属性每次都会发生变化，建议使用属性或属性组方式设计历史表，这样也有利于减少数据冗余。

● 若变更属性数量较多，建议使用行级方式存储变更数据。

● 若需要快速查找数据的变化信息，使用行级存储时需要实时查询和比对，建议考虑使用属性级或属性组级存储方式，仅存储发生变化的属性，并且便于快速找到变化的数据。

● 变更的属性不确定，并且仅需要存储属性级别的历史数据时，可以考虑使用纵表的方式设计，提升可扩展性。但是，需要考虑具体变更频率和数据量，避免历史数据过大。

（2）物理数据模型建模

1）逻辑模型转换物理模型

逻辑数据模型设计面向业务需求的阶段，物理数据模型设计是在设计完成的逻辑数据模型的基础上，结合物理数据库的特性，从系统开发的复杂度、性能等角度进行设计。

● 逻辑模型设计完成后，在物理模型设计之前，建议通过企业级的标准用语，进行名称和数据类型的转换，可以使用建模工具中的标准化功能，提高转换效率。

● 逻辑模型中的每个实体都转换成物理模型中的一个表，使用实体的英文名称作为表的英文名称，在物理模型中补充表相关的其他物理信息。每个属性都转换成物理模型中的一个字段，使用属性的英文名称作为字段的英文名称，将逻辑数据类型转换成符合数据库类型的物理数据类型，在物理模型中补充与字段相关的其他物理信息。

● 逻辑模型中的子类型可以作为实体拆分的基准转换成一个或多个表，拆分方式允许实体一对一转换、按子类型拆分转换生成多个表、将父类型和子类型全部独立拆分生成多个表并建立一对一关系。

● 逻辑模型子类型中的属性转换时，如果子类型中的属性为必填，则转换后变为可空。子类型中的属性仅当数据符合该子类型条件时为必填，不符合子类型条件时允许为空。

● 逻辑模型中的主标识符转换为主键约束，数据库生成时，不强制要求创建主键约束。

● 逻辑模型中的备用标识符（键组）转换为唯一约束，数据库生成时，不强制要求创建唯一索引。

- 逻辑模型中的关系转换为外键约束，数据库生成时，不强制要求创建外键约束。
- 在物理模型中可以根据系统管理的要求，添加系统管理字段，如创建人和创建时间等。

2）反范式化设计

逻辑数据模型设计过程中必须严格遵守规范化原则，将数据模型中发生数据冗余的可能性降到最低，最大限度地提高数据的一致性、正确性和稳定性。在物理模型设计阶段，基于逻辑数据模型，结合对系统性能、开发和运维效率等因素的考虑，使用一些违反规范化原则的设计过程叫作反范式化设计。反范式化的目的是提升性能和开发效率，但是，反范式化设计会破坏数据的一致性，并会产生大量的冗余数据。为了保证数据的一致性就需要在应用程序中进行相对应的数据同步处理，由此也会增加开发的复杂度，处理不当也会引发系统的性能问题。因此，需要在设计的过程中进行权衡，不能一味地追求代码实现的便捷性，最终导致问题的解决成本更大，对于任何系统来说，都应该以保证数据的一致性为首要选择。在进行反范式化设计之前，应充分考虑利用数据库中的分区、索引或 SQL 优化手段来提升性能，在性能无法达到要求时，再考虑通过反范式的设计方法提升性能。

- 根据业务需求和数据访问的情况，可以通过水平分割的方式对表进行分割。例如，通过分库、分表、分区等方式将数据存储在不同的表中，减少数据访问的问题，提高并发量。
- 在关系型数据中，由于数据以行的方式存储，即使是使用表中某几个字段，也需要读取整行数据。因此，可以考虑将部分不常用、长度超长的字段独立存储到一张表中，并建立一对一关系。
- 在关系型数据库中，数据库的锁机制为行级锁，可以将经常以更新为主的属性进行垂直分割。
- 可以根据业务处理的流程，将先处理的数据和后处理的数据通过垂直拆分独立存储到不同表中。
- 将频繁查询的属性垂直拆分到单独的表中，以提升性能。
- 从数据安全的角度考虑，可以将安全级别高的字段垂直分割到一个表中，进行表级权限控制。
- 对于海量数据的汇总分析结果，采用实时查询方式必定会影响系统性能，建议使用批处理的方式将分析结果存储到汇总表中，以提升结果查询效率。
- 事务处理过程冗长且复杂度高的场景中，通过程序获取的大批量数据被储存到内存系统之后再对其进行处理的话，不仅效率低下，还会导致内存溢出等问题。该场景可以考虑创建中间过程表，将复杂的处理过程进行拆分，提升处理效率，按阶段进行划分也提高了调试的便捷性。

- 使用频率高并且每次查询都需要经过复杂的关联才能获取到的字段，可以考虑进行字段冗余。
- 与表冗余中汇总表相同，需要将部分数据的计算结果进行预先处理，在提升查询效率的情况下，可以考虑使用字段冗余的方式提升性能。
- 部分在条件语句中频繁使用的条件字段，为了避免在每次查询时进行复杂的计算，可以考虑设计为冗余字段。
- 冗余的字段仅通过程序来维护数据的一致性，不允许用户通过某种渠道对冗余字段进行修改。

8.2.3 模型对象命名规范

（1）主题域命名规范
- 主题域使用中文或英文命名，主题域的英文缩写使用不超过 3 位的英文字母命名，不允许包含特殊字符。
- 主题域需要指定统一的英文缩写，并且作为物理数据模型中表英文名称的前缀使用。例如，在进行物理模型设计时使用"主题域英文缩写_表英文名称"的格式批量定义表名。
- 主题域为多层级时，仅将第一级主题域作为物理模型中的表名使用。

（2）实体和表命名规范
- 实体名称中仅允许使用中文、英文、数字，不允许使用包含下画线在内的特殊符号。表名称中仅允许使用英文、数字和下画线，不同单词之间以下画线分隔。
- 实体名称不允许使用"表"字结尾。实体名称的后缀体现实体中数据的特性，如基本、关系、明细、代码、历史、信息和汇总等。
- 表名的前后缀允许使用统一的英文缩写对主题域或表的作用进行划分。
- 表名建议使用统一的命名方式，全部大写、全部小写或首字母大写。

（3）属性和字段命名规范
- 属性名称中仅允许使用中文、英文、数字，不允许使用包含下画线在内的特殊符号。字段名称中仅允许使用英文、数字和下画线，不同单词之间以下画线分隔。
- 属性名称建议使用具备数据类型识别作用的分类词结尾，具体规则按照数据元定义原则命名，如日期、金额、名称、编号、代码等。

（4）数据标准构成
1）技术数据标准

技术数据标准是按照一定的规则将单词组合到一起，用来表达业务数据的含义，在数据建模的过程中主要指实体名和属性名等。在数据模型设计过程中使用到的所有实体及属性名称也都必须使用技术数据标准。从逻辑模型向物理模型转换时，基于技术数据标准词典进行自动转换，确保构建的物理模型完全符合数据标准化内容。

技术数据标准由一个或一个以上的单词按照固定的顺序组合而成，其中构词的格式为"修饰词＋修饰词＋……＋分类词"，每个标准的最后一个单词需要是分类词，即能够表达技术用语数据类型的词根。

2）单词

单词是表达业务含义的最小单位，也是构成实体名、属性名、字段名的最小单位。单词的作用是统一数据模型中使用的语言，确保使用的中文名称和英文缩写的一致性。单词分为单一词和复合词，单一词是粒度最小无法继续拆分的单词，复合词是使用频率高且通用性允许，将多个单词组合起来不需要拆分到最细粒度的单词。

3）数据元

数据元是对属性的含义进行分类并限制属性数据类型和数据长度的数据要素，目的是统一相同属性的数据类型和长精度。建议数据元也由单词构成，对于相同的属性定义相同的数据类型，避免出现相同属性数据类型和长精度不同的情况。

8.2.4　数据模型管控

数据模型需要保持最新的状态。需求或业务流程发生变化时，我们都需要对数据模型进行更新。通常来说，在一个特定项目中，模型级别需要更改时，也意味着相应的更高级别的模型需要更改。例如，如果物理数据模型需要添加新的一列，则经常需要将该列作为属性添加到相应的逻辑数据模型中。在开发迭代结束时，一个好的习惯是对最新的物理数据模型进行逆向工程，并确保它与相应的逻辑数据模型保持一致。许多数据建模工具可以自动化比较物理模型与逻辑模型的差异。

数据模型管控是指对应用系统底层数据模型及数据库结构的管理。其重要性在以前的建设和运维系统中被忽视，导致了数据管理难度大、质量不高、数据应用程度低、系统运维困难等各种问题的出现。因此，建立一套有效的数据模型管控体系，对于降低数据管理难度、提升数据质量、加速数据资产化等具有非常重要的意义。数据模型管控体系的相关内容将在下方进行详细说明。

（1）管控数据模型的必要性

数据模型管控是指根据数据管理需求及数据结构变更的标准化、透明化、同步性要求，为确保针对数据模型和数据库对象的变更符合数据架构管理要求，定义和设计的一套数据模型和数据库对象变更标准化流程。

数据模型管控包括事前审计、事中监控、事后管理等体系化的管控措施，当前很少有企业在这三个阶段中采取有效措施来保障对数据模型的变更管理，致使数据模型逐渐变成"黑盒子"，给系统建设和数据应用带来严重影响。其影响具体包括以下四点。

- 生产库中存在大量字段和表没有注释、含义模糊不清、同名不同义、同义不同名、冗余字段和表、枚举型字段中的值使用不统一等现象，会直接影响对数据的识别和应用。

- 数据模型变更前的合理性缺乏专业人员评审。大部分企业缺少专业的数据架构师，因而无法对不同系统的数据模型，在变更时从数据设计、业务合理性、数据治理、数据库性能等方面进行综合性评审。
- 修改过程缺乏监控和管理。在修改操作是否符合规范，修改脚本是否按照要求编写，修改时是否先修改模型再编写脚本，是否及时保证数据模型与数据库的同步等方面，缺乏监控和管理。
- 修改数据模型后未及时将修改的部分公开，修改的内容仅限于其内部或较少的几个人知道，其他人员均不知晓，同时未对修改的内容进行管理，致使系统出现故障时排查问题难度较大，数据模型逐渐变成"黑盒子"。

因此，如果在应用规划和设计阶段构建一套完善的、可落地的、自动化程度高的数据模型管控体系，将对数据模型的质量提升起到关键性作用。

（2）数据模型管控方案

数据模型管控方案主要包括人员角色、管理内容、管控流程三个方面的内容。管理内容主要包括逻辑数据模型和物理数据模型变更管理、变更内容校验、逻辑和物理模型与数据库对象一致性管理、数据库对象版本管理等；人员角色包括数据模型管控相关人员角色及职责；管控流程主要是为了实现对数据模型管控内容进行管理而设计的不同角色之间的交互流程。

1）人员角色及职责定义

数据建模人员：负责收集模型变更请求，组织变更申请表的填写，对变更申请表的填写规范性和内容进行初审，确保变更申请能够通过；负责变更流程的推进和跟踪，发现问题及时向其他相关人员通报；负责模型变更在开发版本中的实施，确保实施内容与审批结果一致；配合数据模型的检查工作，向其他相关人员通报检查结果和差异情况，并组织整改；配合模型细化设计的相关文档收集工作。

模型设计负责人：负责审核数据建模工程师提交的数据模型变更申请表是否符合规范；负责审核需求对应设计中的模型是否符合架构要求，是否能够支持业务流转；负责数据模型的初审，确保需求对应设计中的模型符合数据模型的设计原则；负责监督模型变更在开发版本中的落地实施。

模型管理员：负责审核提交的模型设计是否合理，是否会影响到数据模型的灵活性、可扩展性、可复用性。具体内容包括审核模型中实体的选定及定义、关系设计、主标识符的设计、属性的设计、范式化设计是否符合规范，审核模型的设计是否需要进行整合，审核模型是否符合标准化设计规范；对不符合要求的申请发还给提交人并说明原因；负责对数据模型实施变更和版本管理，统一发布数据模型版本；负责管理模型文件等文档，定期发布模型分析报告；配合数据架构师实施规范性检查。

数据架构师：负责检查模型变更请求内容；负责监督变更、模型版本发布、符合度检查等流程的执行；对审核意见不一致的模型变更申请，组织分析讨论评审，给出明确的处理意见和裁定结果；负责审核模型分析报告，组织相关人员讨论变更方案。

2）数据模型管理内容

数据模型管理内容主要包括逻辑数据模型和物理数据模型变更管理、变更内容校验、逻辑和物理模型与数据库对象一致性管理、数据库对象版本管理等。从管理阶段来看，数据模型管理分为事前管理、事中管理、事后管理：事前管理主要指逻辑和物理数据模型、数据库对象变更前的校验规则和申请、审批流程；事中管理主要指对已经通过规则校验和按照正常流程审批通过的变更内容是否如实变更的监控工作；事后管理主要指由于各种原因未能经过指标校验或没有遵循变更流程，而直接对数据模型或数据库对象执行了变更操作后的弥补工作。

①事前数据模型管控方案

数据模型的事前管控是对已经最终确定或在生产系统中正在使用的模型变更的预先控制，以防止对模型的随意性、不一致、重复、不符合规范等的变更，确保数据模型的完整性、准确性。具体事前数据模型管控方案内容如图 8-27 所示。

在事前数据模型管控方案中包括九个方面的内容。a. 模型提交。开发人员或模型设计人员将设计完成的模型文件提交给相应的模型负责人，将其作为模型设计的最终产出物，提供给上级负责人对其进行审核。b. 模型格式转换。开发人员或模型设计人员提交的模型产出物有不同的格式，因为不同的开发人员或模型设计人员使用的工具各不相同。大部分的模型设计工具并不具备按照一系列模型审查指标对模型进行审查的功能，所以需要将模型产出物转换为模型审查工具能够识别的文件格式，以便模型审查工具基于预先设定的一系列模型审查指标，对模型的质量进行自动化审查。c. 自动模型审查。以模型审查指标为基准，以最终设计完成并进行了格式转换的模型产出物为对象，利用模型审查工具，对提交模型的设计完整性进行全方位审查，以便通过自动化的方式发现模型中存在的缺陷或不足。d. 问题清单及优化建议。经过自动模型审查，如未发现任何问题，则将模型产出物加载至模型知识库中；如发现存在问题，则将所有问题以报告的形式输出，并指出问题所在的位置，给出问题修复建议，以便及时解决。e. 模型修改。以问题清单所输出的问题为对象，对其进行逐一修改和解决，解决问题时直接在源数据模型文件上进行修改，修改完成后，再次将修改后的模型文件按照正常流程提交并审核，直至自动审查不会再出现问题为止。f. 手动深层模型审查。自动审查虽然可以全面发现模型产出物中存在的问题，但都是一些比较简单、易通过一些指标和工具发现的问题，而对于一些深层次的、与业务相关的、无法通过工具完成的审查，则必须依靠专业的数据架构师来完成。自动化审查完成的数据模型将作为数据被加载至数据模型知识库中，数据架构师可通过访问知识库获取待审查的模型数据，并根据自身的经验、业务规则、模型设计的合理性等维度，对模型进行深入审查。g. 模型最终审批。数据架构师审查完成后，如发现存在问题，则将问题指出，并反馈给最初的设计人员，让设计人员对所指出的问题进行解决和修复；如未发现问题，则直接审批通过，并将其作为最终模型产出物在知识库中进行管理和分享。h. 模型调用。最终的数据模型被存储在知识库中，作为重要的元数据可以被具有权限的人员读取和使用。i. 模型应用。模型全部审查通过后，便可创建为数据库对象，并在此基础上开发应用功能。

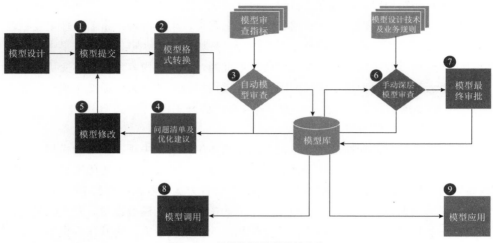

图 8-27 事前数据模型管控方案

②事后数据模型管控方案

数据模型的事后管控是对因各种原因未能按照正常的事前管控流程对待变更的模型进行自动和手动审查，就执行了模型或数据库对象变更操作的事后弥补方案。事后数据模型管控方案主要是为了通过事后管控的方式，对已经变更的内容进行问题发现和检查，以防止对模型的随意性、不一致、重复、不符合规范、未公开等的变更，确保数据模型的完整性、准确性。事后数据模型管控方案如图 8-28 所示。

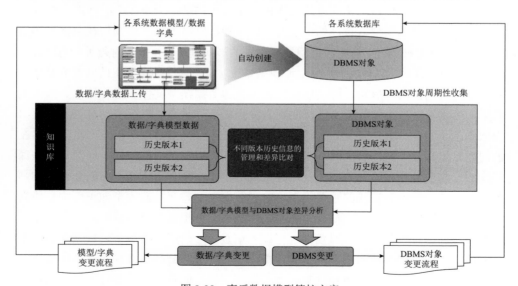

图 8-28 事后数据模型管控方案

数据模型的事后管控方案主要包括两个方面的内容，分别是数据模型与数据库对象的差异分析及不同时间数据库对象之间的差异分析。

数据模型与数据库对象之间的差异分析是指将数据模型中的所有内容与数据库对象中的表和字段进行对比，从中找出不一致和有差异的内容，通过两者之间的差异对比，输出两种结果。一是模型中的部分内容，在数据库对象中缺失，输出两者之间的差异列表；二是数据库对象中的部分内容，在数据模型中缺失，输出两者之间的差异列表。针对第一种情况，为了弥补差异，需要以模型中的内容为基准，遵循数据库对象变更流程向数据库对象中弥补缺失的部分，以保证两者之间一致；针对第二种情况，为了弥补差异，需要以数据库对象中的内容为基准，遵循数据模型变更流程向数据模型中弥补缺失的部分，以保证两者之间一致。

不同时间数据库对象之间的差异分析是指将不同时间点的数据库对象版本进行对比，从中找出不一致和有差异的内容，通过两者之间的差异对比，只能输出一种结果，主要是当前版本中的部分内容。在历史版本中缺失，输出两者之间的差异列表。针对这种情况，为了弥补差异，需要以当前版本中的内容为基准，遵循数据库对象变更流程，向历史数据库对象版本中弥补缺失的部分，以保证两者之间一致。

3）数据模型管控流程

数据模型管控流程如图 8-29 所示。

数据建模工程师根据业务需求修改数据模型，填写数据模型变更申请表，并将修改后的数据模型文件和申请表提交给模型设计负责人进行审核。数据模型文件是指模型工具设计的 ETD 图等格式的文件。数据模型变更申请表格式可探讨决定，以简单明了、能够说明问题为基本原则。

模型设计负责人审核数据建模工程师提交的申请表是否完整规范、模型是否符合架构的要求及业务需求，以确保数据模型的设计符合设计原则。若通过审核，则提交相关材料给模型管理员，否则将审核意见发还给数据建模工程师进行调整。

模型管理员在接收到提交的相关材料后，审核提交的模型设计是否合理，是否会影响到数据模型的灵活性、可扩展性、可复用性，审核的内容包括模型中实体的选定及定义、关系设计、主标识符的设计、属性的设计、范式化设计是否符合规范，审核模型的设计是否具有一致性，审核模型是否符合标准化设计规范，对符合规范的模型进行版本发布。

架构师对变更的内容进行最终检查，检查的内容包括模型内容的质量、相关人员工作流程及内容的完整性、整体架构的符合程度等。

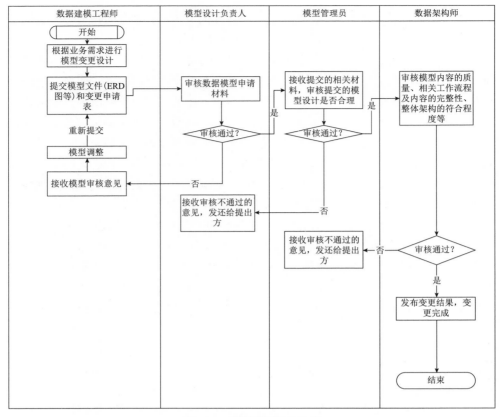

图 8-29 数据模型管控流程

4）数据模型日常管理

模型管理员应按期发布数据模型日常报告给相关领导及负责人，报告的内容包括：当前版本的数据模型情况，如版本号、发布时间、各分项的库表数量和下一版本预期发布的时间；变更管理情况，如报告期内接收变更请求数量、通过数量、审核中数量、驳回数量，以及审核中变更请求的列表，包括编号、提交人、提交时间、目前处理人和提交处理人时间；问题分析，如针对异常问题（处理延期、反复驳回等）的分析和改进建议。

5）数据模型管控的价值

通过设置数据模型管理人员及角色，设计及实施数据模型管控流程，构建自动化程度高、落地性好的软件工具，能够确保应用系统顺利建设和运维，为企业数据模型变更提供了流程上的保障，也为逐步构建数据架构体系奠定了基础，避免了传统应用系统建设过程中出现的一系列问题，为实现数据模型透明化管理、有效提升数据质量、数据资产化和实现数据变现提供了保障。数据模型管控的具体价值如下。

①设置数据模型相关角色及职责

● 设置专职的数据建模设计、管理、审计专职角色。

- 培养数据模型设计、管理、审计等方面的人才。
- 构建企业数据模型及数据架构应用文化。

②设计及实施数据模型管控流程

- 设计建模人员、模型管理人员、数据标准员、数据架构师和开发人员交互流程。
- 设计事前、事中、事后审计及校验流程。
- 设计数据模型及数据库对象变更流程。

③提升数据模型质量，加快企业数据资产化进程

- 数据模型的质量通过管控体系的实施，能够得到持续提升。
- 数据模型是企业的重要数据资产，模型质量的提升有助于加快企业数据资产化进程。
- 为加速数据应用提供有力支撑。
- 逐渐形成企业级数据模型知识库。
- 为企业数字化转型及数据要素流通奠定基础。

8.3 工具

有多种类型的工具可以帮助数据建模人员完成他们的工作，包括数据建模、模型血缘、数据剖析工具和元数据资料库等。

8.3.1 数据建模工具

数据建模工具是自动实现数据建模功能的软件。入门级数据建模工具提供基本的绘图功能，使用户可以轻松创建实体和关系，比如数据建模托盘。这些入门级工具还支持"橡皮筋"功能，在移动实体时自动重绘关系线。更复杂的数据建模工具支持从概念模型到逻辑模型、从逻辑模型到物理模型、从物理模型到数据库结构转换的正向工程，允许生成数据库数据定义语言。大部分数据建模工具还支持从数据库到概念模型的逆向工程。更复杂的工具通常支持诸如命名标准验证、拼写检查、存储元数据的位置（如定义和血缘）以及共享（如发布到 Web）等功能。

在数据模型设计工具中，用户可以通过可视化的方式进行数据模型的设计，与传统的文档、表格和其他格式的数据结构设计相比，使用工具可以更直观地看到系统数据模型的结构。模型工具中提供逻辑模型设计、物理模型设计的相关功能，有助于提高数据架构管理水平，提升数据模型设计规范化程度、数据模型设计效率等。

随着人工智能技术的广泛应用，数据建模工具与人工智能技术的结合大幅降低了数据模型设计的难度和对专业建模人员能力的依赖。目前，数据建模还是极少数具有专业数据建模技能的专业人士开展的工作。具备数据建模技能的专业人才的培养需要较长时间，因此，数据建模还无法被广泛应用，无法成为大众化的一项技能。

因此，数据模型工具将在一定程度上承担简化数据建模工作的使命，它应当趋向于简单、易用、智能。通过提升工具的智能化程度，降低对人员专业化程度和经验的要求。

8.3.2　数据血缘工具

数据血缘工具是采集和维护数据模型上每个实体和属性的源结构关联关系和变化的工具。通过使用数据血缘工具可查看一个系统的全部或部分模型变化对另一个系统模型产生的影响，实现被纳管系统数据模型的变更影响分析。例如，属性总销售额可能来自多个应用程序，总销售额的数据是由多个属性的值计算获得的。从加工关系来看，属性总销售额与其他几个属性具有血缘关系，数据血缘工具将基于存储过程、映射关系、日志等元数据，解析、存储其血缘信息，供用户查询和使用。Microsoft Excel® 是一种常用的血缘工具，虽然易于使用且相对便宜，但无法实现真正的影响分析，必须手动管理元数据。在数据建模工具、元数据资料库或数据集成工具中也经常获取数据的血缘关系。

数据模型是血缘关系的源头和解析的基准，其真实性和准确性直接影响到血缘关系的准确性。为了确保血缘关系准确可用，需要对模型进行严格管控，并与企业的开发流程进行深度融合，将模型管控流程变成系统开发的子流程和必经流程，实现事前、事中、事后管控，确保数据模型与生产元数据的一致性。

2021 年，《数据安全法》和《个人信息保护法》正式实施，尤其是个人数据安全合规性审计至关重要。通过数据血缘关系可以清晰和全面地了解个人数据的分布情况，并对涉及的所有个人数据进行全面合规审计。

8.3.3　数据分析工具

数据分析工具可以基于当前元数据探索数据内容，验证和识别数据质量和现有数据工件（如逻辑和物理模型、DDL 和模型描述）的缺陷。例如，如果业务部门要求一名员工同一时间只能有一个职位，但经过基于员工元数据探索员工数据却发现，其员工在同一时间段内有多个职位，那么满足该条业务规则的所有记录都可以被认为是异常数据或问题数据。

8.3.4　元数据资料库

元数据资料库是一款软件工具，用于存储数据模型、模型描述性信息、模型版本信息、模型管理权限等信息，包括图表和附带的文本（如定义），以及通过其他工具和流程（软件开发工具、BPM 工具、项目管理工具、系统目录等）导入或采集的元数据。元数据资料库不仅是一个存储元数据的数据库，而且提供了元数据的采集、解析、展示等功能，还提供了便于与元数据访问和使用的外部工具进行集成和交互的软件工具。共享元数据比存储元数据更为重要。元数据资料库必须提供便于用户访问的方式，供人们查询存储库的内容。便利的访问方式包括通过搜索引擎搜索和查询，按照固定的模板下载，与其他工具通过接口进行数据交互等，以及可视化程度较高的，便于用户轻松理解的展示方式等。数据建模工具除了具备模型设计功能外，通常还自带能够存储数据标准、参考数据模型等内容的资料库，以实现模型设计过程中对数据标准的应用、快速建模、模型管理及共享等目的。数据模型资料库是元数据管理资料库的一部分，能够与客户端的建模工具一起使用，也可以与元数据管理工具或数据资产管理工具集成使用。

　　如图 8-30 所示，数据标准在数据资产管理平台中进行管理，数据建模工具通过接口能够直接访问数据资产管理平台中的数据标准，以便在设计逻辑数据时引用数据标准，在设计物理模型时，基于数据标准自动翻译实体的中文名称和属性的中文名称至英文缩写；在逆向建模过程中，基于标准库自动翻译表的英文缩写和字段的英文缩写至中文全名。设计完成的数据模型，通过接口上传至数据资产管理平台，以供用户在线共享和查询，同时与数据库中的生产元数据进行差异比对，以确保模型与生产元数据的一致性。

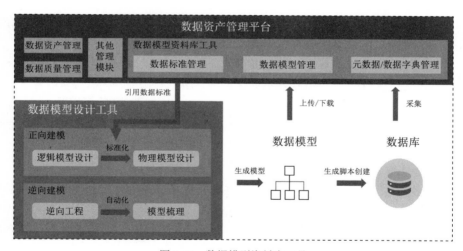

图 8-30　数据模型资料库工具

8.3.5　数据模型模式

　　数据模型模式是可重复使用的模型结构，可以在很多场景下广泛应用。有基本模式、套件模式和整合模式。基本模式（elementary pattern）是数据建模的"螺母和螺栓"，包括解决多对多关系和构建自引用层次结构的方法。套件模式（assembly pattern）是一套跨越业务人员和数据建模人员范畴的构建块。这种模式不仅有助于业务人员可以理解资产、文档、人员和组织等，而且能为建模设计人员提供可靠的、强健的、可扩展且可实现的模型设计。整合模式（integration pattern）提供了以常见方式整合套件模式的框架（Giles，2012）。

8.3.6　行业数据模型

行业数据模型是为整个行业预建的数据模型，包括医疗保健、电信、保险、银行、制造业等行业。这些模型通常范围广泛且内容详细。一些行业的数据模型包含数千个实体和属性。行业数据模型可以通过供应商购买，也可以通过零售、通信或保险等行业组织获得。

任何数据模型都需要进行定制，以适应组织的特点，因为它是根据其他组织的需求进行设计的。所需的定制级别取决于该数据模型与组织需求的接近程度以及最重要部分的详细程度。在某些情况下，它可以作为工作参考，帮助建模人员制作更完整的模型。有时，它只能帮助数据建模人员节约一些公共元素的录入工作。

8.4　实施指南

8.4.1　命名约定的最佳实践

ISO 11179 元数据标准是一种表示组织中元数据的国际标准，它包含与数据标准相关的几个部分，其中包括命名属性和编写定义。

数据建模和数据库设计标准是有效满足业务数据需求的指导原则，它们符合企业架构和数据架构要求，并确保数据质量标准。数据架构师、数据分析师和数据库管理员必须共同开发这些标准，它们之间是相互补充的关系，与 IT 标准没有冲突。

对每种类型的建模对象和数据库对象发布数据模型和数据库命名标准。命名标准对于实体、表、属性、键、视图和索引来说尤为重要。名称应该是唯一的且应尽可能具有描述性。

逻辑名称对业务用户应具有意义，应尽可能使用完整的单词，并避免使用最熟悉的缩写之外的单词。物理名称必须符合 DBMS 允许的最大长度，因此必要时将使用缩写。逻辑名称通常情况下不允许使用任何分隔符对单词进行分隔，但物理名称通常使用下画线作为单词分隔符。

命名标准应该尽量减少跨环境的名称变化。名称不应受其特定环境影响，如测试、QA 或生产环境。分类词，即数量、名称和代码等属性名称中的最后一个术语，可用于从表名中区分实体和列名的属性。它们还可以显示哪些属性和列是定量的而不是定性的，这在分析列的内容时是非常重要的衡量标准，也是数据质量检核的重要依据。

8.4.2　数据库设计中的最佳实践

在设计和构建数据库时，DBA 应牢记以下 PRISM 设计原则。

（1）性能和易用性（performance and ease of use）

确保用户可快速轻松地访问数据，从而最大限度地提高应用程序和数据的业务价值。

（2）可重用性（reusability）

应确保数据库结构在适当的情况下能够被多个应用重复使用，并且可用于多种目的（如业务分析、质量改进、战略规划、客户关系管理和流程改进）。避免将数据库、数据结构或数据对象耦合到单个应用程序中。

（3）完整性（integrity）

无论语境如何，数据应始终具有有效的业务含义和价值，并且应始终反映业务的有效状态。实施尽可能接近数据的数据完整性约束，立即检测并报告数据完整性约束的违规行为。

（4）安全性（security）

应始终立即向授权用户提供真实准确的数据，且仅限授权用户使用。必须满足所有利益相关方（包括客户、业务合作伙伴和政府监管机构）的隐私要求。强化数据安全性，就像数据完整性检查一样，执行数据的安全性约束检查，尽可能提高数据的安全性，如检查发现存在违反数据安全性约束的情况，应立刻报告违规行为。

（5）可维护性（maintainability）

确保创建、存储、维护、使用和处置数据的成本不超过其对组织的价值，以能够产生价值的成本执行所有数据工作。应确保尽可能快速地响应业务流程和新业务需求的变化。

8.5 数据模型治理

8.5.1 数据模型与设计质量管理

数据分析人员和设计人员作为信息消费者（具有数据业务需求的人）和数据生产者之间的中介，必须平衡信息消费者的数据使用要求和数据生产者的应用要求。数据专业人员还必须平衡短期商业利益和长期商业利益。信息消费者需要及时获取数据以满足短期业务任务，并及时利用当前的商业机会。系统开发项目团队必须满足时间和预算限制，还必须确保组织的数据存储在安全、可恢复、可共享和可复用的数据结构中，并且这些数据尽可能正确、及时、相关和可用，以满足所有利益相关者的长期利益。因此，数据模型和数据库设计应该实现企业短期需求和长期需求之间的合理平衡。

（1）开发数据模型和设计标准

如前所述，数据建模和数据库设计标准提供了满足业务数据需求、符合企业和数据架构标准，以及确保数据质量的指导原则。数据建模和数据库设计标准应包括以下内容。

● 标准数据建模和数据库设计可交付成果的列表和描述。

- 适用于所有数据模型对象的标准名称，可接受的缩写和非常用单词的缩写规则列表。
- 所有数据模型对象的标准命名格式列表，包括属性和分类词。
- 用于创建和维护这些可交付成果的标准方法的列表和说明。
- 数据建模和数据库设计角色、职责的列表和描述。
- 数据建模和数据库设计中捕获的所有元数据属性的列表及描述，包括业务元数据和技术元数据。例如，指导原则可以设置数据模型为每个属性捕获数据血缘的期望。
- 元数据质量期望和要求。
- 数据建模工具的使用指南。
- 准备、领导设计评审的指南。
- 数据模型版本控制指南。
- 禁止或需要避免的事项列表。

（2）评审数据模型以及数据库设计质量

项目团队应对概念数据模型、逻辑数据模型和物理数据库设计进行需求评审和设计评审。审查会议的议程应包括审查启动模型（如有）的项目、对模型所做的更改、考虑或拒绝的任何其他选项，以及新模型在多大程度上符合现有的建模或架构标准。

组建具有不同背景、技能、期望和意见的不同领域的专家小组对数据模型和数据库设计进行评审。在组建专家评审小组时，可能需要通过特定途径，邀请各领域专家参与。参与者必须能够讨论不同的观点并最终达成共识，不存在任何个人冲突，因为所有参与者都有一个共同的目标，即推广最实用、最有效和最可用的设计。推动会议进程的负责人主持设计审查。该负责人设计并遵循会议议程，确保所有必需的文档在评审会议开始前都可用且已经分发，征求所有参与者的意见，维护秩序并保持会议的顺利进行，总结评审小组的共识。在多数情况下，举办设计评审会时，需要指派专门的记录员来记录讨论的要点。

如果审查没有通过，建模人员必须修改以解决评审小组提出的所有问题。如果存在建模人员无法自行解决的问题，应该将问题反馈给系统所有者并寻求最终解决方法。

（3）管理数据模型版本与集成

数据模型和其他设计规范需要谨慎地进行变更控制，就像需求规范和其他SDLC可交付成果一样。请注意对数据模型的每次更改，均需要以时间线记录变更内容。如果更改（如新的或更改了的业务数据要求）影响到逻辑数据模型，就需要数据分析师或架构师审核并批准对模型的更改。

每个变更都应该被记录。

- 为什么（why）项目或情况需要变更。
- 对象变更了什么（what）以及如何（how）更改，包括添加了哪些表、修改或删除了哪些列等。

- 变更批准的时间（when）以及将此变更应用于模型的时间（不一定在系统中实施更改）。
- 谁（who）做出了变更。
- 进行变更的位置（where）（在哪些模型中）。

一些数据建模工具包括了提供数据模型版本控制和集成功能的资料库。否则，在 DDL 导出或 XML 文件中保留数据模型，参考应用程序代码将它们签入和签出标准源代码管理系统进行管理。

8.5.2 指标

有几种方法可以测量数据模型的质量，但这些方法都需要与某个标准进行比较。如表 8-5 所示，通过一个示例介绍数据模型计分卡方法，用于衡量数据模型质量，其中提供了 10 个数据模型质量指标，介绍了组成计分卡的十个不同类别的指标及分值，以及 10 个类别指标的总体分数（Hoberman，2015）。

表 8-5　数据模型计分卡

序号	类别	总分数	模型分数	百分比	注释
1	模型在多大程度上反映了业务需求？	15			
2	模型的完整性如何？	15			
3	模型与模式的匹配度是多少？	10			
4	模型的结构如何？	15			
5	模型的通用性如何？	10			
6	模型遵循命名标准的情况如何？	5			
7	模型的可读性如何？	5			
8	模型的定义如何？	10			
9	模型与企业数据架构的一致性如何？	5			
10	与元数据的匹配程度如何？	10			
	总分	100			

"模型分数"列包含评审员对特定模型满足评分标准的评估，最高分数是"总分数"列中显示的分值。例如，评审人员可能会在"模型在多大程度上反映了业务需求？"这一项打 10 分。"百分比"列显示该项得分占该项的总分数的比例。例如，模型得 10 分，该"百分比"列的值为 66%（10/15）。注释列应记录更详细的解释分数信息，或记录修复模型所需的操作项。最后一行包含该模型获得的总分数，即每行分数的总和。

各个类别的简要描述如下。

（1）模型在多大程度上反映了业务需求

确保数据模型代表需求。如果需要获取订单信息，则在此类别中检查模型以确保其包含订单信息。如果需求中要求按学期和专业查看学生人数，在评审该项指标时，评审人员应检查模型是否支持按照学期和专业查询学生人数的功能。

（2）模型的完整性如何

这里的完整性具有两个方面的要求：需求的完整性和元数据的完整性。需求的完整性意味着已经提出的每个需求都在模型中得到满足。这也意味着数据模型只包含被要求的内容而没有额外的内容。在进行模型设计时也需要考虑在不久的将来因业务变化而要向模型中追加内容，这部分设计在审查过程中也会被关注。如果建模人员在模型中设计了从未被要求的内容的可能，那么该项目可能变得难以交付。我们还需要考虑包含未来需求增加所引发的可能成本。元数据的完整性是指模型周围的所有描述性信息也要完整。例如，如果我们正在评审一个物理数据模型，我们希望数据格式和允许为空的定义及描述出现在数据模型上。

（3）模型与模式的匹配度是多少

确保正在审查模型的可具象级别（概念模型、逻辑模型或物理模型）和模式（如关系、维度、NoSQL）与该类型模型的定义相匹配。

（4）模型的结构如何

验证了用于构建模型的设计实践，以确保最终可以从数据模型构建数据库。这包括避免一些设计问题，例如在同一实体中有两个具有相同名称的属性，或者在主键中有一个空属性。

（5）模型的通用性如何

评审模型的可扩展性或者抽象程度。如，从客户位置转到更通用的位置，可以使设计更容易地处理其他类型的位置，如仓库和配送中心。

（6）模型遵循命名标准的情况如何

确保数据模型采用正确且一致的命名标准。我们主要关注命名标准的结构、术语和风格。命名标准被正确地应用于实体、关系和属性上。例如，一个属性构造块选用"客户"或"产品"等属性主题。术语意味着为属性或实体赋予专有名称。术语还包括正确的拼写和缩写要求。风格意味着外观，如大写或驼峰拼写等。

（7）模型的可读性如何

确保数据模型易于阅读。这个问题并不是十大类别中最重要的，但是如果模型难以阅读，则可能无法准确地评估记分卡上其他更重要的类别。将父实体放置在其子实体上方，相关实体显示在一起，并最小化关系线长度都可以提高模型的可读性。

（8）模型的定义如何

确保定义清晰、完整和准确。

（9）模型与企业数据架构的一致性如何

确认数据模型中的结构能否在更加广泛和一致的环境中应用，以便在组织中使用一套统一的术语和模型结构。主要评审出现在数据模型中的术语和结构与组织中的相关数据模型中的是否一致，理想情况下与企业数据模型（EDM）（如果存在的话）结合使用为佳。

（10）与元数据的匹配程度如何

确认存储在模型结构中的数据和实际数据是否一致。例如，客户姓氏这一列中是否真的存储的是客户的姓氏数据？数据类别旨在减少这些意外，并有助于确保模型上的结构与这些结构将保存的数据相匹配。

综上所述，计分卡提供了对模型质量的总体评估方法，并明确指出了针对模型的改进方案。

第9章
数据标准

9.1 什么是数据标准

9.1.1 数据标准的基本定义

（1）数据标准的发展历史和管理趋势

自 2004 年国内首次提出"数据标准"的概念后，数据标准化工作席卷金融、通信等数据密集型行业。截至 2020 年年底，国内大多数领先企业均已开展过至少一轮包含数据标准任务的数据治理工作。

2014 年 3 月，中国人民银行发布了金融行业标准《银行数据标准定义规范》，对数据标准定义和内容做了规范；2018 年 5 月，银保监会颁布了《银行业金融机构数据治理指引》，其中与数据标准、数据字典、数据共享、数据质量及数据指标等数据管控平台建设相关的法规条文有 12 条，数据标准体系的建立成为数据治理中的基础性工作。

然而，企业大多数的系统均直接依据业务需求建立，并无整体规划，且因系统建设厂商不同也会在一定程度上导致数据不一致，造成"数据孤岛"现象严重。更为重要的是，即使是制定了数据标准的企业，往往也会因为配套的人员职责不清，制度流程无法落地，工具支撑不足，各部门协同机制无法维持而导致数据标准变成一纸空文。

（2）数据标准的常见误区

在数据治理成为数字化转型基础的前提下，企业中几乎人人都知道数据标准，却很少有人能给出一个清晰准确、人人认可的定义，而且对于其内涵的理解也存在诸多误区。

误区 1：不清楚数据标准的概念和内容。

● 系统数据字典就是数据标准。

● 数据标准可以直接作为数据开发规范执行落地。

● 数据标准是由数据部门或技术部门单独制定的。

误区 2：不清楚数据标准的制定方法。

● 系统数据库表中他字段都应该作为数据标准。

● 数据标准越多越好，内容越多作用越大。

● 同业都这么定标准，我们这么定也没问题。

误区3：忽视或夸大数据标准的作用。

● 数据标准极其重要，只要制定好数据标准，所有数据相关工作依标进行，实现数据治理大部分目标就水到渠成了。

● 数据标准几乎没什么用，做了大量的梳理，建设了一整套全面的标准，最后还不是被束之高阁、被人遗忘？几乎没有发挥任何作用。

（3）建立对数据标准的准确定义和清晰认知

对于企业而言，通俗来讲，数据标准就是对数据的名称、数据类型、长度、业务含义、计算口径、归属部门等，定义一套统一的规范，保证各业务系统对数据的统一理解、对数据定义和使用的一致性。

数据标准是为了实现在组织内部对数据的理解和使用的统一，而对数据的业务属性、技术属性、管理属性、安全定级进行的权威定义。具体来说，业务属性包括中文名称、业务定义、业务规则等，技术属性包括英文名称、英文缩写、数据类型、数据格式等，管理属性包括数据定义者、数据管理者等，安全定级包括安全等级等。不同行业的企业对数据标准有不同维度的划分。

数据标准化是通过一整套的数据规范、管控流程和技术工具来确保企业的各种重要信息，包括产品、客户、组织、资产等在全企业内外的使用和交换都是一致、准确的，是组织内与数据标准制定、发布、修订、复审、落地相关的涉及组织架构、人员职责、规范流程、系统改造、技术工具支撑、绩效考核、文化建设等方方面面的工作体系。

数据标准是一经制定发布就相对稳定的静态数据资产；而数据标准化是一项兼具系统性、复杂性、艰巨性、长期性的动态系统工程。

9.1.2　数据标准体系的分类

需要从多个维度来构建、维护数据标准体系，唯有这样，才能将业务部门、数据管理部门、开发实施部门之间的工作在数据标准的内容层面衔接起来，兼顾各部门的职责，发挥各部门的特点，同心合力，分工明确地落实。

（1）从内容层面分类

数据标准体系可以分为业务术语、业务数据标准、技术数据标准等。

1）业务术语

业务术语是面向业务部门的，用于明确业务部门在经营管理活动中使用的业务定义、业务规则和统计口径。通过梳理业务术语，实现业务人员对业务概念的统一理解，从而在编写业务需求时避免概念混淆，减少数据冗余、理解错误。

统一的业务术语定义是企业数据含义良性管理的必要条件，业务术语是企业内部理解数据、集成数据的有力基础。例如，定义"资产"这一业务术语："资产是指由企业过去的交易或事项形成的、由企业拥有或控制的、预期会给企业带来经济利益的资源"。

2）业务数据标准

业务数据标准是数据管理部门基于业务术语进行的标准化规范。相较于业务术语来说，建立标准索引、设置业务主题归类、对照进行数据安全分类分级、设置必要的质量规范定义，使得数据项从基本的业务概念层面升级到标准化和规范化定义层面。

其中，业务数据标准又分为两类：一类是基础数据标准；另一类是指标数据标准，依据两类细分规范来进行进一步的管理，为后续的各种数据管理工作提供便利。基础数据标准是基于业务开展过程中直接产生的数据制定的标准化规范。在基础数据标准中，一般也包括各种枚举值编码标准。指标数据标准是指按使用场景分类，针对为满足内部分析管理需要以及外部监管需求，对基础类数据加工产生的指标数据制定的标准化规范。指标数据是数据业务价值的直接体现。通过指标数据的标准化，可以统一组织各部门对指标的理解，有利于提升统计分析数据的质量。

3）技术数据标准

技术数据标准是面向技术开发部门的，是业务数据标准的开发实施参照与依据。技术数据标准规范了表、字段的命名规则，在开发实施过程中，开发部门应该遵循技术数据标准，推进数据标准的落地应用。

（2）从管理视角分类

数据标准可以分为业务角度和技术角度。

从业务角度来看，数据标准可以根据不同的业务主题进一步细化，如风险数据标准、财务数据标准等；根据数据类型又可分为代码标准、编码标准、计值标准、日期标准、描述标准等，甚至可以进一步细分出标志类、比例类、时间类等；根据标准来源的不同，数据标准又可分为国家标准、监管标准、行业标准、团体标准、业内标准等。

从技术角度来看，国内已经完成的"数据能力成熟度评价模型"国家标准中，将数据标准分为业务术语标准、参考数据和主数据标准、数据元标准、指标数据标准。

（3）从面向的对象来分类

数据标准可以分为内部数据标准和外部数据标准。

内部数据指由企业内部的业务流程和经营产生的数据，这些数据可以是客户信息、交易记录、订单信息、财务数据等，会受到企业经营的影响。内部数据是企业的重要资产，可以增加企业价值，在制定内部数据标准时需要从源头上把握数据质量，健全数据管理体系，将数据进行统一管理。

除了内部数据之外，企业数据还会存在很多经营范围以外的外部数据，一般包括两部分：一部分是从公共领域获取的数据，包括诸如汇率、行业价格和经济指数之类的信息数据；另一部分是企业从外部厂商处购买接入的数据，如银行业金融机构一般需要引入大量的外部数据。这些外部数据都有一个共同特点，即不受企业经营的影响，企业在接入外部数据时要遵循统一的标准，实现数据的有效调用和质量保证。

不论是内部数据还是外部数据，为了实现数据的融合和互通，必须为其建立统一的数据标准，但由于内外部数据之间存在一定差异，因此需要针对其建立既有共性又有差异的数据标准。

（4）从数据结构的角度划分

数据标准可以分为结构化与非结构化数据标准。结构化数据标准是针对结构化数据制定的标准，通常包括信息项分类、类型、长度、定义、值域等。非结构化数据标准是针对非结构化数据制定的标准，通常包括文件名称、格式、分辨率等。

9.2　数据标准的价值

标准对我们的生活有很大的影响，如度量标准、安全标准等。如果标准不对或没有遵循标准，很容易引起混乱。同样，对于企业来说，如果数据标准不统一、统计口径不一致，会给后续的数据分析工作带来很多困扰，进而影响企业决策和运转效率。因此，建立健全企业内部的数据标准就显得尤为重要和迫切。

在业务方面，数据标准明确了业务含义（业务术语），打破了"数据孤岛"，为业务部门之间、业务部门与技术部门之间的数据共享统一了认识和口径；在技术方面，数据标准能够帮助构建规范的物理数据模型、实现数据跨系统敏捷交互、减少数据清洗的工作量，便于数据融合分析；在管理方面，为数据质量管理、主数据管理、元数据管理、数据安全管理等奠定基础，同时推动精细化管理、实现数字化转型。

推行数据标准就像全国推广普通话一样，正是由于普通话被大家普遍接受和使用，才使得全国各地的人们不再受方言的影响，而能够顺畅交流，从而促进社会的快速发展。数据标准也是如此，数据标准也需要被大家接受和使用，才能使得数据不受"数据方言"的影响，从而实现数据共享，加速数字化转型，助力数据要素市场建设，推动数字经济和数字化社会的高速发展。

9.2.1　数据标准带来的业务价值

（1）统一业务定义和口径，推动企业内部达成共识

实现数据标准的全流程管控不仅可以明确业务定义，还可以使业务部门之间、业务与技术部门之间达成共识、统一口径。通过对业务定义、属性、规则进行收集、整理和规范，统一业务语言、明确业务规则、规范业务处理流程，使得数据在企业有一个全局的定义，减少了各部门、各系统的沟通成本，实现了业务管理的规范化，提升了企业业务处理的效率。

（2）消除"数据孤岛"，促进数据共享与业务创新

部门之间数据标准矛盾或者相互混淆的情况，导致部门之间数据交换、数据共享比较困难。建立统一的数据标准有助于对数据进行统一、规范的管理，消除各部门间的数据壁垒，方便数据的共享；同时，建立统一的数据指标体系，也能够让业务人员轻松获取数据，并自助式地进行数据分析，为基于数据的业务创新提供可能。

9.2.2 数据标准带来的技术价值

（1）消除数据跨系统的非一致性，为系统建设规划奠定基础

通过数据标准的建设，可消除数据跨系统的非一致性，从根源上解决数据定义和使用的不一致问题，为企业数据建设带来诸多好处。

- 数据标准的统一制定与管理，可保证数据定义和使用的一致性，促进企业级单一数据视图的形成，促进信息资源共享。
- 通过评估已有系统标准建设情况，可及时发现现有系统标准问题，支持系统改造，减少数据转换，促进系统集成，提高系统间的交互效率。
- 数据标准可作为新建系统参考依据，为企业系统建设整体规划设计奠定基础，减少系统建设工作量，保障新建系统完全符合标准。

（2）提升企业的数据需求开发质量

在数据需求开发管理过程中，数据标准化的过程中明确了数据填写及处理要求、规范了数据源，同时提供了管控方面的保障，因此数据标准化将直接提升企业的数据需求开发质量，为经营决策提供准确、全面的数据。

统一、标准的数据及数据结构是企业信息共享的基础；标准的数据模型和标准数据元为新建系统提供支撑，提升应用系统的开发实施效率；数据标准化清晰定义数据质量规则、数据的来源和去向、校验规则，提升数据质量。

9.2.3 数据标准带来的管理价值

（1）为数据质量和数据安全管理提供保障

统一的数据标准是提升数据质量的前提和基础。通过对数据标准的统一定义，明确数据的归口部门和责任主体，为企业的数据质量和数据安全提供了基础保障。为数据实体、数据属性、数据关系以及数据处理阶段，定义统一的标准、数据映射关系和数据质量规则，使得数据的质量校验有据可依，有法可循，为企业数据质量的提升和优化提供支持。

（2）提升企业数据分析挖掘能力，支持管理层决策

统一、标准的数据指标体系为各主题的数据分析提供支持，提升数据处理和分析效率，提供业务指标的事前提示、事中预警、事后提醒，实现数据驱动管理，让领导能够第一时间获取决策信息。

（3）企业数据资产管理和数字化转型的必经之路

对经过处理的高质量数据资产进行统一管理，设计体系化的数据资产目录，提供全生命周期的管理，并建立各类业务应用的数据资产视图，方便数据的展示和数据共享，更好地支持经营决策、精细化管理，为数字化转型奠定基础。

9.2.4 数据标准属性内容的价值

结合数据标准部分重要属性字段，分析数据标准与数据质量、数据安全、数据认责、数据应用的关系，数据标准的属性名称及其作用与价值如表 9-1 所示。

表 9-1　数据标准的属性名称及其作用与价值

属性名称	作用与价值
中文名称	统一业务人员和技术人员对同一字段的命名规范和口径，避免出现不同名称同一含义、同一名称不同含义的现象
英文名称	根据中文名称给出英文全称，通过建立规范的中文到英文、英文全称到英文简称的词根库，为数据库表字段名称提供支撑，避免信息系统字段命名混乱，甚至用中文名称拼音缩写来代替字段名称的现象
引用代码	从企业全局的高度统一制定代码表，为各系统的参考数据提供唯一来源
业务含义	确保业务人员、技术人员、管理人员等对同一术语有明确一致的理解
业务规则	业务规则是企业对业务数据的约束条件的具体描述，包括相关业务的政策规定，以及政策规定发生作用的业务场景，如数据的计算方法、数据的编码规则等内容。数据标准业务规则是进行数据质量定义、监测、评估、改进的原则和基础，企业数据质量控制工作的开展，有赖于清晰、完备、准确、详尽的数据业务规则定义
值域	规定数据的取值范围和允许值的集合，为数据质量规则提供支撑
数据类型和数据格式	不同的数据类型和数据格式对应不同的质量规则约束，同样为数据质量规则提供技术支撑
敏感度	企业内数据从安全角度区分数据敏感度、规定数据安全等级，以及不同等级对应的数据安全处理策略
数据定义者、数据管理者	为企业数据认责提供依据
数据使用者	指明数据应用的对象，方便快速准确地应用数据

由此可见，可落地的数据标准是企业进行数据质量、数据安全、数据认责、数据应用等工作的基础，数据标准的好坏直接影响企业其他数据治理工作的顺利开展。

9.3　数据标准与数据治理的关系

数据标准管理是企业数据治理工作的重要基础性内容。

9.3.1 数据标准是数据治理中各项任务的关键锚点

（1）数据标准与主数据

从范围上看，数据标准包括模型数据标准、主数据标准、参考数据标准、指标数据标准和其他数据元标准，主数据是数据标准的一个子集；在数据梳理和识别、能力成熟度评估、数据标准编制、数据管理和应用、管理体系建设、实施涉及的业务面等方面，数据标准和主数据都是基本相同的。企业在数据治理项目中，有整体建设的情况，包含元数据、主数据、数据标准等领域同步建设并推动系统落地；也有分开建设的情况，如主数据项目单独立项并建立主数据系统。企业应根据自身的实际情况和需求，明确实施范围和内容，制定适合企业发展需要的数据治理路线图。

（2）数据标准与元数据

元数据是制定数据标准的基础，企业在制定数据标准的时候最先需要明确的就是数据业务属性、技术属性和管理属性，而这三类属性就是我们所说的业务元数据、技术元数据和管理元数据。基于元数据的数据标准管理，为业务实体、属性、关系、业务规则的定义，到IT实现之间清晰、标准的语义转换，提高业务和IT之间的一致性，保障IT系统能够真实反映业务事实，并为数据标准系统与其他业务系统的集成，提供有关数据标准、数据映射关系和数据规则的描述。

（3）数据标准与数据质量

数据标准是衡量数据质量的重要依据。通过对数据标准的统一定义，明确数据的归口部门和责任主体，通过对数据实体、属性、关系以及数据处理阶段定义统一的标准、数据映射关系和数据质量规则，使得数据的质量校验有据可依，有法可循，为企业数据质量的提升和优化提供支持。

9.3.2 数据标准化是数据治理工作的重要组成部分

数据治理是一套持续优化完善的管理机制，主要包括组织架构、政策制度、技术工具、标准体系、管理流程、监督考核等方面。数据治理作为一项长期、体系化的工作，需要在各个方面同步推进，否则将出现治理过程的缺陷，降低数据治理水平。尤其是数据标准体系，作为核心技术规范，更是决定数据治理水平的关键环节。只有标准化才能真正实现数据的高效流动与开发利用。相反，没有数据的标准化，数据治理也将无从谈起。

从图9-1中可以看出，每一个专题工作（数据标准、数据质量、元数据等）的开展都需要包括战略目标规划、组织制度、流程机制、数据专题、技术实现在内的完整的治理框架，数据标准化工作本身就是数据治理工作的重要组成部分。

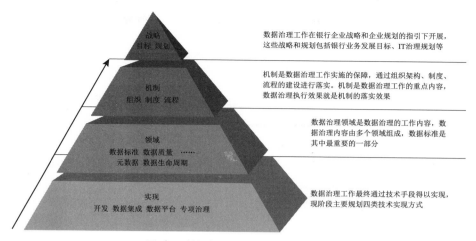

图 9-1　数据标准在数据治理中的定位

9.3.3　数据标准与数据治理在推进策略和原则上一致

（1）业务驱动

以解决业务部门最为迫切的数据问题作为数据标准落地工作的切入点和落脚点，以业务需求为驱动力，推动数据标准的落地执行。通过对企业业务运营和管理的收益分析，排定落地内容的优先级；通过对企业业务统计分析和监管报送的收益分析，排定落地内容的优先级；对于相关性较强的数据标准内容，建议同时实施落地。

（2）长期规划与短期现状相结合

长远考虑数据标准落地执行的广度与深度，基于企业的现实情况及业务发展战略，确定数据标准落地执行的实施路径及工作策略，既确保数据标准的业务价值能快速体现，又能持续推进数据标准落地工作。

（3）循序渐进

数据标准的落地不会一蹴而就，在数据标准落地执行的过程中需要及时总结经验教训，不断完善数据标准内容及数据标准执行的管理机制；尽可能减少已投产运营系统的改造成本与额外问题产生的风险；深思熟虑外购的成熟软件进行系统改造的可行性与复杂性；对于系统实施项目，尽可能在不延长项目实施周期的情况下进行数据标准落地。数据标准落地需要构建一套可行的原则，以便支持企业在兼顾各种复杂情况的前提下持续推进落标工作。

（4）统筹规划

经过充分的分析和论证后，制定周密的数据标准落地规划，参照企业 IT 规划的整体安排，未来的系统建设会有节奏、有计划地进行，新建系统数据标准的落地及已有系统改造的数据标准的落地也需按照 IT 规划的建设步骤进行。

9.4 数据标准的分类框架

9.4.1 基础数据标准

基础数据标准是指在企业日常业务开展过程中，对直接产生和采集的、未经过加工和处理的原始信息制定的标准化规范。

（1）主题

按照业务归属可以把基础数据标准划分为不同的主题，包括客户、产品、协议、事件、渠道、财务、资源项、公共信息等。

- 客户主题：与企业有联络、与企业有关系，以及企业希望保留的所有相关客户信息项。
- 内部机构主题：设置在企业内部，负责处理企业对内、对外工作的组织机构及员工信息项。
- 产品主题：企业及其关联的当事人提供给市场，能满足客户的某种需求，企业可从中赚取各种实际或潜在收益的货物与服务信息项。
- 事件主题：满足客户的服务需求或自身的管理需求，进行实现价值转移、服务提供的活动信息项。
- 协议主题：两个或两个以上当事人之间潜在或实际的约定，在协议中正式明确与协议目的相关的各项规则和协议各方义务的信息项。
- 渠道主题：渠道是指企业为客户提供各种服务的途径，包括电子渠道（如微信、支付宝等）和非电子渠道（如客户经理等）信息项。
- 财务主题：描述企业科目组织、总账以及预算管理等数据信息项。
- 资产主题：企业拥有、管理、使用的，或企业关心的其他当事人拥有的，有形或无形的有价值的东西，如房屋、商品、土地、现金等信息项。
- 公共信息主题：其他主题中具有一定共享性的内外部标准，如币种、行业、国家地区等内容信息项。

（2）一、二级分类

在基础数据标准主题确定后，会根据企业实际情况对每个主题进行细化，制定每个主题下的一、二级数据标准框架。以银行业客户和产品主题为例。

客户主题的一、二级分类如表 9-2 所示。

表 9-2　客户主题的一、二级分类

基础数据标准框架：客户		
标准主题	一级分类	二级分类
客户	个人客户信息	个人客户基本信息
客户	个人客户信息	个人客户管理信息
客户	个人客户信息	个人客户风险信息

续表

基础数据标准框架：客户		
标准主题	一级分类	二级分类
客户	个人客户信息	个人客户合规信息
客户	个人客户信息	个人客户评价信息
客户	企业客户信息	企业客户基本信息
客户	企业客户信息	企业客户管理信息
客户	企业客户信息	企业客户风险信息
客户	企业客户信息	企业客户合规信息
客户	企业客户信息	企业客户评价信息
客户	企业客户信息	企业客户关联信息
客户	金融机构客户信息	金融机构客户基本信息
客户	金融机构客户信息	金融机构客户管理信息
客户	金融机构客户信息	金融机构客户风险信息
客户	金融机构客户信息	金融机构客户合规信息
客户	金融机构客户信息	金融机构客户评价信息
客户	金融机构客户信息	金融机构客户关联信息

例如，当标准主题为客户时，标准一级分类可按客户的不同类型划分，本例中其对应的标准一级分类为个人客户、企业客户、金融机构客户。当一级分类是个人客户时，标准二级分类为个人客户的基本信息、管理信息、风险信息、合规信息和评价信息。

产品主题的一、二级分类如表9-3所示。

表9-3 产品主题的一、二级分类

基础数据标准框架：产品		
标准主题	一级分类	二级分类
产品	产品基本信息	/
产品	产品管理信息	/
产品	产品核算信息	/
产品	产品个性信息	存款产品
产品	产品个性信息	贷款产品
产品	产品个性信息	担保产品
产品	产品个性信息	贸易融资产品
产品	产品个性信息	投资理财产品
产品	产品个性信息	银行卡产品
产品	产品个性信息	支付结算产品
产品	产品个性信息	组合产品

基础数据标准框架：产品		
标准主题	一级分类	二级分类
产品	产品个性信息	债券承销产品
产品	产品个性信息	代理业务

例如，当标准主题为"产品"时，其对应的标准一级分类为产品基本信息、产品管理信息、产品核算信息和产品个性信息。产品的基本信息、管理信息和核算信息是各类产品的通用信息，如产品名称、产品编号等。与之相对的是产品的个性信息和各个产品特征相关的信息。当一级分类是"产品个性信息"时，标准二级分类可按企业的不同产品类型划分，本例中包括存款产品、贷款产品、担保产品、贸易融资产品、投资理财产品、银行卡产品、支付结算产品、组合产品、债券承销产品、代理业务。

9.4.2　指标数据标准

指标数据标准（也称"衍生数据标准化"）是指按使用场景分类，针对为满足内部分析管理需要以及外部监管需求，对基础数据加工产生的指标数据制定的标准化规范。业界对于指标数据标准的分类划分尚未形成统一的意见，不同企业的发展战略不同，对指标数据标准分类的需求也不同。通常可将指标数据标准划分为业务管理、风险管理、客户管理、运营管理、财务管理等不同类型。和基础数据标准类似，可以根据企业实际情况对各个分类进行细化，形成指标数据标准框架。以某证券公司为例，其指标数据标准框架如表 9-4 所示。

表 9-4　某证券公司指标数据标准框架

指标数据标准框架（某证券公司）	
一级分类	二级分类
业务管理	经纪业务
业务管理	信用业务
风险管理	资本充足
风险管理	市场风险
风险管理	信用风险
财务管理	财务分析
客户与员工管理	员工管理
客户与员工管理	客户管理
客户与员工管理	经纪人管理

当一级分类为业务管理时，标准二级分类可按企业的不同业务类型划分，本例中二级分类为经纪业务、信用业务。经纪业务包含的数据项有权益类公募认购金额、

权益类公募赎回金额等，信用业务包含的数据项有信用账户数增长率、信用账户数市场份额增长率等。

当一级分类为风险管理时，标准二级分类可按企业的风险管理角度划分，本例中二级分类为市场风险、信用风险和资本充足。市场风险包括权益类证券的最大投资规模等，信用风险包括的数据项有融资类业务最大规模等，资本充足包括的数据项有市场风险资本准备、信用风险资本准备等。

以某银行为例，其指标数据标准框架如表9-5所示。

表9-5 某银行指标数据标准框架

指标数据标准框架（某银行）	
一级分类	二级分类
业务规模	信贷业务规模
业务规模	存款业务规模
业务规模	金融市场业务规模
业务规模	中间业务规模
业务规模	卡业务规模
运营管理	渠道管理
风险管理	信用风险
财务管理	损益分析
财务管理	财务分析
财务管理	金融市场业务规模
客户管理	客户规模
客户管理	客户流失
客户管理	客户行为分析

当一级分类为业务规模时，标准二级分类为存款业务规模、信贷业务规模、卡业务规模、金融市场业务规模、中间业务规模。存款业务规模包括的数据项有一般性存款总额等，信贷业务规模包括的数据项有信贷资产余额，卡业务规模包括的数据项有银行卡总数量等，金融市场业务规模包括的数据项有贴现资产余额，中间业务规模包括的数据项有法人透支账户中间业务收入等。

当一级分类为客户管理时，标准二级分类为客户规模、客户流失、客户行为分析。客户规模包括的数据项有个人客户数量、企业客户数量等，客户流失包括的数据项有个人客户流失数量、企业客户流失数量等，客户行为分析包括的数据项有个人客户资产流出金额、企业客户资产流出金额等。

9.5 数据标准的内容框架

通常从业务属性、管理属性、技术属性等角度制定标准内容框架。

9.5.1 业务属性

业务属性描述数据与业务相关联的特性，是从业务层面对数据的统一定义、解释和要求，包括标准中文名称、英文名称、业务定义、业务规则、制定依据等。

（1）标准中文名称

标准中文名称是指依据业务习惯被普遍认可的该数据项描述的名称，也是业务上唯一用以识别数据标准的依据，应易于被业务人员理解和识别，符合统一的命名规范，做到唯一、简明、直观、易懂、可行。

（2）英文名称

英文名称是指基于标准的中文名称翻译而成的、标准且准确的英文全称，英文名称是技术属性中英文缩写形成的基础。业务定义是指基于创建数据的业务流程，对数据业务含义和相关业务场景所做的详细描述，主要来源于外部监管机构的发文及定义、公司业务制度，以及源系统的业务需求定义等。

（3）业务规则

业务规则是指业务对数据约束条件的具体描述，包括相关业务的政策规定以及政策规定发生作用的业务场景。

（4）制定依据

制定依据是指制定该基础数据标准项时依据的文档类型，包括但不限于国际标准、国家法律法规、国家标准、外部监管要求、行业标准、信保内部业务制度和系统规范等。

9.5.2 管理属性

管理属性描述数据标准与数据管理相关联的特性，是数据管控在数据标准管理领域的统一要求。管理属性包括标准编号、标准主题分类、发布日期、标准状态、信息维护者、版本信息、数据主管部门、数据生产部门、数据使用部门等。

（1）标准编号

标准编号是指数据标准项的唯一识别码，可采用层次编码方法，由数据主题的缩写和顺序码组成，如 EVE0001。

（2）标准主题分类

标准主题是指数据标准项所属数据标准体系中的主题。标准一级分类承接标准主题，定义所属的标准主题中的标准一级分类。标准二级分类承接标准一级分类，定义所属的标准一级分类中的标准二级分类。

（3）发布日期

发布日期是指数据标准正式稿在公司范围内首次发布的日期。例如，若数据标准正式稿在 2021 年 4 月 30 日发布，应记录为 2021-04-30。

（4）标准状态

标准状态是指当前数据标准状态，其包含三种状态：待发布、已发布、废止。例如，若数据标准处于送审、评审阶段时，则其状态为待发布；若数据标准正式稿已在公司范围内发布，则其状态为已发布；若数据标准在公司范围内已被废止，则其状态为废止。

（5）信息维护者

信息维护者是指负责对数据标准进行新增、删除、修改的相关人员。例如，若张三对"统一社会信用代码"管理属性、业务属性、技术属性中的任何信息进行增删改，则信息维护者为张三。

（6）版本信息

版本信息是指记录更新数据标准的时间、版本号，更新包含新增、删除、修改等行为。例如，若新增数据项"统一社会信用代码"的时间为 2021 年 4 月 30 日，数据主管部门应记录为 20210430，版本号为 V1；若在 2021 年 10 月 30 日对数据项"统一社会信用代码"进行修改，数据主管部门应记录为 20211030，版本号为 V2。

（7）数据主管部门

数据主管部门作为数据的管理者，负责管理所辖业务领域的各项数据治理相关工作。例如，"统一社会信用代码"与客户信息相关，根据企业部门职责，可判定"统一社会信用代码"的数据主管部门为客户管理部，因此客户管理部负责填写"数据主管部门"并将其填写为客户管理部。

（8）数据生产部门

数据生产部门是指负责进行数据采集、整理并录入系统的部门，公司各部门和营业机构均可作为数据生产部门。例如，若"统一社会信用代码"由各营业机构进行数据收集、整理并录入系统，则"数据生产部门"是各营业机构。

（9）数据使用部门

数据使用部门是使用该数据项的各部门及分支机构。例如，若信息技术部、客户管理部和各营业机构使用了"统一社会信用代码"数据项，则"数据使用部门"是信息技术部、客户管理部和各营业机构。

9.5.3 技术属性

技术属性描述数据与信息技术实现相关联的特性，是数据在信息系统项目实现时统一的技术方面的定义。技术属性包括英文缩写、数据类型、数据格式、计量单位、权威系统等。

（1）英文缩写

英文缩写是指基于国际通用缩写规则、习惯缩写、自定义的缩写规则，将标准的英文全称缩写为符合规范的英文缩写名称，以便基于此形成物理模型的表名和字段名。

（2）数据类型

数据类型是指根据数据项的表现形式进行分类的名称，包括编码类、代码类、数值类等。

● 编码类：是用少量、简单的基本符号，选用一定的组合规则，表示大量复杂多样的信息，如统一社会信用代码。

- 代码类：是预先定义的，用来描述一个有限集合的事物或事物的属性，如费用类型代码。
- 标志类：表示"是／否"意义的标志，如分保标志。
- 文本类：是以文本的形式对与业务活动密切相关的对象和业务进行说明的数据，如客户名称。
- 金额类：指以货币金额的形式体现的数据项，适用于各类财务信息，如存款金额。
- 比例类：指以比值的形式体现的数据项，适用于各类比率信息。
- 数值类：指除金额类及比例类以外的以整数或小数的形式体现的数据项，适用于各类以数量反映的信息，如缴费期次。
- 日期时间类：指需要以日期、时间为形式体现的数据项，如支付时间。

（3）数据格式

数据格式是数据标准项在精度、长度、形态上的规范。

（4）计量单位

计量单位是反映数据的度量衡。对于数值类标准须定义该数值的度量单位。

（5）权威系统

权威系统是指数据的来源系统。在数据来源于多系统的情况下，为保证数据使用的一致性和准确性，要明确数据项的权威来源，以便数据使用者均从同一个系统中获取数据。

9.6 数据标准管理组织

数据标准体系建设需要得到企业高层的重视和支持，更需要企业的所有部门共同参与，从而形成高层决策、数据标准管理部门统筹、各部门参与的数据标准管理长效机制。其中高层是数据标准化工作的最高决策机构，数据标准化工作小组负责组织推动企业数据标准化工作。

9.6.1 数据标准管理组织框架

数据标准化工作同样需要建立完整的组织架构，以制度明确相应组织和人员的职责，并辅以相应的绩效考核。这种情况下，数据标准化工作涉及企业高层领导、中层管理者以及底层的执行人员，也涉及业务部门、科技部门、外部咨询公司、系统开发厂商等相关方，需要组织内外协同配合、共同努力才能顺利推进。

在数据标准化工作牵头部门设置方面，很多企业选择由科技部门牵头、业务部门配合的方式开展，不能很好地调动业务部门的积极性，取得的效果差强人意。比较理想的方式是高层领导（比如首席信息官或数据治理等高级别委员会）督办、核心业务部门牵头、其他业务部门和科技部门高度配合，这样推进起来会相对顺利些，关键是能够调动业务部门的积极性，让业务部门主动推动。数据标准管理组织框架如图 9-2 所示。

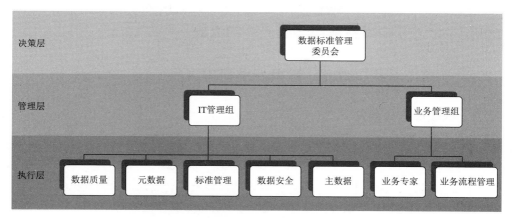

图 9-2　数据标准管理组织框架示例

9.6.2　决策层

数据标准管理委员会通常是数据治理委员会的附属组织，为企业中数据治理的决策层，主要负责制定企业数据战略，把控数据治理的总体策略，组织数据治理小组，将技术管理与业务管理的相关人员协同起来，完成数据标准制定工作，监督数据标准的贯彻执行情况，为数据标准制定提供资源协调、统筹安排等便利。

9.6.3　管理层

数据标准的管理层主要负责制定企业数据标准、审查数据质量、贯彻数据标准落地。管理层一般包括以下角色。

（1）数据标准综合管理部门

作为数据标准工作的牵头部门，数据标准综合管理部门负责企业级数据标准工作的统筹、组织、协调等事项。

（2）各业务部门

各业务部门在数据标准制定过程中扮演业务规范者的角色。这些部门在数据标准制定过程中承担着提供权威业务定义和数据标准业务含义管理的多重职责。业务管理组不仅能够提出业务规范要求，也可以与数据标准化综合管理部门、信息科技部门对技术属性进行协同商榷，提出初步的建议方案。

（3）信息科技部门

信息科技部门作为数据标准的技术规范制定者，其职责不仅在于制定过程中确认技术属性具有可落地性、符合已建信息系统现状，还在于将确认后的数据标准落实到信息系统中，确保数据标准能够得到有效执行。

9.6.4 执行层

数据标准工作的执行层面涵盖企业的各个单位与人员，主要负责数据标准的贯彻执行，并为数据标准的编制和优化提供参考和意见。

9.7 数据标准管理流程

9.7.1 数据标准的制定

数据标准的制定是指按照数据标准需求，定义各类数据的业务属性、技术属性和管理属性。

企业数据需求部门可根据业务经营管理的需要及监管要求，提出数据标准制定的需求，经所在部门主管负责人批准后提交数据标准综合管理部门。

数据标准综合管理部门参与系统新建或改造的需求分析工作，及时发现数据标准新增需求，负责汇总并分析企业各部门的数据标准新增需求，编制数据标准制定工作方案以及制定数据标准管理相关的工作模板，并组织相关部门按照既定方案和模板，进行数据标准相关属性信息的编写，包括管理、业务、技术属性信息。

数据标准综合管理部门应定期召开数据标准管理专题会议，协调解决数据标准制定过程中出现的问题。对无法协调解决的问题，应向上级管理单位进行汇报并协商处理方案。

9.7.2 数据标准的评审和发布

数据标准综合管理部门应组织企业相关部门召开专题评审会议，对已编制的数据标准进行讨论和评审，与数据所涉及相关部门业务专家、数据所涉及信息系统的信息技术专家等就具体数据标准内容开展评审工作，并对数据标准进行必要的调整及完善。

修改和完善后的数据标准应重新组织数据标准管理专题会议进行讨论，将最终数据标准版本会签相关部门，并在根据会签意见对相关内容进行修改和完善后，报管理层进行审批。审批通过后，正式将数据标准在企业范围内统一发布。

9.7.3 数据标准的执行

数据标准的执行是指已发布的数据标准在具体业务操作及 IT 系统中的实施和运用。

数据标准综合管理部门依照业务需求、IT 系统现状以及数据标准发布情况，制订数据标准落地实施的年度计划，包括落地实施要求及相关工作的牵头部门。数据标准落地实施要求应合并到相关 IT 系统改造或新建的项目中，由项目牵头部门制定落地方案并实施。

各部门及各分支机构应遵照已发布的数据标准，规范日常业务操作和统计分析工作，并将数据标准管理的相关要求纳入相应的日程业务工作流程规范中，在进行数据录入、维护、应用、归档等操作时，应遵循数据标准的要求。

信息科技部门在新建或改造IT系统时，均应遵循已发布的数据标准开展本系统的设计与实施工作，对于自主开发类IT系统，科技信息部应查询已发布数据标准的详细情况，建立数据标准与该IT系统数据项（包括已有代码）之间的映射关系，进行数据模型设计。对于外购的商品化软件，其数据模型开放程度应纳入采购评分的依据。

数据标准综合管理部门通过IT系统需求评审、数据模型设计评审及元数据检核等对数据标准执行情况进行监督检查和评估，编制数据标准执行情况报告，并报送管理层。

9.7.4 数据标准的变更

数据标准的变更是指为满足业务运行与发展的需要或由于外部监管要求以及引用的国家标准等外部标准的变化，对已发布的数据标准进行的变更。

数据标准的变更既要反映数据标准业务含义和业务规则的变化，又要保持数据标准的相对稳定，减少由于数据标准的频繁变动对业务应用和IT系统建设造成的影响。数据标准综合管理部门组织相关业务部门对变更进行评估，从变更内容、变更影响等角度进行分析，编制数据标准变更的可行性报告，并报管理层审批。标准变更内容审批通过后，由数据标准综合管理部门落实并发布变更。

9.7.5 数据标准的复审和废止

数据标准的复审是指根据业务发展及IT系统建设情况，对数据标准适用性进行的周期性评审。数据标准综合管理部门负责组织相关部门及各分支机构对数据标准进行复审。

复审结果包括有效、修订或废止，如实反映在复审报告中，并报管理层审批。审批通过后，由数据标准综合管理部门根据复审结果组织开展以下工作：对于复审结果为"修订"的数据标准，应根据修订的范围开展后续工作；对于复审结果为"废止"的数据标准，数据标准综合管理部门应发布数据标准废止通知。

9.8 数据标准的系统落地及工具

9.8.1 数据标准的系统落地

数据标准的系统落地主要包括以下工作步骤。

（1）落标范围确认

落标是一项重要且复杂的系统性工作，需要企业高层给予高度重视、多个部门及团队协作，在开发的合适流程中嵌入落标工作。为了更好地执行落标工作、减少对已建系统改造所带来的影响，通常在确定落标范围时应遵守如下原则：完全新建设的系统是主要的选择对象；完全新建设的系统中有数据类系统和业务类系统，数据类系统是主要的选择对象，业务类系统中已建表字段执行对标，新增表字段执行落标；已建系统是对标的主要对象，已建系统的新增表字段可要求落标；对标系统范围开始不宜太广，以重要的系统为主，应逐步扩大范围。

（2）数据字典收集

通过提供的数据字典提取脚本，对各业务系统生产库进行数据字典基础信息收集，所收集信息项主要包括表级信息、字段级信息、字段代码信息等，将收集的基础信息整理到数据字典导入模板中，要特别注意关键信息项的采集和补全。

必须将数据字典中字段的中文名称补充完整，同时对其他关键信息进行补充，包括表中文名称、码值类信息等；通过数据字典校验规则对整理好的数据字典进行校验，将校验出来的问题反馈给业务系统负责人进行整改；将整改好的数据字典在配套的数据标准平台工具上进行导入。

（3）数据标准完善

将梳理好的数据字典根据使用频度、重要性等维度进行提取并将提取的数据项合并至基础数据标准中，同时为其补充业务属性、管理属性、技术属性等内容，最终形成完整的数据标准库；将全部完成的数据标准导入平台，进行管理。

（4）落标分析

数据字典、数据标准皆完成平台导入后，通过数据标准平台工具进行对标申请，再执行平台对标，对于平台基于智能算法推荐完全匹配的标准可直接引用，对于存在歧义或者多种匹配推荐的，需要进行人工匹配引用；然后针对对标成果进行对标校验，主要校验字段中英文名称、字段类型长度、字段码值等项的匹配程度，如果所有项都完全匹配则满足对标，否则部分满足对标。最后将对标结果导出，根据系统可改造程度进行分析评估，判断是否完全或者部分按照标准执行落标，并输出落标明细，以供落标执行和监督。

（5）落标执行

按照落标范围定义的原则和落标分析报告的内容执行落标工作。对于已建系统，通过建立数据字典与数据标准之间的映射，优先进行字段中文名称改造，然后选择合适的契机，尤其要在系统升级或者改造时对数据类型、长度、码值进行改造。针对已建系统的新增表字段执行落标。对于新建系统，强制按照数据标准进行数据库设计，尤其是数据类系统，如数据仓库、数据中台、数据集市等，针对业务类的系统标准的英文缩写如无法强制执行，则字段中文名称、字段类型、长度、码值等应完全按照标准执行。需要注意的是，业务类系统内部如出现英文缩写名称不一致的情况，应强制改造，确保一致，以免后期造成各种不良影响。

（6）落标检查和管控

因针对已建系统和新建系统采取不同的落标方案，所以在执行落标检查和管控时也需要采用不同的方法。

- 管控流程制定。通过结合数据标准平台工具操作流程，制定数据字典管控流程。
- 数据字典申报。将设计好的发布版数据字典通过平台进行申报，并进行流程审批。
- 数据字典审批。基于预设的数据字典质量规则对申报的数据字典进行审批，并进行增量合版。
- 已建系统及新建系统对标检查。对于落标要求不高的情况，可针对已建系统和新建系统的已有表字段及新增表字段全部执行对标检查，即对审批后的发布版数据字典进行标准映射检查。如果对标检查皆完全匹配，则说明数据字典发布版符合标准，可满足上线要求；如果出现校验不符合标准的情况，则需要重新执行对标，并进行数据字典补申报。
- 已建系统及新建系统落标检查。对于落标要求比较严格的情况，可针对已建系统的新增表字段，新建系统全部表字段执行落标检查，即对审批后的发布版数据字典进行标准落标检查。如果对标检查皆完全匹配，则说明数据字典发布版符合标准，可满足上线要求；如果出现校验不符合标准的情况，则需要重新修改数据字典，并进行数据字典补申报。
- 脚本创建及执行。对标和落标结果审核通过后，最终根据对标和落标结果形成可执行的 DDL 脚本，供上线开发和上线使用。
- 数据字典监控。将梳理好的数据字典定期与采集业务系统的生产库进行差异比对，进行数据字典规范考核，并针对差异结果按照预定流程进行管理。

9.8.2　数据标准平台工具

为了将标准的制定、管理、落标执行、落标检查等工作可持续地执行到底，且大幅减少数据标准相关的系列工作对人员数量及能力的依赖，需要构建自动化程度高、与开发流程结合紧密、管控力度大的数据标准管控平台工具，对已有数据标准管理的流程提供线上功能支持，以便大幅提高工作效率和增强标准落地效果。

目前行业上对于数据标准平台工具的应用已经非常普遍，业内也有很多成熟的软件工具提供相应服务，企业在选择产品工具时，应考虑自身数据标准工作推进的实际情况和需求，除了数据标准综合管理部门和信息科技部门用户外，还需要特别关注从业务部门用户易用、好用且提升业务用户体验的角度，对相应平台工具进行选型。

9.9 大型银行案例——某大型国有银行企业级数据治理与标准化体系建设项目

9.9.1 案例背景

该行是我国大型国有银行之一，也是最早设立的独立数据管理部门的金融机构之一。该行数字化工作历经了三个主要阶段：第一个阶段是通过核心系统的建设，对业务流程进行了企业级再造，奠定了该行数字化经营的坚实基础；第二个阶段开启了金融生态建设，推进平台化、场景化建设，将金融能力和数据以服务方式向社会开放；第三个阶段开启了全面数字化经营探索，按照"建生态、搭场景、扩用户"的数字化经营思路，构建业务、数据和技术三大中台，全面提升数据应用能力、场景运营能力、管理决策能力。

在这个历程中，前期银行建成竖井式、分散化业务处理系统，实现了业务的信息化、提高了业务处理效率，但也不可避免地造成了不完整、不准确、不及时、不一致、不安全、冗余等数据问题，这些问题在信息化后期成了该行管理水平提升的瓶颈。通过分析问题成因，该行发现，不管是制度、流程、机构、数据、技术各个环节的缺陷，还是在这些环节中人员的操作不到位，都会导致各类数据问题的发生。

该行确立了从根本上系统性解决数据问题的方针，并启动企业级数据标准化体系建设。同时，该行决定对全行的核心业务系统进行重构，打破原来所有的系统，按照组件化、模型驱动的方法来构建核心系统。通过该阶段的数据标准化工作，借助核心系统的建设，该行成功建立了企业级的数据管理体系和数据应用体系。

9.9.2 建设方案

第一，实施数据需求集中统一管理，业务和数据双向驱动。由数据管理部门承担企业级数据需求的集中和统一管理职能。

在需求类型上，该行将数据需求的申请分为三类，分别是简单需求、复杂需求和专业需求。对于简单需求，直接通过管理分析类的系统以界面方式去实现；对于复杂需求，由专门的数据团队通过服务交付；对于专业需求，通过数据模型运行的结果进行交付。同时，除了传统的管理分析类专业的系统，该行还将其他数据需求实现方式分为三类：第一类如固定报表、自助查询和即席查询，这类数据应用由企业级数据平台支撑，支持业务人员自主用数，把用数的权利还给业务；第二类如数据模型实验室和数据挖掘，对应大数据智能平台，大数据智能平台承担着该行数据模型实验室和传统的商业智能或者大数据分析应用；第三类是仪表盘，目前该行仪表盘有 PC 端和手机移动端两种，目前大部分核心业务指标更新频度能达到日频次水平，少部分核心经营指标达到了准实时水平。

在数据需求驱动力上，一方面是由传统的业务需求驱动，由业务部门或者分行依据遇到的数据问题和困难衍生得到；另一方面是新型的数据需求驱动，数据分析人员、数据专业人员基于长期对业务需求的分析与实施，积累对业务的数据洞察，主动提出数据需求。

第二，建立企业级数据标准化规范体系，在核心系统中全面落地执行。在核心系统建设中，该行采用业务模型驱动的方法，先把银行业务进行模型化，再来推动IT的开发。通过业务建模，实现了业务需求的统一规范化定义，消除了业务人员之间对业务理解的差异，也方便了技术人员准确理解业务，大大减少了开发阻力。

业务建模的结果是业务模型，包括流程模型、数据模型、产品模型和用户体验模型四个部分，重点是流程模型和数据模型。流程模型主要规定业务活动、任务的执行序列、系统控制的时间序列，以及各项业务的功能；数据模型是更细化的业务需求，负责厘清企业级层面对于业务信息细节的要求，对数据实体、数据项及数据之间的关联关系等进行清晰的定义，后续技术人员基于构建好的业务模型进行开发。从源头上保证数据一致性，集成海量行内外入仓数据，整合数据资源；搭建了数据应用体系，数据需求统筹管理、分类实施、快速响应，建设数据成果共享应用能力。

第三，深化数据治理，构建全域端到端数据资产管理，将数据作为该行的战略资产实施全生命周期管理。

随着数字化经营的探索实践和纵深推进，对该行数据能力的需求也逐渐明晰和迫切，对数据治理工作提出了新的要求，该行将数据资产管理理念融入数据治理，将数据生产要素化和数据资产化作为新要求，按照"治理范围扩展至全域化、治理方式升级至智能化、治理理念转变至服务化"的整体思路，进一步优化演进数据治理体系，创建数据资产管理机制，贴近用户需求，盘点全域数据资产，建设数据资产目录，提供多视角数据资产分析，实现数据资源向数据资产转化过程中的"可见、可懂、可用"，解决用户"找数难"问题。以面向用户服务为目标，实施数据资产的产品化管理和运营，评估数据资产价值，解决用户"用数难"问题。

第四，建立配套的有效组织架构与企业级数据文化。

该行成立了负责银行信息资源的一级数据管理部门作为数据标准的牵头部门，也在管理层成立数据治理专业委员会，负责审批该行所有关于数据管理和数据应用的重大事项，数据标准（数据规范）管理是其中的重要组成部分。

数据标准化程度在该行是被高度关注的问题，但是，数据标准化工作并不仅仅是一个业务部门、技术部门或者是数据部门就能够独立完成的工作，而是需要全员参与，全员维护，需要行内每一个成员都履行自身对于数据管控的责任。因此，为了建立良性的数据供给和应用循环，该行建立了全员参与的数据管理文化，构建由六个角色和五个管理领域组成的数据管理职责矩阵，并对数据标准化情况进行实时监测和控制。从基础的数据需求、数据标准的制定，到数据质量、数据安全和元数据的管理，都由各个部门一起参与，不但业务、数据和技术部门彼此分工合作、各司其职，执行部门和管理部门也要构成一个从制定、使用到监督、改进的完整闭环。

在上述数据标准化管理职责矩阵和管理闭环中，数据标准的规范定义、流程控制、日常监测、问题分析、问题整改、评估改进等工作环节构成了完整的工作链条，链条中的每个环节都在各个层面得到了相关部门的充分关注，数据的质量才能得到有效保证。

9.9.3　建设效果

确立数据管理部门在全行的重要地位，持续探索和建设适合自身特色的数据治理和标准化体系。该行建立了全面的数据标准化规范和应用体系，夯实了覆盖所有业务的规范统一、集成互联的数据基础，实现了企业级、全流程数据标准化管控，努力让使用者在正确的时间、正确的环境以正确的方式获得正确的数据和服务，促进商业智能的提升。

建成完整的企业级数据标准化规范体系，形成全行统一语言。该体系包括数据标准、业务术语、指标体系、业务数据模型等，形成完整的数据规范体系，准确定义了数据名称、业务含义、各类技术参数以及采集加工规则。同时，在系统开发过程中严格执行已经定义的各类数据规范，为从根本上消除"数据孤岛"、实现数据的互联整合奠定了基础。

建立从数据采集应用全流程的数据管控机制，提升数据质量。将数据作为关键生产要素和资源，开发了企业级、可视化的数据资产管理工具平台，支持对全行数据实施全生命周期的管理。在此基础上，扩展完善企业级数据仓库，集中整合全量数据，开发多维度数据统一视图。为建立统一的企业级数据提供渠道，形成了以自助查询、固定报表、即席查询、数据实验室、数据模板、决策仪表盘等多种模式支持全行各层级、各业务条线的灵活多样的用数需求。

推动数据要素与其他生产要素的深度融合，进一步释放数据资产的潜在价值。标准化的数据不仅可以将银行不同业务条线的客户、不同的产品和服务相互联系起来，还与银行外部客户、场景和生态联结起来，创造更多商机。数据也使得同一要素之间的联系更加通畅，更加紧密，更加多元。

9.10　中小银行案例——某省级商业银行数据标准与数据管控平台建设项目

9.10.1　案例背景

近年来，随着银行精细化管理的不断深化和金融监管的日趋严苛，该行日益认识到数据对于银行业务管理和应用的重要性。为贯彻落实监管要求，提高数据质量，加强数据应用，发挥数据价值，主动适应银行数字化转型发展趋势，助力银行错位经营、差异化高质量发展，该行正式成立了数据管理中心，负责全行数据治理相关工作，并相继启动了数据治理咨询项目和数据管控平台项目，逐步推动企业级数据标准化建设。

9.10.2 建设方案

该行的数据标准化建设始于新核心系统建设时期，当时梳理了客户、公共、组织、产品、渠道、账户六大主题的基础数据标准，并率先在新核心系统中落地一部分。

鉴于数据标准的建设是一个持续迭代完善的过程，为了更好地将数据标准以体系化的方式在全行应用推广，数据管理中心成立后，随即认识到数据标准化是一切数据治理工作的基础，从业务和实施两个层面进行企业级数据标准化工作的谋篇布局。

在业务层面上，通过业务咨询从全行级的视角建立健全数据标准体系，全面覆盖行内具有多部门共享性和业务重要性的关键数据项，以业务属性、技术属性和管理属性为框架进行具体标准内容的定义，并对梳理的标准数据项完成数据的业务主管部门认责，在认责过程中落实数据标准管理的组织职责和流程机制。

在实施层面上，通过平台实施承接业务咨询成果，利用技术手段将数据管理流程固化，通过持续对标、落标、问题发现、跟踪、整改、评价的全流程闭环管理，促进数据标准在行内多个系统的贯彻执行，从源头上为解决数据问题、提升数据质量保驾护航。

该行数据治理咨询项目正式启动，数据标准化作为八大核心工作任务之一，按照需求调研、标准制定、标准认责、意见征询、标准修订五个步骤开展企业级数据标准体系建设。

在咨询项目的建设过程中，同步引入实施厂商进行数据标准落地方案的交流探讨，确定数据标准管理系统功能的需求，并正式启动数据管控平台的建设，实现业务咨询与系统实施的有效衔接。

9.10.3 建设效果

经过近一年多的数据标准工作的持续推进，该行的数据标准化成效日益显现，并逐步进入常态化的运行轨道。

（1）夯实数据基础

截至目前，该行已建立基础数据标准，数据标准范围扩充至客户、产品、协议、机构、事件、地址、营销、渠道、财务、资产、公共十一大数据主题；同时建立指标数据标准，涵盖业务拓展、客户管理、风险合规管理、财务绩效管理、运营管理、重点监管指标、数据质量评估七大核心业务领域，全面夯实了覆盖所有业务的数据规范，从根本上解决了数据问题，为实现数据的互联整合奠定了基础。

（2）完善管控机制

为保障数据标准规范的落地管理和执行，更好地达成数据标准服务业务经营和管理的目的，该行遵循"业务相关性"原则，对已建立的各项基础数据标准和指标数据标准均认责到项，确认了数据的业务属主部门，并自上而下建立了完整的组织管理和工作机制，强化业务部门作为属主部门的职能定位，与数据管理中心一体化协同运作。同时，为在全行范围内推广数据标准化理念，培养数据管理人才，该行在总行核心部室设置了数据专管员，以项目实践和专题培训双管齐下的形式，加强全行数据标准的体系化管理，提高业务动能培育和落地执行能力。

（3）盘活数据资产

通过搭建符合数据标准化管理要求的数据管控平台，逐步实现全行数据资产的统一、高效管理。目前，数据管控平台一期功能点已上线，覆盖数据标准、数据质量、元数据三大领域的交互联动，并将核心、信贷、ECIF（银行客户信息）等存量系统及新建系统的元数据信息全部接入数据管控平台，通过常态化开展系统对标工作，强化数据标准落地成果，有效提升了数据资产的应用能力。

10.1　数据质量概述

有效的数据管理涉及一系列复杂的、相互关联的过程，它使组织能够利用数据来实现其战略目标。数据管理能力包括为各类应用设计合理的数据模型，安全存储和访问数据，适当地共享与使用数据，从数据中获得知识，以及保障满足业务需求的能力等。但实现数据价值的前提是数据本身是可靠和可信的，换句话说，数据应是高质量、可用的。

然而，诸多因素都在破坏这一前提。导致低质量数据产生的因素包括缺乏对低质量数据影响的理解，缺乏规划，孤岛式系统设计，不一致的开发过程，不完整的文档，缺乏标准或缺乏治理等。而很多组织都未能清楚定义该怎么做才能让数据满足质量目标。

所有数据管理的原则都应有助于提高数据质量，支持组织使用高质量数据应是数据管理的目标。数据交互过程中任何单位或个人的糟糕决策或行动，都可能导致数据质量变差，因此产生高质量数据需要跨职能的承诺和协调。组织和团队要意识到这一点，通过执行过程和项目管理，提前为高质量的数据做好准备，以应对与数据质量相关的意外或不可接受的风险。

没有一个组织拥有完美的业务流程、完美的技术流程或完美的数据管理实践，所有组织都会遇到与数据质量相关的问题。相比那些不开展数据质量管理工作的组织，实施正式数据质量管理的组织碰到的问题会更少。

正式的数据质量管理类似于其他产品领域的持续质量管理，包括在整个生命周期制定标准与规则，在数据创建、转换和存储过程中执行标准与规则并完善质量，以及根据标准度量来管理数据。将数据管理到这样的水平通常需要建立专业的数据质量团队（data quality team）。数据质量团队负责与业务和技术数据管理专业人员协作，并推动将质量管理应用于数据日常工作，以确保数据适用于各种需求。该团队可参与一系列项目，通过这些项目建立配套的数据质量管理流程和最佳实践，同时解决高优先级的数据质量问题。

由于管理数据质量涉及数据生命周期管理，因此数据质量团队还将承担与数据生命周期关键环节的运维责任。例如报告数据质量水平，参与数据问题的分析、问题的量化和优先级排序等。该团队还负责与数据消费者合作，以确保数据满足他们的需求，并与在工作过程中创建、更新或删除数据的业务人员合作，以确保他们正确地处理数据。数据质量取决于所有与数据交互的人员，而不仅仅是数据管理专业人员。

与数据治理一样，数据质量管理不仅是一个项目，而且是一项持续性工作。它包括专题项目和日常维护工作，以及组织范围的沟通和培训。最重要的是，数据质量改进获得长期成功取决于组织文化的改变及质量观念的建立。正如《领导者数据宣言》（*The Leader's Data Manifesto*）一书中所述，持续性的根本变革需要组织内各级人员的坚定领导和参与。使用数据完成工作的人员需要去推动变革，而最关键的变革之一是关注他们的组织如何管理和提高数据质量。数据质量语境关系如图 10-1 所示。

数据质量

定义：为确保满足数据消费者的需求，应用数据管理技术进行规划、实施和控制等管理活动

目标：
- 据数据使用者的需求，开发一种让数据符合用途的管理方法
- 作为数据生命周期的一部分，定义数据质量控制的标准、要求和规范
- 定义和实施测量、监控和报告数据质量水平的过程
- 通过过程和系统的改进，识别和提倡提高数据质量的机会

业务驱动因素

输入：	活动：	交付成果：
• 数据政策和标准	1. 数据质量基准制定	• 数据质量战略和框架
• 数据质量期望	2. 数据质量管理对象选定	• 数据质量规划组织
• 业务需求	(1) 选定步骤	• 数据概况分析
• 业务规则	(2) 剖析	• 基于问题根本原因分析
• 数据需求	3. 业务规则抽取	的建立
• 业务元数据	(1)业务规则导出	• 数据质量管理规程
• 技术元数据	(2)对象选定	• 数据质量报告
• 数据源和数据存储	4. 数据质量确诊	• 数据质量治理报告
• 数据血缘	5. 数据质量改善/清洗	• 数据质量服务等级协议
		• 数据政策和指南

供给者：	参与者：	供给者：
• 业务管理人员	• 首席数据官	• 业务数据消费者
• 业务领域专家	• 数据质量分析师	• 数据管理专员
• 数据架构师	• 数据管理专员	• 数据管理专业人员
• 数据建模师	• 数据所有者	• IT专业人员
• 数据专家	• 数据分析师	• 知识工作者
• 数据管理专员	• 数据管理专业人员	• 数据治理组织
• 业务流程分析师	• 数据库管理员	• 合作组织
	• 数据质量经理	
	• IT操作员	
	• 数据集成架构师	
	• 合规团队	

技术驱动因素

方法：	工具：	度量指标：
• 多个子集交叉抽查	• 数据剖析和查询工具	• 和治理一致性指标
• 标记和注释数据问题	• 数据质量规则模板	• 数据质量测量结果
• 根本原因分析	• 质量检查和审计代码模块	• 数据质量趋势
• 统计过程控制	• 无数据存储库	• 数据问题管理指标

图 10-1　数据质量语境关系

10.1.1　目标

数据质量管理专注于以下目标：根据数据消费者的需求，开发一种让数据符合使用用途的管理方法；作为数据生命周期的一部分，定义数据质量控制的标准、要求和规范；定义和实施测量、监控和报告数据质量水平的过程；根据数据消费者的要求，通过改变流程和系统以及参与可显著改善数据质量的活动，识别提高数据质量的机会。

10.1.2　基本概念

（1）数据质量概念

"数据质量"一词既指高质量数据的相关特征，也指用于衡量或改进数据质量的过程。这一双重含义可能会令人困惑，因此将它们区分开有助于理解什么是高质量的数据。

数据质量达到数据消费者的期望和需求，如果数据满足数据消费者应用需求的目的就是高质量的；反之，如果数据不满足数据消费者应用需求的目的，就是低质量的。因此，数据质量取决于使用数据的场景和数据消费的需求。

数据质量管理的挑战之一是与质量相关的期望并不总是已知的。通常，客户可能不清楚自身的质量期望，数据管理人员也不会询问这些需求。然而，如果数据是可靠和可信的，那么数据管理人员需要更好地了解客户的质量要求，以及如何衡量数据质量。随着业务需求和外力的发展，需求会随着时间的推移而变化，因此需要进行持续的讨论。

（2）数据质量维度

数据质量维度是数据的某个可测量的特性。术语"维度"可以类比于测量物理对象的维度（如长度、宽度、高度等）。数据质量维度提供了定义数据质量要求的一组词汇，通过这些维度定义可以评估初始数据质量和持续改进的成效。为了衡量数据质量，组织需要针对重要业务流程（值得测量的）和可以测量的参数建立特征。维度是衡量规则的基础，其本身应该与关键流程中的潜在风险直接相关。

例如，如果"客户电子邮件地址"字段的数据不完整，将无法通过电子邮件向这些客户发送产品信息，这就失去了潜在的销售机会。因此，应衡量可用电子邮件地址的客户的百分比，并改进流程，直到至少有98%的客户电子邮件地址可用。

数据质量领域的很多杰出学者已经发布了一系列质量维度。这里介绍三个最具影响力的人物，他们深入研究了如何获得高质量数据，以及如何测量数据质量。

Strong-Wang框架（1996）侧重于数据消费者对数据的看法，描述了数据质量的4个大类及15个指标。

1）内在数据质量

①准确性。

②客观性。

③可信度。

④信誉度。

2）场景数据质量

①增值性。

②关联性。

③及时性。

④完整性。

⑤适量性。

3）表达数据质量

①可解释性。

②易理解性。

③表达一致性。

④简洁性。

4）访问数据质量

①可访问性。

②访问安全性。

托马斯·雷德曼（Thomas Redman）在《信息时代的数据质量》（*Data Quality for the Information Age*）一书中，制定了一套基于数据结构的数据质量维度。雷德曼将一个数据项定义为"可表示的三元组"：一个实体属性域与值的集合。维度可以与数据的任何组成部分相关联：模型（实体和属性）及其值。雷德曼还定义了一类用于记录数据项规则的表达维度。在这三大类别（数据模型、数据值、数据表达）中，他一共描述了 20 多个维度。

1）数据模型

①内容。

a. 数据关联性。

b. 获取价值的能力。

c. 定义清晰性。

②详细程度。

特征描述颗粒度。

2）属性域的精准度

①构成。

a. 自然性。每个属性在现实世界中应该有一个简单的对应物，且每个属性都应承载一个关于实体的单一事实。

b. 可识别性。每个实体都应能与其他实体区分开来。

c. 同一性。

d. 最小必要冗余性。

②一致性。

a. 模型各组成部分的语义一致性。

b. 跨实体类型属性的结构一致性。

③应变性。

a. 健壮性。

b. 灵活性。

④数据值。

a. 准确性。

b. 完备性。

c. 时效性。

d. 一致性。

⑤数据表达性。

a. 适当性。

b. 可解释性。

c. 可移植性。

d. 格式精确性。

e. 格式灵活性。

f. 表达空值的能力。

g. 有效利用存储。

h. 数据的物理实例与其格式一致。

雷德曼认识到，实体、价值和表达的一致性可以通过约束来理解，不同类型的一致性受不同类型的约束。

拉里·英格利希（Larry English）在《改进数据仓库和商业信息质量》（*Improving Data Warehouse and Business Information Quality*）一书中提出了一套综合指标，分为两大类别：固有特征和实用特征。固有特征与数据使用无关。实用特征是动态的，与数据表达相关，其质量价值根据数据的用途而不同。

1）固有质量特征

①定义的一致性。

②值域的完备性。

③有效性或业务规则一致性。

④数据源的准确性。

⑤反映现实的准确性。

⑥精确性。

⑦非冗余性。

⑧冗余或分布数据的等效性。

⑨冗余或分布数据的并发性。

2）实用质量特征

①可访问性。

②及时性。

③语境清晰性。

④可用性。

⑤多源数据的可整合性。

⑥适当性或事实完整性。

表 10-1 列示了一组有着普遍一致性的数据质量维度定义，并描述了测量它们的方法。

表 10-1　常见的数据质量维度

质量维度	描述
准确性 （Accuracy）	准确性是指数据正确表示"真实"实体的程度。准确是很难描述的，除非组织能够复制数据或手动确认记录的准确性。大多数准确性的测量依赖与已验证为准确的数据源的比较，如来自可靠数据源的记录或系统
完备性 （Completeness）	完备性是指是否存在所有必要的数据。完备性可以在数据集、记录或列级别进行测量。数据集是否包含所有列记录？记录是否正确填写？（不同状态的记录可能对完备性有不同的期望）是否将列／属性填充到预期的级别？（有些列是强制性的，可选列仅在特定条件下填充）将完备性规则分配给具有不同约束级别的数据集，需要值的强制属性、具有条件值和可选值的数据元素，以及不适用的属性值。数据集级别的测量可能需要与记录源进行比较，也可能基于该数据集的历史水平
一致性 （Consistency）	一致性可以指确保数据值在数据集内和数据集之间表达的相符程度。它也可以表示系统之间或不同时间的数据集大小和组成的一致程度。一致性可以在同一记录中的一组属性值和另一组属性值（记录级一致性）或不同记录内的一组属性值和另一组属性集（跨记录一致性）之间定义，也可以在不同记录中的同一组属性值之间或在同一记录不同时间点（时间一致性）的一组属性值之间定义。一致性也可以用来表示格式的一致性。注意，不要混淆一致性与准确性或正确性。 期望在数据集内和数据之间保持一致的特性可以作为标准化数据的基础。数据标准化是指对输入数据的调整，以确保数据符合内容和形式的规范。标准化数据可以实现更有效的匹配，并促进一致的输出。将一致性约束封装为一组规则，这些规则指定属性值之间、记录或消息之间或单个属性的所有值（如有效值的范围或列表）之间的一致关系。例如，人们可能期望每天的事务数不超过前 30 天平均事务数的 105%

质量维度	描述
完整性 （Integrity）	完整性包括完备性、准确性和一致性相关的想法。在数据中，完整性通常指的是引用完整性（通过两个对象中包含的引用键实现数据对象之间的一致性）或数据集内部的一致性，这样就不至于缺失或不完整。没有完整性的数据集被看作已损坏或数据丢失。没有引用完整性的数据集被称为"孤儿"，具有无效的引用键或记录"重复"，即可能对聚合函数产生负面影响的重复为。"孤儿"记录的级别可以通过原始数据或数据集的百分比来衡量
合理性 （Reasonability）	合理性是指数据模式符合预期的程度。例如，基于对该区域顾客的了解，以及考虑在该地区的销售分布是否有意义，合理性的衡量可以采取不同的形式。例如，合理性可能基于对基准数据的比较，或过去相似数据集的实例（如上一季度的销售）。有些关于合理性的观点可能被认为太主观。如果是这样，请与数据消费者一同阐明他们对数据的期望，以制定客观的比较基准。一旦建立了合理的基准度量，就可以使用这些度量客观地比较相同数据集的新实例，以便发现变化
及时性 （Timeliness）	及时性的概念与数据的几个特性有关。需要根据预期的波动性来理解及时性度量——数据可能发生变化的频率以及原因。数据的时效性是衡量数据值是否为最新版本信息的指标。相对静态的数据，如国家代码等参考数据值，可能在很长时间内保持最新。易变数据在短时间内保持最新。某些数据（如金融网页上的股票价格）通常会随时间显示，以便数据消费者了解数据记录后发生变化的风险。白天，当市场开放时，这些数据将频繁更新；一旦市场关闭，数据将保持不变，因为市场没有新的交易成交，它们仍然是最新的数据。延迟性度量数据从创建到可用之间的时间。例如，对于前一天输入系统的数据，隔夜批处理可以在上午8点提供，有一天的延迟，但对于批处理期间生成的数据，只有一小时的延迟
唯一性 （Uniqueness）	唯一性是指数据集内任何实体不会重复出现。数据集内的实体唯一性，意味着键值与数据集内特定的唯一实体相关。唯一性可以通过对关键结构进行测量来度量
有效性 （Validity）	有效性是指数据值与定义的值域一致。值可以被定义为参考表中的一组有效值或一个有效的范围，或者能够通过规则确定的值。在定义值域时，必须考虑期望值的数据类型、格式和精度。数据也可能只在特定时间内有效，如从射频识别（RFID）或某些科学数据集中生成的数据。数据可能是符合值域要求的有效值，但与特定记录的关联却是不准确或不正确的

（3）数据质量业务规则类型

业务规则描述业务应该如何在内部运行，以便成功地与外部世界保持一致。数据质量业务规则描述了组织内有用数据和可用数据的存在形式。这些规则需要符合质量维度要求，并用于描述数据质量要求。例如，所有省份/直辖市代码字段必须符合省份或直辖市缩写的业务规则，数据输入可以通过选取列表和数据集成查找强制执行。之后，测量有效或无效记录的数量。

1）简单常见的业务规则类型

业务规则通常在软件中实现，或者使用文档模板输入数据。一些简单常见的业务规则类型有：

①定义一致性。确认对数据定义的理解相同，并在整个组织过程中得到实现和正确使用；确认包括对计算字段内任意时间或包含局部约束的算法协议，以及汇总和状态相互依赖规则。

②数值存在和记录完备性。定义数值缺失的情况是否可接受的规则。

③格式符合性。按指定模式分配给数据元素的值，如设置电话号码格式的标准。

④值域匹配性。指定数据元素的赋值须包含在某数据值域的枚举值中，如省份/直辖市字段的合理取值为 2 个字符的邮政编码。

⑤范围一致性。数据元素赋值必须在定义的数字、词典或时间范围内，如数字范围大于 0 且小于 100。

⑥映射一致性。表示分配给数据元素的值，必须对应映射到其他等效对应值域中选择的值。这个省份/直辖市数据域再次提供了一个很好的例子，省份/直辖市的值可以用不同的域表示，并且这些类型的规则验证"BJ"和"11"都映射到"北京"。

⑦一致性规则。指根据这些属性的实际值，在两个（或多个）属性之间关系的条件判定。例如，通过对应特定省份/直辖市的邮政编码进行地址验证。

⑧准确性验证。将数据值与记录系统或其他验证来源（如从供应商处购买的营销数据）中的相应值进行比较，以验证值是否匹配。

⑨唯一性验证。指定哪些实体必须具有唯一表达，以及每个表达的真实世界对象有且仅有一个记录的规则。

⑩及时性验证。表明与数据可访问性和可用性预期相关特征的规则。

2）其他规则类型

其他规则类型可能涉及应用于数据实例集合的聚合函数。聚合检查的示例包括：

①验证文件中记录数量的合理性。这需要基于一段时间内的统计量，以得到趋势信息。

②验证从一组交易中计算出的平均金额的合理性。这需要建立比较阈值，并基于一段时间内的统计数据。

③验证指定时间段内交易数量的预期差异。这需要基于一段时间内的统计数据，并通过它们来建立阈值。

（4）数据质量指标

数据质量指标（data quality index，DQI）是作为评价数据质量的基准，是指为了保证数据的准确性必须持续不断地进行管理的测定基准。常见的数据质量指标如表 10-2 所示。而且，通过数据质量指标也可以设定质量基准指标，再利用质量基准指标选出业务规则。

表 10-2　常见的数据质量指标

质量基准	详细基准	质量基准说明
完备性	个别完备性	属性为必填的字段不能有空值。
	条件完备性	根据具体条件，字段的值必须总是存在。
有效性	范围有效性	字段的取值必须在给定的范围之内。
	日期有效性	如果字段的取值属于日期类型，必须是有效的日期值。
	格式有效性	字段只取与给定的格式一致的值。
准确性	先后关系准确性	如果多个字段的值之间存在先后关系，应该遵守该规则。
	计算 / 统计准确性	当字段值等于多个字段值的计算结果值时，计算值应该准确无误。
	最新性	需要维持信息的产生、收集及更新的周期。
	业务规则准确性	当字段之间存在复杂的业务关系时，相关业务规则必须保持一致。
唯一性	单独唯一性	字段的值必须是唯一的值。
	条件唯一性	根据业务条件，字段的值必须是唯一的。
一致性	基准编码一致性	将统一编码作为基准编码使用时，需要保持其参照完整性。
	参照完备性	表之间的字段值存在相互参照关系时需要保持其完备性。
	数据流程一致性	通过生成或加工数据，数据被移动时所有相关的数据必须保持一致。
	字段一致性	为了管理目的重复创建字段的时候，每个具有相同含义的字段值应该保持一致。

（5）数据质量管理重要对象

数据质量管理重要对象（critical to quality，CTQ）是指对客户、流程及市场环境等企业经营活动起重要作用的数据。在表的字段中，CTQ 虽然最终以数据的形式存在，但是选定对象信息时应该从企业角度全面考虑之后选定各业务方面的信息项目，不应只局限于某一个特定业务。

（6）数据剖析

数据剖析（data profiling）是一种用于检查数据和评估质量的数据分析形式。数据剖析使用统计技术来发现数据集合的真实结构。内容和质量剖析引擎生成统计信息，分析人员可以使用这些统计信息识别数据内容和结构中的模式。

1）空值数

标识空值存在，并检查是否允许空值。

2）最大 / 最小值

识别异常值，如负值。

3）最大 / 最小长度

确定具有特定长度要求的字段的异常值或无效值。

4）单个列值的频率分布

能够评估合理性（如交易的国家代码分布、频繁或不经常发生的值的检查，以及用默认值填充的记录百分比）。

5）数据类型格式

识别不符合格式要求的水平，以及意外格式识别（如小数位数、嵌入空格、样本值）。

剖析还包括跨列分析，它可以识别重叠或重复的列，并暴露值的内在依赖关系。表间分析探索重叠的值集，并帮助识别外键关系。大多数数据分析工具允许深入分析数据，以做进一步调查。

分析人员必须评估剖析引擎的结果，以确定数据是否符合规则和其他要求。一个好的分析人员可以使用分析结果确认已知的关系，并发现数据集内和数据集之间隐藏的特征和模式，包括业务规则和有效性约束。剖析通常被作为项目中数据发现的一部分（尤其是数据集成项目），或者用于评估改进的数据的当前状态。数据剖析结果可用来识别那些可以提升数据和元数据质量的机会。

虽然剖析是理解数据的有效方法，但只是提高数据质量的第一步，它使组织能够识别潜在的问题。解决问题还需要其他形式的分析，包括业务流程分析、数据血缘分析和更深入的数据分析，这些分析有助于找出问题的根本原因。

10.2　活动

10.2.1　数据质量基准制定

数据质量基准制定主要包括数据质量指标和数据质量管理重要对象的选定。

（1）DQI 选定流程

根据数据质量管理对象基准和 CTQ 选定的对象，确定 DQI，并对每个 DQI 制定西格玛水准的评价及目标，并实施质量评价，如图 10-2 所示。

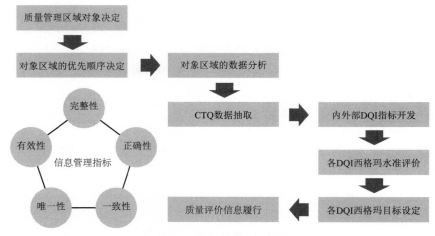

图 10-2　数据质量管理指标的选定流程

（2）CTQ 选定流程

CTQ 的选定从系统运营观点上看，是指识别重要的 CTQ 数据，定义这些数据的生成、变更、删除、搜索等的业务流程及相关系统，用选定的对象评价决策基准、运营流程的使用度、对所有数据质量的影响度，并对选定的对象添加测定的周期、优先顺序及加权值后进行管理。通过与业务人员的沟通，了解数据质量的问题点，从主数据抽取 CTQ 候补信息，分析数据问题点、业务影响度、优先顺序、主数据、重复度，确定并验证质量评价对象，如图 10-3 所示。

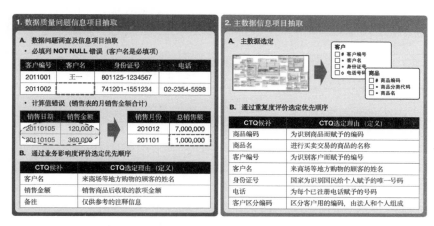

图 10-3　数据质量重要管理对象的选定流程

10.2.2　剖析

剖析是以数据值为中心，为了确保数据质量而进行的先行工作，通过分析数据值的状态找出错误数据，以便以后对其进行改善。剖析包括环境设置、数据对象选定及剖析、结果分析等三个内容，如图 10-4 所示。

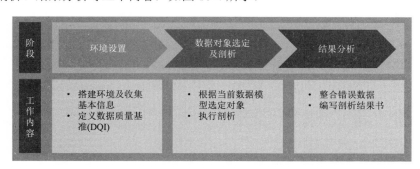

图 10-4　剖析步骤

以当前数据模型为基准，选定剖析对象，根据数据质量基准对运营系统的数值进行剖析。然后，分析剖析结果的错误类型，为以后确保数据质量提供基础资料如表 10-3 所示。最后，整合错误数据情况并制定剖析结果书。

表 10-3　分析内容

分析类型	说明	结果
类型分析	分析数据值是否具有一定的长度和格式	类型字符串选出及确认 （CCCNNNNNN, NNNNNN） ※ C：Alphabetic, 　　N：Numeric, 　　X：其他特殊文字
日期分析	当数据值为日期或时间的时候，分析是否非正常的日期或时间值	日期格式选出及确认 （YYYYMMDD, HH24MISS）
编码分析	当使用系统的共通编码表的编码值的时候，分析是否使用编码值之外的值	抽取共同编码区分值及确认参照编码值
有效值分析	了解数据值的有效值，分析是否使用有效范围以外的值	有效值抽出及确认

10.2.3　业务规则抽取

业务规则（business rule，BR）是企业为管理数据质量而制定的业务规则，对业务规则中定义的数据项目，从管理层到工作人员都要对其内容有统一的认识。

业务规则主要应用于拥有固定格式的数据及拥有非固定格式的数据，是组织为了达到预定质量目标而限定的制约条件、定义和技术。业务规则主要用于说明数据的业务逻辑。

业务规则抽取是先对某一特定表内单一项目的多个记录值定义相应的基准，然后再逐渐扩展到多个项目和表。如图 10-5 所示。

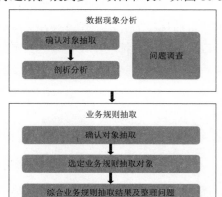

图 10-5　业务规则抽取步骤

业务规则与需要持续维护并管理的数据有紧密的关联，因此为了得到高质量的数据，需要持续、有效地对其进行管理。业务规则对象的选定步骤如图 10-6 所示。

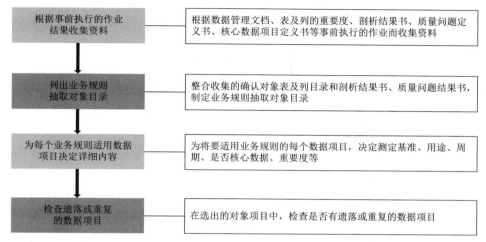

图 10-6　业务规则对象的选定步骤

通过事先准备好的业务规则选出对象项目与相应的质量基准和重要度以及核心信息项目，并对照映射，制定业务规则定义书。为持续管理数据的质量，业务规则必须具有一致性和固定的格式，业务规则要具备的内容如图 10-7 所示。

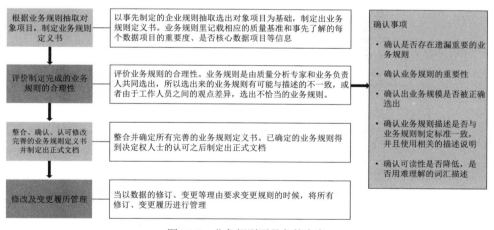

图 10-7　业务规则要具备的内容

10.2.4　数据质量闭环解决方案

数据质量是财务数据治理众多功能领域中最容易和最快速能够体现治理效果和价值的功能领域，但效果和价值的体现必须要基于数据质量闭环解决方案开展工作，确保问题数据通过问题解决流程从源头彻底解决。

数据质量闭环解决方案包括五个步骤，如图 10-8 所示。第一步，数据质量情况探查，需要基于数据质量范围确定原则和提升对象，并发起质量问题；第二步，分析，需要最终确认业务规则，并通过质量剖析工具对已确定的数据范围进行剖析，以便完善和增加规则；第三步，制定解决方案，针对已确定的规则制定解决方案，并执行规则和分发问题数据至业务部门或分支机构；第四步，执行解决方案，通过人工和智能化技术对分发收到的问题数据进行完善和修改；第五步，问题验证和关闭，再次执行规则，验证已修复的数据是否符合规则要求，对于不再出现的数据问题进行关闭。

数据质量闭环解决方案执行内容如表10-4所示。

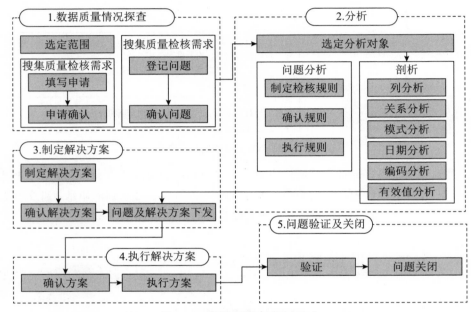

图 10-8　数据质量闭环解决方案

表 10-4　数据质量闭环解决方案执行内容

流程	作业内容
数据质量情况探查	• 选定范围，搜集质量需求，规范需求申请 • 产出物：数据质量检核需求申请表，数据质量问题登记模板
分析	• 进行技术性剖析以及通过血缘溯源技术定位问题 • 根据探查产出物进行问题分析、归类，制定检核规则，并与业务方确认
制定解决方案	• 根据分析结果，制定解决方案，并与业务方等进行方案确认 • 产出物：针对同类问题或需求的解决方案知识库 • 将检核的错误数据及解决方案同时下发
执行解决方案	• 确认和执行方质量改善方案 • 利用智能推荐技术改善数据、补录数据
问题验证及关闭	• 重新验证问题是否解决 • 验证确认解决后，关闭问题

10.3 工具

企业应在数据质量项目的规划阶段明确工具架构并选择相应的工具。工具可以提供部分的数据质量规则集，但是仍须在工具中创建适合自身实际情况的规则。

10.3.1 数据剖析工具

数据剖析工具生成高级别的统计信息，分析人员能够据此识别数据中的模式并对质量特征进行初始评估。一些工具可以用来执行持续的数据监控。剖析工具对于数据发现工作特别重要，通过它能够实现大型数据集的评估。剖析工具随着数据可视化能力的提高而增强，有助于发现的进程。

10.3.2 数据查询工具

数据查询是数据剖析的第一步，它有助于识别潜在的问题。数据质量团队成员需要更深入地查询数据，以回答分析结果提出的问题，并找到能够深入了解数据问题根源的模式。例如，通过查询来发现和量化数据质量，如唯一性和完整性。

10.3.3 数据质量规则模板工具

规则模板给予分析人员机会，以了解客户对数据的期望，还有助于弥合业务团队和技术团队之间的交流鸿沟。持续制定一致性的规则可以简化将业务需求转化为代码的过程，无论该代码是嵌入在规则引擎中，还是数据分析工具的剖析组件或者数据集成工具中。一个模板可以有几个组成部分，每个部分对应一种业务规则。

10.3.4 质量检查和审计代码模块

创建可共享、可链接和可重用的代码模块，开发人员可以从存储库中拿到它们，重复执行数据质量检查和审计过程。如果模块需要更改，那么链接到该模块的所有代码都将得到更新。

10.3.5 元数据存储库

定义数据质量需要元数据，而高质量数据的定义是元数据的一种价值呈现方式。数据质量团队应与管理元数据团队密切合作，以确保数据质量要求、规则、测量结果和问题文档可供数据消费者使用。

10.4 实施方案

10.4.1 成立数据质量负责组织

企业应成立负责提升数据质量的组织，委任组织领导班子及具体负责人。建议组长由高层领导担任，以便为动员下属机构和人员开展数据质量提升工作提供有力保障。

10.4.2　确定数据范围

为了确保实施方案取得预期效果，需要基于明确的范围确定原则，并确定待提升的数据范围。针对质量待提升的数据范围较大，无法在有限的时间内完成对所有存在质量问题的数据项进行治理的情况，则确定明确的工作范围和合理目标是实施方案能够成功的前提。

基于如下两个方面的原则确定待提升质量的数据范围。

（1）系统和数据重要性原则

基于企业现有系统优先级分类，优先选择级别较高的 A 类或 B 类系统。如此类系统数量较多，则按照重要程度从中选择部分系统。因 A 类或 B 类系统中涉及的数据项比较多，无法对其进行全部治理，也需要基于重要性从中选择部分表和字段。

（2）数据应用重要性原则

基于企业自身现有数据应用的重要程度，或者问题解决的紧急程度、问题的严重程度等原则，选择部分数据应用系统，以此为基准，向后追溯各层所涉及的系统、表、字段，并以此为对象开展数据质量提升工作。以银行为例，可将监管报送系统作为基准，以其所涉及的集市层数据项、操作数据存储层数据项、业务系统层数据项为对象进行质量提升。

10.4.3　梳理已确定数据范围的数据字典

基于如上两项原则确定的数据范围所对应的数据库中的数据字典是数据质量提升的重要前提，必须对其进行全面、准确的梳理，获得高质量且与生产环境一致的数据字典。

开展梳理数据字典工作的具体实施方法如下。

● 数据标准服务项目所形成的数据字典成果，在时间和质量上如果能够满足数据质量实施方案的需要，则数据标准服务项目工作计划和优先级无须调整；如无法满足，则需要对数据标准服务项目工作计划和优先级进行适当调整。

● 提前确认职责并能推动数据字典梳理工作的权力部门，因为本项工作的计划能否按期执行，质量是否达标，对该部门依赖较大，为了保证本项工作的顺利开展，需要协调此部门并给予其积极支持。

● 数据字典基准版本梳理完成后，后继系统会持续变化，为了保持对数据字典的持续管控，需要建立线上线下的长效管控机制，及时掌握因数据字典变更对质量行动的影响，以便及时调整工作内容。

10.4.4　定义数据质量检核规则，编写和执行规则程序

数据字典梳理完成后，在此基础上，从业务和技术视角出发，针对已确定数据

项制定质量检核规则，以便基于规则发现存在质量问题的数据。

开展数据质量规则定义、编写和执行工作的具体实施方法如下。

- 为了快速开展本项工作，首先采集已有规则，或监管已发规则，采集来源包括三个方面：第一，自身已有规则或监管机构下发规则；第二，向科技部相应系统负责人采集；第三，同业实践积累规则。
- 将采集到的规则进行整合，并与已确定的数据字典进行匹配，匹配不成功的数据项，则需要另行定义对应的规则。
- 业务及科技部相关人员确认规则的合理性，并对存在质疑的规则进行完善及修订。
- 基于自动模板配置和手工编写程序的方式，分批、分阶段地将规则转换为程序。
- 按照优先级和系统资源情况，编制规则执行任务，并输出错误数据。
- 本项工作涉及内容较多，工作量大，需要配备相应的专职人员。人力资源的能力及投入时间是本项工作成败的关键。同时为了工作的顺利开展，需要业务人员及科技部相关人员参与和配合，建议通过有效方式，调动相关人员的积极性。

10.4.5 按归属机构分发问题数据

针对基于规则发现的存在质量问题的数据，通过自动或者手动方式，将其分发至相应的机构用户，以供相关机构责任人查询、补录、完善问题数据。

开展数据基于归属机构分发数据工作的具体实施方法如下。

- 定义数据分发基准，数据分发基准通常基于 OA 系统中的组织结构数据，需要根据自身实际情况，定义问题数据基于何种基准进行分发。
- 获取分发基准数据，并导入或者对接数据管控平台，验证问题数据分发的准确性。
- 制定分发机制，明确分发频次和周期。

10.4.6 准备数据补录机制

各机构获得问题数据后，按照要求进行补录或者完善时，需要使用统一的工具，遵守统一的流程和操作手册开展数据补录工作。

开展准备数据补录机制工作的具体实施方法如下。

- 确认是否有可供使用且满足要求的数据补录工具，如没有，则需要考虑构建方案。
- 设计数据补录流程。因本次专项行动涉及的机构较多，人员素质参差不齐，建议尽量简化数据补录流程，便于各机构工作人员使用。
- 编写数据补录操作手册。操作手册是各机构工作人员的工作指南，内容要详尽且易懂。

10.4.7 制定提升效果统计及考核机制

为了保证数据质量实施方案取得预期效果，除了技术层面需要开展一系列工作外，还应开展配套的效果评价和考核工作。

开展制定提升效果统计及考核机制工作的具体实施方法如下。

（1）定义统计指标，统计指标设计不宜复杂，数量不宜过多，只要能够体现各机构的工作效果和进度即可。建议设计如下三个统计指标。

- 数据项数量。以月为单位，统计各机构完成的数据项数量，数据项中的问题记录数必须全部解决，方可视为完成，否则视为未完成。
- 记录数量。以月为单位，统计各机构已完成数据项和未完成数据项中已被解决的总记录数；只要解决并满足要求的记录数，全部被视为已解决。
- 任务及时完成率。以月为单位，统计各机构已解决数据项和记录数在分发收到的数据项和记录数中的比例，以便了解各机构任务完成情况。

（2）发布月度排名公告，以月为单位，将如上三个指标统计的结果按照从好到差进行排名，并将月度排名结果以合适的方式公告至合适的位置，实现对优秀机构进行鼓励和对较差机构进行敦促的效果。

（3）制定奖惩制度。为了充分调动各机构的积极性，须制定合理的奖惩制度。具体奖励和惩罚方式，须小组领导班子根据实际情况进行设定。

（4）制定分享机制。以月为单位，开展线上或线下动员和学习活动。每次活动中，从前十名、后十名或主动愿意分享的人员中选择几名进行分享。通过该方式，调动大家的积极性，培养大家的参与感，同时也有助于进行经验的相互交流，对顺利开展数据质量提升专项行动具有积极意义。

10.4.8 准备官宣材料及培训材料，开展宣贯及培训活动

准备实施方案官宣材料，准备操作层级培训材料；筹备实施方案动员大会，宣贯专项行动精神、工作方式、考核机制；建立答疑和持续指导机制，例如建立微信群，提供咨询电话等。

动员大会上，数据质量实施方案领导班子要参与并发言，各工作小组负责人要对各机构具体工作负责人开展相关操作的培训。

10.4.9 监督执行及解决问题

为了保证各项工作按照部署要求严格执行，需要建立相应的监管机制，以敦促各小组，及各机构能够认真执行。例如建立定期汇报机制、风险预判机制、抽查机制等。建立过程中问题汇总、探讨、反馈机制，以便及时了解和解决过程中遇到的问题。

10.4.10　工作总结，建立数据质量提升长效机制

统计数据质量实施活动的成果，总结成功经验，吸取教训，按照设定的奖惩制度，奖励优秀机构和个人。

数据质量提升是一个持续的过程，需要持续开展相应的工作，对未涉及的数据质量问题以及后续新增的数据质量问题进行持续提升，建立长效机制，为实现全面的、可持续发展的数据质量提升目标提供保障，为挖掘数据资产价值，实现数字化转型奠定坚实基础。

第 11 章
参考数据与主数据

11.1 参考数据与主数据概述

11.1.1 背景

在组织或企业中，通常存在一些跨业务领域、跨流程以及跨系统使用的数据。如何使这些数据实现共享，保证这些数据的一致性和准确性，深层次挖掘数据本身的业务价值，发挥数据的资产属性，是主数据和参考数据这一领域所要研究的课题。在大多数组织中，系统业务的快速变化和发展致使各类项目相继建设，导致很多套承接不同业务功能的系统存在。这些系统之间由于快速上线或技术所限，没有形成有效的数据共享机制，数据相互隔离，产生"数据孤岛"，从而增加了用数的成本，给组织的经营和发展带来了风险。因此，组织可通过管理主数据和参考数据来降低风险，一定程度上解决"数据孤岛"的问题，如图 11-1 所示。

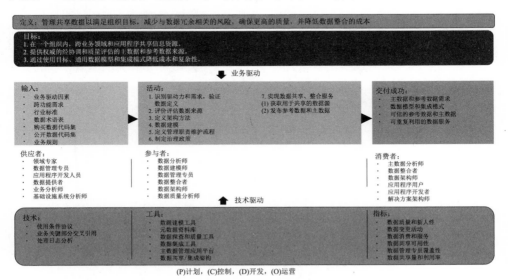

图 11-1　主数据与参考数据语境关系图

11.1.2　驱动因素

（1）主数据管理的驱动因素

启动主数据管理最常见的驱动因素如下。

- 满足企业用数需求。企业中的多个业务条线需要访问相同的数据集，并且需要保证这些数据集是完整的、最新的、一致的，甚至准确的。主数据就是由这些数据集构成，主数据管理是实现这一目标的基础。
- 管理和提高数据质量。数据的不一致、不准确等质量问题，致使风控等预测性模型分析结果不准确，导致决策失误或丧失市场上的相关机会。主数据管理通过一些管理活动，如使用统一的标识来定义对组织至关重要的实体和属性，制定实体和属性所要遵循的相关规则来降低这些风险。
- 管理数据集成的成本。在没有主数据的情况下，源源不断的新业务使得将新数据源集成到一个已经很复杂的环境中成本更高。通过主数据管理，可根据对关键实体和属性的定义和识别来降低数据集成的成本。
- 降低风险。主数据简化了数据共享架构，使用标准、成熟、通用的数据模型和集成模式，从而降低了与复杂环境集成所产生的成本和风险。

（2）参考数据管理的驱动因素

参考数据管理的驱动因素和主数据管理类似，集中管理参考数据，可使企业得到如下收益。

其一，通过使用一致的参考数据，满足多个项目的数据需求，降低数据整合的风险和成本，保证多个项目数据使用的一致性，避免后续数据加工和应用过程中因不一致导致的问题。

其二，提升参考数据的质量。

11.1.3　目标与指导原则

（1）参考数据和主数据管理的目标

- 确保组织在各个流程中都拥有完整、一致、最新且权威的参考数据和主数据。
- 促使企业在各业务单元和各应用系统之间共享参考数据和主数据。
- 采用标准的、通用的数据模型和整合模式，以降低数据使用和数据整合的成本及复杂性。

（2）参考数据和主数据管理应遵循的指导原则

- 共享数据。为了能在企业中实现参考数据和主数据共享，必须把这些数据管理起来。
- 所有权。参考数据和主数据的所有权属于整个组织，而不属于某个应用系统或部门。广泛共享，需要全局的组织管理。
- 质量。参考数据和主数据需要持续的数据质量监控和治理。

● 管理职责。业务数据管理专员要负责控制和保证参考数据的质量。

● 控制变更。在特定的时间点上，主数据值应该代表组织对最准确和最新内容的最佳理解。改变数据值的匹配规则，应该在有关监督下谨慎地运用。任何合并或拆分参考数据和主数据的操作都应该是可追溯的。对参考数据的更改应该遵循一个明确的流程，即在实施变更之前应该进行沟通并得到批准。

● 权限。主数据值应仅从主数据系统中复制。为了实现跨部门的主数据共享，可能需要建立一个参考数据管理系统。

11.1.4　参考数据与主数据的区别

不同类型的数据在企业中扮演不同的角色，也有不同的管理要求，经常会在交易数据和主数据、主数据和参考数据之间进行区分。奇泽姆（Chisholm）提出了一种六层的数据分类法，包括元数据、参考数据、企业结构数据、交易结构数据、交易活动数据和交易审计数据。在这种分类法中，他将主数据定义为参考数据、企业结构数据和交易结构数据的聚合。

● 参考数据。例如，代码表和描述表，仅用于描述组织中的其他数据，或者仅用于将数据库中的数据与组织之外的信息联系起来。

● 企业结构数据。例如，会计科目表，能够按业务职责描述业务活动。

● 交易结构数据。例如，客户标识符，描述了交易过程中必须出现的一些要素（产品、客户、供应商等）。

奇泽姆的定义区分了主数据和用来记录交易细节的交易活动数据，也区分了主数据与用来描述交易状态的交易审计数据，还区分了主数据与用来描述其他数据的元数据（Chisholm，2008）。在这方面，奇泽姆的定义类似于 DAMA 字典中的定义：主数据是"以与业务活动相关的通用和抽象概念形式提供业务活动语境的数据，包括业务交易中涉及的内部和外部对象的详细信息（定义和标识符），如客户、产品、员工、供应商和受控域（代码值）"（DAMA，2009）。

许多人认为主数据包括交易结构数据和企业结构数据，大卫·洛辛（David Loshin）对主数据的定义在很大程度上与此相似。他将主数据对象描述为组织中不同的应用程序均会使用的核心业务对象，以及与它们相关的元数据、属性、定义、角色、连接和分类等。主数据对象代表那些对组织来说最重要的"事情"，即那些在交易中被记录、报告、测量和分析的"事情"（Loshin, 2008）。

主数据需要为概念实体（如产品、地点、账户、个人或组织）的每个实例识别和开发可信的实例版本，并维护该版本的时效性。主数据面临的主要挑战是实体解析（也称为身份管理，identity management），它是识别和管理来自不同系统和流程的数据之间的关联的过程。每行主数据表示的实体、实例在不同的系统中有不同的表示方式，主数据管理工作就是为了消除这些差异，以便在不同环境中一致地识别单个实体、实例（如特定客户、产品等）。需注意，必须对这个过程进行持续的管理，以便使这些主数据实体、实例的标识保持一致。

从概念上来说，参考数据和主数据有着相似的用途。两者都为交易数据的创建和使用提供重要的上下文信息（参考数据也为主数据提供上下文），以便理解数据的含义，重点是两者都是在企业层面上应该被管理的共享资源。如果相同的参考数据拥有多个实例，就会降低效率，而且会不可避免地导致实例间的不一致，不一致就会导致歧义，歧义又会给企业带来风险。成功的参考数据或主数据管理规划包含完整的数据管理职能（数据治理、数据质量、元数据管理、数据整合等）。

参考数据还具有很多区别于其他主数据（如企业结构数据和交易结构数据）的特征。参考数据不易变化，它的数据集通常比交易数据集或主数据集小且复杂程度低，拥有的列和行也更少。参考数据管理不包括实体解析的挑战。

对于参考数据和主数据，管理的重点存在不同之处。

- 参考数据管理（reference data management，RDM）需要对定义的域值及其定义进行控制。参考数据管理的目标是确保组织能够访问定义清晰、标准统一、质量高且及时更新的值。
- 主数据管理（master data management，MDM）需要对主数据的值和标识符进行控制，以便跨系统地、一致地使用核心业务实体中最准确、最及时的数据。主数据管理的目标包括确保当前值的准确性和可用性，同时降低由那些不明确的标识符所引发的相关风险（那些被识别为具有多个实例的实体和那些涉及多个实体的实例）。

参考数据管理面临的一个挑战是由谁主导或负责参考数据的定义和维护。一些参考数据来源于使用它的组织之外，它们跨越了组织内部的边界，不只被一个部门所有。其他的参考数据可能会在某个部门中被创建和维护，但在组织的其他部门具有潜在价值。确定获取数据和管理更新的责任是参考数据管理的一部分。缺乏维护问责会带来风险，因为参考数据中的差异可能会导致对数据上下文的误解（如两个业务部门使用不同的值对同一个概念进行分类）。

主数据和参考数据为交易提供了上下文信息，因此它们在企业运营过程中（如在 CRM 和 ERP 系统中）塑造了进入组织的交易数据，并支持对交易数据的框架分析。

11.2　参考数据

如前所述，参考数据是指可用于描述或分类其他数据，或者将数据与组织外部的信息联系起来的任何数据（Chisholm，2001）。最基本的参考数据由代码和描述组成，但是有些参考数据可能更复杂，还包括映射和层次结构。参考数据虚拟地存在于每个数据存储中，可以根据状态或类型进行分类（如订单状态：新订单、处理中的订单、已结束的订单、已取消的订单），也可以根据其他外部信息（如地理信息或标准信息）

进行分类（如国家代码：DE、US、TR）。

参考数据可以用不同的存储方式满足不同的需求。例如，数据整合（如用于标准化或数据质量检查的数据映射）或其他应用程序功能（如用于实现"搜索"和"发现"的同义词等）。参考数据可能还会有在特定设备的用户界面（如多种语言）上的考虑，参考数据常用的存储技术包括：

- 关系数据库中的代码表。通过外键和其他表链接，以保持数据库管理系统中的参照完整性。
- 参考数据管理系统。用于维护业务实体、未来可能出现的状态、弃用值，以及术语映射规则，以支持更广泛的应用和数据整合。
- 用于特定对象属性的元数据指定允许值，重点在于应用程序的调用接口或用户界面访问。

参考数据管理需要控制和维护定义的域值、定义以及域值内和域值间的关系。参考数据管理的目标是确保不同功能之间引用的值是一致的、最新的，并且组织内部均可以访问这些数据。与其他数据一样，参考数据也需要元数据。参考数据的一个重要元数据属性就包括其来源，如行业标准参考数据的管理机构。

11.2.1　参考数据结构

根据参考数据所代表的粒度和复杂性，可以将其构造为一个简单的列表、一个交叉引用或一个分类。在设计数据库或构建参考数据管理系统时，应该考虑使用和维护参考数据的能力。

最简单的参考数据是由代码值和代码描述组成的列表，如表 11-1 所示。代码值是主标识符，是在其他上下文中出现的短格式参考值。代码所代表的内容，可以在屏幕、页面、下拉列表和报告中显示描述内容。

表 11-1　简单参考列表

代码值	描述
US	United States America
GB	United Kingdom（Great Britain）

根据参考数据的内容和复杂程度，可能需要一些额外的属性来定义代码的含义。这些定义提供了标签本身无法提供的信息，它们很少出现在报告或下拉列表中，却会出现在应用程序的注释中，以帮助开发人员在上下文环境中正确使用代码。

与所有的参考数据一样，列表必须满足数据根据消费者的需求，包括对适当的详细程度的要求，如表 11-2 所示。如果一个数值列表旨在支持营通用户进行数据分类，那么过于详细的列表很可能会造成数据质量问题和用户使用的困难。同样地，一个过于笼统的数值列表将阻碍信息工作者获取足够详细的信息。为了适应这种情况，最好保留与之相关的不同的列表，而不是试图把单一的列表作为所有用户群体的标准。如果没有在定义中提供详细信息，对于不熟悉这个系统的人来说，服务单状态将会变得不明确。这种区别对于那些实现业绩度量指标体系或其他商务分析所需要的分类是尤为必要的。

表 11-2　扩展的参考列表

代码	描述	定义
1	新建	表示一个新的服务单已经创建，但未分配人员
2	已分配	表示该服务单已分配了服务人员
3	处理中	表示分配的服务人员已开始处理

交叉参考列表，如表 11-3 所示。不同的应用程序可以使用不同的代码集表示相同的概念。这些代码集可能有不同的粒度，或者具有相同的粒度、不同的值。交叉引用数据集可以在代码值之间转换。例如，美国邮政服务（USPS）的州代码是两个字符的字母代码。联邦信息处理标准（FIPS）使用一个数字来表示相同的概念。国际标准化组织（ISO）的州代码还包括对国家名称的引用。针对美国的州，在不同的组织中使用不同的代码描述，为了便于理解和使用，需要进行相互之间的转换。

表 11-3　交叉参考列表

USPS 州代码	ISO 州代码	FIPS 州代码	缩写	名称	正式名称
CA	US-CA	06	Calif.	California	State of California
KY	US-KY	21	Ky.	Kentucky	Commonwealth of Kentucky
WI	US-WI	55	Wis.	Wisconsin	State of Wisconsin

对语言的要求可能会影响参考数据的结构。多语言参考列表是交叉参考列表的一个具体例子，如表 11-4 所示。虽然代码表提供了标准的、机器可读的格式，但是具体语言的词汇表提供了可用的内容。根据涉及的语言和字符集的数量，有多种不同的方法来处理多语言参考列表。列表不被规范化才有效，因为非规范化的结构有时会更方便理解这些关系。

表 11-4　多语言参考列表

ISO 3166-1 Alpha 2 国家代码	英语名字	本地名字	本地语言 本地名字	法语名字	...
CN	China	Zhong Guo	中国 / 中國	Chine	

分类参考数据体系根据不同级别的差异性获取信息。例如，行政区划代码就是一个有意义的分类，可以明确表达区、县、省、市的关联关系。这些关系可以在参考表中表述清楚，并且可以通过使用行政区划代码完成多个层级的分析。

分类法（Taxonomies）利用内容分类和多方位的导航以支持商务智能。分类参考数据可以按递归关系储存，分类法管理工具也可以维护数据层次信息。层次信息包括代码、描述和对各个代码进行分类的父代码的引用，例如国家行政区划代码。

一些组织将用于管理网站内容的本体模型作为参考数据的一部分，这是因为本体模型也被用来描述其他数据或将组织数据与组织边界之外的信息联系起来。本体模型也可以理解为是元数据的一种形式。本体模型和其他复杂的分类法都需要以类似于管理参考数据的方式进行管理，值必须是完整的、最新的且有明确定义的。维护本体的最佳实践类似于参考数据管理的最佳实践。本体的主要用例之一是内容管理。

（1）专有的参考数据

许多组织通过创建专有的参考数据来支持内部流程和应用，这些专有的参考数据通常会随着时间的推移而快速增长。参考数据管理的一部分工作就是通过管理这些数据集，在理想情况下使各个数据集之间具有一致性，并让这种一致性服务于组织。例如，如果不同的业务部门使用不同的术语描述账户的状态，那么组织中的任何部门都将很难及时确定其在某个时间点服务的客户总数。在帮助管理内部参考数据集时，数据管理人员必须在使用相同词汇指代相同信息的需求和不同流程之间保持一定灵活性的需求之间找到平衡。

（2）行业参考数据

行业参考数据（industry reference data）是一个宽泛的术语，用于描述由行业协会或政府机构而不是某个组织创建和维护的数据集，以便为重要编码提供一个通用的标准。这种编码的统一也是数据共享和互操作性的先决条件。例如，在新冠肺炎疫情防控期间，全国上报疫情数据的术语和口径的定义，如果每个地区都有自己的编码，就无法进行全国范围内的统计分析，或者查看行程卡。

行业参考数据是由使用这些数据的组织的外部组织（如国家标准委员会）生成和维护的，但这些行业参考数据需要理解组织内的事物，它可能需要提供一些对具体的数据质量管理工作（如第三方业务目录）、业务计算（如外汇汇率）或业务数据扩充（如营销数据）的支持。这些数据集的变化很大，取决于具体行业和代码集的不同。

（3）地理或地理统计参考数据

地理或地理统计参考数据（geographic or geo-statistical reference data）可根据地理信息进行分类或分析。例如，人口普查局关于人口密度和人口结构变化的报告，为市场规划和研究提供了依据，将历史气象信息对应到严格的地理分类，可以为库存管理和促销计划提供依据。

（4）计算参考数据

很多商业活动都依赖于使用一些通用的、持续计算的数据。例如，外汇计算依赖于管理良好的、及时更新的交换汇率值表。计算参考数据（computational reference data）与其他类型数据的主要区别在于其变化的频率。为了确保数据的完整性和准确性，许多组织从第三方购买这种数据。如果组织试图自行维护这些数据，可能会带来延迟问题。

（5）关键参考数据的元数据

和其他数据一样，参考数据也会随着时间的变化而变化。由于它被普遍运用于各种组织中，所以维护参考数据集的关键元数据是非常重要的，此类参考数据的管理可以确保它们的血缘和流转过程得到有效管理和维护。

11.2.2 主数据

主数据是有关业务实体（如员工、客户、产品、金融结构、资产和位置等）的数据，这些实体为业务交易和分析提供了语境信息。实体是客观世界的对象（人、组织、地方或事物等）。主数据被实体、实例以数据或记录的方式表示。

主数据代表与关键业务实体有关的、权威的、最准确的数据。在管理良好的情况下，主数据值是可信的，可以放心使用。

业务规则通常规定了主数据格式和允许的取值范围。一般组织的主数据包括下列事物的数据。

- 参与方。个人和组织，以及他们扮演的角色，如客户、公民、病人、厂商、供应商、代理商、商业伙伴、竞争者、员工或学生等。
- 产品和服务，包括内部和外部的产品及服务。
- 财务体系。如合同、总账、成本信息、利润信息。
- 位置信息。如地址和 GPS 坐标。

（1）主数据的特点

1）记录系统，参考系统

当可能有不同版本的"事实"存在时，就有必要对它们加以区分。为了做到这一点，必须知道数据是从哪里来的，或者在哪里被访问的，以及准备这些数据的具体用途和目的。业务系统（system of record）是一个权威的系统，它通过使用一套定义好的规则和预期（如 ERP 系统可以是记录销售客户的记录系统）来创建、获取并维护数据。参考系统（system of reference）也是一个权威系统，数据消费者可以从参考系统中获得可靠的数据来支持交易和分析，即使这些信息并非起源于参考系统。主数据管理应用（MDM）、数据共享中心（data sharing hubs，DSH）和数据仓库（DW）通常会被用作参考系统。

2）可信来源，黄金记录

基于自动规则和数据内容的手动管理的结合，可信来源（trusted source）被认为是"事实的最佳版本"。可信来源也可以称为一种单一视图、360 度视图。要想让主数据管理系统成为可信来源，就必须有效地管理它们。在可信来源中，表示一个实体、实例的最准确数据的记录可以被称为黄金记录（golden record）。

黄金记录这个词可能颇具误导性。技术目标将黄金记录定义为"事实的单一版本"，其中"事实"是指数据用户希望在确保他们拥有正确版本的信息时就可以把它们作为参考资料。黄金记录包含一个组织中每个记录系统（SOR）中的所有数据。然而，不同系统中的数据很可能无法符合"事实的唯一版本"，这也让该定义受到质疑。

在任何主数据管理中，将多个来源的数据合并或分解成黄金记录并不意味着它总是能百分之百准确地表示组织内的所有实体（特别是在那些拥有多个向主数据系统提供数据的记录系统的组织中）。如果承诺是黄金记录的数据而事实上不是黄金记录，将会导致数据消费者对这些数据产生疑问。

这就是为什么有些人喜欢用可信来源这个词表示主数据的"我们拥有的最佳版本"，这样做的重点就是如何定义和管理数据，以获得最佳版本，并可以帮助不同的数据使用者看到对他们来说很重要的"单一版本"的组成部分。金融和精算领域对客户"单一版本"的看法通常有别于营销。可信来源提供了由数据管理专员标识和定义的对业务实体的多角度描述。

（2）主数据管理

如本章引言中所述，主数据管理只有做到对主数据值和标识符的控制，才能保证在系统间实现对核心业务实体最准确、最及时的数据的一致使用。目标包括确保准确的、最新的值的可用性，同时降低不明确标识符的风险。

Gartner 给主数据管理的定义是：一个技术支持的知识领域，在这个过程中业务和技术协同工作，以确保企业官方共享主数据资产的统一性、准确性、管理性、语义一致性和问责性。主数据是由标识符和扩展属性组成的一个一致且统一的集合，它描述了企业的核心实体，包括客户、潜在客户、企业公民、供应商、位置、层次结构和会计科目等。

Gartner 的定义强调主数据管理是一个由人、流程和技术组成的知识领域，并不是一个特定的应用程序解决方案。然而，主数据管理的英文缩写词 MDM 通常被用于特指管理主数据的应用系统或产品。主数据管理应用系统可以简化主数据管理的一些方法，有时还非常奏效，但仅仅依靠使用主数据管理系统并不能保证被管理的主数据能够满足组织的需要。

评估一个组织的主数据管理情况，需要识别以下几点：

● 哪些角色、组织、地点和事物被反复引用？

● 哪些数据被用来描述人、组织、地点和事物？

● 数据是如何被定义和设计的，以及数据粒度的细化程度如何？

● 数据在哪里被创建或来源于哪里，在哪里被储存、提供和访问？

● 数据通过组织内的系统时是如何变化的？

● 谁使用这些数据，为了什么目的？

● 用什么标准来衡量数据及其来源的质量和可靠性？

主数据管理具有挑战性，这也是数据管理的一个基本挑战：人们选择不同的方式来表示类似的概念，并且这些表述之间的协调不总是那么简单的；同样重要的是，信息会随着时间的推移而变化，系统地解释这些变化需要计划安排、数据知识和技术技能。简而言之，它需要辛勤的付出。

意识到需要进行主数据管理的任何组织可能都已经拥有一个很复杂的系统了，它们拥有多种方法来获取和存储对客观世界实体的引用。这是由于系统背景的复杂性会随着时间的推移或企业合并和收购的发生而快速增长，为主数据管理系统提供数据的输入系统可能对实体本身已经有了不同的定义，并且很可能对数据质量也有了不同的衡量标准。考虑到这些复杂性，每次最好只处理主数据管理的一个数据主题域。从较少的属性入手，逐渐扩展。

在一个主题域规划中，主数据管理需包括以下几个步骤：

- 识别能提供主数据实体全面视图的候选数据源。
- 为精确匹配和合并实体、实例制定规则。
- 建立识别和恢复未恰当匹配或合并的数据的方法和解决方案。
- 建立将可信数据分发到整个企业的系统中的方法和解决方案。

在主数据管理活动中，会将主数据管理步骤融合进主数据管理活动中，详细介绍主数据管理的难点、侧重点以及落地实施注意事项。

11.3 管理原则和活动

如上文所述，主数据和参考数据有一些共同的特点（都是资源共享，都为其他数据提供上下文和意义，都应该在企业层面上进行管理），但也有一些不同之处（参考数据集较小、更稳定，并且不需要匹配、合并等）。本节将首先描述与主数据管理相关的活动，然后介绍与参考数据相关的活动。

11.3.1 主数据管理活动

主数据项目的实施重点在于主数据管理机制的构建、主数据梳理以及主数据落地，其中主要的管理活动包括数据的梳理和准备、数据标准化、定义主数据、定义主数据的权威属主、定义主数据标准、制订清洗和质量提升方案以及落实清洗和质量提升方案七项。

（1）数据的梳理和准备

主数据项目实施过程中，建议从源业务系统出发，进行源业务系统的元数据梳理，包括对源业务系统信息项的梳理和统计，调研内容包括系统的系统级、表级以及字段级（包括码值）数据结构信息，系统字段级同步和引用情况，加工应用情况以及数据质量情况等。

（2）数据标准化

基于源业务系统元数据梳理的清单，对信息项进行初步数据标准化，通过标准化命名来进行一定程度的标准化。这一过程要遵循元数据中文命名的规范，如表级字段的中文名称要表达清晰简洁，避免冗长的描述。以下定义规则可供项目实施参考。

- 名称要简明扼要，禁止使用冗长的描述性文字。
- 命名时要遵守（主题语）＋修饰词＋词根的形式，以能识别数据类型的词作为结尾词。例如表示货币单位的标准用语形式为（主题语）＋修饰语＋货币单位＋词根。减免利息额人民币→减免＋利息＋人民币＋【金额】，须补充金额词根。实际进出口美元→实际＋进出口＋美元＋【金额】，须补充金额词根。操作柜员→操作＋柜员＋【编号】，须补充编号词根。
- 在中文名称中尽量不使用空格、下划线及特殊字符。
- 部分通用业务用语，比如 AUM，不需要在中文名称中翻译。
- 一个中文名称应该只包含一种含义。
- 通常不使用缩略语，尽量保证含义明确。
- 名称中尽量不使用部门名称，防止因部门组织结构变更时需要修改。
- 类似于"代码""状态代码"这样的名称为了保证含义明确需要添加修饰语。例如："状态代码"含义不明确，应使用"审核状态代码"；"等级代码"含义不明确，应使用"企业等级代码"。

（3）定义主数据

本部分主要包括定义主数据信息项标准化名称、落地权威系统、库表和字段等内容。通过定义主数据的权威属主，确保其他系统的相同字段与主数据保持一致。主数据值要求准确、及时、可信。这一过程主要是基于标准化后的数据字典清单，进行主数据的筛选、分类分级和定义等活动。主数据筛选需要制定主数据准入的原则，后续主数据新增也要以此为新增准入条件。充分考虑跨系统、引用或同步、加工应用以及业务重要性等场面后，对筛选甄别出的主数据做进一步的质量分析、合并以及分级分类等工作。该项活动是主数据管理项目的基础和关键，过程中要不断优化和考证主数据的准确性、合理性和实用性，可借助相关工具和技术来保证主数据的质量。

主数据准入原则如下。

原则一：跨系统原则

这一原则主要考量主数据的跨系统共享特性，某一信息项在越多套业务系统中被使用，越能说明该信息项的重要性，且作为主数据管理的价值就越大。

原则二：同步其他系统数据原则

这一原则与跨系统原则类似，主要考量主数据的跨系统共享，某一信息项被其他业务系统同步使用，该类数据容易出现不一致的情况，如系统间出现数据互相覆盖的情况。若没有统一的管理，就无法保证数据的准确性。该类信息项作为主数据管理更能发挥价值。

原则三：被其他系统应用加工原则

这一原则主要是看信息项被其他后端系统应用加工的情况，被后端系统应用加工的次数越多，说明该信息项越重要，越有被作为主数据管理的必要性。

原则四：例外原则

这一原则主要是考虑主数据选定的可扩展性，可根据业务的重要性以及未来业务或新业务可能出现的信息项，进行主数据的事先制定，在系统设计和建设阶段充分考虑其作为主数据的效能。

定义主数据的过程需要充分考虑主数据模型的完整性和可落地性，不仅要从业务视角，表达完整清晰的主数据业务属性，也要从模型设计的思想上，考虑主数据模型在技术层面的实现，保证后续主数据管理的实施落地。

除了要考虑主数据模型的完整性外，还要对主数据信息项进行科学合理的分类。分类包括信息项的信息归属分类和管理层面的分级分类。归属分类的过程可参考国家标准、行业标准、同业实践以及业务的完整性、未来的扩展性、所实施企业的特色等进行合理的分类。如金融行业，主数据分级管理一般分为两级，即企业级和部门级。企业级主数据信息项由主数据的权威属主对应的业务管理部门统一管理主数据信息项的标准化名称、信息分类、执行标准等，一般适用于跨系统且需共享的信息项，须保证数据一致性、权威性；部门级主数据信息项可由其采集、使用的部门负责管理信息项的标准化名称、信息分类、执行标准等，一般适用于特色业务系统中仅单部门、单系统采集并使用的信息项，不存在数据多源、不一致等问题。

（4）定义主数据的权威属主

在制定主数据的过程中，有一项至关重要的工作是指定主数据的权威属主。权威属主是指实现主数据黄金版本的权威落地系统，对某一信息项只能有唯一的权威属主。权威属主对应的业务部门就是该主数据的归口管理部门，对不同信息项可以选择落在不同权威系统，但尽量保证主数据权威系统的集中。主数据黄金版本也是主数据的最佳且权威的版本。权威属主的定义涉及很多业务部门，且各业务部门认领主数据项的难度较大，因此，本项工作如果方式方法不当，就会对主数据项目的实施及后继维护直接产生较大影响。因此，为了能够顺利开展本项工作，作者根据大量的实战经验，总结出了如下原则。

原则一：分布占比原则

"占比"指的是在某一类（特征相似的类）主数据信息项里，某系统包含的主数据项在该类主数据项总数的占比。该原则主要考量相应系统中所包含的主数据项的比重，比重越高，即主数据项越多，该系统越适合作为该类信息的黄金版本。

原则二：质量最佳原则

"质量"指的是在某一类（特征相似的类）主数据信息项里，某系统中的主数据项数据质量情况，如最大记录数（体现数据完整性）、空值率、错误数据占比、有效数据占比（如活跃客户数）等。该原则主要是为了考量相应系统中的数据质量情况，质量越高越好，即系统数据质量越高，该系统越适合作为该类信息的黄金版本。

原则三：源头优先原则

"源头"指的是某系统中涉及主数据项的数据录入、同步等情况。该原则主要是为了确认相应系统是否为主数据产生的源头，如源头数据较多则为佳。该原则主要从改造成本角度考虑是否适合作为该类信息的黄金版本。

原则四：后端引用原则

"后端引用"指的是某系统中涉及主数据项的信息项被后端数据仓库及数据集市、后端数据类应用系统所引用的次数。该原则主要是考量主数据项的影响及重要性，引用次数越多，说明其越重要，该系统越适合作为该类信息的黄金版本。

原则五：数据集中原则

"数据"指的是某系统中所包含的主数据项涉及的表数量。该原则主要是考量主数据项的集中程度，主数据项所在的表数量越少，则数据越集中，该系统越适合作为该类信息的黄金版本。

原则六：规划导向原则

考虑科技规划和业务规划方面，与规划发展契合的系统适合为黄金版本。本项原则仅作为参考。

在指定主数据的权威属主的过程中，可遵循选取黄金版本的原则，将原则具象化，形成主数据权威属主的评估模型，对待选的系统进行模型数据源的调研统计，最后计算得出量化的评估结果，作为客观选取黄金版本的重要参考依据。在项目实施过程中，以客观数据分析呈现的参考依据更容易使业务部门信服，避免出现责任不清或互相扯皮的现象。

在确定权威属主过程中，主要基于前五个原则。基于这五个方面的原则设计一个权威属主评价模型，以便通过搜集、统计数据来支撑模型的运行，基于模型计算和统计后的结果进行打分，针对每一类主数据项自动推荐得分高的建议权威属主。权威属主评价指标的具体内容如表 11-5 所示。

表 11-5　权威属主评价指标

权威属主确认原则	指标名称	指标说明	指标倾向性	评估标准/计算公式	注意事项
分布占比原则	主数据项分布占比	在某一类信息里，某个系统所含主数据项占该类信息所有主数据项的百分比	越高越好	主数据项分布占比=评价目标系统评价目标分类含主数据项个数/评价所有系统目标分类主数据项总个数	信息分类要相对准确
质量最佳原则	数据质量情况	在某一类信息里，某个系统所含主数据项的数据质量情况	越高越好	数据质量情况=MAX（评价目标系统评价目标分类下含主数据项最大记录数）	优先考虑最大记录数（即数据完整性），另参考空值情况、其他错误数据情况、有效数据占比等

权威属主确认原则	指标名称	指标说明	指标倾向性	评估标准／计算公式	注意事项
源头优先原则	数据产生源头	在某一类信息里，某个系统所含主数据项的源头数据情况分为：完全源头，如录入和内部定义等计1分；部分源头，如录入并同步等计0.5分；非源头，如完全同步等计0分	越大越好	数据产生源头＝∑（完全源头主数据项个数×1+部分源头主数据项个数×0.5）	源头调研要准确
后端引用原则	后端引用个数	在某一类信息里，某个系统的表被后端数仓及报表、下游应用等系统加工引用的次数	越多越好	后端引用次数＝∑（评价目标系统评价目标分类下含主数据项被后端引用的个数）	后端引用信息要准确
数据集中原则	涉及表数量	在某一类信息里，某个系统所含主数据项涉及的表数量	越少越好	涉及表数量＝评价目标系统评价目标分类下含主数据项涉及表数量	表选取要准确无遗漏

（5）定义主数据标准

定义主数据标准是指针对定好的主数据信息项制定数据标准，包括制定其业务属性、技术属性和管理属性。其中，业务属性包括信息项的业务含义、业务规则、制定依据（国际标准、国家标准、行业标准、监管部门发文、行业实践等）等，技术属性包括信息项的类型、长度、精度等，管理属性包括信息项的归口管理部门（权威属主对应的部门）和相关部门（主数据分布的其他相关系统对应的部门）等。在制定主数据标准时，建议结合数据安全相关标准和规范，金融行业数据安全可参考人民银行发布的《金融数据安全　数据安全分级指南》（JR/T 0917-2020）《金融数据安全　数据生命周期安全规范》（JR/T 0223-2021）等数据安全治理标准，增加数据安全分级分类属性，可在数据标准落地的过程中，将数据安全的相关要求在源头进行落地和规范。

数据标准的制定过程中须考虑标准的落地性，如数据类型、长度等规格的全面、合理、可执行性，也可结合数据模型管理，借助数据模型工具在需求设计阶段自动化落标。项目实施过程中建议主数据标准落标和管理活动与业务流程、开发流程结合，将主数据管理融入日常工作流程中，进行真正的源头层面的标准落标和主数据落地。

（6）制订清洗和质量提升方案

主数据清洗和质量提升的主要工作是明确对象，控制源头，提升质量和制订改造方案和优先级。首先，明确权威属主和业务属主的主数据改造点，权威属主需考虑是否进行主数据库表结构改造，业务属主需变更同步关系等。其次，控制源头，梳理一数多源，追溯数据相互覆盖源头，制定数据合并优先级规则及确认机制，制定数据录入端质量校验规则并监督落实。结合主数据标准，进行数据入口的统一控制，如在实施客户主数据项目中，须加强前端对客户信息的控制，证件类型代码和证件号码间进行关联校验、证件号码合规性、联系电话合规性，等等。最后是确定数据新增、修改、删除的管理原则，即当多个前端可维护时，数据覆盖的优先级原则和整合措施。唯有有效控制源头和存量数据持续整改提升，系统数据质量才能从源头得到改善和提升。因此，主数据清洗和质量提升方案的关键还包括提升现有存量数据的质量。可针对已有主数据项优先制定校验规则，摸清权威属主及非权威属主同一主数据项质量好坏情况，制订数据整合方案及合并优先级原则，制定问题数据解决机制。在清洗和质量提升方案中要明确执行改造的原则。如：先前端，后后端；先权威属主，后非权威属主；先重后轻、先多后少。

（7）落实清洗和质量提升方案

落实清洗和质量提升方案的过程中，分阶段执行提升方案，可先进行系统改造提升的准备工作，一步步展开。然后，制订过渡方案，控制和提升数据质量。如在实施客户主数据管理过程中，可根据现状先制订过渡方案，在未来有条件的情况下，实现最终的客户主数据的管理。客户主数据系统现状如图 11-2 所示。

接下来，基于现状，进行数据流向的梳理，保证多源客户信息的数据质量以及最终的出口集中于改造后的两个主要客户信息系统，为主数据后续的统一入口和出口做准备。客户主数据系统过渡方案如图 11-3 所示。

未来在系统升级改造或新系统规划建设的过程中，应实现主数据最终的管理目标，保证主数据一处录入，多处使用，规范入口，统一出口，实现主数据管理的准确性和一致性。

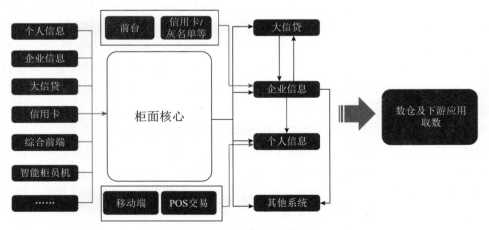

图 11-2　客户主数据系统现状

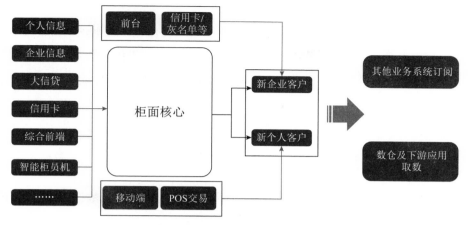

图 11-3 客户主数据系统过渡方案

经过持续的改造完善后，客户主数据管理模式逐渐趋于成熟，最终形成如图 11-4 所示的架构。确保客户数据多点输入，统一规范和质量提升后，便可实现客户主数据多处存在、统一管理、多处使用的架构，与传统的主数据管理相比，灵活程度高，落地性好，可控性强。

图 11-4 客户主数据系统未来方案

11.3.2 主数据管理原则

主数据管理原则是全面性、权威性、及时性、共享性、服务性，实现"一处录入、多处使用，一处修改、全局生效"。

（1）全面性

基于全面梳理源系统元数据的工作机制，全面清理基础主数据项；基于主数据准入原则，全面纳管主数据项，实现应纳尽纳；基于主数据权威属主全面定义原则，定义权威属主；主数据质量全面提升、数据服务全面提供。

（2）权威性

基于数据治理工作的总体要求，保证主数据准确、可用、可信，制定主数据新增、变更、失效管理机制及流程，以及主数据架构设计原则，构建主数据"多入一出"管理体系。

（3）及时性

"多入及时"，构建高效的主数据项更新机制，保证主数据项的鲜活性和最新性；"一出及时"，通过架构和技术手段的使用，保证各数据需求方对主数据使用的时间需求；"服务响应及时"，对数据需求方提出的主数据使用需求，要快速响应，快速提供服务。

（4）共享性

兼顾各方数据供给方需求，坚持"一建多用"原则，最大限度地实现共享，保证以统一的标准、出口、数据值，为尽可能多的需求方提供统一视图的数据。

（5）服务性

将数据管理理念转变为数据服务理念，将数据管理方转变为数据供给方；构建主数据服务体系，构建主数据服务申请、服务提供、服务管理等机制；提供种类多样、方式灵活、功能高效的服务接口、插件、套件等，方便数据需求方使用。

主数据原则的制定主要用以保证数据的一致性和准确性，通过主数据的管理，保证重要数据的共享和交换，释放重要数据的业务价值。

11.3.3 主数据管理权责

（1）主数据管理牵头部门

● 牵头主数据治理工作，提供主数据治理方法和原则、工作模板、参考文件，制定主数据管理原则。

● 协调权威属主、业务属主、技术属主学习主数据治理方法论和原则，确认和完善主数据项，执行主数据管理。

● 监督和审查主数据治理活动的安排、执行、进度、问题跟踪和结果。

（2）主数据管理权威属主

● 主导提炼主数据，定义数据标准，提升主数据质量，提供主数据应用服务等。

● 执行主数据管理牵头部门制定的主数据管理原则，执行数据源头控制、清洗、系统改造等主数据治理规划和实施。

● 按照主数据管理原则建立主数据的长效管控机制。

（3）主数据管理业务属主

● 配合权威属主提炼主数据，定义数据标准，提升主数据质量，主数据同步及应用。

● 执行主数据管理牵头部门制定的主数据管理原则、权威属主执行的主数据治理规划。

● 按照主数据管理原则配合执行主数据的长效管控工作。

（4）主数据管理技术属主

● 协同权威属主及业务属主制定改造规划，负责制定技术标准及系统改造方案。

● 执行系统改造及数据清洗、落标、数据质量提升等技术工作。

● 按照主数据管理原则，为主数据的长效管控机制建设提供技术支撑。

11.3.4　参考数据管理活动

（1）定义驱动因素和需求

参考数据管理的主要驱动因素是运行效率和更高的数据质量。比起多个业务单元各自维护自己的数据集，集中管理参考数据更具成本效益，并减少了系统间不一致的风险。也就是说，有些参考数据集比其他参考数据集更重要，建立和维护复杂的参考数据集比建立和维护简单的参考数据集需要做更多的工作。参考数据管理系统的需求应根据最重要的参考数据集提出，一旦建立了这样的系统，就可以将建立新的参考数据集作为项目的一部分。现存的参考数据集应根据已发布的计划进行维护。

（2）评估数据源

大多数行业标准参考数据集可以从创建和维护它们的组织内获得，有些组织免费提供这些数据，有些组织会收取一定费用，中间商还会打包出售参考数据。这些参考数据通常是带有增值功能的，可以根据组织所需的参考数据集的数量和类型从供应商手中购买，特别是那些能够保证定时更新并会对数据进行基本的质量控制的供应商。

大部分组织也依赖内部人员创建和维护参考数据。确定内部或本地参考数据的数据源，通常要比确定行业标准参考数据的数据源更具挑战性。与主数据一样，必须对组织内部的参考数据的数据源进行标识、比较和评估。现有数据的所有者必须了解集中管理的好处，并支持有利于企业的数据管理行为。

（3）定义架构方法

在购买或构建管理参考数据的工具之前，关键是要考虑管理参考数据的要求和它所带来的挑战，例如数据的波动性（大多数参考数据是相对静态的，但有些是相当不稳定的）、更新的频率和消费模型。确定是否需要保留数值更改或数据定义更改的历史记录。如果组织要从供应商那里购买数据，则须考虑交付和整合方法。

在考虑架构方法时需要认识到，有些参考数据总是需要手动更新，以确保更新的入口简单直接，并且可以满足基本的数据准入规则，如确保在包含层次结构的参考数据中维护父、子关系。参考数据管理工具应该使数据管理员能够随时进行更新且无须技术支持，同时还应当包括工作流，以确保批准和通知的自动化。数据管理员应该确保已知的更新与新发布的代码相一致，应告知数据消费者所有的更改信息。在参考数据驱动编程逻辑的情况下，应在进行更改之前就评估和考虑更改的潜在影响。

（4）建模参考数据

许多人认为参考数据只是一些简单的代码和描述，然而许多参考数据比这要复杂得多。例如，邮政编码数据集通常不仅包含区、县信息，还含有其他行政区域属性。为了实现对元数据的长期使用，建立准确的元数据，并维护数据流程，需要创建参考数据模型。该模型有助于数据消费者理解参考数据集之间的关系，并且可以被用来建立数据质量规则。

（5）定义管理职责和维护流程

参考数据需要确定管理职责，以确保数据值的完整性和时效性，定义清晰，易于理解。在某些情况下，数据管理员将直接负责参考数据的实际维护；在其他情况下，他们可能会负责推动此进程。例如，如果几个不同的业务单位需要参考数据来支持同一个概念，数据管理员可以组织讨论来定义通用的数据值。

作为管理职责的一部分，获取每个参考数据集的基本元数据都会很有帮助，包括数据管理员的名字、来源组织、期望的更新频率、更新计划、使用参考数据的流程、数据的历史版本是否需要被保留等。记录哪些流程使用了参考数据，将会使有关数据更改的沟通更有效率。

许多参考数据管理工具囊括审核和批准参考数据变更的工作流，这些工作流取决于组织内哪个人为参考数据内容负责。

（6）建立参考数据治理制度

只有人们实际使用的数据是集中管理的参考数据存储库中的数据，组织才能从该存储库中获取值，重要的是，要有适当的政策来管理质量，并强制使用来自该存储库的引用数据，无论是直接通过该存储库发布，还是间接使用来自中央存储库的数据同步的参考系统。

参考数据的管理原则和权责，可依据主数据的管理以及企业实际情况来进行制定，以保证参考数据的质量。

11.4 工具和方法

主数据管理需要一系列专门的、有针对性的工具来标识管理主数据。主数据管理可以通过数据整合工具、数据模型工具、数据修复工具、操作型数据存储（ODS）、数据共享中心（DSH）或专门的主数据管理应用来实现。有些提供咨询的供应商提供的解决方案可以涵盖一个或多个主数据主题域，另外一些提供实施和工具的供应商则通过推广其数据整合软件产品和使用运行服务来创建自定义的主数据解决方案。

一般主数据项目会以产品、账户和参与方的打包解决方案以及打包数据质量检查服务来快速启动大型程序，结合这些服务可以让组织使用业界最佳的解决方案，同时可以将它们整合到组织的总体业务架构和技术结构中，以满足某些特定的需求。

11.5 实施要点

11.5.1 实施指南

主数据和参考数据管理是数据整合的一种方式。用于数据集成和互操作领域的实施原则也可以应用到主数据和参考数据管理中。

主数据管理和参考数据管理的能力是不能一蹴而就的，相关解决方案需要专门的业务和技术知识、特定领域的人才和配套的组织结构和制度流程，来保障解决方案的有效实施和执行。组织机构应通过在实施路径图中定义的一系列里程碑，基于业务需求进行优先级排序，并遵从总体架构指导，逐步实现参考数据和主数据的管理和应用。

需要注意的是，如果缺乏适当的治理，将会导致主数据管理项目失败。数据治理的专业人员必须了解主数据管理和参考数据管理的挑战，并评估组织的成熟度和适应能力。

（1）遵循主数据架构

建立和遵循适当的参考体系架构，对于管理和共享跨组织的主数据来说，至关重要。整合方法应考虑企业组织架构、记录系统的数量、数据治理实施、数据访问延迟的影响以及消费系统和应用程序的数量。

（2）监测数据流动

设计主数据和参考数据的数据整合过程，确保在组织内做到及时地提取和分发数据。当数据在参考数据或主数据共享环境中流动时，应监控相关数据流向，以便实现以下目的：

● 显示数据如何在整个组织中共享和使用。
● 在管理系统和应用程序中识别数据的血缘关系。
● 辅助进行问题根本原因的分析。
● 展示数据整合和消费整合技术的有效性。
● 通过数据消费展示源系统的数据值延迟。
● 确定在集成组件中执行的业务规则，确保转换的有效性。

（3）管理参考数据变更

由于参考数据属于共享资源，所以不应随意更改。成功管理参考数据的关键在于，组织放弃本地控制共享数据的意愿。为了维护这种支持，需要对参考数据更改的请求提供一个接收和响应的通道。治理委员会应确保相关制度和规程得到实施，以用于处理对参考数据和主数据环境中数据的变更。

参考数据的变更需要被管理，小的变更可能会影响几行数据。例如，当苏联解体为多个独立国家，"苏联"这个术语便被长期废弃，须引入新的代码。在医疗行业，程序和诊断代码每年被更新，就是考虑到对现行代码的细化、老代码的废弃和新代码的引入。参考数据的重大修订还会影响数据结构。例如，ICD-10 诊断标准的结构方式与 ICD-9 差异很大。ICD-10 有不同的格式，相同的概念有不同的数据值。更重要的是，ICD-10 具有组织的附加原则。ICD-10 编码具有不同的粒度，也更加具体。所以，一个代码能传递更多信息，编码数量也更多（2015 年，ICD-10 编码有 68000 个，而 ICD-9 编码数量仅有 13000 个）。

2015 年，ICD-10 编码在美国委托强制使用，曾需要重大的规划。为了符合新标准，医疗保健公司需要进行系统修改，并对受到影响的报告做出调整。

数据修改的类型包括：

- 对外部参考数据集的行级变更；
- 外部参考数据集的结构变化；
- 对内部参考数据集的行级变更；
- 内部参考数据集的结构变化；
- 创建新的参考数据集。

变更可以被计划、安排或临时进行。与临时性变更相比，计划性变更（如对行业标准代码的月度和年度更新）需要的治理较少。在要求建立新的参考数据集的过程中，不仅应考虑原始请求者要求的功能，还应考虑其他潜在功能。

参考数据变更请求应该遵循既定流程，收到请求时，应通知各利益相关方，以便评估影响。如果更改需要审批，则应进行讨论以通过审批。变更完成后，需要通知各利益相关方。

（4）数据共享协议

在一个组织中共享和使用参考数据及主数据，需要组织内部多方协作，有时还需要与组织外部进行多方协作。为了确保恰当的访问和使用，应建立共享协议，规定哪些数据可以共享，以及在何种条件下可以共享。如果这些协议到位，可以帮助解决被代入到这个数据共享环境中出现的数据可用性问题以及数据质量问题。这些工作应该在数据治理方案下展开，可能涉及数据架构师、数据提供者、数据管理员、应用开发人员、业务分析师、合规与隐私保护人员和信息安全人员。

数据共享环境的负责人有义务向下游数据消费者提供高质量的数据。为了履行这一职责，他们依赖于上游系统。应当建立服务水平协议（SLA）和指标，以衡量共享数据的可用性和分享数据的质量；处理流程应当到位，以便从根本上解决数据质量和可用性问题；应制定一种标准的沟通方法和流程，使所有受影响的相关方了解问题的存在和补救工作的状况。

（5）组织和文化变革

参考数据和主数据管理要求人们放弃对某些数据和进程的控制，以便创建共享资源，而做到这一点并不容易。如果数据管理专业人员认为本地管理的数据有风险且该数据的本地管理人员需要就此展开整改工作，但这些本地管理人员可能会认为主数据管理或参考数据管理给他们的工作带来新的麻烦。幸运的是，大多数人明白这些努力具有根本性的重要意义，拥有准确、完整的单一客户视图要比多个部分视图好得多。

毫无疑问，提高参考数据和主数据的可用性及质量，需要对传统做法做出修改，研究和实施解决方案之前应该考虑当前的组织准备情况、组织未来的使命和愿景。

或许最具挑战性的文化变革才是治理的中心。确定哪些决定由哪个人负责，是业务数据管理专员、架构师、管理人员，还是管理层，哪些决策需要由数据管理团队、项目指导委员会和数据治理委员会协同做出。

11.5.2　治理要素

参考数据和主数据是共享资源，需要治理和管理。并非所有数据不一致的问题都可以通过自动化处理，有的需要人们相互沟通才能解决。如果没有治理，参考数据和主数据解决方案将仅仅是附加的一些数据整合应用程序，无法发挥它们的全部潜能。

（1）主数据治理过程注意事项

● 充分调研需整合的数据源。调研过程尽可能做到数据源的全覆盖，以便在主数据治理活动中充分分析现状，制订切实可行的解决方案。

● 落实数据质量规则。在主数据标准制定的过程中，应注意业务规则的收集和整理，考虑数据在录入、存储以及使用中如何落地数据质量规则，保证数据的准确性和合理性。

● 遵守主数据使用条件。

● 监控主数据管理活动，提高数据监控频率。

● 确定数据工作优先级和响应等级。

● 在主数据管理过程中尽可能满足利益相关方的需求。

● 参考数据管理和主数据管理部署的标准授权闸口级部门和预期目标。

治理过程带来了与合规和法律相关的利益相关方及信息消费者，通过定义把他们纳入隐私、安全和数据存储制度中，以减轻组织的风险。

作为一个不断发展的过程，为使用参考数据和主数据的人员制定原则、规则和指导方针时，数据治理必须有审查、接收和考虑新规则以及对现有规则进行改变的能力。

（2）度量指标

以下指标可以作为参考数据和主数据实施中质量的衡量维度。

● 数据质量和遵从性。数据质量仪表板可以描述参考数据和主数据的质量。这些指标应该说明主题域实体或相关属性的置信度（百分比），以及它在整个组织中符合实际需求的使用价值。

● 数据变更活动。审核可信数据的血缘对于提高数据共享环境中的数据质量是必要的。指标应该展示数据值的变化率，能够帮助人们深入理解为共享环境提供数据的系统，并可被用于调整主数据管理进程中的算法。

● 数据获取和消费。数据由上游系统供应，由下游系统和流程使用。这些指标应该显示和追踪哪些系统在贡献数据，哪些业务区域在共享环境中订阅数据。

● 服务水平协议（SLA）。应建立 SLA 并传达给贡献者和订阅者，以确保整个数据共享环境的使用和采用。遵循 SLA 可以为支持流程、技术问题和数据问题提供解释，而这些问题都有可能减缓主数据管理应用的速度。

- 数据管理专员覆盖率。这些指标应该关注对数据内容负责的个人或团队，并展示覆盖率的评估频率。它们可以用来识别人才方面的差距。
- 拥有总成本。这个指标有多种影响因素、多种表达方式。从解决方案的角度来看，成本可以包括环境基础设施、软件许可证、支持人员、咨询费、培训等。这一指标的有效性主要基于其在整个组织中的持续应用。
- 数据共享量和使用情况。需要跟踪纳入主数据的数据量和使用情况，以确定数据共享环境的有效性。这些指标应该展示数据共享环境中流入和流出数据的定义、纳入和订阅的数量和效率。

11.6　主数据治理和数据治理

目前在主数据管理和实施活动中，大家会有这样一些疑问：主数据治理和数据治理是否是一回事？做完主数据治理，是否还需要进行数据治理？主数据治理和数据治理是有区别的。首先，从目标上来说，数据治理大多数是因为自身数据迅速增多，出于管理的需要以及监管的驱动，以数据管理及数字化转型为目标，主数据治理一般是自身业务驱动，以满足业务使用需求和提高数据质量为目标。其次，数据治理和主数据治理的范围不一样，数据治理是企业级的，涉及多个部门，是几乎所有系统的一场数据管理上的"大改革"，主数据治理涉及的系统范围相对较少，围绕数据价值高的主要系统进行。最后，数据治理和主数据治理的对象是不一样的，数据治理对象的领域更广，主数据治理对象只是其中的一个领域。因此，主数据治理和数据治理并不能等同，完成主数据治理并不意味着完成了数据治理。

2020—2021 年，我国颁布了一系列数据安全方面的法律法规，如《民法典"人格权编"》《中华人民共和国数据安全法》《中华人民共和国个人信息保护法》《国家人权行动计划（2021—2025 年）》，标志着对"数据是什么"定义的范式转换，明确了数据是人权的一部分，是国家主权的一部分，明确了数据主体的权益和处理者的责任，规范了各个场景中数据处理活动的安全要求与风险控制机制。

在全球进入数字经济时代的背景下，数据成为数字经济最核心的生产要素，成为优化决策与分配资源的重要依据。与土地、劳动力、资本、技术等其他生产要素不同，数据作为生产要素有天然的特殊性：数据可以被重复使用、可被多方同时使用；数据复制成本极低且可以被无限制地复制；数据一旦被看见、读取、采集，就会泄露具体信息，从而对数据归属的个人、组织或国家造成实质伤害或潜在威胁；作为公共领域资源的共享数据，如果某些弱势群体或组织无法平等地获取和利用，也会造成不公平的社会环境和竞争市场。同时，数据的特殊性又体现在其被反复利用也不会导致自身资源的消耗或价值的贬损，反而只有不断使用，才能衍生或聚集更多且价值密度更大的数据资源；数据的价值释放，体现在数据被尽可能最大限度与最高频次地使用，才能将数据权益和数据资源真正变成数据资产与数据红利。

《中华人民共和国数据安全法》中强调使数据处于"有效保护和合规利用的状态"。如何平衡数据的权益保护与共享需求？本章从数据作为人权的保护要求、数字经济中生产要素的保护要求、数据处理者如何通过数据治理框架着手建设数据合规要素管理体系等方面，探讨"数据保护"中"保护的是什么？谁来保护？如何保护？"的问题。

12.1　数据作为人权的保护

12.1.1　数据处理伦理的历史背景

欧洲是世界上对个人隐私保护最为严格的地区。欧洲历史上发生过很多国家、人民和宗教之间的冲突事件，以及由于政治信仰、宗教、种族或心理状况而对个人实施暴行的情况。最明显的例子莫过于纳粹占领欧洲期间对犹太人的残害，在这个过程中种族信息成了是否会被迫害的主要标准。而种族信息作为个人隐私被取得，曾直接导致过针对具体人群的种族清洗。例如"二战"期间纳粹德国在攻陷荷兰之后，得到了识别犹太人的数据源：20世纪初期荷兰建立的详细的人口记录，内容包括姓名、住址和种族信息。这份记录建立的初衷是为了政府便捷高效地管理人口和提供福利，但是当纳粹攻占荷兰获得这份记录时，它被用来实施种族鉴别和屠杀。数据表明荷兰犹太人口的死亡率高达73%，远远超过同时期法国的40%左右[①]。

历史的教训使得欧洲人对他人（包括政府在内）获取自己的数据极其敏感，并形成了一种深刻的意识——将个人隐私视为一项基本人权来尊重与保护。个人信息保护包括将隐私作为人权的概念，源于欧洲对自然人因身份特征而遭受压迫的反思。

欧洲个人信息保护的历史最早可以追溯到1948年联合国颁布的《世界人权宣言》（以下简称《宣言》）。《宣言》指出"任何人的私生活、家庭、住宅和通信不应受到任意干涉，也不应受到荣誉和名誉的攻击。人人有权得到法律保护，免遭此类干涉或攻击"。1950年颁布的《欧洲人权公约》规定"任何人享有私人、家庭生活及其各项通信地址被尊重的权利"。这被认为是欧洲第一代个人信息保护法。

1980年经合组织（OECD）制定的《关于隐私保护与个人数据跨境流通的指引》（以下简称《指引》）建立了公平信息处理指引和准则，成为欧盟数据保护法律的基础。《指引》创立了一系列数据控制者在处理个人数据时应当遵循的原则，并且这些原则被极大地吸收，并演化成如今全球通用的数据保护原则，《指引》几乎影响了整个世界的个人数据保护立法，是一部奠基石式的条约文本，确立了闻名遐迩的"八大原则"，为其后数据保护立法确定了基本原则和立法精神。这八大原则如下。

- 限制收集原则（collection limitation）：个人数据的收集应受到限制，数据应当通过合法、公平的方式获取，适当时，应当在个人知晓和同意的情况下进行。
- 质量原则（data quality）：个人数据应当与其使用目的相关，并在目的范围内保持完整、准确和及时更新。
- 目的明确原则（purpose specification）：个人数据的用途必须在收集之前指明，使用数据的行为都必须符合该用途或是不相符的目的应在每次变更时予以说明。
- 限制使用原则（use limitation）：数据披露应当遵循所指明的目的，除非已得到个人的同意或者是数据控制者有合法授权。
- 安全保障原则（security safeguards）：采取合理的安全措施防止数据丢失或未经授权被获取、销毁、使用、修改和披露。
- 公开原则（openness）：出具处理数据的相关政策，内容包含使用数据的目的、数据控制者的身份等信息。

---

① 反纳粹的抵抗力量最开始采取伪造身份证的方式躲避这种身份认证，但很快发现随身携带的ID需要与政府登记系统匹配。为了阻止纳粹继续使用这个人口登记的数据源，抵抗力量在1943年炸毁了位于阿姆斯特丹的档案登记办公室。

- 个人参与原则（individual participation）：个人有权从数据控制者处基于自己的请求，获得关于自己数据的信息。
- 问责制（accountability）：数据控制者有责任保证处理数据遵循原则。

除此之外，经合组织在 2013 年更新的版本中修订了数据处理责任的相关内容，增加了数据控制者"设计的"和"默认的"隐私保护责任。总之，所有原则都为全球数据合规立法提供了指导作用。

1981 年 1 月 28 日，欧洲委员会通过了《关于个人数据自动化处理的个人保护公约》[①]，它被命名为"第 108 号公约"，决议的重点是电子数据库中的个人隐私。1995 年 10 月 24 日，欧洲议会和理事会关于在处理个人数据和此类数据自由流动方面保护个人的 95/46/EC 指令[②]，被称为"1995 数据保护指令"。该指令有两个并发目标：促进成员国之间的个人数据保护，促进成员国之间的个人数据自由流动。

在这样的历史背景下，《通用数据保护条例》[③]于 2012 年 1 月由欧盟委员会立法提案，历经四年的审议与修订，于 2016 年 4 月 27 日签署最终法案，2016 年 5 月 25 日生效。

经过两年的宽限期，2018 年 5 月 25 日，《通用数据保护条例》直接适用于所有成员国和全球其他相关国家。

12.1.2　数据保护的基本概念与原则

DMBOK2.0 中增加了数据处理伦理，并将其作为一个单独章节，在出版时（2017 年）已经看到针对数据处理的立法与制定指导意见和白皮书等，为了使读者掌握未来数据安全立法的法理基础，特别将"数据处理伦理"作为全书的第二章，奠定主动合规的数据治理文化基调。

伦理是基于正确和错误观念的行为原则，伦理原则聚焦于公平、尊重、责任、正直、正义、素质、可靠、透明度和信任等理念，并有严密自洽的逻辑，本质上是基于理性的、向善的价值体系。数据处理伦理关注的是如何以符合伦理原则的方式获取、存储、管理、使用和处置数据。换句话说，它关注的是如何用数据做正确的事情，并防止利用数据做错误的事情，即使在没人注意的场景下。

DMBOK2.0 中罗列了成书时各地区相对较早的数据权益保护立法。随着数字经济的发展，目前世界上一百多个国家都相继出台了数据处理规范相关的法律，而它们共同的基础是 GDPR。GDPR 中提出的数据主体、数据控制者、数据处理者的角色和权责，也被采纳作为我国相关法律中的术语定义。由于我国目前相关法律法规、行规、国家与行业标准、地区数字经济发展条例等文献中在"数据控制者"与"数

---

① the Council of Europe Convention for the Protection of Individuals with regard to Automatic Processing of Personal Data.

② Directive 95/46/EC on the protection of individuals with regard to the processing of personal data and on the free movement of such data.

③ General Data Protection Regulation,GDPR.

据处理者"的使用上出现了互换或包含的现象，本节以 GDPR 的概念作为数据处理场景中的统一术语。

（1）数据处理的主要概念

- 个人数据：指任何指向某个已识别或可识别自然人（"数据主体"）的信息。例如姓名、邮件、电邮、电话、客户编号、账号、身份证或护照号码、员工编号、员工密码、资金状况。
- 数据主体：指与个人数据相关的已识别或可识别的自然人，即个人数据所映射的现实中具有行为能力的自然人。
- 数据处理：指对个人数据的任何操作（包括自动或非自动）。例如，在任何设备中收集、记录、构建、存储、咨询、使用、访问员工、客户的个人数据等。
- 数据控制者：决定处理目的和处理方式的自然人或法人。例如，欧洲企业在中国的总部或在中国的分支机构等。
- 数据处理者：代表数据控制者处理个人数据的自然人或法人。例如，IT 技术服务提供商（如提供信息技术支持）。
- 数据处理目的：数据控制者在处理数据时追求的目标。例如，人力资源管理，筛选客户。数据处理依谁的目的，谁就是数据控制者。
- 保护：每个数据主体都有权决定其个人信息的收集、使用和披露。因此，对数据主体的个人数据进行处理，必须采取特定的措施，尤其是需要构建法律框架，确保在处理个人数据的同时保护个人数据。

（2）数据主体的主要权利

数据是自然人权不可分割的一部分。GDPR 的上位法是《欧盟基本权利宪章》和《欧洲人权公约》。在我国，数据权在独立成编的《民法典"人格权编"》中被归为身份权中的人格权的一部分。GDPR 中明确了数据处理中的主体权利与数据处理各方的责任，这些主体权利也体现在我国《个人信息保护法》中，如自然人数据主体拥有可限制权、可纠正权、可撤销权、可反对权、可携带权、可擦除权（被遗忘的权利）、可获取权以及可申诉和申请法律救济的权利。

- 反对权：数据主体有权随时反对数据控制者基于利益进行的有关数据主体的处理（例如用户画像），控制者须立即停止针对这部分个人数据的处理行为。当因为直接营销目的而处理个人数据，数据主体有权随时反对为了此类营销而处理相关个人数据，包括反对与此类直接营销相关的用户画像。数据主体有权反对此类决策：完全依靠自动化处理（包括用户画像），对数据主体做出具有法律影响或类似严重影响的决策。
- 访问权：数据主体应当有权从控制者那里得知，与其相关的个人数据是否正在被处理。如果正在被处理的话，数据主体应当有权访问个人数据和获知处理的目的、相关个人数据的类型、数据披露的对象、存储期限。
- 更正权：数据主体应当有权从控制者那里及时得知对与其相关的不正确信息

的更正。

- 被遗忘权：数据主体有权要求控制者擦除关于其个人数据的权利，例如当个人数据对于实现其被收集或处理的相关目的不再必要时，或已经存在非法处理个人数据的问题。
- 限制处理权：数据主体有权要求控制者对处理进行限制，例如处理是非法的或个人数据准确性待核实的情况，或虽然控制者不再需要个人数据以实现其处理目的，但数据主体为了提起、行使或辩护法律性主张而需要该个人数据的情况。
- 携带权：数据主体有权获得其提供给控制者的相关个人数据，且有权无障碍地将个人数据从一个控制者直接传输给另一个控制者。

（3）GDPR的数据处理原则

GDPR从法规的层面具体阐释了数据处理的伦理。作为法理基础，其准则也是各国数据合规立法的重点。

- 公平、合法、透明：数据主体中的个人数据应以合法、公平、透明的方式进行处理，并要获取主体的知情同意。主体的沉默或不活动，不构成同意。
- 目的限制：个人数据的收集应当具有具体的、清晰的和正当的目的，并且不得将数据用于收集目的之外的方面。要在处理之前说明清楚。
- 数据最小化/最小够用：采集的个人数据必须足够相关，并且仅限于与处理目的相关的必要信息。
- 准确性：个人数据必须准确，有必要保持最新的数据。必须采取一切合理步骤，确保在考虑处理个人数据目的时，能及时删除或更正不准确的个人数据。
- 存储限制：数据必须以可识别的数据主体（个人）的形式保存，保存时间不得超过处理个人数据所需的时间。
- 诚信和保密：必须确保个人数据得到安全妥善的处理，包括使用适当技术和组织方法防止数据被非法处理，防止意外丢失、被破坏或被摧毁等。
- 问责制度：数据控制者需要保持其所负责的处理活动的记录，包括控制者代表的姓名和详细联系方式、处理目的、对数据主体及所处理的数据的类型描述、披露情况及接收方、数据转移和擦除记录。数据产生泄露时，控制者有义务及时向数据主体和监管部门提供信息。处理者需要举证自己的处理是合法、合理、正当、透明、获得同意的，如通过数据保护影响评估。

（4）GDPR给全球数据保护带来的重大影响

1）数据权益保护从被动的事后管理变为预先管控

在GDPR之前，个人数据的处理合规要求继承了自由市场经济中的"告知—选择"（notice-and-choice）模式。用户使用某服务商提供的功能时通常对一份（洋洋洒洒若干页、通常没有时间去细读的）《用户协议书》点击"我同意"按钮。这种做法是沿袭了社会多年实践中奉行传统的交易中的"信义法"（fiduciary law），当个人把信息交付给数据收集者，即形成了个人在数据收集者面前相对弱势，从而数据收集者在道义上构成了对个人数据保护的隐性责任。这种信托责任的例子包括投资顾问、地产中介和医生等。在这些例子里，信托责任方被信托了其他人（客户）的生命和财产的决定权。

在技术主导的互联网生态中，对个人信息的使用包括以下方面：国家安全与执法、为便于提供服务而存储数据，将个人数据用于商业用途——售卖数据、数据入侵或盗窃、影响人们的思想和决策等。大型科技公司如 Google、Facebook 和 Uber 都被视为信托责任方，而用户则是弱势的一方。大型科技公司的隐私政策需要取得用户的信任。

随着技术的发展，"告知—选择"已经被证明不适用于现在的个人信息保护，尤其是在互联网的数据处理场景中。理论上，在"告知—选择"模式下，数据处理者将自己必须告知的对用户隐私数据的所有潜在处理行为列出，那么用户就可以自由地决定这些数据的处理。这个浪漫的理想主义主张来自早期互联网的倡导者，他们推广互联网的一个理由是互联网技术可以给个人更多自由，更去中心化。事实证明并非如此，"告知—选择"模式对个人和数据处理者都是不公平的。所谓的授权同意书充满了冗长、令人迷惑的描述和大量法律术语，很少真正被阅读。有研究表明，如果粗略地阅读所有自己勾选"同意"的互联网隐私声明，一个用户每年需要花费 244 小时[①]。

"告知—选择"模式将保护自己隐私数据的责任放在了消费者身上（因为消费者点击了"同意"按钮），而非有钱有势的科技巨头身上。在实际的场景中，一旦个人同意了告知书，对自己的数据如何被处理和控制，就完全失去了掌控权。个人无法"自主决定"自己的数据如何被使用。大量的数据泄露案例表明，对数据主体的损害已经形成后，再从法律和民事方面追责和弥补损失，这种事后的处理实际上已经使数据主体的权益处于缺乏保护的不安全状态。也就是说，"告知—选择"模式中用市场调节来规范数据隐私保护的方式已经被证实是无效的。最典型的数据控制者的例子可能是 Facebook，其 CEO 扎克伯格因侵犯用户数据隐私、操纵用户取得信息的透明度和操纵用户行为，曾多次（至今仍是）被美国参议院联邦司法委员会传唤并质询，除令其自行规范之外，没有任何效力和后果。反观在采用了 GDPR 的欧洲，Facebook 在 2021 年给爱尔兰的罚款预算就高达 3.02 亿欧元。

在实际生活中，自然人选择主动共享自己的信息的前提，就像共享任何其他东西一样，是基于信任的。这也就是欧洲模式，"隐私—信任"（privacy-as-trust）模式的逻辑基础。各国的相关立法都明确界定了数据权利主体、数据控制者和处理者在数据处理中的权利和义务，不仅将数据保护的责任放到了数据控制者一方，而且将合规责任与成本也放在数据控制者一方，尤其是在数据处理中对数据主体构成高

---

① Aleecia M. McDonald and Lorrie Faith Cranor, "The Cost of Reading Privacy Policies", A Journal of Law and Policy for the Information Society, no. 3 (April 2008). pp. 543–568.

风险场景或处于垄断地位的实体，其责任包括证明自己处理数据合规的责任，以及定期自我审计与上报审计结果的责任，也就是要求对数据处理者先进行"有罪推定"和"零信任"，必须"自证清白"才能从事数据处理活动。

2）GDPR 开启了对数据权益保护的长臂管辖

因为数据是人权的一部分，而且是跨境流动的，对侵犯数据权利的违反者的处罚也是跨境实施的，也就是实施长臂管辖。全球的数据保护立法也从传统的"属地主义"变为数据时代的"属人主义"，强调数据跨境传输的合规性。

3）GDPR 执法开启了对科技巨头的高额处罚

GDPR 中规定对违法者罚款 2000 万美元或按照其年度全球营业额的 4%，以高者为准。全球的数据保护立法和执法也纷纷借鉴了欧盟高额处罚见效的实例，在本国或本地区的立法中标定高罚款额度。如我国的《个人信息保护法（草案）》中规定的罚款额度是年度营业额的 5%。

Facebook 对侵犯数据权利的罚款预算没有白做。2021 年 9 月，其下属的社交媒体公司 WhatsApp 因严重违反 GDPR 中的隐私保护条例，被爱尔兰执法部门罚款 2.25 亿欧元。

2021 年 7 月，电商公司亚马逊因违反 GDPR 的隐私保护条款，被罚款 6.36 亿欧元。

2021 年 7 月，法国对 Google 的新闻版权纠纷罚款了 5 亿欧元，其判决的逻辑是机构作为优先级低于自然人的数据权利主体，其数据权利也拥有被数据控制者保护的责任。

值得一提的是，亚马逊在被罚款后于当年 9 月就表明，其在线 AWS GDPR 数据处理附录与在线服务条款已经包括了欧盟委员会在 2021 年 6 月通过的新合同条款标准。也就是说，亚马逊作为在线服务的数据控制者和处理者，对其承担的数据主体权益保护责任，开始采取主动合规的数据保护策略。

4）明确自然人的数据权利

在 GDPR 合规要求下，数据的受保护状态和未经用户授权的状态，是互联网和移动应用的默认设置，而非以前的默认用户同意的设置。

这种改变在移动端操作系统和应用方面表现得最为突出。影响较大的案例包括苹果公司对 iOS 进行升级以保护用户数据权益为主要功能。继 2020 年年底发布的 iOS 14.5 禁止追踪 IDFA 的保护政策之后，iOS 15 推出隐私管理工具，用户将能够从苹果获取个人数据副本，请求更正数据、停用账户或删除账户，实现"你的应用程序应该只访问用户期望的数据，并在他们期望的时间访问"。而 2021 年中国工信部根据《民法典》《个人信息保护法》强力整顿过度收集、不明示使用目的等违规收集用户数据的移动端 App，责令下架或公示整改。

5）明确数据主体权益受损时享有司法救济权利

各国的数据保护立法中都制定了数据主体行使司法救济权利的途径。《中华人民共和国数据安全法》中明确了在各个行业、地区承担数据安全监管职责的基础上，国家网信部门负责统筹协调网络数据安全和相关监管工作。《个人信息保护法》中规定人民检察院、履行个人信息保护职责的部门和国家网信部门确定的组织可以依法向人民法院提起诉讼。《深圳经济特区数据条例》中明确了市网信部门具有受理、调查、处理个人信息主体关于信息被违法、违约使用的职责。另外，行业组织和检察院支持起诉公益诉讼的制度也明确延伸到数据保护领域，在既有的司法救济之外补充了公力救济的途径，更有力地保护个人信息主体的权益。

12.1.3 个人信息保护的法规、标准与监管要求

（1）个人信息保护法规

个人信息是指以电子或者其他方式记录的能够单独或者与其他信息结合识别特定自然人身份或者反映特定自然人活动情况的各种信息，进一步分析其背后的请求权基础是"隐私权"。隐私权可以进一步解释为公民享有的私人生活安宁与私人信息依法受到保护，不被他人非法侵扰、知悉、搜集、利用和公开等的一种人格权。人格权可以上升到人权的高度，所以说，对个人信息的保护从某种程度上来说就是对人权的保护。

纵观中国的个人信息保护进程，不难发现中国对于个人信息保护的立法进程起步很早。**在 2000 年 9 月国务院颁布了《互联网信息服务管理办法》**，但是这部行政法规并不是严格意义上的个人信息保护法规，其内容大多是对互联网信息服务主体和内容的规定，这个阶段可以看作是对个人信息保护的萌芽。

2003 年，国信办着手部署个人信息保护法立法研究工作。两年后，在综合参考了欧盟、美国、日本等比较有代表性的个人信息保护制度后，**课题组于 2005 年形成了近八万字的《中华人民共和国个人信息保护法（专家建议稿）及立法研究报告》。**

2012 年 12 月 28 日第十一届全国人大常委会第三十次会议审议通过《关于加强网络信息保护的决定》，这部法规拉开了我国对于个人信息保护立法进程的序幕。提出"国家保护能够识别公民个人身份和涉及公民个人隐私的电子信息""网络服务提供者和其他企业事业单位在业务活动中收集、使用公民个人电子信息，应当遵循合法、正当、必要的原则，明示收集、使用信息的目的、方式和范围，并经被收集者同意，不得违反法律、法规的规定和双方的约定收集、使用信息"。

2013 年 7 月 16 日工信部发布了《电信和互联网用户个人信息保护规定》，要求"未经用户同意，电信业务经营者、互联网信息服务提供者不得收集、使用用户个人信息。电信业务经营者、互联网信息服务提供者收集、使用用户个人信息的，应当明确告知用户收集、使用信息的目的、方式和范围，查询、更正信息的渠道以及拒绝提供信息的后果等事项。电信业务经营者、互联网信息服务提供者不得收集其提供服务所必需以外的用户个人信息或者将信息用于提供服务之外的目的，不得以欺骗、误导或者强迫等方式或者违反法律、行政法规以及双方的约定收集、使用信息。电信业务经营者、互联网信息服务提供者在用户终止使用电信服务或者互联网信息服务后，应当停止

对用户个人信息的收集和使用，并为用户提供注销号码或者账号的服务"。

2014年3月15日全国人大修订的新版《中华人民共和国消费者权益保护法》正式实施，增加了消费者个人信息的保护条款，规定"经营者收集、使用消费者个人信息，应当遵循合法、正当、必要的原则，明示收集、使用信息的目的、方式和范围，并经消费者同意。经营者收集、使用消费者个人信息，应当公开其收集、使用规则，不得违反法律、法规的规定和双方的约定收集、使用信息。经营者及其工作人员对收集的消费者个人信息必须严格保密，不得泄露、出售或者非法向他人提供。经营者应当采取技术措施和其他必要措施，确保信息安全，防止消费者个人信息泄露、丢失。在发生或者可能发生信息泄露、丢失的情况时，应当立即采取补救措施。经营者未经消费者同意或者请求，或者消费者明确表示拒绝的，不得向其发送商业性信息"。

2015年8月29日第十二届全国人大常委会第十六次会议通过《中华人民共和国刑法修正案（九）》，增加了"非法获取公民个人信息罪"，明确规定"违反国家有关规定，向他人出售或者提供公民个人信息，情节严重的，处三年以下有期徒刑或者拘役，并处或者单处罚金；情节特别严重的，处三年以上七年以下有期徒刑，并处罚金。违反国家有关规定，将在履行职责或者提供服务过程中获得的公民个人信息，出售或者提供给他人的，依照前款的规定从重处罚。窃取或者以其他方法非法获取公民个人信息的，依照第一款的规定处罚。单位犯前三款罪的，对单位判处罚金，并对其直接负责的主管人员和其他直接责任人员，依照各该款的规定处罚"。值得注意的是本条将"单位"包括进犯罪主体，明确了对单位犯罪的责任和处罚。此处的单位包括国家机关或者金融、电信、交通、教育、医疗等领域采集和存储了大量个人信息的机构。

2017年6月1日起施行的《中华人民共和国网络安全法》（以下简称《网络安全法》）第四章中，针对网络信息安全，进一步明确了个人信息主体的知情同意权、更正权、擦除权。规定"网络运营者收集、使用个人信息，应当遵循合法、正当、必要的原则，公开收集、使用规则，明示收集、使用信息的目的、方式和范围，并经被收集者同意。网络运营者不得收集与其提供的服务无关的个人信息，不得违反法律、行政法规的规定和双方的约定收集、使用个人信息，并应当依照法律、行政法规的规定和与用户的约定，处理其保存的个人信息"。"个人发现网络运营者违反法律、行政法规的规定或者双方的约定收集、使用其个人信息的，有权要求网络运营者删除其个人信息；发现网络运营者收集、存储的其个人信息有错误的，有权要求网络运营者予以更正。网络运营者应当采取措施予以删除或者更正。"至此，我国针对网络安全方面的个人信息保护，已经从初期对大型互联网平台的"助推"（nudge）发展到明确责任、重点执法的阶段。2019年总结出的互联网十大案件的判决几乎都是针对平台侵犯个人用户的数据处理恶性后果的判例。

2020年5月28日十三届全国人大三次会议表决通过了《中华人民共和国民典》，将隐私与个人信息保护列入《中华人民共和国民法典（人格权编）》，明确定义了受法律保护的自然人的个人信息为"以电子或者其他方式记录的能够单独或者与其他信息结合识别特定自然人的各种信息，包括自然人的姓名、出生日期、身份证件号码、生物识别信息、住址、电话号码、电子邮箱、健康信息、行踪信息等"。值得注意的是《中华人民共和国民法典》将个人信息主体的权利归属于权利中的人格权而非财产权，凸显了对自然人作为信息主体权利保护的伦理逻辑。《中华人民共和国民法典（人格权编）》将数据处理的伦理原则写入第一千零三十五条和第一千零三十八条，如目的明确、最小够用、明示同意、诚信保密、问责制度等，并与《网络安全法》一致，将单位作为犯罪主体，列入数据处理的责任方。

2021 年 6 月 10 日，第十三届人大常委会第二十九次会议通过《中华人民共和国数据安全法》（以下简称《数据安全法》），自 2021 年 9 月 1 日起施行。《数据安全法》作为捍卫国家数字主权的国家安全法，是《中华人民共和国国家安全法》在数字领域的延伸，也延续了《中华人民共和国国家安全法》的体制机制要求。《数据安全法》在"落实各地区、各部门的数据安全保障责任"中，明确了各地区、各部门这一实施主体，要求各地区、各部门对本地区、本部门工作中收集和产生的数据及数据安全负责，并确定了各主管部门对本行业领域和职权范围内的数据安全监管职权，以及网信部门在网络数据安全中的统筹协调职能和相关监管职责。在个人信息保护方面，《数据安全法》作为数据流通交易的上位法，明确了重要数据处理者的主动合规责任，以及数据交易的准入资格。《数据安全法》首次规定了数据跨境的安全要求，以及与各地区数据跨境、个人信息保护方面的法规协同导向。

2021 年 8 月 20 日，十三届全国人大常委会第三十次会议表决通过《中华人民共和国个人信息保护法》（以下简称《个人信息保护法》），自 2021 年 11 月 1 日起施行。《个人信息保护法》的发布，标志着自然人作为数据主体权利保护有法可依。至此，我国在立法方面完成了民事、刑事与行政角度的三重保护，明确了"数据保护"中"保护的是什么？谁来保护？如何保护？"的权责内容。术语"数据安全"已经发生了范式转换，从之前的网络信息安全为主、事后处理，变成了数据权益的保护、事前主动合规。

2021 年 9 月 9 日国务院发布《国家人权行动计划（2021—2025 年）》，在公民权利中新增了个人信息权益，强调"明确处理个人信息应遵循的原则，细化、完善个人信息处理规则，严格限制处理敏感个人信息，明确个人在个人信息处理活动中的权利，强化个人信息处理者的合规管理义务，设置严格的法律责任"。"加强个人信息保护监管执法工作，通过开展系列专项行动严格查处违法收集、使用个人信息行为，建立个人信息侵权投诉举报制度，加强执法队伍能力和执法水平建设，不断提高执法水平。"

随着重磅政策和法律的陆续落地和实施，我国个人信息保护法律体系日趋完善，为技术创新和应用落地提供了根本遵循。《网络安全法》《数据安全法》《个人信息保护法》也共同构筑了我国数据保护的基础法律框架。其中关于《个人信息保护法》

的内容,坊间解读甚多,主要围绕数据处理伦理、权责,以及对市场守门人的高额处罚,这些内容与前文介绍的 GDPR 基本相同,在此不一一赘述。对于数据治理领域的读者来说,《个人信息保护法》有如下两方面值得关注[①]。

一方面,《个人信息保护法》中的个人信息权益兼具法定性和开放性。个人信息的保护基于其可识别性,而"可识别"的标准是开放而非封闭式的,也就是说,不采取枚举的"黑名单"方式来界定数据处理的过程和结果是否使得个人数据可被识别出是某一个特定的自然人。对"个人敏感数据"的分类,也是基于其被识别出之后所带来的高风险和潜在的危害程度来界定。这种界定方式将辩护的责任和成本完全放在了数据处理者一方,保护了实际数据场景中是弱势方的个人数据主体。

另一方面,《个人信息保护法》在标准制定与执行方面采取了"规则制定权相对统一,规则执行权相对分散"的落地方式,将履行个人信息保护职责的部门界定为各部委和各地区,设置了专职的行政协调部门,"国家网信部门负责统筹协调个人信息保护工作和相关监督管理工作"。

因此,《个人信息保护法》带来的影响必然也是广泛而深远的。它标志着我国个人信息保护立法体系进入新的发展阶段,对公民信息权益的维护以及数字经济的发展具有重要意义。

（2）个人信息保护标准

为遏制个人信息非法收集、滥用、泄露等乱象,最大限度地保障个人的合法权益和社会公共利益,根据《网络安全法》等相关法律,修订了《信息安全技术 个人信息安全规范》（GB/T 35273—2020）（以下简称《个人信息安全规范》）。

在数据处理的具体场景方面,规范了个人信息控制者在收集、存储、使用、共享、转让、公开披露等信息处理环节中对个人数据主体的保护要求,针对如何落实个人数据主体的权利、落实数据处理的伦理原则、明确数据控制者与处理者的数据保护责任,给出了场景化的描述。 以数据收集的最小必要原则为例,本标准要求数据控制者"收集的个人信息的类型应与实现产品或服务的业务功能有直接关联;直接关联是指没有上述个人信息的参与,产品或服务的功能无法实现"。在明示目的的原则上,要求个人信息控制者"不应通过捆绑产品或服务各项业务功能的方式,要求个人信息主体一次性接受并授权同意其未申请或使用的业务功能收集个人信息的请求;应把个人信息主体自主作出的肯定性动作,如主动点击、勾选、填写等,作为产品或服务的特定业务功能的开启条件。个人信息控制者应仅在个人信息主体开启该业务功能后,开始收集个人信息;关闭或退出业务功能的途径或方式应与个人信息主体

---

①　《个人信息保护法》中"个人信息"与"个人数据"定义基本相同;"个人信息处理者"包括"数据控制者"和"数据处理者"。而《数据安全法》采用"数据处理者"来统称"数据控制者"与"数据处理者"。类似的互换使用术语的现象也出现在相关的国家标准与行业标准中,但其含义都是基于前文中 GDPR 的相关概念。为统一术语,本章引用文献的原文术语,而在解释部分尽量统一采用 GDPR 的相关术语;在有明显区分度的概念上（例如"数据处理者"与"第三方数据处理者",等同于 GDPR 的"数据控制者"与"数据处理者"）,不再进一步做术语说明。

选择使用业务功能的途径或方式同样方便。个人信息主体选择关闭或退出特定业务功能后，个人信息控制者应停止该业务功能的个人信息收集活动；个人信息主体不授权同意使用、关闭或退出特定业务功能的，不应频繁征求个人信息主体的授权同意；个人信息主体不授权同意使用、关闭或退出特定业务功能的，不应暂停个人信息主体自主选择使用的其他业务功能，或降低其他业务功能的服务质量；不得仅以改善服务质量、提升使用体验、研发新产品、增强安全性等为由，强制要求个人信息主体同意收集个人信息"。这些条款明确地否定了数据控制者用一揽子的"用户服务协议"回避个人信息过度收集与滥用的责任的做法。针对数据控制者常用一揽子的"用户服务协议"夹带了在数据采集特定场景中与用户需求无关的数据处理目标，也就是不经数据主体知情、同意，而为了数据控制者自身的目的去加工和使用个人信息的情况，本标准强调了数据处理的目的明确原则，"使用个人信息时，不应超出与收集个人信息时所声称的目的具有直接或合理关联的范围。因业务需要，确需超出上述范围使用个人信息的，应再次征得个人信息主体明示同意；如所收集的个人信息进行加工处理而产生的信息，能够单独或与其他信息结合识别特定自然人身份或者反映特定自然人活动情况的，应将其认定为个人信息。对其处理应遵循收集个人信息时获得的授权同意范围；"这里强调了对个人信息使用，尤其是共享、流通的使用目的，必须每个目的单独获得数据主体的明示同意。本标准在附录中给出了多重使用目的的单独告知示例："与第三方共享、转让和公开披露的情形可能因业务功能复杂的原因变得多样化。个人信息控制者可酌情在此页面增加共享、转让、公开披露的场景，或在个人信息主体使用过程中以弹窗等形式单独告知，并征得同意。"

　　在保护数据主体在使用数据做出有关个人利益决策的平等权利方面，明确了"数字线上生活"的环境的公平性，在数据画像与数据个性化展示方面，要求个人信息控制者"用户画像中对个人信息主体的特征描述，不应表达对民族、种族、宗教、残疾、疾病歧视的内容。除了为实现个人信息主体授权同意的使用目的所必需外，使用个人信息时应消除明确身份指向性，避免精确定位到特定个人。例如，为了准确评价个人信用状况，可使用直接用户画像，而用于推送商业广告目的时，则宜使用间接用户画像"。"在向个人信息主体提供业务功能的过程中使用个性化展示的，应显著区分个性化展示的内容和非个性化展示的内容；在向个人信息主体提供电子商务服务的过程中，根据消费者的兴趣爱好、消费习惯等特征向其提供商品或者服务搜索结果的个性化展示的，应当同时向该消费者提供不针对其个人特征的选项；在向个人信息主体推送新闻信息服务的过程中使用个性化展示的，应为个人信息主体提供简单直观的退出或关闭个性化展示模式的选项；当个人信息主体选择退出或关闭个性化展示模式时，向个人信息主体提供删除或匿名化定向推送活动所基于的个人信息的选项。应建立个人信息主体对个性化展示所依赖的个人信息（如标签、画像维度等）的自主控制机制，保障个人信息主体调控个性化展示相关性程度的能力。"个人信息举例见表 12-1。

表 12-1 个人信息举例

个人基本资料	个人因生病医治等产生的相关记录，如病症、住院志、医嘱单、检验报告、手术及麻醉记录、护理记录、用药记录、药物食物过敏信息、生育信息、电子邮件地址等
个人身份信息	身份证、军官证、护照、驾驶证、工作证、出入证、社保卡、居住证等
个人生物识别信息	个人基因、指纹、声纹、掌纹、耳廓、虹膜、面部识别特征等
网络身份标识信息	个人信息主体账号、IP 地址、个人数字证书等
个人健康生理信息	个人因生病医治等产生的相关记录，如病症、住院志、医嘱单、检验报告、手术及麻醉记录、护理记录、用药记录、药物食物过敏信息、生育信息、以往病史、诊治情况、家族病史、现病史、传染病史等，以及与个人身体健康状况相关的信息，如体重、身高、肺活量等
个人教育工作信息	个人职业、职位、工作单位、学历、学位、教育经历、工作经历、培训记录、成绩单等
个人财产信息	银行账户、鉴别信息（口令）、存款信息（包括资金数量、支付收款记录等）、房产信息、信贷记录、征信信息、交易和消费记录、流水记录等，以及虚拟货币、虚拟交易、游戏类兑换码等虚拟财产信息
个人通信信息	通信记录和内容、短信、彩信、电子邮件，以及描述个人通信的数据（通常称为元数据）等
联系人信息	通讯录、好友列表、群列表、电子邮件地址列表等
个人上网记录	指通过日志储存的个人信息主体操作记录，包括网站浏览记录、软件使用记录、点击记录、收藏列表等
个人常用设备信息	指包括序列号、设备 MAC 地址、软件列表、唯一设备识别码（如 IMEI/Android ID/IDFA/OpenUDID/GUID/SIM 卡 IMS 信息等）等在内的描述个人常用设备基本情况的信息
个人位置信息	包括行踪轨迹、精准定位信息、住宿信息、经纬度等
其他信息	婚史、宗教信仰、性取向、未公开的违法犯罪记录等

针对数据复制低成本高风险、数据通过共享才能变现价值、如何保障不同数据处理者之间数据处理场景中的个人信息主体权益，在个人信息的委托处理、共享、转让、公开披露方面对数据控制者列出明确要求。"个人信息控制者委托第三方处理个人信息时，委托行为，不应超出已征得个人信息主体授权同意的范围；个人信息控制者应对委托行为进行个人信息安全影响评估；受委托者确需再次委托时，应事先征得个人信息控制者的授权；受委托者在委托关系解除时不再存储相关个人信息。个人信息控制者应对受委托者进行监督，包括对受委托者进行审计。个人信息控制者应准确记录和存储委托处理个人信息的情况；个人信息控制者共享、转让个人信息时，应充分重视风险。共享、转让个人信息，非因收购、兼并、重组、破产原因的，应事先开展个人信息安全影响评估，并依评估结果采取有效的保护个人信息主体的措施；向个人信息主体告知共享、转让个人信息的目的、数据接收方的类型以及可能产生的后果，并事先征得个人信息主体的授权同意。共享、转让经去标识化处理的个人信息，且确保数据接收方无法重新识别或者关联个人信息主体的除外；还应向个人信息主体告知涉及的个人敏感信息类型、数据接收方的身份和数据

安全能力,并事先征得个人信息主体的明示同意;准确记录和存储个人信息的共享、转让情况,包括共享、转让的日期、规模、目的,以及数据接收方基本情况等;因共享、转让个人信息发生安全事件而对个人信息主体合法权益造成损害的,个人信息控制者应承担相应的责任;帮助个人信息主体了解数据接收方对个人信息的存储、使用等情况,以及个人信息主体的权利,例如,访问、更正、删除、注销账户等;个人生物识别信息原则上不应共享、转让。因业务需要,确需共享、转让的,应单独向个人信息主体告知目的、涉及的个人生物识别信息类型、数据接收方的具体身份和数据安全能力等,并征得个人信息主体的明示同意。""个人信息原则上不应公开披露。个人信息控制者经法律授权或具备合理事由确需公开披露时,应事先开展个人信息安全影响评估,并依评估结果采取有效的保护个人信息主体的措施;向个人信息主体告知公开披露个人信息的目的、类型,并事先征得个人信息主体明示同意;还应向个人信息主体告知涉及的个人敏感信息的内容;准确记录和存储个人信息的公开披露的情况,包括公开披露的日期、规模、目的、公开范围等;承担因公开披露个人信息对个人信息主体合法权益造成损害的相应责任;不应公开披露个人生物识别信息;不应公开披露我国公民的种族、民族、政治观点、宗教信仰等个人敏感数据的分析结果。"个人敏感信息举例见表 12-2。数据收集的目集的明示同意原则示例如图 12-1 所示。

针对数据处理场景中涉及多个处理者的情形,本标准在共同个人信息控制者的责任方面,要求当个人信息控制者与第三方为共同个人信息控制者时,个人信息控制者应通过合同等形式与第三方共同确定应满足的个人信息安全要求,以及在个人信息安全方面自身和第三方应分别承担的责任和义务,并向个人信息主体明确告知。如未向个人信息主体明确告知第三方身份,以及在个人信息安全方面自身和第三方应分别承担的责任和义务,个人信息控制者应承担因第三方引起的个人信息安全责任。由于最常见的数据采集来自移动端的 App,一个相关的文献是《网络安全标准实践指南—移动互联网程序(App)使用软件开发工具包(SDK)安全指引》,其中给出了 App 开发方与 SDK 开发运营方之间对个人信息保护的责任界定。

表 12-2　个人敏感信息举例

个人财产信息	银行账户、鉴别信息(口令)、存款信息(包括资金数量、支付收款记录等)、房产信息、信贷记录、征信信息、交易和消费记录、流水记录等,以及虚拟货币、虚拟交易、游戏类兑换码等虚拟财产信息
个人健康生理信息	个人因生病医治等产生的相关记录,如病症、住院志、医嘱单、检验报告、手术及麻醉记录、护理记录、用药记录、药物食物过敏信息、生育信息、以往病史、诊治情况、家族病史、现病史、传染病史等
个人生物识别信息	个人基因、指纹、声纹、掌纹、耳廓、虹膜、面部识别特征等
个人身份信息	身份证、军官证、护照、驾驶证、工作证、社保卡、居住证等
其他信息	性取向、婚史、宗教信仰、未公开的违法犯罪记录、通信记录和内容、通讯录、好友列表、群组列表、行踪轨迹、网页浏览记录、住宿信息、精准定位信息等

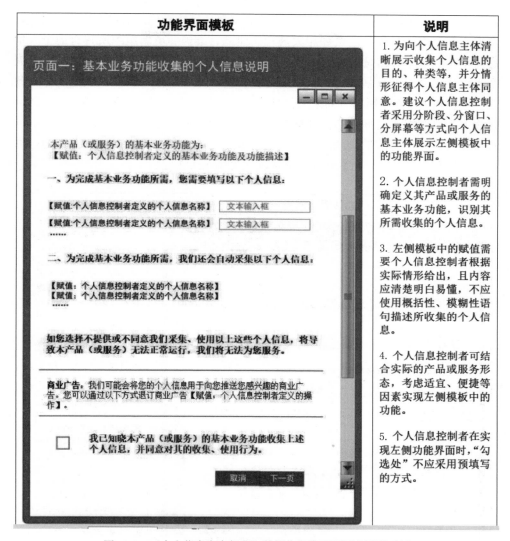

功能界面模板	说明

图 12-1　《个人信息安全规范》数据收集的明示同意原则示例

针对机构响应《个人信息保护法》与相关法规、监管政策要求，建立个人信息保护策略，包括企业数据安全治理制度、个人信息保护策略、数据访问策略、用户授权与账户注销策略、委托处理策略、共享与交易策略等，本标准给出了组织的个人信息安全管理要求。对个人信息控制者来说，要做到：任命个人信息保护负责人和个人信息保护工作机构，个人信息保护负责人应由具有相关管理工作经历和个人信息保护专业知识的人员担任，参与有关个人信息处理活动的重要决策直接向组织主要负责人报告工作。对满足重要信息处理者的组织来说，要做到：应设立专职的个人信息保护负责人和个人信息保护工作机构，负责个人信息安全工作。个人信息保护负责人和个人信息保护工作机构的职责应包括全面统筹实施组织内部的个人信息安全工作，对个人信息安全负直接责任；制定、签发、实施、定期更新个人信息保护政策和相关规程；建立、维护和更新组织所持有的个人信息清单（包括个人信息的类型、数量、来源、接收方等）和授权访问策略；开展个人信息安全影响评估，提出个人信息保护的对策建议，督促整改安全隐患；建立、维护和更新组织所持有的个人信息清单（包括个人信息的类型、数量、来源、接收方等）和授权访问策略；开展个人信息安全影响评估，提出个人信息保护的对策建议，督促整改安全隐患；进行安全审计；与监督、管理部门保持沟通，通报或报告个人信息保护和事件处置等情况（见图 12-2）。

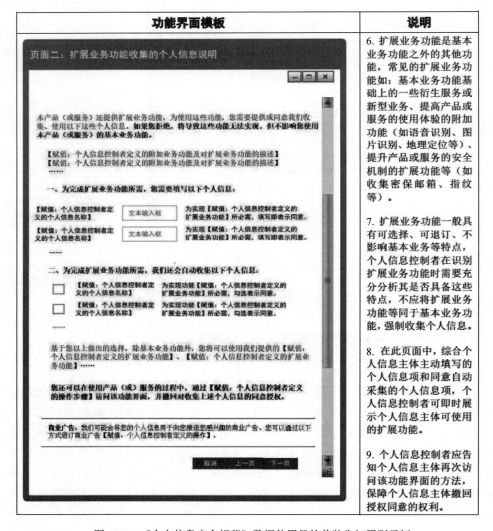

图 12-2　《个人信息安全规范》数据使用目的单独告知原则示例

总体而言，《个人信息安全规范》的发布进一步贯彻落实了《网络安全法》规定的个人信息收集、使用的"合法、正当、必要"基本原则，解决人民群众反映强烈的 App"强制索权、捆绑授权、过度索权、超范围收集"的问题。同时，针对当前 App 运营管理的一些不合理现象，如告知目的不明确、注销账户难、滥用用户画像、无法关闭个性化推送信息、第三方接入缺乏有效管理、内部管理职责不明等问题，进一步梳理完善条款，指导组织使用标准完善个人信息保护体系。

《个人信息安全规范》强调要展开个人信息安全影响评估工作，个人信息安全影响评估是个人信息控制者实施风险管理的重要组成部分，旨在发现、处置和持续监控个人信息处理过程中的安全风险。只有规范个人信息安全影响评估的方法才能确保个人信息安全工作落到实处。鉴于此，制定了国家标准《信息安全技术 个人信息安全影响评估指南》（GB/T 39335—2020）（以下简称"评估指南"）。评估指南给出了个人信息安全评估的基本原理和评估流程，针对个人信息处理活动，检验其合法合规程度，判断对个人信息主体合法权益造成损害的各种风险，以及评估用于保护个人信息主体的各项措施有效性的过程。

评估指南首先明确了个人信息处理活动是否对个人信息主体合法权益产生影响，以及产生何种影响。 换句话说，也就是数据处理活动的场景中哪些对个人数据主体是"高风险"的，这些风险可概括为四个维度，分别计量。高风险个人信息处理场景示例见表 12-3。

- 限制个人自主决定权。例如被强迫执行不愿执行的操作、缺乏相关途径更新个人相关信息、无法选择拒绝个性化广告的推送、被蓄意推送影响个人价值观判断的资讯等。
- 引发差别性待遇。因疾病、婚史、学籍等信息泄露造成的针对个人权利的歧视，因个人消费习惯信息的滥用而对个人公平交易权造成损害等。
- 个人名誉受损或遭受精神压力，例如被身份冒用，公开不愿人知的习惯、经历等，被频繁骚扰、监视追踪等。
- 人身财产受损。例如引发人身伤害，资金账户被盗，遭受诈骗勒索等。

表 12-3 《个人信息安全影响评估指南》高风险个人信息处理场景示例

个人信息处理活动	场景示例
数据处理涉及对个人信息主体的评价或评分，特别是对个人信息主体的工作表现、经济状况、健康状况、偏好或兴趣的评估或预测	**示例 1：** 对个人信息主体使用社交网络和其他应用程序的行为进行分析，以便向其发送商业信息或垃圾邮件。 **示例 2：** 银行或其他金融组织在提供贷款前使用人工智能算法对个人信息主体进行信用评估，数据处理可能涉及与信用评估没有直接关联的个人信息。 **示例 3：** 保险公司通过分析香烟、酒精、极限运动、驾驶等偏好数据，评估个人信息主体的生活方式、健康状况等，据此做出保费设置的决策

个人信息处理活动	场景示例
使用个人信息进行自动分析给出司法裁定或其他对个人有重大影响的决定	**示例 1：** 在设置有分段测速或电子收费的道路，建设有用于流量、道路违规等行为的检测系统，特别是能够自动识别车辆的系统，对驾驶员及其驾驶行为进行详细的记录和监督，并给出是否违法的判断。 **示例 2：** 电商平台监控用户购物行为，进行用户画像，分析用户的购买偏好和购买能力，设置针对用户特定偏好的营销计划
系统性地监控分析个人或个人信息，如在公共区域监控、采集个人信息等，但仅在涉及违规事件分析时才使用的视频监测系统除外	**示例 1：** 大规模公共空间监测系统，用于人员追踪，并且能够收集超出提供服务范围的个人信息。 **示例 2：** 设置在工作场所的 IT 监测系统，监控员工的电子邮件、所使用的应用程序等，用于分析员工工作时间及使用工具（如电子邮件、互联网）的情况
收集的个人敏感信息数量较多、比重较大，收集频率要求高，与个人经历、思想观点、健康、财务状况等密切相关	**示例 1：** 通过智能手表、手环、制服、头盔或其他移动设备持续收集或监控个人信息主体的活动、健康相关数据。 **示例 2：** 通过健身手环或智能手机中的传感器持续收集或监控用户运动、健康相关数据，通过数据分析和处理提供定制化的健身建议或改善训练流程的服务
数据处理的规模较大，如涉及100 万人以上、持续时间久、在某个特定群体的占比超过50%、涵盖的地理区域广泛或较集中等	**示例 1：** 社交网络、在线浏览器、有线电视订阅服务大规模收集用户浏览网站、购买记录、观看记录、收听记录等数据。 **示例 2：** 百货商店、购物中心或其他类似营业场所中，通过收集路人和顾客的 GPS、蓝牙或移动通信信号，对客流情况进行监测，跟踪顾客的购物路线和购物习惯
对不同处理活动的数据集进行匹配和合并，并应用于业务	**示例 1：** 基于防欺诈或风险管控目的，电商平台合并处理不同来源的数据集，以便根据分析或测试结果显示的风险值采取相应管控措施。 **示例 2：** 电商平台、零售商店通过分析顾客的购物、优惠券使用等行为数据，结合顾客的信用数据、第三方和社交网络数据等，获得提高销售额的营销策略
数据处理涉及弱势群体的，如未成年人、病人、老年人、低收入人群等	**示例 1：** 能够连接网络的智能玩具收集儿童玩耍的音频、视频数据，或收集儿童的年龄、性别、位置等信息。 **示例 2：** 在远程医疗场景中，医生通过网站或应用程序与患者进行视频通话，通过各类传感器收集分析患者的血糖、血氧等健康数据
创新型技术或解决方案的应用，如生物特征识别、物联网、人工智能等	**示例 1：** 通过人工智能提供客户服务或支持，呼叫中心利用人工智能技术处理呼叫者的音频数据，自动评估呼叫者的心情，并根据评估结果确定与呼叫者的沟通方式或向呼叫者提供的建议。 **示例 2：** 健身俱乐部、酒店等入口控制系统，指纹支付或刷脸支付等支付程序，通过收集和处理个人信息主体的个人生物识别信息，判断是否拥有进入某些区域、使用某些功能的权限
处理个人信息可能导致个人信息主体无法行使权利、使用服务或得到合同保障等	**示例：** 提供贷款、信贷、分期付款销售的实体通过收集、处理包含有债务人或类似个人信息主体的数据库信息，针对潜在客户制定信贷决策

本评估指南回答了目前各个法规与监管要求中，针对**数据处理的事前、事中、事后的评估目的与要求**。在开展个人信息处理前，组织可通过 PIA 识别可能导致个人信息主体权益遭受损害的风险，并据此采用适当的个人信息安全控制措施。对于正在开展的个人信息处理，组织可通过 PIA 综合考虑内外部因素的变化情况，持续修正已采取的个人信息安全控制措施，确保风险处于可控状态。PIA 的文档可帮助相关组织在调查、合规审计等程序中证明自身作为数据处理者遵守了个人信息保护与数据安全方面的法律法规和标准的要求。值得一提的是在数据共享过程中，交换的双方作为共通个人信息控制者，交换的内容不仅是数据，而且包括数据保护的策略，以保证数据交换场景中对风险的识别与控制。监管部门要求组织提供 PIA 报告，可督促组织开展评估并采取有效风控措施。事实上在数据保护的所有法律法规和国标行标与行业政策都强调了评估作为组织在个人信息保护能力方面的证据。除了自评，对有些数据处理者要求第三方评估，以及定期主动评估和上报。

评估指南给出了 PIA 的基本原理，见图 12-3。

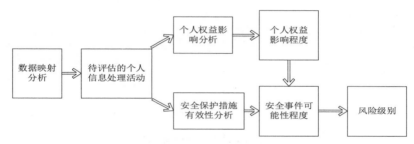

图 12-3　《个人信息安全影响评估指南》评估基本原理

PIA 主要的逻辑，如上文 GDPR 第 35 条所说，是采用询证主义的路径来证明组织在数据处理的每一个环节都是可信的。可信的意思是所有环节中对于个人数据主体的权益侵犯风险都被识别出来，且量化并确定风险出现的可能性，以及造成的危害程度。

由于事实上无法对组织中海量的数据处理场景都做 PIA，PIA 满足于挑选一条主要的业务数据链，来产生具有代表其他业务数据流的 PIA 风险报告，用来证明整个组织对个人信息处理的风险，也就是组织作为数据控制者，对个人信息主体的可信程度。在未来的数据流通、数据共享与数据交易的场景中，类似于资本市场中的信用才是真正的钱，通过如 PIA 产生的合规可信度，是企业的重要资产。鉴于数据交换场景中，双方交换数据保护策略，组织也可以督促相关方开展个人信息 PIA，并引用相关方的 PIA 报告。

PIA 的评估逻辑和过程如下，基于评估的目标（经常是组织的现状对标监管要求的差距）对组织的整体或局部进行合规分析，选取数据处理的具体场景的全链数据流，包括但不限于新产品或已有产品、新服务或现有服务、对最近密集出台的数据安全合规法律法规与行业政策带来的外部环境重大变化、发生过的重大个人信息安全事件及针对并购重组等公司行为来确定 PIA 的范围与对象。

范围与对象从三个方面描述：数据处理的系统的基本信息，数据处理的系统设计信息，数据处理系统的流程和程序信息，将全生命周期的数据保护要素融入评估范围。

针对所选择的业务数据流，形成清晰的数据清单。结合企业数据安全分级分类、敏感数据等安全等级要求，形成数据映射图表，包括每个具体的数据处理场景中涉及的个人信息类型、处理目的、具体实现方式，涉及内部资源和外部相关方。数据映射分析工具示例如图 12-4 所示。

附 录 C

（资料性附录）

个人信息安全影响评估常用工具表

以下工具表（表 C.1～表 C.5）均为资料性工具，供组织进行评估时选取参考。工具表以个人信息处理活动/场景/特性或组件为维度，各表可基于此项进行整合或分开处理。建议组织采取 IT 化/自动化处理方式进行影响评估。

表 C.1 基于处理活动/场景/特性或组件的个人信息映射表

个人信息处理活动/场景/特性或组件	个人信息类型[1]	个人信息主体	个人信息收集、处理的目的	个人信息处理的合法事由	个人信息控制者[2]	个人信息处理者[3]	是否涉及跨境转移[4]	是否涉及第三方共享[5]
处理活动 A								
处理活动 B								
处理活动 C								

表 C.2 个人信息生命周期安全管理

个人信息处理活动/场景/特性或组件	相关个人信息项	收集来源	收集方式	存储方式/加密措施	传输方式/加密措施	存储期限	删除/匿名化方式
处理活动 A							
处理活动 B							
处理活动 C							

图 12-4 《个人信息安全影响评估指南》数据映射分析工具示例

确定了 PIA 的范围后就可以识别侵害个人数据主体权益的风险源，包括操作、软件、硬件、网络、流程、第三方是否符合《个人信息安全规范》中的要求等，不再赘述。

此时 PIA 分成两类的风险评估：对个人数据主体侵害的风险程度，以及风险发生的可能性。在确定对个人数据主体侵害的风险程度时，建议建立每种用途的个人信息的可识别模型，可识别成特定自然人的可能性，就是数据处理场景中的风险，通过模型可量化或定性描述可以给出对个人权益的影响程度，也就是风险级别。另一条路线是评估组织的安全策略，针对风险源给出安全策略的有效性，也就得出了风险发生的可能性。结合以上两类风险评估结果，即可得到评估对象的风险等级，见表 12-4。

表 12-4 《个人信息安全影响评估指南》安全事件可能性等级判定准则

影响描述	影响程度
个人信息主体可能会遭受重大的、不可消除的、可能无法克服的影响。如遭受无法承担的债务，失去工作能力，导致长期的心理或生理疾病，导致死亡等	严重
个人信息主体可能遭受重大影响，个人信息主体克服难度高，消除影响代价大。如遭受诈骗，资金被盗用，被银行列入黑名单，信用评分受损，名誉受损，造成歧视，被解雇，被法院传唤，健康状况恶化等	高
个人信息主体可能会遭受较严重的困扰，且克服困扰存在一定的难度。如付出额外成本，无法使用应提供的服务，造成误解，产生害怕和紧张的情绪，导致轻微的生理疾病等	中
个人信息主体可能会遭受一定程度的困扰，但尚可以克服。如被占用额外的时间，被打扰，产生厌烦和恼怒情绪等	低

以定性方式为例，可从"影响个人自主决定权""引发差别性待遇""个人名誉受损和遭受精神压力""个人财产受损"四个维度，对个人信息主体的权益进行影响程度评价。影响程度分为"严重""高""中""低"四个等级，影响程度判定可参考表 12-5。

表 12-5 《个人信息安全影响评估指南》影响程度判定表

影响维度	影响描述	影响程度
影响个人自主决定权	例如个人人身自由受限	严重
	例如被强迫执行违反个人意愿的操作，被蓄意推送资讯影响个人价值观判断，可能引发个人人身自由受限	高
	例如缺乏相关知识或缺少相关渠道更正个人信息，为使用应提供的产品或服务而付出额外的成本等	中
	例如被占用额外的时间	低
引发差别性待遇	例如因信息泄露造成歧视性对待以致被用人单位解除劳动关系	严重
	例如造成对个人合法权利的歧视性待遇，造成对个人公平交易权的损害（无法全部或部分使用应提供的产品或服务）	高
	例如造成误解，为使用应提供的产品或服务而需付出额外的成本（包含资金成本、时间成本等）	中
	例如耗费额外的时间来获取公平的服务或取得相应的资格等	低
个人名誉受损和遭受精神压力	例如名誉受损以致长期无法获得财务收入，导致长期的心理或生理疾病以至于失去工作能力，导致死亡等	严重
	例如名誉受损以致被用人单位解除劳动关系，导致心理或生理疾病以致健康遭受不可逆的损害等	高
	例如造成误解、名誉受损（通过澄清可全部或部分恢复），产生害怕和紧张的情绪，导致心理或生理疾病（通过治疗或纠正措施，短期可痊愈）等	中
	例如被频繁打扰、产生厌烦和恼怒情绪等	低

影响维度	影响描述	影响程度
个人财产受损	例如造成重伤，遭受无法承担的债务等	严重
	例如遭受轻伤，遭受金融诈骗，资金被盗用，征信信息受损等	高
	例如造成轻微伤，社会信用受损，为获取金融产品或服务，或挽回损失需付出额外的成本等	中
	例如因个人信息更正而需要执行额外的流程（或提供额外的证明性材料）等	低

最终，以 PIA 报告作为工作成果，包括评估报告适用范围、评估对象具体信息、评估内容、相关方、风险分析结果、合规性分析结果、风险处置建议等。一方面，有利于企业作为决策依据进行风险整改；另一方面，也可以作为各组织合规的证明性文件，公开发布或根据需要提交监管部门证明组织遵守了适用法律、法规和标准要求。

（3）个人信息保护监管要求

以上介绍了国标对个人数据主体的权益保护基于具体场景的做法。在数据安全监管要求方面，各行业也做出了积极探索。以金融业为例，陆续发布了《个人金融信息保护技术规范》，要求按照《个人金融信息保护技术规范》（JR/T 0171—2020）加强个人金融信息全生命周期技术管理，强化风险识别和监控，建立健全风险事件处置机制，保障金融信息主体合法权益。《金融数据安全 数据安全分级指南》（JR/T 0197—2020），要求结合实际参考《金融数据安全 数据安全分级指南》，做好本单位金融数据资产梳理和安全分级工作，探索建立本机构金融数据安全分级保护工作机制及配套制度，以促进金融数据在机构和行业间的安全共享。《多方安全计算金融应用技术规范》（JR/T 0196—2020），要求结合实际认真落实《个人金融信息保护技术规范》，建立数据安全共享机制，规范数据采集、授权、使用，确保数据专事专用、最小够用，杜绝数据被误用、滥用，保护数据主体隐私不受侵害。《金融业数据能力建设指引》（JR/T 0218—2021），要求结合实际将数据能力建设纳入本单位中长期发展战略并定期开展评估，秉持"用户授权、安全合规、分类施策、最小够用、可用不可见"原则，建立长效工作机制，制定工作表、路线图，切实将数据治理好，应用好，保护好。《金融数据安全 数据生命周期安全规范》（JR/T 0223—2021），要求结合实际，参照标准要求，做好金融数据安全管理工作。其基本原理遵循以上介绍的法律法规和国标，明确了全生命周期安全管理、个人信息安全分级分类，以及采纳了数据管理能力成熟度评估模型的维度来更加量化地考量机构的数据治理水平。

12.2　数据作为生产要素的保护

12.2.1　营造公平竞争的市场环境

2020 年 9 月，欧盟发布了《欧洲数据战略》，被视为数字经济发展方面的国家战略里程碑。《欧洲数据战略》中清晰地阐述了行动目标：①形成欧盟区的统一数据交易市场；②创建数据信托，使得公共领域、国家与公民自然人通过数据的流通获得红利；③保证每个个体与组织平等的数据使用权。在 GDPR 的数据确权与数据处理原则基础上，明确了数字经济是欧洲未来十年的发展动力，宣告了数字经济的发展愿景，跨领域、跨行业、跨国家共同协作而使数据释放最大价值的发展方向，以及数据保护的目标与原则。

作为《欧洲数据战略》的落地配套立法，欧盟在 2020 年 11—12 月推出了《数字市场法》《数字服务法》《数据治理法》（欧洲数据治理条例）。

（1）《数字市场法》

《数字市场法》提出了"守门人"的概念，即在某领域的数字市场上可能造成阻碍其他竞争者进入的平台公司。通过限制"守门人"的垄断地位，新兴的公司与技术可以更容易进入市场，获得相对平等的发展机会。而消费者获得了更多的服务选择，也避免了因为需要使用"守门人"的服务而被绑架丧失选择权与数据的平等使用权的现象。

《数字市场法》明确了界定"守门人"的量化标准，即平台是否是守门人、是否履行了守门人的市场义务的合规成本，并要求守门人自证合规，免除了消费者与小规模的竞争者的举证成本。"守门人"的定义标准有三条。

1）影响欧盟内部市场的规模

如果该公司在过去三个财政年度在欧洲经济区实现的年营业额等于或高于 65 亿欧元，或者在过去一个财政年度其平均市值或等值的公平市值至少达到 650 亿欧元，并至少在三个成员国提供核心平台服务，即可推定为适用《数字市场法》。

2）控制着商业用户通往最终消费者的重要通道

如果公司经营的核心平台服务于上一财年在欧盟建立或位于欧盟的月活跃终端用户超过 4500 万人，以及在欧盟建立的年活跃商业用户超过 1 万，即可推定为适用《数字市场法》。

3）（预期的）根深蒂固和持久的地位

如果公司在过去三个财政年度中的每个年度都符合其他两个标准，即被推定为适用《数字市场法》。

如果所有这些数量上的门槛都得到满足，则推定该公司为守门人，除非该公司提出证据确凿的论据来证明相反的情况。如果不符合所有这些门槛，欧盟委员会可在为指定守门人而进行的市场调查中，对某一公司的具体情况进行评估，并根据定性评估决定是否将其确定为守门人。如果"守门人"无视规则，欧盟委员会可处以公司全球年营业额10%以下的罚款，并分期支付公司全球年营业额5%以下的罚款。罚款之外，《数字市场法》还赋予了经合组织最低行政单元对守门人业务强制拆分的权利，如责成守门人出售业务或部分业务（即出售单位、资产、知识产权或品牌）。

《数字市场法》在全球首次结构性地提供了如何在数据的跨境性质的前提下维护市场公平竞争的解决方案，以及提出了数字经济领域的概念，提出竞争环境的改善可带来130亿欧元的消费者盈余，以及6%的年度增长。《数字市场法》从发布日起，就深刻地影响了世界各国的相关立法逻辑。我国相继推出《个人信息保护法》等法律法规，以及2021年针对阿里与美团的"守门人"垄断地位的处罚力度，都显示出与《数字市场法》的相关性。

（2）《数字服务法》

《数字服务法》旨在规范数字中介机构。"数字中介"一词被监管与立法广泛使用，但其定义的内涵与外延并无一致的说法，例如针对数字中介立法较早的美国，各州的立法定义也不同。最明显的是《加州隐私权法》（CPRA）与佛蒙特州的《数据经纪人与消费者保护法》对比：加州仅规制收集、出售、共享数据三类行为，而佛蒙特州则详细地列出数据经纪人的主要活动以及与其他消费者直接相关的企业的重要差别。欧盟的《数字服务法》定义了在欧洲统一数据市场上，关于平台等中介机构的法律义务和责任的共同规则，规范了作为中介机构将消费者与商品、服务和内容连接起来的数字服务的法律责任。通过《数字服务法》，欧盟整体加强了有效监督欧洲数字服务统一市场的能力，促使成员国间进行有效合作并确保欧盟层面的快速干预。通过《数字服务法》预计促进跨境贸易增长1%~1.8%，即增长155亿欧元。

《数字服务法》明确了以下几点。

1）明确了欧盟公民面对数据中介的基本权利

为内容被平台错误删除的用户提供追索权，降低被不合理封杀言论自由的风险，以及被超大型平台系统滥用算法操纵的风险。

2）明确了保护公民权利的责任主体（即数据中介）

数据中介包括：①"中介服务"，纯传输服务、缓存服务与托管服务；②"在线平台"，存储并向公众（不定量第三方）提供信息的托管服务商。

3）明确了中介商的服务限制责任

这涵盖算法和在线广告的透明度；透明性报告义务（年度），允许研究人员访问关键平台数据以进行审查；确保非法商品和服务的卖家能够被追踪和追踪。

4）提出了"超级平台"的概念，并明确了超级在线平台的额外义务

这包括更频繁的风险评估对权利主体行使基本权利造成的负面影响；设置数据合规官；蓄意操纵与恶意使用的可预见影响评估；对以上识别的风险进行平台功能

限制以缓解责任。

《数字服务法》对数据中介的风险控制措施,在各国的相关立法中也有类似体现,如相关法律法规以及国标、行标中都明确提到了数据中介需要准入资格,需要风险评估,以及重要数据处理者所承担的额外数据保护责任与义务。

(3)《数据治理法》

《数据治理法》旨在增加对数据共享的信任,并促进各部门和成员国之间的数据共享,以利用数据的潜力,为欧洲公民和企业带来更多福祉。通过数据治理的协同,赋能欧盟经济区在战略领域建立和发展欧洲共同的数据空间,例如健康、环境、能源、农业、流动性、金融、制造业、公共管理等各个关键的竞争领域。例如,良好的数据管理和数据共享将使各行业能够开发具有创新意义的产品和服务,并使许多经济部门更加高效和可持续发展。这对于训练人工智能系统也是至关重要的。数据驱动的创新利益所有人和组织,比如在健康领域,匿名分项的数据集可以推动个性化治疗,提供更好的医疗服务,帮助治愈罕见或慢性疾病;每年为欧盟卫生部门节省约1200亿欧元;更有效、更快速地应对全球COVID-19健康危机。移动数据领域的实时导航为公共交通用户节省超过2700万小时的时间,每年为汽车司机节省高达200亿欧元的人力成本。

《数据治理法》提出落实以上数据治理协同目标的机制和工具集:其一,使无法开放的数据集可被再利用,如健康数据的再利用可以推动研究,以找到治疗罕见或慢性疾病的方法;其二,治理中介机构,确保中介机构在数据汇集和共享中值得信任;其三,治理数据利他通道,使权利主体(公域与私域)更容易提供数据;其四,基于权益保护的数据共享,通过跨部门与跨国的共享,使正确的数据能够被用于正确的目的。

《数据治理法》中的治理机制在我国的立法与地区、部委的数据经济发展条例中都有强烈的共鸣,其治理工具集中的数据共享合同模板、隐私计算与边缘计算技术、公共数据有序开放、企业数据共享等都已经是被大力推动发展的重点内容。

12.2.2 流通中的数据资产保护

"数据资产"作为"数据可被用作经济术语描述与衡量"的典型用例,一方面被广泛地加以定价与估值,另一方面并未被统一地给出明确的定义来描述数据范围与权责边界。数据要素流通市场的发展阶段,针对数据如何独立地作为资产进行交易,其确权的实施路径为何,在不同的应用场景中有着热烈的讨论与创新。下文以我国首张公共数据资产凭证作为企业信贷业务的借款条件,作为应用场景中数据保护的实例进行说明。

2021年7月,广东省政府印发《广东省数据要素市场化配置改革行动方案》,提出要探索公共数据资产化管理,建立公共数据资产确权登记和评估制度。7月底印发《广东省公共数据资产凭证试点工作方案》,正式启动公共数据资产凭证试点工作。广东电网公司作为首批试点单位，与农行广东分行共同承接企业信贷场景数据资产凭证试点任务。

佛山市和禧金属制品有限公司是"第一个吃螃蟹"的企业，该企业在利用"粤商通"平台向农行广东分行融资贷款过程中，可将其一定时期以来的用电数据作为申请贷款的条件，有别于以往的抵押或信用贷款，而相关数据则由广东电网公司提供。广东数据资产凭证的参与各方如图 12-5 所示。

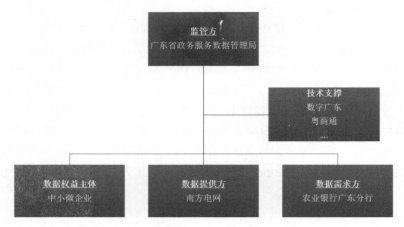

图 12-5　广东数据资产凭证的参与各方

数据资产凭证的制作、监管与使用的流程如下。

● 广东电网公司和农行广东分行签订大数据合作协议，确定《数据主体授权书》模板。

● 广东省政务服务数据管理局（以下简称政数局）在政务数据中心制发空白数据资产凭证。

● 农行将"电费贷"产品接入"粤商通"平台。

● 贷款企业在粤商通选择电费贷业务，填写用电户号等相关信息，阅读《数据使用声明》并签署《数据主体授权书》，完成业务申请。

● 农行收到业务申请，后台自动向广东电网发起数据资产凭证申请，传输企业名称、统一社会信用代码、用电户号、授权书等信息。

● 广东电网收到凭证制证申请，验证数据主体授权书，通过用电户号在大数据平台查询获取企业用电数据，连同数据主体、数据提供方、数据需求方营业执照相关信息，调用政务数据中心空白数据资产凭证模板，并填充数据，加盖广东电网公司电子印章，完成凭证制证，并推送到政务数据中心和广东农行。

● 农行获取凭证后，解析相关数据，供内部业务办理使用。

● 数据资产凭证在广东电网、政数局、农行三方保存，通过区块链技术确保行为、授权文件、数据资产凭证的完整及不可篡改。

广东电网公司以公共数据资产凭证为载体，如图 12-6 所示，通过云计算、大数据、区块链等国产技术，实现电网数据可信、安全、高效地传输至数据利用方，极大地提升了数据流通的效率。基于此次企业信贷场景试点的成果经验，可推广应用至全省范围 4400 万企业和个人电力客户，有效解决中小微企业贷款难、融资难等问题。

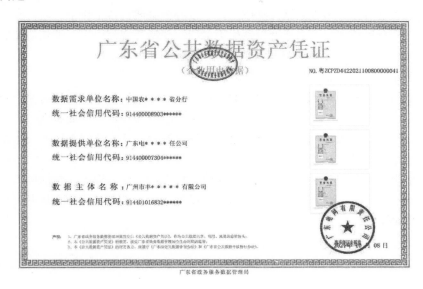

图 12-6　广东省公共数据资产凭证模板

12.3　数据处理者如何实现数据保护

《数据安全法》与《个人信息保护法》中的数据保护目标是规范数据处理活动，保障数据安全，促进数据开发利用，保护个人、组织的合法权益，维护国家主权、安全和发展利益。目前数据合规是数据治理领域的热点，很多企业已经设置了专门的数据合规或数据安全岗位，回应监管的数据保护要求，为数据要素的流通奠定基础。

机构的数据合规框架本身的性质类似数据治理框架，要求对每个数据处理环节加以分析、风险评估与控制，以及资产化甚至资本化的定价和计量。鉴于数据治理的具体工作内容是行业和场景强相关的，而且合规本身是非常前沿的实践，本节以金融领域为例，阐述机构作为数据处理者，应建立企业级别的数据合规框架所需的必要组件和工作内容。

相对于其他数据，个人信息有更为严格的保护要求。个人信息保护体系框架本质上就是企业数据安全治理框架。此框架中，提纲挈领的是建章立制，在组织的数据战略方面加入数据合规与确权的内容，为接入数字化经济中的数据流通奠定基础。在制度方面，建立企业的数据安全管理制度体系，包括企业的数据安全管理办法、个人信息的保护政策和访问策略、数据共享安全管理办法、个人信息保护应急预案、多方安全计算管理策略、数据安全分级分类、数据跨境安全管理办法、数据保护管理考核办法等。在组织架构方面，从目前同业动态观察，与数据治理组织和角色类似，成立的组织架构多为中心化的三层结构。例如，专门成立数据安全治理委员会，或在数据治理委员会中增设数据保护职责，下设办公室或日常工作小组，协同各个业务部门、信息科技部门、消费者权益保护部门、法律合规部门等，牵头协调数据保护工作。同时，机构的合规策略与组织角色也要涵盖与外部机构的关系，如监管部门、数据合作方、信息系统合作方以及下级单位。

制度的落地离不开标准与流程，数据安全治理的全生命周期管理需要安全标准以及安全响应机制，包括数据采集环节的安全分级分类，数据源的鉴别与记录，数据传输安全中的加密与可用不可见的隐私计算措施的描述，数据存储的安全策略，数据处理的动态脱敏、访问安全、汇聚分析的等级变化场景的风险控制，数据交换中的共享策略与交换对象的安全策略、风险评估、数据接口安全，数据销毁与退休的安全处置等。基于数据展示与公示的使用场景，还需要考虑相关隐私保护与匿名化的策略和标准。

13.1　数据仓库与商务智能概述

13.1.1　背景

数据仓库（Data Warehouse，DW）的概念始于 20 世纪 80 年代，该技术赋能组织将不同来源的数据整合到公共的数据模型中去，整合后的数据能为业务运营提供洞察能力，为企业决策提供支持，为组织创造价值开辟新的可能性。同时，数据仓库还是减少企业建设大量系统（Decision Support System，DSS）的一种手段，大部分的决策支持系统使用的都是企业中相同的核心数据。因此，企业数据仓库的引入，提供了减少数据冗余、提高信息一致性、让企业能够利用数据做出更优决策的方法。

数据仓库建设的真正实施落地是在 20 世纪 90 年代。从那时起，数据仓库建设逐渐成为主流，特别是与商务智能（Business Intelligence，BI）作为业务决策主要驱动力协同发展。数据仓库与商务智能的语境关系图如图 13-1 所示。目前，大多数企业都建有数据仓库，数据仓库被公认为企业数据管理的核心。数据仓库建设日趋成熟，但相关技术仍然在不断发展。各种新形式的数据日益增长，新的概念（如数据湖）不断创立，它们将影响数据仓库的未来。

13.1.2　业务驱动因素

数据仓库建设的主要驱动力是运营支持职能、合规需求和商务智能（尽管不是所有的商务智能活动都依赖于仓库数据）。越来越多的组织被要求用数据来证明它们是合规的。由于数据仓库中包含历史数据，所以经常被用来响应这类要求。不仅如此，商务智能支持一直是建设数据仓库的主要原因，商务智能为组织、客户及产品提供洞察能力。组织通过商务智能获得决策支撑并采取行动，能提升其运营效率，增强其竞争优势。随着日益增长的数据被高效使用，商务智能从回顾性评价发展到预测分析领域。

13.1.3　数据仓库设计的目标和原则

建设数据仓库通常是为了：

- 支持商务智能活动；
- 赋能商业分析和高效决策；
- 基于数据洞察寻找创新方法。

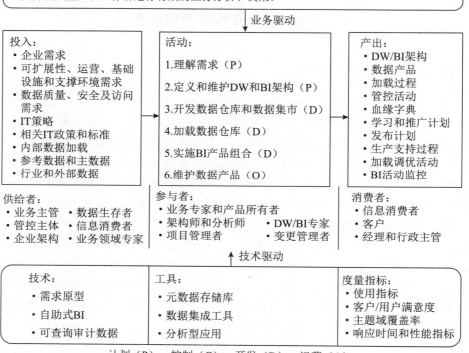

定义：通过规划、实施和控制过程，为报表、查询、商务智能、分析决策提供数据。

目标：
1.建立和维护整合数据所需要的技术环境、技术和业务流程，以实现支持运营、合规性要求和商务智能活动。
2.支持和赋能知识工作者进行有效的业务分析和决策。

业务驱动

投入：
- 企业需求
- 可扩展性、运营、基础设施和支撑环境需求
- 数据质量、安全及访问需求
- IT策略
- 相关IT政策和标准
- 内部数据加载
- 参考数据和主数据
- 行业和外部数据

活动：
1.理解需求（P）
2.定义和维护DW和BI架构（P）
3.开发数据仓库和数据集市（D）
4.加载数据仓库（D）
5.实施BI产品组合（D）
6.维护数据产品（O）

产出：
- DW/BI架构
- 数据产品
- 加载过程
- 管控活动
- 血缘字典
- 学习和推广计划
- 发布计划
- 生产支持过程
- 加载调优活动
- BI活动监控

供给者：
- 业务主管　数据生存者
- 管控主体　信息消费者
- 企业架构　业务领域专家

参与者：
- 业务专家和产品所有者
- 架构师和分析师　DW/BI专家
- 项目管理者　变更管理者

消费者：
- 信息消费者
- 客户
- 经理和行政主管

技术驱动

技术：
- 需求原型
- 自助式BI
- 可查询审计数据

工具：
- 元数据存储库
- 数据集成工具
- 分析型应用

度量指标：
- 使用指标
- 客户/用户满意度
- 主题域覆盖率
- 响应时间和性能指标

计划（P）、控制（C）、开发（D）、运营（O）

图 13-1　数据仓库与商务智能的语境关系图

数据仓库建设尤其是财务域数据集市正是为了实现以上目标，面向数据融合，形成数据合力，采用新的设计思路而建设的财务域数据集市系统。该系统的设计目的是在现有基础上提高财务域数据资产的价值密度，对财务业务数据资产进行深加工和产品化，形成全方位、立体化的数据产品，强化数据云对组织财务域数据资产的管理能力，打造资源丰富、品质优良、安全可控、资产透明、应用灵活、管理完善及运营智能的数据服务体系。通过数据仓库建设以及财务域数据集市建设，在财务领域打造数据集中、服务完善、应用多元、运营高效的数据应用生态圈，全面拓展财务数据服务模式，为组织上下开展大数据应用深化的共同目标奠定基础。

数据仓库和财务域数据集市建设原则如下。

（1）统一性原则

统一性原则是指按照组织的整体架构，遵循组织系统建设相关技术标准，严格在数据架构、数据标准、数据模型设计、元数据管理、数据采集、数据共享和交换、数据加工和处理、数据治理和质量保障、数据运维等数据资源产品化的关键方面遵循统一的设计规范和建设要求，以规范数据分析应用和数据服务的开发、设计、运维、管控全过程。

（2）一体化整合原则

一体化整合原则是指采用数据仓库的数据整合模型设计方法和过程，在数据平台上，实现对财务域各业务系统的全面数据整合和集成。这包括：企业级财务管理系统的全部业务基础数据，企业级安全生产系统、企业级投资计划系统、企业级物资管理系统、企业级营销管理系统等系统中和财务相关的部分业务基础数据，决策支持系统、营销运监平台、生产运监平台、企业运监平台中和财务相关的分析报表和指标，从而实现财务域跨系统、跨业务流程的企业公共信息资源的综合利用。

（3）分层架构设计原则

数据仓库建设以及财务域数据集市的设计不但要满足财务域数据分析应用的业务需求，同时还要满足未来新的数据分析需要。

这意味着在数据集市整体设计时，不但要考虑到现有的要求，还要能够着眼于未来，考虑到将来整个数据仓库建设以及财务域数据集市扩展的需要。在具体项目中，采用数据中台设计方法，既从整体上保证系统架构的各个层面能够协调工作，同时架构的各层面也能满足和支持不同的数据需求。

（4）先进性与实用性相结合原则

先进性与实用性相结合原则要求系统基于业界开放性标准和金融、电信、互联网等先进行业的实践经验，采用先进行业的成熟方法和设计要求，兼顾技术的成熟度和企业实际工具现状，设计符合发展趋势的业界主流的技术架构以及软硬件工具，保证投资的有效性和延续性。

（5）开放性与可扩展性原则

开放性与可扩展性原则是指在系统的设计中要求支持多种财务分析场景，具备良好的扩展性和可移植性；具备业务处理的灵活配置，支持业务功能的灵活重组与更新；在整合层数据模型方面应能快速扩展和适应未来各业务系统的变化，并对现有整合数据模型的影响最小。

（6）安全可靠性原则

安全可靠性原则是则指应具备高安全可靠性，并通过采用多种安全技术手段保障系统安全稳定运行，满足企业对网络和信息系统安全运行的要求。

对于数据仓库建设来说，稳定性和安全性始终是一个十分重要的原则。数据仓库建设以及财务域数据集市的系统安全、稳定、可靠的运行，首先取决于系统的整体架构设计，以及技术和数据模型的设计；其次必须考虑到各种特殊情况下的数据的一致性、完整性，严格的管理制度也是系统稳定性的重要保障。此外，完整的权限控制机制、考虑充分的系统保密措施也是保证安全的重要因素。

（7）可维护性原则

可维护性原则是指系统应具备高可维护性，便于功能的加载、扩展、更新和修正。

可以很好地利用企业现有的相关系统，系统架构和功能要易于扩展。随着业务的拓展、业务模式的转变、数据规模的扩大，系统能够轻松升级。此外，系统应该具有较大的灵活性，可以根据具体要求对系统进行客户化，在系统定制和查询方面具有灵活、方便的特点。系统应该具有丰富多样的管理功能，管理员能够简单方便地管理系统，对系统进行日常的维护。

（8）可行性与可实施性

数据仓库建设以及财务域数据集市系统不是一个孤立的系统。因此，系统的设计方案应该具有较好的可行性与可实施性。一方面，在系统的整体框架下开发投产能够分阶段地进行，并保持各阶段的相互铺垫和整体工作的延续。另一方面，系统设计应该考虑充分利用组织现有的数据分析应用成果，如企业决策支持系统、营销运监平台、生产运监平台、企业运监平台的已有指标成果，保证系统的设计和实施能够有效利用已有高质量的数据资产成果，避免重复建设，减少系统实施的复杂度。

13.1.4　基本概念

（1）商务智能

商务智能这个术语有两层含义。第一层含义，它指的是一种理解组织诉求和寻找机会的数据分析活动。数据分析的结果用来提高组织决策的成功率。通常来讲，数据是保持竞争优势的关键要素，其实是在说商务智能的内在逻辑。如果一个组织能够正确使用自己的数据，就能获得关于产品、服务及客户方面的洞见，为实现自己的战略目标做出更好的决策。第二层含义，商务智能指的是支持这类数据分析活动的技术集合。决策支持工具、商务智能工具的不断进化，促成了数据查询、数据挖掘、统计分析、报表分析、场景建模、数据可视化及仪表板等一系列应用的产生，商务智能通常用在从预算到高级分析等的各个方面。

（2）数据仓库

数据仓库有两个重要的组成部分：一个集成的决策支持数据库和与之相关的用于收集、清理、转换和存储来自各种操作和外部源数据的软件程序。为了支持历史的、分析类的和商务智能的需求，数据仓库建设还会包括数据集市，数据集市是数据仓库中数据子集的副本。广义上来说，数据仓库包括为任何支持商务智能目标的实现提供数据的数据存储或提取操作。

企业级数据仓库（EDW）是集中化的数据仓库，为整个组织的商务智能需求服务。EDW的建设遵循企业级数据模型，以确保在整个企业内部的决策支持活动的一致性。

（3）数据仓库建设

数据仓库建设指的是数据仓库中数据的抽取、清洗、转换、控制、加载等操作过程。数据仓库建设流程的重点是通过梳理业务规则和维护适当的业务数据关系，为运营的数据提供一个集成的、历史的业务环境。数据仓库建设还包括与元数据资料库交互的流程。

传统意义上的数据仓库建设，主要关注结构化数据，定义字段中的元素，无论是在文件中还是在表中，或者是数据模型中的记录。随着技术的不断发展，商务智能和数据仓库现在也包含半结构化数据和非结构化数据。半结构化数据，定义为作为语义实体组织的数字元素，不需要属性关联，比 XML 出现得早，晚于 HTML，EDI 传输数据就是半结构化数据的一个例子。非结构化数据指的是无法通过数据模型预定义的数据。非结构化数据形式多样，存在于诸如电子邮件、自由格式文本、商业文档、视频、照片和网页中。因此，定义一个可行的存储结构来支撑数据仓库应满足的分析工作，一直是一个尚未攻克的难题。

13.2　活动

13.2.1　总体架构

在总体架构设计过程中，数据仓库建设以及财务域数据集市的设计以解决财务域跨系统数据整合，并以支撑数据分析应用为目标，遵循组织相关数据管理规定，采用数据中台设计方法，实现数据资源产品化设计、数据资源主题式服务设计、数据应用场景设计三大设计内容。

数据资源产品化设计是从数据资源产品化的需求出发，在数据加载和集中调度、数据标准管控、数据质量管控等方面进行全面设计。

数据资源主题式服务设计是基于数据仓库建设以及财务域数据集市的数据架构和建设要求，从系统数据需求和业务数据整合的角度去准确定义数据分类、数据来源及数据部署等，并分别对数据缓存层、数据整合层、数据汇总层、数据集市层进行设计。各架构域在总体架构的指导下，分别承担不同的职能。

数据应用场景设计是设计数据仓库建设以及财务域数据集市需要支撑的数据分析应用需求，包括应用场景和指标、维度设计等。

通过对数据资源产品化设计、数据资源主题式服务设计、数据应用场景设计等设计内容，为数据仓库建设以及财务域数据集市的建设提供了从数据应用需求到系统实施、管控的一整套科学的方法，为项目概算和项目的具体实施提供了依据和指导。

总体架构图如图 13-2 所示。

数据仓库建设以及财务域数据集市的系统架构，采用数据中台体系设计方法，主要由数据缓存层、数据整合层、数据汇总层、数据集市层、数据应用层等部分组成，完成企业级财务管理系统、企业级安全生产系统、企业级投资计划系统、企业级物资管理系统、企业级营销管理系统等系统中和财务相关的部分业务基础数据,决策支持系统、营销运监平台、生产运监平台、企业运监平台中和财务相关的分析报表和指标的采集、整合、汇总、分析,形成财务域数据中台。通过 Web 应用界面开发、SDK API 调用、WebService 调用、数据文件等数据接口形式,面向大屏监控、专题分析、即席报表、明细清单、数据挖掘、自助查询等数据应用,提供统一的数据服务。

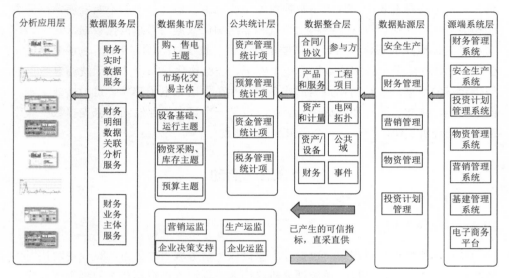

图 13-2　总体架构图

（1）数据源层

数据仓库建设以及财务域数据集市的建设,需要对源系统的数据进行统一接入。除了基建管理系统和电子商务平台,主要需要接入的数据分别如下。

企业级财务管理系统接入财务管理系统的数据,包括报账管理数据、预算管理数据、核算管理数据、工程财务管理数据、资产价值管理数据等。

企业级安全生产系统接入安全生产系统的数据,包括设备台账信息、设备基础信息、设备维护数据、设备状态监测数据、生产作业数据、技术监督数据、应急管理数据、安全监察数据、安全综合数据、电网拓扑数据、系统运行数据、风险数据等。

企业级投资计划管理系统接入投资计划系统的数据,包括投资计划、项目信息、项目计划、综合计划、项目预算施工图会审信息、组织机构、项目费用、员工信息等。

企业级物资管理系统接入物资管理系统的数据,包括物资基础信息、物资采购合同信息、物资入库信息数据、物资出库信息数据、实时库存信息数据、物资储备信息数据、仓库信息数据等。

企业级营销管理系统接入营销管理系统的数据,包括客户档案、供电业务扩展、客户服务、计量资产、计量运行、计量综合、抄表、核算、计费、有序用电、客户能效、客户停电、用电检查、营销稽查、管理线损、市场预测与计划、市场交易、市场结算、新业务推广等。

（2）数据贴源层

数据缓存层实现了组织内外部近期数据资源的接入和缓存，通过批量离线数据采集、批量准实时数据采集、实时流数据采集、外部数据采集等数据采集传输方式，接入财务域业务系统的数据，完成数据源层中财务管理、安全生产管理、投资计划管理等系统的内部在线数据、内部离线数据的采集和汇聚，将其存储在大数据平台中，为大数据平台的数据处理做准备。从数据结构层面来说明细数据层与各源端业务系统的数据保持一致，数据粒度是最细的颗粒度，不进行数据的整合和加工。

贴源层形成每个接入系统的缓存层，大多保存一年的数据，数据模型和源系统一致，此层主要是为了减轻财务系统的负荷，支持对单系统、单业务的简单统计分析。

（3）数据整合层

数据整合层在数据缓存层的基础上进行海量历史数据的离线存储，同时实现了分析对象整合、数据标准统一、数据质量治理等过程的集中。按照财务数据应用的主题，进行常用分析对象的整合。数据整合层根据这些常用的分析对象，将各分析对象所涉及的底层库表进行数据的跨域整合，形成分析对象的大宽表，包含数据分析对象所有常用的分析维度信息。明细整合层常用关系型数据模型进行建模，从数据粒度上来说数据整合层的数据粒度仍保留最细粒度，但以业务主体、业务过程和业务对象的细分关系、关联关系进行了数据的重构。

同时，明细整合层基于组织主数据标准、数据质量标准、数据命名规范等数据标准和规范进行数据的清洗、整合，确保数据质量和规范性，实现数据的跨专业、跨业务、跨系统协同一致性和可融合性。明细整合层可直接为财务数据服务层提供跨专业、跨业务、跨系统的明细数据关联关系分析服务，并为财务数据集市中各专题、指标提供明细数据清单支撑。

数据整合层数据包括整合层基础数据。基于Hadoop大数据平台存储资源进行构建，按照财务域业务主题进行数据的重新划分，并进行数据的标准化处理，清理无效的数据。数据整合层的数据粒度保持最细颗粒度的业务明细，并保留所有历史数据。

整合层模型采用数据仓库建模方式，对接入系统的数据从数据主题的角度进行全面整合、清洗和标准化。此层数据为实现跨业务、跨系统的数据分析提供明细数据级支撑。

（4）公共统计层

公共统计层是对数据的统一预处理并统一化存储，实现了数据多维度汇总、计算过程的集中，并形成集中的基础统计指标和主题体系。公共统计层以数据整合层清洗、转换后的数据明细为基础，以星型模型等多维模型的建模方式构建分析对象的统计模型，面向数据分析主题进行所有常用维度的汇总统计。

基于整合层财务域的数据进行轻度汇总，生成财务域的公共指标数据，供数据集市层进行汇总分析使用，包括设备公共指标、监控公共指标、运行公共指标等公共指标统计。

此层的公共指标为所有报表、分析报告提供基础统计数据，避免每个分析应用、每个分析团队重复计算，同时保证指标的一致性。

（5）数据集市层

数据集市层属于数据中台的关键部分，面向业务和应用场景进行数据融合和共享，实现数据的价值整合，完成财务数据集市的数据服务能力和业务服务能力开放。从分析的角度来说，用户通常只需要关注数据集市提供的业务域主题分析服务即可；从应用的角度来说，用户可根据具体的应用场景选取同一主题域的不同类型数据产品。

从数据粒度方面来说，数据集市层是汇总的数据，并可根据业务主题需要，对部分的汇总维度进行重组，对部分数据进行高度汇总；同时在数据集市层可根据具体的业务分析需求，在数据汇总层的基础指标上，进行个性指标的衍生和构建，面向分析主题开展进行指标的重新组合。

13.2.2　数据架构

根据数据架构设计依据、数据仓库建设以及财务域数据集市建设的目标和系统总体架构，进行数据架构，如图 13-3 所示。该架构规定了在数据仓库建设以及财务域数据集市和大数据云平台内部，数据资产在各数据层的分布策略和关系，以及数据支撑数据分析应用的总体框架。

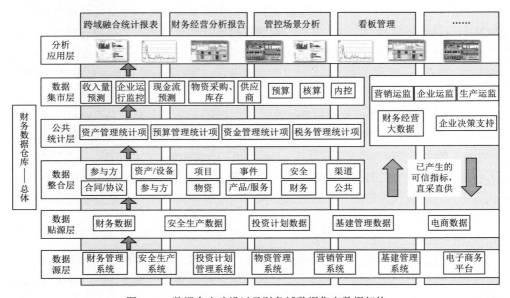

图 13-3　数据仓库建设以及财务域数据集市数据架构

数据架构包括企业级数据模型和数据流,数据流描述了数据仓库建设以及财务域数据集市各数据层间的数据流关系,是数据生产、加工、处理等 ETL 任务关系的总体设计依据,如图 13-4 所示。

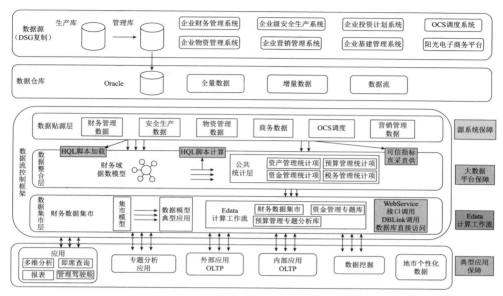

图 13-4　数据仓库建设以及财务域数据集市数据架构之数据流

（1）数据接入技术

对于企业级管理信息系统的数据接入,可采用 OGG 复制方式接入数据仓库;其他管理信息系统,视具体数据时效性要求,采用 OGG 复制或 Informatica 采集方式接入数据仓库。对数据仓库数据进行采集,使之进入大数据平台。

（2）数据处理技术

大数据平台内部各层次的数据处理,可采用 HQL 脚本方式实现,形成的脚本可由云 ETL 工具进行调度。

（3）数据服务技术

进入集市层的数据,可通过 Edata 进行可视化数据服务工作流配置,形成可供数据应用调用的数据服务,也可采用 WebService 接口、DBLink 或应用—数据库直接连接进行数据服务。

13.2.3 架构特点

（1）集约性

财务数据集市的构建,应充分复用和拓展大数据平台及财务域源端业务系统建设、梳理的业务专题、业务指标、分析报表等成果,对于已有的数据成果进行复现,对已有的设计成果进行数据采集、整合、汇总和分析的完整构建。在新建业务专题、指标时也充分考虑数据整合层、数据汇总层和集市层的各项成果。

（2）灵活性

财务数据集市，可采用微服务架构和产品化方式进行数据贴源层、数据整合层、公共统计层和数据集市层各项数据服务产品的构建，将数据服务封装为独立产品，通过"搭积木"的方式支撑数据应用的构建，确保数据集市的灵活性。

（2）可扩展性

财务数据集市的构建是一个持续的过程。为财务数据应用提供专题、指标等服务支撑时，持续学习基于财务数据集市构建的专题应用，将使用到的指标进行产品转化，逐步扩展财务数据集市的数据服务产品，进一步提升财务数据集市的服务能力。

（3）高效性

财务数据集市面向业务需求进行各业务主题和指标体系建设的同时，充分考虑用户的性能需求，对用户使用热度高、计算过程复杂、计算数据量大的数据主题或指标提前进行计算，或初次计算后进行内存缓存或物理化存储在数据集市中，将后续同类的数据分析转变为数据查询，全面提高用户数据应用的性能和效率。

13.2.4 架构优势

（1）跨系统数据整合和标准化

财务数据集市跨多个源端业务系统，将涉及同类业务对象的数据进行整合，并完成标准化，形成标准的、统一的、整合的数据，使各类业务对象拥有了唯一的数据来源，从根源上达成数出同源、标准一致、逻辑统一的数据资产集成目标。

（2）数据流向清晰、易管控易追溯质量问题

架构分层合理，每层次面向不同的时间、空间要求，数据自底向上逐层流动，数据流向清晰，易于对数据链路进行监控管理，同时也降低了数据质量管理难度，当前端数据分析应用发现数据质量问题时，可以按照数据链路流向逐层排查。

（3）支持现在和未来财务域分析场景

数据资产集成的一大目标是整合各类源端数据，使其不仅支持目前的数据分析需求，也支持未来的数据分析需求。此架构集成财务域全部业务原子对象，整合财务域全部数据，当产生新的数据分析需求时，可以迅速在整合、汇总数据和集市数据中查找到需要的数据，无须再从源端考虑数据汇集问题。

（4）直采直供，充分利用现有分析成果，避免重复建设

目前已经建设的生产运监平台、企业决策支持系统等数据分析应用中，已产生大量可信可用的指标，对此采用直采直供的方式，将可信可用指标直接纳入汇总层和集市层进行利用和管理，充分利用现有的分析成果，避免重复投资。

（5）清洗和规范化数据资产，支持快速开发多个新应用

在数据仓库建设以及财务域数据集市构建过程中，将对财务域数据资产进行集成，同时完成标准化转换和规范化清洗，确保产生的数据可信、可靠、可用，在后续进行新的数据分析应用建设时，无须再进行数据溯源与质量探查等过程，可以直

接获得数据，进入开发实施阶段，将极大提高数据分析应用的开发实施速度。

（6）原子级业务数据明细，支持全流程和深度挖掘

数据仓库建设以及财务域数据集市以原子业务对象为颗粒，整合财务域全部业务对象，存储原子级业务数据明细，支持全流程业务回顾和监察，提供原子级的明细数据支撑深度数据挖掘。

13.2.5　数据资源产品化设计

数据资源产品化设计主要包括数据产品化采集设计、产品化数据加载和调度设计、产品化数据质量保障设计、产品化数据完整性保障设计、产品化数据权限设计五部分。

数据产品化采集设计为数据仓库建设以及财务域数据集市的多数据源采集实现提供统一的批量数据接入接口定义方法、接入过程和接口规范。

产品化数据加载和调度设计主要保证数据仓库建设以及财务域数据集市所涉及的数据清洗、转换、加载、汇总等各种 ETL 任务的设计和管理。

为保障数据仓库建设以及财务域集市数据的高质量，产品化数据质量保障设计主要从数据质量管理全过程出发，结合大数据平台的数据标准、数据模型管理、元数据管理等工作，制定数据仓库建设以及财务域数据集市的质量保障体系。

产品化数据完整性保障设计保证元数据的完整性和数据加载完整性的监控，保证数据被完整地加载和设计。

产品化数据权限设计为数据仓库建设以及财务域数据集市提供数据安全保障。

13.2.6　数据资源主题式服务设计

数据资源主题式服务设计主要根据财务数据的数据架构，对数据仓库建设以及财务域数据集市中的各数据架构层进行专项设计，以保证数据仓库建设以及财务域数据集市可靠、可控的数据资产供应链路。数据建模是数据架构设计和实现的核心工作。数据模型是对用户信息需求的科学反映，是对客观事物及其联系的数据描述，是规划系统的信息组织框架。数据模型主要分为概念模型、逻辑模型、物理模型。

数据仓库建设以及财务域数据集市的数据架构中不同的数据架构层采用不同的数据建模方法，并通过数据模型管理工具，数据逻辑模型转换为物理数据模型，部署到大数据云平台等的数据库系统以及其他不同的数据库系统中，便于 IT 系统的实现。数据建模的方法有很多种，例如 E-R 图、IDEF1X、UML 等。

13.2.7　数据应用场景设计

企业技术架构（Enterprise Technology Architecture，ETA）定义如何建立一个 IT 物理环境来支持数据和应用架构，以保证应用系统的正常运行。技术架构包含软件

平台、硬件平台。软件平台包括软件服务器、操作系统等概念，是应用系统的软件运行环境。硬件平台包括硬件服务器、工作站、网络、移动设备等应用部署、通讯所需的物理设施。

企业技术架构设计方法包括基础设施图的绘制和文字描述的方式。基础设施图包含支持应用层的软件和硬件基础设施元素,例如物理设备、网络连接或系统软件(操作系统、数据库、中间件、集成平台等)。文字描述则是对于基础设施图进行文字的阐述，清晰表达基础设施图所表达的意思，同时也通过文字将集成中采用的各种技术进行综合描述。

13.3 工具和技术

最开始选择工具集是一个漫长的过程，既要满足近期需求、非功能性规范，还要考虑未来产生的后续需求。专业服务的提供可以促进和加快工具建设过程。这个过程中，不仅要评估传统的架构或采购策略，还要评估 SaaS 厂商提供的租赁模式，这点非常重要。在租用 SaaS 工具和相关的专业知识与全新构建或从供应商处购买并部署产品的成本之间进行权衡。同时要考虑持续升级的成本及潜在的替换成本。与设定的操作级别协议（Operational Level Agreement，OLA）保持一致可以降低预测成本。

13.3.1 元数据存储库

大型组织经常会使用来自不同供应商的系统工具，每个工具都可能部署了不同的版本。元数据存储库的关键是能够将来自各种来源的元数据"黏合"在一起。并使用各种技术实现存储库的自动化和集成化管理。

（1）数据字典和术语

数据字典是支撑数据仓库使用的必备组件。字典用业务术语来描述数据，包括使用该数据所需的其他信息（如数据类型、结构细节、安全限制）。通常，数据字典的内容直接来自逻辑数据模型。可以在建模过程中，要求建模人员采用严格的规范定义和管理方法，来规划高质量的元数据。

在一些组织中，业务用户可通过提供、定义和校正主题域数据元素定义来积极参与数据字典的开发。可通过协作工具来进行这项工作，通过卓越中心监控活动，以确保创建的内容保留在逻辑模型中。确保面向业务的内容与面向技术的物理数据模型之间保持一致，可降低下游出错率和返工的风险。

（2）数据和数据模型的血缘关系

许多数据集成工具提供血缘分析，既要考虑开发的总体代码，又要考虑物理数据模型和数据库。有些工具提供 Web 界面来监视、更新模型定义及其他元数据信息。记录的数据血缘关系有很多用途，比如：

● 调查数据问题的根本原因；
● 对系统变更或数据问题进行影响分析；
● 根据数据来源确定数据的可靠性。

一个具有影响分析和血缘分析的工具，可以了解数据加载过程中涉及的所有移动部分，以及最终用户的报告分析。影响分析报告包括哪些组件受潜在变更，并加快和简化评估和维护任务的影响。

在数据模型的开发过程中，获取并解释了许多关键的业务流程、关系和术语。逻辑数据模型保存了大部分此类信息，这些信息在开发或生产部署期间经常被遗弃或忽略，在建设过程中须确保不丢弃此类信息，并且逻辑模型和物理模型在部署后得到更新并保持同步。

13.3.2　数据集成工具

数据集成工具用于加载数据仓库。除了完成数据集成工作，它们还可以将来自多个数据源的复杂数据交付，以作业的方式进行调度。在选择工具时，还要考虑这些系统管理的功能：

● 过程审计、控制、重启和调度；
● 在执行时有选择地提取数据元素，并将其传递给下游系统进行审计；
● 控制哪些操作可以执行或不能执行，并重新启动那些失败或中止的进程。

许多数据集成工具还提供与 BI 产品的集成功能，支持工作流消息、电子邮件甚至语义层的导入和导出。工作流集成可以推动数据质量缺陷识别、解决和升级流程。通过电子邮件或电子邮件驱动的警报处理发送消息是一种常见的做法，特别是对于移动设备。

13.3.3　商务智能工具的类型

商务智能工具的市场很成熟，有各种各样的选择，这使得企业很少会构建开发自己的商务智能工具。这部分介绍商务智能市场中可用的工具类型，并概述其主要特征，有助于将工具匹配给合适的客户。商务智能工具快速发展，正在实现从 IT 主导的标准化报表到业务驱动的数据探索和自助服务过渡。

● 运营报表：是商务智能工具的应用，分析短期（月度）和长期（年度）的业务趋势，可支持业务经营决策。
● 业务绩效管理：包括对组织目标一致性的指标的正式评估。此评估通常发生在高管层面。使用战略商务智能工具来支持企业的长期目标。
● 运营自助分析：为前台业务提供的灵活、自助商务智能工具，其分析功能可指导运营决策。将商务智能应用程序与运营功能和流程相结合，以近乎实时的方式指导决策。对低延迟（近实时的数据捕获和数据交付）的要求将推动使用运营分析解决方案的架构方法。面向服务的体系架构（SOA）和大数据技术成为全面支持运营分析的必要条件。

（1）运营报表

运营报表指的是业务用户直接从交易系统、应用程序或数据仓库生成报表。这通常是一个应用程序的功能。业务团队通常会使用数据仓库生成运营报表，尤其是在数据仓库或商务智能治理较差的情况下，或者数据仓库中包含可增强运营交易数据的其他数据。如果报表只是简单的报表或用于启动工作流，那么这类报表通常是即席查询。从数据管理的角度来看，关键是要了解此报表所需的数据是否存在于应用程序自身中，或者是否需要来自数据仓库或操作性数据存储中的数据。

数据检索和报表工具，有时称为即席查询工具，允许用户编写自己需要的报表或创建供他人使用的报表。他们不太关心精确的表格布局，因为他们不想生成一张发票之类的东西。但是，他们确实希望快速直观地生成包含图表和表格的报表。业务用户创建的报表通常会成为标准报表，而不是特别给某个即时业务问题临时使用。

业务运营报表中的需求通常与业务查询报告的需求不同。业务查询和报表，数据源通常是数据仓库或数据集市（并非所有情况下）。在 IT 开发生产报表时，高级用户和临时业务用户使用业务查询工具开发自己的报表。个人、单个部门或整个企业范围内的人都可以使用业务查询工具生成的报表。

生产报表跨越了数据仓库或商务智能的边界，它经常直接查询交易系统，产生诸如发票或银行对账单之类的操作项。生产报表的开发人员往往是 IT 人员。

传统的商务智能工具可以很好地展现表格、饼图、折线图、面积图、条形图、直方图、K 线图等一些数据可视化方法。数据可视化可以以静态格式提供，例如已发布的报表或更具交互性的在线格式。一些工具还支持与最终用户交互，其中钻取或过滤功能有助于分析可视化内的数据。还有一些工具甚至允许用户根据需要更改可视化界面。

（2）业务绩效管理

绩效管理是一套集成的组织流程和应用程序，旨在优化业务战略的执行。应用程序包括预算、规划和财务合并。

从广义上讲，绩效管理技术通过流程帮助组织实现目标。绩效度量和带正反馈回路是关键的要素。在商务智能领域，采取了许多战略性企业应用程序，例如预算、预测或资源规划。在这个领域形成了另一个专业化的管理方式：创建以仪表盘形式展现的计分卡，便于让用户在管理和执行之间保持一致的信息互动。仪表盘与汽车中的仪表板一样，为最终用户提供最新的摘要或汇总信息（Eckerson，2005）。

（3）运营自助分析

IDC 公司的亨利·莫里斯在 20 世纪 90 年代创造了分析型应用这一术语，阐明了它们与一般 OLAP 和商务智能工具的区别（Morris，1999）。分析型应用程序包括从众所周知的一些系统（如应用商 ERP 系统、数据集市的数据模型、预构建的报表和仪表板）中提取数据的逻辑和流程。它们为企业提供预先构建的解决方案，优

化管理职能（如人力资源管理）或行业（如零售分析）。不同类型的分析应用程序
包括客户、财务、供应链、制造和人力资源等领域。

13.4 实施指南

根据数据仓库的建设目标、需求和系统架构设计，数据资源主题式服务设计主
要采用成熟的数据仓库建设理论和方法，结合国际和国内大型企业的数据架构实践，
针对数据仓库的数据架构和数据流对数据架构中的各数据层进行建模设计。

13.4.1 数据架构设计原则

- 简单性：避免复杂的架构设计。
- 抽象性：高度抽象，简化复杂架构，确保灵活性。
- 隔离性：若一部分发生变化，尽量不影响另外一部分。
- 标准性：尽量遵循已有标准。
- 适应性：模型、代码、环境的框架适应。
- 成长性：支持未来的成长，不需要重构。
- 可支持：必须考虑未来的维护。
- 整合性：数据、操作、管理尽量整合。

13.4.2 数据架构设计依据

- 国内数据仓库和大数据平台数据架构的主要参考，如图 13-5 所示。

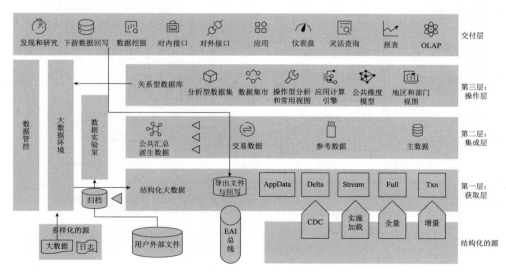

图 13-5 某国际知名商业智能公司数据架构

- 数据仓库开发建设规范中建议的数据架构，具体内容如图 13-6 所示。

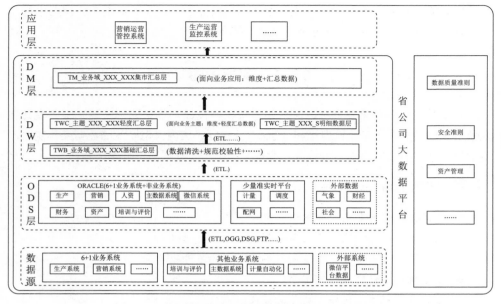

图 13-6　公司数据仓库开发建设规范中建议的数据架构

● 数据模型设计标准规范中的数据架构，具体内容如图 13-7 所示。

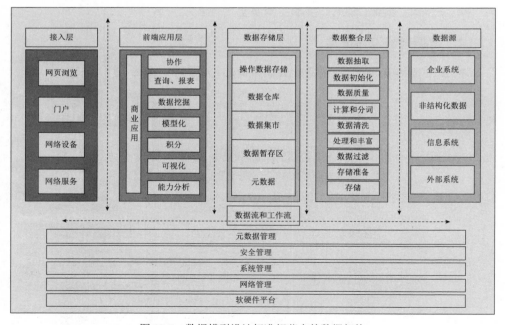

图 13-7　数据模型设计标准规范中的数据架构

13.4.3 数据架构概要

根据数据架构设计理论依据、数据仓库的建设目标和系统总体架构，设计的数据仓库的数据架构规定了在数据仓库和大数据云平台内部数据资产在各数据层的分布策略和关系以及数据支撑数据分析应用的总体框架，描述了数据仓库各数据层间的数据流关系，其关系是数据生产、加工、处理等 ETL 任务之间关系的总体设计依据。

（1）数据架构的优点

● 数据架构层次清楚，数据流向明确，从左流向右。
● 屏蔽源系统的数据变化对主题存储层的影响，有利于主题模型稳定。
● 主题存储层和前端应用共享可以屏蔽源系统的数据变化对主题存储层的影响，有利于主题模型的稳定。
● 主题存储层和前端应用共享，有利于支持随业务需求而变的数据应用。

（2）数据架构的缺点

● 数据架构的模型层次比较多，数据链路比较长，容易发生故障和问题。
● 数据架构的复杂度增高，实施周期长。

13.4.4 数据缓存层设计

（1）数据缓存层在数据架构中的定位

数据缓存层常称为 ODS（operational data store）层，也被称为面向业务系统、数据运营层，是最接近数据源中数据的一层。ODS 在业务系统和数据仓库之间形成隔离，可以直接存放从业务系统抽取过来的数据，而正是这些数据从结构和数据上与业务系统保持了一致，降低了数据抽取的复杂性。从另一方面来看，ODS 也转移了一部分业务系统的细节查询功能。此外，因为 ODS 存放的数据与业务系统相同，原来业务系统产生的报表，现在可以直接从 ODS 中产生。

数据仓库中的 ODS，实现了公司内外部近期数据资源的接入和缓存，让其通过多种数据采集传输方式，进行财务管理、安全生产管理、投资计划管理、物资管理、营销管理等多类公司内外部数据资源的集中，为下一步的数据整合做了充足的准备。同时，明细数据层可直接为生产数据服务层提供实时、准实时的原始明细数据服务，并作为数据仓库中各主题、指标进行数据溯源的源头数据。

数据缓存层在数据架构中的作用和定位，如图 13-8 所示。

（2）数据缓存层的数据建模方法

1）ODS 层的模型设计原则

采用和各接入系统的原始数据相同的设计，每个业务系统的原始数据表对应一张 ODS 的数据表，ODS 数据表模型与原始数据表保持一致。

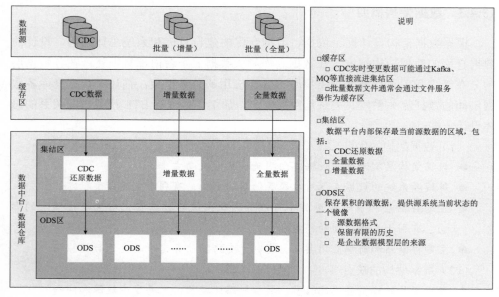

图 13-8　数据缓存层设计

2）理解 ODS 层数据的业务含义

为保证对财务域各接入数据的准确理解，需组织专门团队，参考国际国内银行、电信等行业的先进数据资产分析调研经验，形成一套在较短时间内通过多方协同、密切合作，就可让团队快速理解业务，并深度剖析源系统功能和数据表关系，最终实现"业务流程、业务环节和数据关系解码"的数据溯源方法。

3）ODS 层的数据质量探索

使用数据探测工具，对源系统数据进行数据质量探索，重点针对严重影响数据整合和统计质量的四类主要问题：

①主外键不一致；

②代码异常；

③业务主键空值；

④业务主键重复。

针对问题，组织源系统业务和数据进行集中验证后，对已证实的数据质量问题，分两步对这些存量数据的质量问题进行整改：

①协调业务部门，对已证实的质量问题，在生产系统中进行数据的整改；

②编写数据质量检查脚本，纳入数据质量日常检查工作。

通过对 ODS 层数据的全面分析工作，不仅提升了元数据梳理结果的质量，为后续数据资产管理工作打下了扎实基础，而且，让管理者在充分理解业务和数据的基础上，能主动发现一些较关键的、新的数据质量问题，为强化数据质量管理力度提供了新的方式和方法。更重要的是，通过此次分析工作，达到了从业务理解数据，从数据审视业务的目的，为将来跨越"业务"和"数据"鸿沟，实现全业务域数据的融合，探索出一条值得继续尝试的道路。

（3）数据缓存层的数据保存策略

ODS 层中的临时数据区对每个接入源系统，建议保存 10 天的增量数据；ODS 层中每个接入源系统建议保存 3 年的全量数据。

13.4.5　数据整合层设计

（1）数据整合层在数据架构中的作用和定位

数据整合层实现财务域各业务系统明细数据的一致性集中存储，其依据数据仓库的数据模型建设方法、"以业务对象来组织并存储数据"的原则、存储数据的最细粒度，以源系统为主要参照数据源，按照财务域的数据主题域进行实体关系模型的设计，形成了财务域数据整合层。如图 13-9 所示。

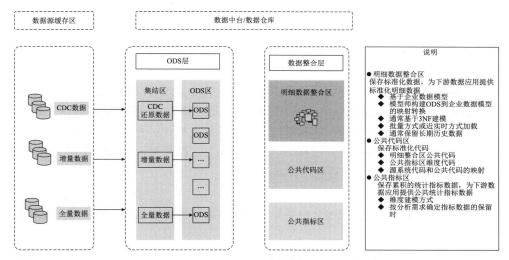

图 13-9　数据整合层设计

（2）数据整合层，的建模原则

数据仓库整合层模型采用面向主题的设计方法,有效组织来源多样的业务数据,使用统一的逻辑语言描述业务，保证了数据的一致性。在此基础上，设计者可以进行多种不同应用的开发设计，满足不同部门的业务需求和不同的数据访问方式，真正实现数据的"一次导入，多次使用"。它所遵循的设计原则如下。

1）中性与共享性

为了满足不同的业务需求，数据整合层中存储了重要的数据元素和关系，同时也在模型设计中体现了高度的结构化、模块化设计思想，主题域的提炼、主要的分类、相互之间的关系、历史信息的保存等体现了一个清晰、严谨的模型架构。

具有中性特征的数据整合层能涵盖财务域的主要业务范围，未来能灵活扩展以覆盖全业务域的业务，满足不断产生的业务发展需求。其采用选择语义关系建模的设计方法结合业务角度的建模方法和关系建模方法，以一种清晰的表达方式，记录跟踪各级组织机构和活动的重要数据元素及其变动，包括它们之间各种可能的限制条件和关系能够表达的重要的业务规则，如客户间关系（团体和个人团体）、排他分类（事件的分类）等。

2）模型的一致性

作为设计基础的逻辑数据模型必须在设计过程中保持一个统一的业务定义。比如渠道的定义、团体的分类等应该在整个企业内部保持一致；将来各种分析应用都使用同样的数据；这些数据也应按照预先约定的规则进行刷新，保证同步和一致。比如从第三方购买的客户信用等级和组织内部信用等级数据必须依照一套相同的存放规则进行处理，并且它们和其他数据的关联以及刷新的频率等都应该保持同步。

数据整合层中对组织的重要业务元素以及一些业务规则进行了规范化的处理。例如，所关注的所有外部的个人和组织都统称为参与方，它是一个中性的概念，可以包含所有的个体以及各种可能的组合，如客户、设备供应商、合作伙伴等。统一这样的定义和概念，可以使得将来不同系统的开发人员在进行功能设计和展现时都使用同样的语言，方便大家交流。

3）模型的灵活性

数据整合层是一个基本上满足第 3 范式要求的语义关系模型，这种设计方法和维度建模方法不同，能最大限度地减少冗余，并保证结构具有很强的灵活性和扩展性。

如果有新的业务变化或新的系统加入整合，数据整合层的这种结构能够进行简单、自然的扩展，允许在设计过程中"想大做小"，即在有一个全局规划的同时，选定某些部分入手，然后再逐步进行完善。

4）最小粒度性

为了满足将来不同的应用分析需要，数据整合层能够提供最小粒度的详细数据以支持各种可能的分析查询。

以这些最小粒度的详细数据为基础，可以根据不同的统计分析口径汇总生成所需的各种结果。如果仅仅就目前的一些分析需求对数据进行筛选和加工，很难保证将来不确定的一些统计分析需求的实现。

此外，在进行各种统计分析时，分析人员往往会从汇总数据入手。他们通常只会就一些汇总数据进行分析，但是当某些问题出现以后，他们会非常希望能够向下钻取找到根本原因。这种对详细数据查询分析需求的支持程度依赖于逻辑数据模型中数据粒度的大小。

5）历史性

数据整合层作为组织的逻辑数据模型，利用各种不同的时间戳保留大量的历史数据信息，倘若要评估客户生命周期价值，除了分析客户现在的特征外，为了提升客户体验的可能性，或要判断客户是否会有欺诈行为，可能还需要分析客户在过去一段时间内的各种行为。

数据模型根据应用层次的不同可分为概念模型、逻辑模型和物理模型，每类模型在遵循总体建模原则的基础上应遵循各自的建模原则。

13.4.6 数据汇总层

数据汇总层是对数据的统一预处理并统一化存储，实现了数据多维度汇总、计算过程的集中，并形成集中的基础统计指标体系。数据汇总层以数据整合层清洗、转换后的数据明细为基础，构建分析对象的统计模型，面向数据分析主题常用维度的汇总统计。数据汇总层可直接为生产数据服务层提供面向主题的基础汇总指标和主题服务。

（1）数据汇总层常用的公共维度

数据汇总层常用的公共维度如表 13-1 所示。

表 13-1 公共维度

维度名	维度值
时间	年、季度、月、周、日、时、分
业务	监管业务、竞争性业务、全业务
行业	工业、农林牧渔、商业住宿和餐饮、城乡居民、公共事业及管理、金融房产商务、信息计算机、交通仓储和邮政、建筑业
无形资产类别	土地使用权、软件、专利权、非专利技术、其他
学历水平	初中及以下、高中、专科、本科、硕士、博士
执业资格	注册会计师（CPA）、注册金融分析师（CFA）、特许公认会计师（ACCA）、注册税务师（CTA）、国际注册内部审计师（CIA）、注册资产评估师（CPV）、工程造价师、法律执业证、其他（指业务系统中有统计的、不在本分析内容中单独展示的其他全部证书）
人员专业	哲学、经济学、法学、教育学、文学、历史学、理学、工学、农学、医学、市场营销、国际商业管理、会计电算化、煤制气、政工管理、妇女工作管理、财务管理、机械制造设备与工艺、土建施工
组织层级	总公司、省公司、市公司、县公司
人员岗位	税务管理与会计基础管理专责、会计报表管理专责岗位、成本核算专责、资金风险监控专责、资金计划专责、资金支付及账户管理专责、财务监督评价与制度建设专责、资产产权科资产管理与保险专责
固定资产净值增加方式	财务管理专责、配网与城农网项目财务管理专责接受捐赠、无偿接收转入、盘盈、其他方式增加或调入、投资性房地产转入、小型基建工程转固、债务重组转入、融资转入、零购、投资转入、技改工程转固、基建工程转固
税费	车船使用税、城市维护建设税、土地使用税、房产税应缴额、耕地占用税、企业所得税、土地增值税、消费税、印花税、增值税、资源税、教育费附加、价格调节基金、残疾人就业保障金、个人所得税、堤围防护费、水利建设基金、营业税、地方教育费附加、其他税费
产权级次	一级、二级、三级
企业类别	国有全资、国有绝对控股、国有实际控股、参股
区域	省（区）内、网省间、网外
资产使用年限区间	5 年以内、5~10 年、10~15 年、15~20 年、20 年以上

续表

维度名	维度值
运维成本类别	人工成本、材料费、修理费
组织形式	有限责任公司、全民所有制企业、集体企业、事业单位、股份有限公司、上市公司、境外企业、中外合资企业、其他
资产类别	发电及供热设备、输电线路、变电设备、配电线路及设备、用电计量设备、通信线路及设备、自动化设备及仪器仪表、水工机械设备、检修维护设备、运输设备、生产管理用工器具、非生产用设备及器具、房屋、建筑物、土地

（2）数据汇总层数据保存周期

数据汇总层的公共指标和维度数据是为了达成数据集市应用的服务目标，而由于每个数据分析应用对数据的分析周期并不相同，因此数据汇总层中各指标库的数据保存周期并不相同，建议统一保存 3 年，并根据需要调整。

13.4.7　数据集市层

数据集市层面向业务和应用场景进行数据融合和共享，以实现数据的价值整合，完成数据仓库的数据服务能力开放和业务服务能力开放。数据集市层可根据业务主题需要对汇总维度进行重组，对数据进行高度汇总。同时，数据集市层也可根据具体的业务分析需求，在数据汇总层的基础指标上，进行个性指标的衍生和构建，面向分析主题开展指标的重新组合。

经全面梳理、分析和归纳公司各部门、各分支机构、重点业务的数据后，达成其应用需求。

（1）数据集市层在数据架构中的定位（如图 13-10 所示）

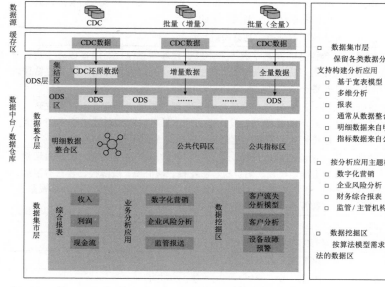

图 13-10　数据集市层设计

（2）数据集市层设计规范

1）数据库

数据集市层的数据库命名规范如表 13-2 所示。

表 13-2　数据库命名规范

数据库名	数据库中文名	说明
MDC	营销数据中心	存放所有数据集市层与数据汇总层库表数据
FDC	财务数据中心	存放所有数据集市层与数据汇总层库表数据
ADC	资产数据中心	存放所有数据集市层与数据汇总层库表数据
PDC	人资数据中心	存放所有数据集市层与数据汇总层库表数据
CDC	协同数据中心	存放所有数据集市层与数据汇总层库表数据
SDC	综合数据中心	存放所有数据集市层与数据汇总层库表数据

2）表

数据集市层中数据库表采用以下命名规则，数据库表的命名要素和说明如表 13-3 所示。

命名规则：

<TM>_<F|R>_< 业务域 >_< 一级主题域 >[_ 二级主题域]_< 实体名称 >_< 周期标识 >[_VS]

表 13-3　数据库表的命名要素和说明

命名要素	说明
TM	TM: 表示该表属于省级汇总
F|R	F: 表示该表属于结果表 R: 表示该表属于维表
_VS	_VS: 版本表
业务域	采用数据集市逻辑模型中对应业务域中名称的拼音首字母的缩写。详见业务域编码
主题域	采用数据集市逻辑模型中对应应用主题域中文名称的拼音首字母缩写。详见主题域编码
实体名称	采用数据集市逻辑模型中对应实体中文名称的拼音首字母缩写

3）视图

视图采用如下命名规范。

单表视图：<VW>_< 表名 >

多表视图：<VW>_< 逻辑模型中文拼音首字母缩写 >

4）序列

序列一般用作单表字段的自增序列，采用如下命名规范：

<SEQ>_< 表名 >_< 字段名 >

5）函数

数据集市中的函数只用作公共函数，业务统计统一采用存储过程实现，函数采用如下命名规范。

统计函数：<F>_<目标表名>

公共函数：<F>_<ETL>_<函数功能名>

6）存储过程

数据集市中的存储过程既可以用作业务统计，也可以视作公共过程，如日志等。数据集市中，一个数据集市库表对应一个存储过程。存储过程采用如下命名规范。

统计存储过程：<P>_<目标表名>

公共存储过程：<P>_<ETL>_<存储过程功能名>

7）字段

物理模型中的字段，按照其对应逻辑模型属性的中文名称的单词英文缩写加下划线拼接命名。

（3）数据集市层的数据保存周期

数据的分析周期并不相同，因此数据集市层中的数据保存周期应根据业务需要自行设定。

13.4.8 数据服务层

结合大数据平台实时数据采集技术和流计算工具完成对相关系统实时数据的采集，并且基于 EDATA 大数据分析工具进行实时数据服务的构建，通过 WebService、Rest 等技术接口为其他业务应用系统提供数据服务支撑。

最终基于大数据平台实时数据复制工具 OGG 将相关源端系统数据实时复制到数据缓存层。

对于无须计算的明细数据，视表数据量大小，可选择：

- 表数据量小于 100 万条的，通过设置标志位或触发器，以符合前端应用对实时明细数据的时效性要求（如每 5 分钟）为前提条件，调度相关 sqoop、存储过程或 ETL 作业，将表数据增量抽取、加载入数据集市层；
- 表数据量大于 100 万条的，可继续利用 OGG 工具将数据实时复制到数据集市层。

对于需要进行轻度汇总的数据，可按下列描述具体执行。

- 通过 OGG 或 Flume 工具实时获得数据缓存层数据增量日志，将增量日志导入 Kafka 消息通道，实时分发到 Spark Streaming 或 Storm 流计算引擎进行轻度汇总计算，计算结果可直接导入 Edata 分析工具以支撑前端应用构建，或通过 WebService、Restful 接口开放给前端应用进行服务调用。
- 受限于实时数据服务对数据供给的时效性要求，实时数据不经数据整合层进行整合，存在的数据质量问题可能会导致实时计算结果不准确，需要通过数据整合层的整合数据采取 T+1 天周期的方法对实时计算结果进行修正。即前端实时数据分析应用在对 1 天以前的数据进行汇总统计和分析时，通过数据整合层和数据集市层获得所需数据。

● 数据服务采取同样的 WebService、Restful 接口对前端应用提供产品化服务，屏蔽不同的数据来源。对于实时数据服务需要通过流计算引擎获取数据，对于历史数据服务则需要通过数据整合层和数据集市层获得数据。

第 14 章
大数据与数据科学

14.1 财务大数据

14.1.1 大数据和财务大数据的发展

从农耕文明到工业文明，数据一直都默默伴随着人类的生产和生活。但直到 20 世纪末期，计算机和互联网的出现才真正让人们意识到数据不仅仅是一种记录的结果，而且开始成为一种资产，并在人类的生产和生活中显露出独特的价值。时至今日，人们开始用新的思维来审视数据的存在，并把数据作为一种重要的生产要素，将它和土地、劳动力、资本、技术等因素相提并论。

据国际权威机构 Statista 统计，2016~2019 年的全球数据量分别为 18ZB、26ZB、33ZB、41ZB（1ZB=10 亿 GB，约十万亿亿字节）。国际数据公司 IDC 预计 2025 年全球数据量将是 2016 年的九倍，即达到 163ZB。数据量快速增长的原因，主要是人类对数据收集、存储技术的不断发展和完善；同时，也要归功于人类对数据要素重要价值与日俱增的重视。

数据量的快速增长带来了对数据计算能力和存储能力的挑战。1642 年法国数学家布莱士·帕斯卡（Blaise Pascal）为了研究概率计算的问题，制成了世界上第一台进行 6 位数加减运算的手摇式计算机。1880 年，美国人赫曼·霍列瑞斯（Herman Hollerith）为了处理人口普查数据发明了穿孔卡片及机器，由此出现了数据库的雏形。后来，人类对数据的应用从人口统计到工程生产，从医学卫生到国家战争。应用越来越广泛，随之产生了丰富的数据技术。1980 年，美国著名未来学家阿尔文·托夫勒在《第三次浪潮》一书中提出了"大数据"的概念，称之为"第三次浪潮的华彩乐章"。这也标志着，大数据的时代序幕徐徐拉开。

大数据是一个很宽泛的概念，从不同的角度有不同的理解。麦肯锡认为大数据是一种规模大到在获取、存储、管理、分析方面大大超出了传统数据库软件工具能力范围的数据集合，具有海量的数据规模、快速的数据流转、多样的数据类型和价值密度低四大特征。IBM 公司则认为大数据具有"volume（大量）、velocity（高速）、variety（多样）、value（低价值密度）、veracity（真实性）"5 个特点。本书讨论的大数据泛指那些巨量的数据集，以及为了处理、存储这些数据集而使用的思路、方法、技术和工具。换个角度来讲，大数据不只是局限于数据和技术本身，更是一种全新的思维方式。

　　理解大数据思维的重点就是要区分大数据思维和传统的数据思维，它们之间的差异通常可以概括为三个方面。

　　首先，在传统的数据处理方法里，当数据量较大的时候，通常会采用抽样统计的方式。比如，在做商品的质量检查的时候，都是从大量的商品中随机抽取一定样本，然后通过对样本的检测进而推测出整批产品的质量指标。在数据采集难度大、分析和处理困难的时候，抽样有效解决了这些难题。抽样方式的广泛，在一定时期内曾经极大地推动了社会的发展，使人口统计、传染病防治等工作得以有效开展。抽样的方式虽然保证了在客观条件达不到的情况下，也可能得出一个相对靠谱的结论，让研究有的放矢，但是，抽样也带来了新的问题。因为抽样是随机的，所以抽样的结果极不稳定，从而导致结论与实际可能差异非常明显。比如，上面质量检查的例子，偏巧随机抽到了 5 个产品都是次品就得出整批产品都是次品，显然是不对的，这是抽样在极端情况下结论不稳定的极端表现。由此可见，真正能获得准确的数据统计分析结果的方式还是全量数据的处理。在大数据的概念里，不再采用抽样的模式，取而代之的是"样本即全部"的全量思维，不再依靠随机抽取，而是获取全部数据，甚至包括其他相关数据的合集。从而可以更清楚地发现样本无法揭示的细节信息，为我们带来更全面的认知体验。基于这样的全量数据的思维考虑，在利用大数据技术的时候，就需要格外注意数据采集来源的问题，要确保能够获取该业务场景下的全量数据。数据是否完整决定了大数据应用的效果。

　　其次，在过去因为取得的数据集通常都不是全量，所以对数据的要求是尽量准确、纯净。人们很难针对非结构化的、有错误的数据进行统计分析，所以无论在收集样本时，还是在做统计分析时，通常都会用一整套的策略来控制偏差，减少错误发生。在结果公布之前，也会检验样本是否存在潜在的偏倚。而到了大数据时代，得益于大数据技术的支持，我们可以获得全量的数据集合，这里面既包含了规则的结构化的数据，也可能包括大量非结构化的数据，甚至在里面也会掺杂一些噪声或杂质。大数据存在着一种高容错的思维方式，也就是说在面对海量数据的时候，绝对的精准不再是追求的主要目标，适当忽略微观层面上的精确度，容许一定程度的错误与混杂，反而可以在宏观层面拥有更好的知识和洞察力。比如，我们在使用输入法的时候，会发现明明我们拼错了一个字母，但输入法依然会把正确的词条显示在列表中。这就是因为后台大数据在采集所有人操作的时候，把一些常见的错误操作也采集过来，经过建立模型分析判断出用户真实的想法，从而又在用户下一次出现错误的时候能给出正确的选择。这就集中体现了大数据的容错思维，而恰恰基于这种容错思维，大数据能够实现对海量的非结构化、非标准化的数据的处理和分析，这种数据中的错误，并没有阻碍大数据的分析，反而在某些时候大大增强了大数据的精度和准确度。

最后，传统的数据统计中，确证性研究是长期以来的主要工作目的之一。确证性研究主要基于相关性研究，以及统计推断因果关系判断的方法。但是，由于传统数据统计的数据样本通常都不是完整的，故需要大量的工作进行因果关系的验证。这就形成了一种根深蒂固的因果思维，但是因果关系是一个非常不稳定的关系，"有因必有果"的结论也非常武断，在大部分情况下这种关系往往是错误的，或不合时宜的。比如著名的"黑天鹅效应"，基于不完整样本得出的"因为是天鹅，所以羽毛是洁白的"这种因果关系，伴随着一只黑天鹅的出现而瞬间崩塌。所以在大数据思维下，人们更关注的不是因果关系，而是事物的相关性。由于大数据掌握了全量的数据，任何一条特例数据都有可能把原有的因果关系打破，但数据量的激增反而会将一些事物内在的联系更加显露出来，随着不断增加的数据量，数据间强关联关系会得到凸显，人们就可以通过这个关系获得更多的认知和洞见，运用这些认知和洞见可以揭示出一些无法感知的事实或帮人们预测未来。因此，通过相关性思维进行预测也正是大数据的一个核心议题。

大数据时代的来临，伴随着巨量信息的产生，人们的思维方式以及理解、认识这个世界的方式都经历着巨大的转变。随之而来的是大数据技术在各行各业的应用和普及，越来越多的行业因大数据的出现而面临变革和转型。财务行业从一出现就伴随着人类对数据理解和掌握程度的加深而逐渐发展起来，可以说财务行业就是以数据的收集、整理、存储、计算、分析、挖掘等一系列活动为核心的工作。所以，财务大数据作为大数据技术在财务细分领域的有效实践开始逐渐为人们所关注。与大数据一样，财务大数据也是用来泛指在财务领域的大数据相关的思维、技术、工具以及由此带来的工作模式的改变。

14.1.2　财务大数据的内容和特点

从本质上来看，企业财务会计需要对企业管理中所有形式的经济活动以及企业内部的资金流动进行监督和核算，以此来达到提升企业经济管理工作实际效率的目的。利用相关的数据信息，真实地反映出企业的实际经营情况。由此可见，数据从来都是企业财务工作的核心要素。在财务大数据时代，要充分利用数据来帮助财务工作实现转型升级，就有必要先对财务大数据所涉及的数据范围进行梳理。从财务的数据应用视角出发，财务大数据主要关注如下两大类别数据，即基础类数据和报表类数据。

其中，基础类数据是指财务会计核算工作所需的业务数据，或基于业务数据产生的财务数据，涵盖了传统数据治理的基础数据（直接采集的）和指标数据（加工生成的），主要类型如下。

（1）企业成本费用数据

企业的成本和费用是两个既有相互联系又存在重大区别的会计概念，成本费用一般泛指企业在生产经营中所发生的各种资金耗费，用货币形式来表示，也就是企业在产品经营中所耗费的资金的总和。针对企业而言，成本和费用都非常关键，唯有对成本费用做出科学合理的控制，方可使企业竞争力得到一定的提高。

从企业数据层面来看，企业成本费用的类别比较庞杂，数据量较大，不易统计分析。在传统的财务数据统计分析的时候，尤为重视对企业成本费用类数据的收集整理，并对数据的准确性要求较高。因为此类数据对企业成本预测、控制和分析等环节具有非常重要的影响作用，可以提供关键的信息保障。在财务大数据时代，目前的趋势是通过业务财务一体化的方式，将财务数据的提取前置到业务端，即采集全量的业务数据、生产数据，以此得到原始的企业成本费用数据，进而通过整理和计算获得企业真实的成本费用类信息。

（2）企业客户数据

企业的经营活动是围绕着与不同客户进行的交易展开的。在这个过程中，会有大量的客户信息和相关的往来、交易、资金流动等一系列的数据产生。这些数据的特点是非常分散，获取难度比较大，数据质量较差。在财务大数据中，建立企业客户画像是一种非常常见的收集、整理、分析客户信息的方式。企业客户画像通常包括基本信息和往来信息两大类，基本信息包括企业基本状况、经营情况、相关产品和服务信息等，这些数据大多来源于外部数据或由企业员工录入而得到；往来信息则来源于销售过程中的记录。企业客户数据为企业客户信誉的综合测评、企业构建诚信档案、筛选重点客户等事项提供重要的基础保障。

（3）企业销售数据

企业销售数据是传统意义上企业财务数据的核心内容，销售数据可以充分反映出企业特定时段内各不相同的产品、在各不相同的地区、针对不同客户的具体销售情况。此类数据形成循环，特点是数据量较大且较为冗杂。与销售相关的合同、订单、发票等是企业销售数据的主要来源，由于此类数据的重要性，目前绝大多数都由信息系统承载这些数据，对这类数据的采集（特别是异构系统的数据采集整理和汇集）是财务大数据的重点任务之一。企业销售数据直接关系到企业的效益问题，同时也是企业预算编制的重要数据支撑。

（4）企业利润相关数据

企业获取利润是企业发展经营阶段最为重要的方向和目标之一，若企业无法获取利润，则失去存在的价值。通常企业利润相关数据是通过成本费用和销售数据计算而得，但出于不同的核算规则、不同的关注点，利润数据又分为毛利润、净利润、营业利润等具体指标。企业利润数据直接体现了企业经营管理的效果，同时也为企业预测未来盈利情况提供了非常关键的基础依据。

报表类数据是基于基础类数据加工而形成的，满足财务报告、信息披露或经营管理目标的结果数据，可分为财务报表数据和管理报表数据两大类别。

1）财务报表数据

财务报表是以会计准则为规范编制的，向所有者、债权人、政府及其他有关各方及社会公众等外部反映会计主体财务状况和经营的会计报表。财务报表包括资产负债表、损益表、现金流量表或财务状况变动表、附表和附注等。

财务报表数据是财务报表的组成要素，通常都是通过采集、加工、处理后得到的。传统的财务报表通常都是人工从系统中取得数据，再依据相关准则进行编制而成的。随着财务信息化的发展，很多企业已经尝试自动生成财务报表。在财务大数据时代，理想的方式是通过建立全量的企业财务大数据平台，从凭证级数据开始进行汇总计算，从而实现企业整个报表体系数据的自动生成。这种方式的优势是既保证了数据的准确性，避免由于原有层层上报加工的方式产生数据不一致甚至数据错误等问题，同时还能保证报表数据具有穿透性，可以直接关联到具体的原子信息。

2）管理报表数据

管理报表主要是指用来向公司领导及董事会报告管理分析及财务情况的相关资料。管理报表数据是通过对财务数据的归纳汇总以及科学系统的分析，能够为企业销售、财务管理以及资金预测等提供重要的基础信息，为企业经营决策、客户测评等提供强有力的数据支撑，对企业未来发展同样具有相应的预测作用。随着智能财务、智慧财务的不断发展和应用，管理报表数据在企业经营管理中的地位与作用越发凸显。

14.1.3 大数据给财务工作带来的改变

大数据时代的到来，打破了固有的思维模式，从而在根本上改变了各行业的发展模式和运行逻辑。比如对财务工作来说，传统的会计学衡量企业的状况通过三张报表：资产负债表、现金流量表、利润表。这三张报表反映了一个企业的运营能力、偿债能力和盈利能力。虽然这三张报表是非常基础和非常重要的，但是，现在有一些企业是高风险的，特别是一些 IT 企业、创业企业、新行业企业，它们的特点是长期负债，但同时又有非常高的市值，人们又有非常强的忠诚度。如果用这三张报表衡量，似乎不能完全体现它的价值，也就是说，依靠传统的财务理论已经不足以完整地表现对企业财务状况的评价。长周期、高负债、高不确定性企业的价值可能受到的是口碑、忠诚度、品牌、公允价值，包括无形资产的影响。所以说，大数据给财务工作带来了新的课题，同时也带来了新的机遇和挑战。

（1）财务大数据不再依赖抽样，而转向全量提取

在前面已经介绍过，大数据采用了全量思维的方式替代了抽样思维。在传统的财务数据收集分析期间，大多是以随机采样方法为主，这种方式仅选取企业运营数据中部分的数据，无法确保样本可以有效代表整体，这样让分析结果可能出现较大的偏差，同时对积累的海量数据资源来说，也是一种浪费。

采用大数据技术，进行全量数据的收集，既实现了对全部数据的有效利用，同时也可以确保样本反映出整体，使收集整理的数据信息更加全面完整。这也给财务工作带来了新的课题，即如何通过各种技术实现异构系统的数据整合，保证能获取

最大范围的全量数据。当然这也不全是技术层面的问题，怎样通过合理的数据管理，建立统一的数据标准，实施有效的数据质量管理，这些也都成为财务大数据不得不重点思考的问题。

（2）财务大数据注重数据效率胜过准确率

传统财务工作，由于测量能力的影响限制，数据点测量对结果具有非常关键的影响和意义，所以对数据的精准性要求是非常高的。任何数据点测量的偏差都有可能由于统计和分析的放大效应而导致结果的严重失真。这时候，财务工作者也就会对数据的准确性保持高度的关注。而到了财务大数据时代，个别数据的偏差对全量大数据集的干扰已经微乎其微，这样财务工作者就不必过多担心某一数据点存在的差错问题，以及其对整个系统产生的错误影响，无须浪费过多时间和精力用于数据的模糊性以及不确定方面。大数据技术的有效应用，更为重视数据整体性以及混杂性，可以帮助人们更加接近和了解事实的真相。

（3）财务大数据关注关系，提升数据利用效率

传统的财务工作使用的数据来源是已经发生数据结果的数据，数据统计和分析的重点通常是找出原因。比如企业利润出现了下降，那么财务人员的首要任务就是要通过对各种数据的统计和分析找出企业利润下降的原因。这种方式通常存在一定滞后性，比如分析的结果是原材料成本上涨过高导致了企业利润的下降，但这个数据可能是基于上个季度甚至上半年的数据而分析出来的。那么企业可能依据这个分析结果缩减原材料采购的数量，但这时候原材料的价格很可能已经从高点回落，所以企业的决策与事实就产生了较大的偏差。大数据思维强调的是关系性而非因果性。同样在上面这个例子中，依据大数据方式采集的数据会包括当前原材料价格，同时基于历史数据的分析可以建立原材料价格和企业利润的强关联的数据模型，从而直接得出企业对于原材料的购买的决策，使企业管理可以更具科学性与针对性。

14.1.4 财务大数据给企业带来的收益

（1）财务大数据提高了财务的透明性与真实性

在传统财务工作模式下，主要的工作是在线下进行的，由于过多的人为操作，不仅造成处理效率低下，还很容易出现人为错误和数据造假的情况，这给财务数据的准确性和真实性都带来了很大的影响。而在财务大数据时代，企业财务工作转移到线上为主，数据的采集、分析、处理在得到系统支撑的前提下，也得到了系统的监管。这样，企业就可以更及时更准确地了解和掌握企业的财务信息。比如：企业通过对资金流向的掌控，可以非常清晰直观地了解到企业生产经营的具体情况；而基于对异常资金流向的查找以及监控，能够追溯到具体的负责人，使流程监督得到明显的强化，强化了发现并预防潜藏于企业内部的各类违规问题的能力。

（2）财务大数据控制企业经营成本

企业经营成本控制是财务管理的一项重要工作，我们可以把企业的经营成本分

成刚性成本以及隐形成本这两大类。刚性成本是指企业日常生产、经营所必须支出的部分，比如人员工资福利、税金、差旅报销等。而隐形成本，具体如人员工作效率、部门组织内部协调情况等方面，关乎企业运营管理的实际成本，对企业经营能力具有重要的影响和作用。

在传统的财务工作中，通常是对刚性成本关注较多。所有的成本核算也是基于刚性成本来进行的。而对于隐形成本由于缺少必要的数据来源和数据分析能力，长时间以来基本处于被忽视的状态。在财务大数据时代，通过采集企业内部运行各环节的全量数据，建立数据分析模型，可以对各工作环节所产生的消耗与效率做出非常科学的分析，这样就能很容易得到企业在隐形成本上的支出，进而发现具体问题以及其产生原因。据此，企业可以及时快速地对问题做出解决，有利于企业经营成本的综合全面控制，确保企业管理更加科学合理。

（3）财务大数据提高了企业的预测能力

传统财务工作中，财务工作者通常基于数据发现并寻找具体的原因，这种逻辑建立在"基于结果找原因"的基础之上。而对于没有发生结果，通常只能靠经验和感觉去推测，很难具备科学性和准确性的情况来说，传统财务工作方法很显然不能达成目的。可在财务大数据背景下，人们不但可以实时采集分析当前的数据，还可以构建预测模型，对未来可能发生的结果进行预判。

同传统财务工作方式进行对比，企业更容易了解、掌握未来可能发生的事情，并以此提前制定科学的解决方法。例如当我们基于历史数据建立关于企业盈利的数据模型，并实时采集当前市场上的各类数据，当某一数据出现较大波动，则企业可以很快预测到未来企业可能面临的一些盈利上的波动，制定更科学有效的措施对这种波动进行很好的干预，从而保证企业利益的最大化。同样对于企业财务预算，通过数据模型进行的销售预算对企业也具有非常大的作用。

（4）财务大数据可以很好地为经营指引方向

以前财务工作更多是一种后台管理工作，主要是对历史发生的数据进行采集、整理和统计，对于前台业务提供的帮助非常有限。到了财务大数据时代，由于财务掌握了更加丰富、更加及时的数据，不仅限于企业的财务数据，还包括很多客商的信息、行业的信息等。在汇集了成本、市场、销售、库存、利润等多个维度的数据之后，财务大数据可以有针对性地为企业经营提供营销、定价等策略的支撑，对未来的营销计划甚至市场定位都能给出基于数据的判断和决策。这是传统财务无法企及的，也令财务走向业务成为可能。

（5）财务大数据可以科学地进行盈利预测

对企业利润进行预测，属于企业财务数据分析以及预算的关键环节，也是传统财务工作的一个重点和难点，通常会采用从上到下或从下向上的预测计算方式，但无论采用哪种方式，这些预测都更多的是基于某些假设，通过经验进行判断而得出的。

这种预测的误差都比较大，特别是一些影响因素可能并没在原来的假设中被识别出来，导致结果严重地偏离。

财务大数据采用的是用数据说话，靠数据提供预测能力的方式。通过建立预测模型输入企业产能、消耗、份额、大概的运营成本、市场价格变化、影响供需的事件等数据，从而为企业利润依存提供科学准确的目标和方向。这种基于大数据的盈利预测在初期可能会因为一些外在因素影响而达不到理想的效果，但通过迭代把相关的因素尽可能考虑在模型中后，预测的准确度将得到极大的提升，这是多少财务工作者梦寐以求的结果。

14.2　数据科学与财务管理

14.2.1　数据科学的发展和主要内容

早在 20 世纪 60 年代，著名计算机科学家、图灵奖获得者彼得·诺尔（Peter Naur）在《计算机方法的简明调研》（*Concise Survey of Computer Methods*）一书的前言中首次明确提出了数据科学（data science）的概念，"数据科学是一门基于数据处理的科学"，并提到了数据科学与数据学（datalogy）的区别——前者是解决数据（问题）的科学（the science of dealing with data），而后者侧重于数据处理及其在教育领域中的应用（the data processes and its place in education）。后来，国际知名统计学家吴建福教授在一次题为"统计学＝数据科学吗？"的公开演讲中，提出建议把统计学改名为数据科学，这也引起了众人的注意，使得众人开始持续关注数据科学并对这一新概念展开思考和探索。

1996 年国际分类协会联盟（International Federation of Classification Societies，简称 IFCS）在日本神户举行双年会。"数据科学"这个术语首次被包含在会议的标题里（数据科学、分类和其他相关方法）。

2010 年，美国数据科学家德鲁·康威（Drew Conway）提出了第一张揭示数据科学的学科地位的维恩图——《数据科学维恩图》（*The Data Science Venn Diagram*），首次明确探讨了数据科学的学科定位问题。在他看来，数据科学处于统计学、机器学习和领域知识的交叉之处。从德鲁·康威的《数据科学维恩图》（如图 14-1 所示）的中心部分可看出，数据科学位于统计学、机器学习和某一领域知识的交叉之处，具有较为显著的交叉型学科的特点，即数据科学是一门以统计学、机器学习和领域知识为理论基础的新兴学科。同时，从该图的外围可看出，数据科学家需要具备数学与统计学知识、领域实务和黑客精神，说明数据科学不仅需要理论知识和实践经验，还涉及黑客精神，即数据科学具有三个基本要素：理论（数学与统计学）、实践（领域实务）和精神（黑客精神）。

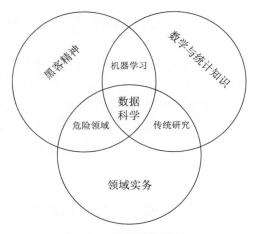

图 14-1　数据科学维恩图

数据科学是一门交叉学科，其知识结构比较复杂，涉及数据科学的基础理论，针对数据的研究方法和工具，以及数据科学领域的应用等方面。数据科学的基础理论主要包括数据科学中的基础概念、方法、技术及工具以及数据科学的研究目的、理论基础、研究内容、基本流程、主要原则、典型应用、人才培养、项目管理等内容。其中包括传统的统计学理论，也融入了信息技术领域的内容，如数据挖掘、机器学习、数据可视化等。方法、技术具体涉及应该获取什么样的数据，对获取的数据如何处理，如何建立数据模型的具体编程实现，以及对模型的领域解释等内容。

在思想方法上，数据科学研究继承了传统统计学的思想，同时也融入了大数据的理念，例如在大量数据上做统计性的比较、聚类或分类分析归纳，获得的是一种相关性结论，而非因果关系。数据科学与计算机模拟虽然都依赖大量的数据计算，但计算机模拟是建立研究对象的数学模型或描述模型并在计算机上加以体现和试验，而数据科学则是用大量数据的相关性取代了因果关系和严格的理论和模型，并基于这些相关性获得新的"知识"。所以，数据科学需要有很强的学习能力和动手实践能力，同时也必须具有较好的计算机和数学基础。

数据科学是一门与领域知识和行业实践高度交融的学科。从目前的研究现状看，数据科学可以分为两类：专业数据科学与专业中的数据科学。其中，"专业数据科学"是以独立学科的形式存在，与其他传统学科（如计算机科学、统计学、新闻学、社会学等）并列的一门新兴科学；"专业中的数据科学"是指依存于某一专业领域中的大数据研究，其特点是与所属专业的耦合度较高，难以直接移植到另一个专业领域，我们后面要说的财务大数据就是专业中的数据科学在财务领域的具体实例。

14.2.2　数据科学与大数据的联系

当我们了解了数据科学与大数据的发展历史，就不难发现这两者都是伴随着人类对数据认识与理解的深入而出现的，是伴随着信息技术的发展而日益成熟起来的。

很多人对数据科学与大数据的概念是混淆的，事实上在很多场景中，人们讨论的数据科学和大数据也确实说的是一个范畴的事。

那么数据科学与大数据究竟是不是一个可以互相通用的概念呢？通常，业界认为"数据科学"与"大数据"是两个既有区别又有联系的概念。我们可以将数据科学理解为大数据时代的一门新科学，即以揭示数据时代，尤其是大数据时代新的挑战、机会、思维和模式为研究目的，由大数据时代新出现的理论、方法、模型、技术、平台、工具、应用和最佳实践组成的一整套知识体系。

数据科学是由一系列的原理、问题定义、算法及数据处理过程组成的，用于从大数据集中抽取不显眼但又非常有用的模式。在我们讨论数据科学的时候也经常谈到统计学、数据挖掘、机器学习、人工智能这些概念，同样在大数据领域，这些也是经常被用来实现对大数据的分析，以及从海量数据中提取数据价值的一些具体技术。把这些技术之间的一些关联理解清楚，也有助于我们明确数据科学与大数据之间的联系。

统计学是一门研究怎样收集、组织、分析和解释数据中的数字信息的科学。统计学可以分为两大类：描述统计学和推断统计学。描述统计学涉及组织、累加和描绘数据中的信息。推断统计学涉及使用抽样数据来推断总体。数据挖掘是一类实用的应用算法（大多是机器学习算法），利用各个领域产出的数据来解决各个领域相关的问题。机器学习是专门研究计算机怎样模拟或实现人类的学习行为，以获取新的知识或技能的一种技术。人工智能这门科学的目的在于开发一个模拟人类能在某种环境下做出反应和行为的系统或软件。由于这个领域极其广泛，人工智能将其目标定义为多个子目标。然后每个子目标就都发展成一个独立的研究分支。其中主要包括推理、机器学习、自然语言处理、计算机视觉、机器人学、通用智能或强人工智能等。这里面，针对机器学习的研究是由人工智能的一个子目标发展而来的，用来帮助机器和软件进行自我学习来解决遇到的问题。

机器学习利用统计学（大多是推断统计学）来开发自学习算法。数据挖掘则是在算法得到的结果的基础上应用统计学（大多是描述统计学）来解决问题。数据挖掘作为一门学科兴起，旨在各种各样的行业中（尤其是商业）求解问题，求解过程需要用到不同研究领域的不同技术和实践。

这些技术在解决共同目标时发挥了自己的优势。而在一个具体的行业应用中，通常是融合各类不同领域的技术来解决一个核心的业务问题。这个时候，数据科学和大数据相融在一起，不再有明确的隔阂，而是作为一个大的整体解决方案存在。

14.2.3 数据科学在财务领域的典型应用

数据科学作为一门与领域知识和行业实践高度交融的学科，在很多行业领域内开始发挥越来越关键的作用。在财务领域，数据科学在实现各种财务任务的自动化方面体现得非常出色，和银行的自动化风险分析一样，在财务领域通过数据科学实现风险的自动化分析，能够很好地为公司提供及时准确的战略决策。此外，利用一些机器学习技术，如自然语言处理和数据挖掘，有助于为更智能的治理转换信息，这也有助于提高企业的盈利能力。下面就通过两个比较常见的场景来介绍数据科学是如何在财务领域中得到应用的。

（1）异常值检测

异常值检测或离群点分析涉及搜索和识别数据集中的非典型实例。这种非典型实例通常被称为异常值或离群点。异常值检测最常见的应用是在金融领域里识别欺诈控制的投资风险。近年来在财务领域，财务欺诈的行为屡禁不止，其根本原因在于传统的靠人工、靠固定规则的审查方式能覆盖的范围有限，规则参数设定也较为随意，很难挖掘到一些深层次的问题。而随着数据科学的兴起，数据科学技术为财务报告审核和企业风险控制提供了重要的技术手段。

通常，企业在做财务报表的异常检测时主要依赖基于领域专业知识的人工规则，这种方法能够帮助识别异常事件。在具体实现的时候，需要把规则集转变成 Excel 的公式或宏，有的则会直接写成 SQL 或其他语言的脚本，在数据集的基础上去运行这些规则，然后识别出异常值。比如，当企业的财报中显示应收账款周转率或存货周转率持续下降，产品竞争力未见明显提升，但经营业绩却逐年提升。这就很容易通过对几个指标的对比建立一个公式，从而从公式计算的结果来推断出企业财务信息的异常。

但是，这种基于规则的异常值检测方式存在一些问题，主要缺点是以这种方式定义规则意味着只有在异常事件发生并引起公司注意之后才能识别出异常事件。也就是说，这个规则是基于现有认知的前提下来设定的，是一种类似"亡羊补牢"的方式。很多企业目前更希望在事件首次出现即可以被发现为异常。通过聚类的方式可以实现异常值检测，通常有两种方法：第一种方法是普通数据聚集在一个簇里，而异常记录出现在不同的簇中，包含异常记录的簇规模通常比较小，因此能与包含常规记录的大簇区别开来；第二种方法是测量每个实例与集群中心之间的距离，距离集群中心越远，异常可能性越大，因此需要进行检查。

异常检测的另一个非常有效的方法是训练预测模型，比如建立决策树，通过决策树把异常和非异常实例区分开来。不过，训练此类模型通常需要包含异常记录和正常记录的训练数据集。此外，仅仅少数的几个异常记录实例还是远远不够的，为了训练正常的预测模型，数据集需要包含合理数量的来自每个类别的实例。

异常实例很少这一个事实意味着它们很容易被忽略并且难以识别。因此，数据科学家在做异常检测的时候会尝试组合使用不同的模型。这种策略认为不同的模型会捕捉到不同类型的异常。通常，业务规则已经规定了一部分异常，而模型和这些规则互补。将不同的模型集成到决策管理解决方案中，使每个模型的预测能为最终的预测决策提供输入。例如，如果一个报表项仅仅被其中一个模型识别为异常，则决策系统不会判定它存在问题，相反，如果四个模型中的三个或四个判定异常，则该报表项将被标记并提供给数据科学家。

（2）关联规则分析

有时候企业在经营中将面临更多的不确定性，这些不确定性就给企业带来了更大的风险。企业是否对自身的财务风险进行管理直接影响到企业自身的可持续性发展。企业如果不对风险进行管理控制，就容易遭受巨大的损失，甚至破产。因此，企业财务风险分析及预防至关重要。随着数据科学技术的发展，企业财务风险分析迎来了更多新的研究方法。其中将关联规则分析应用到企业财务风险管理中得到了很多的认可。

关联规则是一种无监督的数据分析技术，旨在从大量数据中挖掘数据之间隐藏的关联关系。如果数据属性之间存在关联，那么就可以依据其他属性值对数据的某一属性进行预测。关联规则算法有多种，其中最具代表性的是 Apriori 算法。它主要有两个处理步骤：

步骤一：在事务集中查找满足预设的最小频率阈值的所有项组合，这些组合称为频繁项集。

步骤二：在频繁项集的基础上，产生能描述项之间共现关系的规则集。Apriori 算法计算频繁项集中某个项在其他某个或某些项出现的前提下的出现概率。

以上市企业中财务指标的分析为例，预判其财务风险。通过关联规则技术，可选取 ST 类上市公司的财务数据指标，对取得的财务指标数据进行关联规则挖掘。设置几组不同的支持度和置信度阈值，可以得到不同的关联规则。通过对这些关联规则的分析，我们发现当上市公司出现财务风险时（通常我们假设 ST 公司是存在较大财务风险的），部分财务指标总是频繁出现异动，比如净利润、销售毛利率、流动资产周转率等。这些关键指标的波动直接影响公司的财务风险程度。我们可以通过对这些财务指标的分析来实现对企业财务风险的预判，比如流动比率，这个指标体现了企业的变现能力和短期偿债能力，即这个比率越高，则企业存在债务风险的可能性越低，风险越小。当然，为了方便大家理解，这里举的例子都是比较简单的指标，即使不通过关联规则，也能知道这个指标的意义。在真正的应用场景下，很多指标是需要数据科学家通过对大数据量集的不同指标提取方案进行分析后才能确定的，结果也是未知的。但这种未知性会在分析结果出现的时候带给大家意想不到的惊喜，这也是数据科学的一种魅力吧！

14.3　数据科学应用与数据治理

14.3.1　数据科学应用的关键要素

即使目前数据科学已经发展建立起比较完善的知识体系，也有很多成熟的数据科学应用在一些行业里取得了有效的成果。但我们还要谨慎地认识到一个现实，即目前数据科学项目的失败风险还是非常高的，特别是在财务领域去应用数据科学技术仍面临着非常大的挑战。数据科学应用项目的成功取决于很多因素，如明确的目标与需求、适合的数据集以及专业的团队、信息技术的支撑和高层管理者的关注与认可等。下面就为大家介绍这些关键要素如何影响数据科学应用的落地。

（1）明确清晰的目标与需求

在数据驱动的应用建设过程中，应该始终是以目标结果为导向。由于数据科学在研究过程中，从样本数据准备到模型的建立需要一个比较漫长的时间，而大数据集的数据采集、清洗工作同样需要付出较大成本。这就需要在启动数据科学应用的时候，一定要有明确清晰的目标和需求。

目标和需求不明确的情况下，首先会影响数据科学家准确地定义问题并合理地选择分析模型。而模糊不清的目标，也很难对数据分析的结果进行评判。甚至有些目标和需求本身就存在一定的不可实现性，在这种条件下展开的数据科学应用研究都可能成为无用功，白白浪费时间和金钱。

（2）专业的团队

数据科学不是一个人可以做得好的事，需要一个专业的团队，并始终保持高效的协同。最好的数据科学团队是具有行业经验的人和具有建模经验的人（包括在各个行业中构建模型的人）的混合体。显然，数据科学家是数据科学团队的重要组成部分。很多数据科学家通常具有数据或统计学方面的高学位，并具有 R 或 Python 的编码技能，但他们还必须了解企业想要实现的目标。他们的工作往往具有探索性和迭代性。但是，数据科学家需要可靠的数据。这正是数据工程师的用武之地，他们建立数据管道并管理数据。有时候，数据分析师虽然技术水平不及数据科学家，但他们会专注于数据科学的后期阶段，即分析和共享见解。当然，数据运营人员也是很有必要的，他们主要负责监视和管理这些数据科学应用。

（3）信息技术的支撑

数据科学是一门综合性学科，相关的技术工具往往对使用者有较高的技术经验知识的要求，但是由于市场需求与人才数量之间严重失衡，导致数据科学家这类人才严重短缺。

为了应对这一行业难题，如果有一款可以快速建模的数据科学平台产品工具，将大大降低数据科学的学习成本并可以快速将模型应用于生产中。数据科学平台产品需要提供面向平民化的数据分析、机器学习工具，简化甚至自动化模型构建流程，从而降低使用者的技术要求，使得数据科学技术工具能够快速普及。

（4）高层管理者的关注与认可

企业数据科学应用往往具有投资较高、周期较长、风险较大的特点。当一个企业决心开展数据科学应用工作的时候，获得高层管理者的关注和认可是必不可少的一个前提。

一方面，高层领导对于项目的财务支出具有决定权，通常情况下，高层领导对一个具有诸多不确定性的高风险的项目都是比较保守的，而能否说服高层领导对项目给予关注和支持，决定了未来项目能否得到足够的资源支撑。很多失败的项目都是源于资源的匮乏，当然这些资源不全是资金，人才也是一项必要的资源。没有高层领导的支持，获取人才要比获取资金更艰难一些。

另一方面，由于数据科学项目应用存在一定研究的工作性质，时间上具有不确定性，让高层领导持续保持耐心也是一个关键点。由于知识结构上的差异，高层管理者对迟迟无法得到预定结果的项目通常都是厌恶的，能否获取高层的信心和耐心，从某种角度上来说是决定数据科学应用的成败关键。

当然，和很多信息化建设项目一样，数据科学应用的成功可能与很多外部因素相关，也可能受制于某些基础条件。在财务领域，目前数据科学的研究与应用还处于相对初级的阶段，会有很多有趣的、有益的实践不断被人们创造出来，从而也会归纳出更多成功关键要素。

14.3.2 数据科学给数据治理带来的挑战

在数据科学关键要素中，有一项至关重要的因素就是数据。其实，从名称上看数据科学就是一门与数据相关的科学，而从实质上看，数据科学是一个从数据中获得模式的一系列原理、技术和方法的合集。这就决定了一个团体在实现数据科学应用过程中，需要重点解决如何更好地管理和控制好对应的数据的问题，实现对数据可用性、完整性和安全性的整体考虑。

可用性是指数据可用、可信且质量有保证，不会因为数据的准确性造成偏差，使用者可以放心地根据数据处理的结果做出判断和决策；完整性是指可以获取到所需要的全部数据，可以实现数据资产化，对数据进行有效积累；安全性是指数据处理过程安全可控，不存在侵犯隐私、侵犯法律等问题，且不会给团体留下任何安全隐患。

显然，由于数据科学的发展强化了团体对于数据治理工作的需求和重视，也给数据治理工作带来了一些挑战。

（1）多域数据整合的挑战

由于数据科学的应用需要大数据集作为基础，要想得到更为全面的数据分析结果，就需要对企业更多的应用系统的数据进行整合。现代企业的应用系统多数具有异构、多域、多应用的特点，那么针对多域数据的整合就成为数据科学得到很好落地的一个先决条件。这要求数据治理要在三个层面上发挥作用。

第一要实现企业"人、财、物、产、供、销、存"等全数据要素的治理，通过对全部要素的优化治理，从而帮助企业实现其成本、收益、风险三者的最优化控制目标。

第二要实现跨企业组织、跨领导层级的全领域治理，从所有职能角色出发，包括但不局限于研发视角、产品视角、业务视角、运营视角等角色清晰确定数据治理涉及的范围，制定可量化、可执行的实施与评估方法。

第三要针对企业业务全生命周期的全流程治理，根据数据价值随时间推移的演化关系制定合理的数据治理策略。

（2）数据标准和质量的挑战

数据科学的目的是研究数据进而实现数据到知识的转化，并由此影响决策和行动。数据科学在研究数据的时候，对数据标准和质量存在着深深的依赖。而在目前的企业数据环境中，普遍缺少数据标准，对数据质量的管理也存在很多的不足。因此企业数据的治理工作显得尤为重要起来。

在大数据时代，业务活动就是进行数据采集、生成和数据质量控制的过程，显示的就是业务活动的自身的过程和质量，而同时，采用技术手段建立数据质量监控机制，也是不可或缺的。由于新技术手段的不断成熟，类似采用传感器、OCR、RPA 等技术在减轻人员录入难度、提升数据采集质量方面起到了非常大的作用。但无论采用什么样的技术手段，对数据标准的定义都是最基础的工作，其中包括数据的业务含义、分类分级、格式及转换等，数据标准化程度越高，系统自动化处理能力越强，信息共享度越强，数据成本也就越低。数据标准的难度在于管理，管理的难度在于对数据的业务定义。这些都对企业的数据治理工作提出了很高的要求。

（3）管理架构与业务壁垒的挑战

数据科学是跨越组织边界和业务边界的，只要企业在数据层面实现集中和共享，在技术上实现数据的统计是非常容易的事情。但是在很多企业中，数据科学不能很好发挥作用的一个重要原因是权责、部门配合等方面存在问题。很多情况下，生产数据、使用数据、分析数据的工作人员分布在不同的职能线与部门，角色不同，立场也不同，这些客观存在的因素都会影响整个数据治理的最终结果。这也对数据治理提出了更高的要求，通常由于不同行业、不同规模、不同管理模式下对数据和数据治理的需求不尽一致，所以很难找到一个适应各个企业的情况的标准，如何构建适合企业特征的数据治理模式颇具挑战性。

（4）持续发展与快速迭代的挑战

当前大部分企业处于快速变革的阶段，数据科学的应用总是伴随着企业阶段性的需求而被制定。而每一个阶段企业的关注点可能差异很大，数据科学对数据的要求也不尽相同。这就产生了一个很现实的问题。随着快速迭代，数据质量却呈下降趋势。这通常是由于在初期，治理工作发挥的效果比较明显，有完善的流程控制和质量管理，但由于各种因素快速发生变化，而治理工作并没有与时俱进，相对流程和标准的迭代都有所滞后，就出现了质量下降的情况。而这又直接影响了数据科学的应用。所以，数据科学应用也从另一个角度对数据治理工作的敏捷性提出了新的挑战。如何让数据治理工作具有与时俱进的特征，满足各阶段企业快速发展、迭代的需求，也成为一个有意思的课题。

15.1 数据管理能力成熟度评估模型概况

《数据管理能力成熟度评估模型》（GB/T 36073—2018）（DCMM）是我国在数据管理领域首个正式发布的国家标准。DCMM 旨在帮助企业利用先进的数据管理理念和方法，建立和评价自身数据管理能力，持续完善数据管理组织、程序和制度，充分发挥数据在促进企业数字化转型、推动企业高质量发展方面的价值。

15.1.1 DCMM简介

DCMM 在综合考虑国内数据管理发展情况的基础上，整合了标准规范、管理方法论、数据管理模型、成熟度分级等多方面内容。DCMM 定义了数据战略、数据治理、数据架构、数据应用、数据安全、数据质量、数据标准和数据生命周期这 8 个核心能力域及 28 个能力项，并以组织、制度、流程和技术作为评价维度，见图 15-1、表 15-1。

图 15-1 DCMM 的评价维度及核心能力域

表 15-1 DCMM 包含的 8 个核心能力域及 28 个能力项

能力域	能力项
	数据战略规划
数据战略	数据战略实施
	数据战略评估
能力域	能力项

	数据治理组织
数据治理	数据制度建设
	数据治理沟通
	数据模型
数据架构	数据分布
	数据集成与共享
	元数据管理
	数据分析
数据应用	数据开放共享
	数据服务
	数据安全策略
数据安全	数据安全管理
	数据安全审计
	数据质量需求
数据质量	数据质量检查
	数据质量分析
	数据质量提升
	业务术语
数据标准	参考数据和主数据
	数据元
	指标数据
	数据需求
数据生命周期	数据设计和开发
	数据运维
	数据退役

15.1.2　DCMM的能力等级

DCMM 将数据管理能力成熟度划分为五个等级，自低向高依次为初始级、受管理级、稳健级、量化管理级和优化级，不同等级代表企业数据管理和应用的成熟度水平不同。

第一，初始级。组织没有意识到数据的重要性，数据需求的管理主要是在项目级体现，没有统一的数据管理流程，主要被动式管理。存在大量的数据孤岛，经常由于数据的问题导致低下的客户服务质量、繁重的人工维护工作等。

第二，受管理级。组织已经意识到数据是资产，根据管理策略的要求制定了管理流程，指定了相关人员进行初步的管理，并且确认了数据管理、应用相关的干系人。

第三，稳健级。数据已经被当作实现组织绩效目标的重要资产，在组织层面制定了系列标准化管理流程，促进数据管理的规范化，数据的管理者可以快速满足跨多个业务系统的、准确的、一致的数据要求，有详细的数据需求响应规范和流程。

第四，量化管理级。数据被认为是获取竞争优势的重要资源，数据管理的效率能量化分析。组织认识到数据在流程优化、工作效率提升等方面的作用，针对数据管理方面的流程进行全面的优化，针对数据管理的岗位进行 KPI 考核，规范和加强数据相关的管理工作，并且应用相关的业务对 KPI 考核的工作进行支持。

第五，优化级。数据被认为是组织生存和发展的基础，相关管理流程能够实时优化，能够在行业内进行最佳实践分享。

15.2 企业开展 DCMM 贯标的流程

DCMM 贯标流程主要分为四个阶段：贯标准备、预评估、专项能力提升、正式评估及申请认证（如图 15-2 所示）。

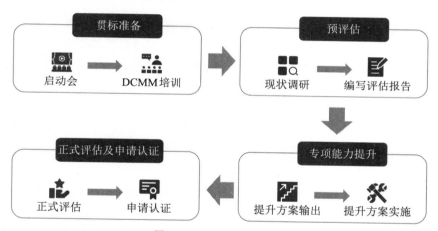

图 15-2　DCMM 贯标流程

15.2.1 贯标准备

（1）启动会

建立融合评估团队，制订评估计划，并召开项目启动会。启动阶段是明确项目目标、范围的阶段，对推动整体评估工作的顺利开展具有重要意义，准备相关自评估材料，组织项目启动，介绍数据能力自评估的概念、内容，特别是评估所涉及的相关业务人员、管理人员。

（2）DCMM 培训

主要是对企业人员进行标准宣贯，帮助企业人员了解标准的组成、评估的方法和过程、各方面评估的重点等，并且可以指导企业人员开展自评估，同时也可以收集相关资料，深入了解数据管理工作的现状。

15.2.2 预评估

（1）现状调研

开展数据管理调研工作，通过资料收集与解读、调研问卷、访谈讨论和系统查验等多种形式，从制度、流程、标准、工具系统和取得成果等方面开展调查研究，明确数据管理工作的现状。

（2）编写评估报告

依据 DCMM 国家标准对企业数据管理现状进行评价，对当前已经开展的工作进行调研和分析，对标行业标杆企业，精准评价当前各项工作的能力成熟度水平，分析过程中存在的问题，发现差距，明确提升工作建议，编写评估报告，为下一步工作的改进提供参考。

15.2.3 专项能力提升

（1）提升方案输出

基于 DCMM 的评估情况，以公司数据管理中存在的问题为突破口，结合公司数据管理发展的需求，参考相关行业最佳实践以及 DCMM 标准的要求，制定 DCMM 提升管理工作方案，包括数据管理能力成熟度提升的组织、制度、流程、功能等多方面的建设。

（2）提升方案实施

结合公司组织现状以及资源，进一步明确提升工作任务、工作方法、责任人以及时间要求，指导开展企业数据管理能力的提升工作。

15.2.4 正式评估及申请认证

（1）正式评估

正式评估是由评估机构根据公司自评的情况、相关资料了解之后，安排评估师在现场实际对 DCMM 各方面进行评分，主要的方式包括现场分析、面对面访谈等。

1）现场分析

结合前期对于企业资料的解读、评估情况的分析，在甲方人员的配合下，对 DCMM 涉及的各个方面进行现场的分析，过程中需要甲方团队对关键工作过程进行展示，并且可能会调取相关资料进行验证。

2）面对面访谈

通过前期的沟通、了解，基本掌握企业数据管理的状况，同时，根据企业数据管理的重点进行针对性的面对面访谈，了解企业数据管理的关键问题以及关键诉求。

（2）申请认证

收集并提交 DCMM 相关佐证材料，填写《评估申请书》，提交给评估机构审核确认，协助评估机构进行现场评估，明确评分结果，编写评估报告。向电子联合会提交评估证书申请，根据电子联合会安排进行现场答辩，获得 DCMM 等级认证证书。

1）DCMM 评估流程图

DCMM 评估流程图如图 15-3 所示。

● 评估工作部遴选试点评估单位。

● 入选的试点评估单位向评估机构提交有效的申请材料。

● 评估机构受理评估申请后，组织实施文件评审和现场评审并出具评估报告，给予评估等级的推荐意见，并报评估工作部备案。

● 评估工作部对评估机构报送的评估结果进行合规性审查。对于合规性审查中发现存在较大问题的评估结果有权驳回。对于评估机构推荐的量化管理级和优化级评估结论，评估工作部须组织专家对评估结果进行评议。

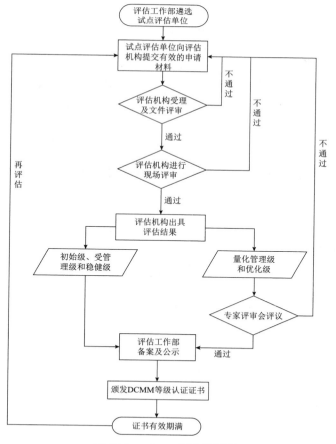

图 15-3　DCMM 评估流程图

- 评估工作部对通过审查、复核或评议的，进行为期一周的公示。对公示后无异议的，由评估机构颁发 DCMM 等级认证证书。

2）评估交付物

- 评分结果：全面展示企业数据管理各能力项成熟度评估等级。
- 评估报告：分析企业数据管理现状，识别数据管理问题及改进项，给出数据管理能力成熟度等级推荐建议。
- 数据管理发展路线图（可选）：根据企业管理的需要以及业界最佳实践，制定针对性的企业数据管理发展路线图，并且根据现状制订针对性的行动计划。
- 评估证书：颁发企业 DCMM 等级认证证书。

15.3　数据管理能力成熟度评估对企业的主要价值

- 帮助和指导企业获得当前数据管理现状，识别与行业最佳实践差距，找准关键问题，提出数据管理改进建议和方向。
- 开展人员培训，提升企业数据管理人员技能，提高企业数据管理能力成熟度。
- 有机会参与数据管理优秀案例遴选以及成果展示系列活动。
- 以第三方的客观评估结果为依据，对外展示企业数据管理能力，满足监管要求，传递信任。

15.4　数据管理能力成熟度评估工作的推动

由国资委、工信部重点的央企、国企推动开展数据管理能力成熟度评估工作。

15.4.1　国资委

2020 年 8 月 21 日国资委发布《关于加快推进国有企业数字化转型工作的通知》，明确提出国企应构建数据治理体系，并定期评估数据治理能力成熟度。

15.4.2　工信部

2019 年 7 月工信部启动并发布 DCMM 符合性评估工作，9 月中国电子信息行业联合会成立 DCMM 认证机构。

2020 年完成 100 家企业的数据管理能力成熟度评估工作。

2020 年 3 月，更好推动 DCMM 贯标，发布工业数据分类分级指南，指南中明确要求企业应开展 DCMM 评估工作。

15.5　DCMM 相关机构及其在全国的开展情况

15.5.1　DCMM相关机构

DCMM 标准编制机构：信标委。

DCMM 认证机构：工信部下属中国电子信息行业联合会。

DCMM 评估机构：目前共 6 个组织被认定为 DCMM 的评估机构，均为国有科研机构，包括广州赛宝认证中心服务有限公司、中国电子技术标准化研究院（四所）、国家工业信息安全发展研究中心、中国软件测评中心、中国信息通信研究院、威海神州信息技术研究院。

15.5.2　DCMM在全国的开展情况

根据中国电子信息行业联合会官网截至 2020 年 12 月 21 日公布的 DCMM 认证结果，已通过量化管理级（四级）的有 11 家，含 9 家企业，2 家政府机构，已通过 DCMM 稳健级（三级）的有 44 家。

15.6　DCMM 框架介绍

15.6.1　数据战略

数据越来越多，对于数据的保存、使用等操作过程中，如何能提高数据质量，保持数据的完整性和完全性？需要联系数据、数据的生产者、使用者以及支撑系统对数据进行管理，而如何建立它们之间的相互关联关系，协调它们之间对数据管理的工作，确保彼此之间的运行有序高效？

数据战略是一个数据管理计划的战略，是保存和提高数据质量、完整性、安全性和存取效率的计划。制定数据战略，建立数据、数据的生产者、使用者以及系统之间的关联关系，建立企业全景数据视图，统领、协调各个层面的数据管理工作，提高数据管理规范和效率，确保企业内部各层级人员能够得到及时、准确的数据服务和支持。数据战略已成为企业精细化管理不可或缺的基础，只有落实好数据战略工作，才能提升企业数据质量，实现企业数据价值升华。

设想一个 IT 主管的任务是在相当短的时间内改进组织获取、存储和管理数据的方式。有了这样的使命，但如果没有明确的战略计划和最终目标，组织很可能会有几个错误的开始，面临内部分歧，过度投资于错误的技术类型，甚至很快就会后悔仓促的购买决定。数据战略指明了数据管理的方向，保证在数据管理过程中数据、数据的生产者、使用者以及系统之间对数据管理目标的一致性，提高数据管理的效率。

根据 DCMM，数据战略管理能力域包含数据战略规划、数据战略实施和数据战略评估三个能力项。

数据战略规划是所有利益相关者之间达成共识的结果。从宏观及微观两个层面确定开展数据管理及应用的动因，并综合反映数据提供方和消费方的需求。

数据战略实施是组织完成数据战略规划并逐渐实现数据职能框架的过程。实施过程中评估组织数据管理和数据应用的现状，确定与愿景、目标之间的差距，依据数据职能框架制定阶段性数据任务目标，并确定实施步骤。

数据战略评估是建立对应的业务案例和投资模型，并在整个数据战略实施过程中跟踪进度，同时做好记录，供审计和评估使用。

依据 DCMM 框架进行数据战略管理，需要围绕以上三个能力项的管理目标，制定相关标准规范和管理制度，并落实到数据管理工作中，具体如下。

数据战略规划的目标是建立、维护数据管理战略；针对所有业务领域，在整个数据治理过程中维护数据管理战略（目标、目的、优先权和范围）；基于数据的业务价值和数据管理目标，识别利益相关者，分析各项数据管理工作的优先权；制订、监控和评估后续计划，用于指导数据管理规划实施。为实现管理目标，可按照以下流程进行管理。

● 识别利益相关者，明确利益相关者的需求。
● 数据战略需求评估。组织对业务和信息化现状进行评估，了解业务和信息化对数据的需求。

数据战略制定，包含但不限于：愿景陈述，其中包含数据管理原则、目的和目标；规划范围，其中包含重要业务领域、数据范围和数据管理优先权；所选择的数据管理模型和建设方法；当前数据管理存在的主要差距；管理层及其责任，以及利益相关者名单；编制数据管理规划的管理方法；持续优化路线图。

● 数据战略发布。以文件、网站、邮件等方式正式发布审批后的数据战略。
● 数据战略修订。根据业务战略、信息化发展等方面的要求，定期进行数据战略的修订。

数据战略实施的目标是检查数据战略落实情况，定期对实施情况进行评估；对现状和发展目标进行对比，分析存在的差距，明确发展方向；推动战略实施，根据存在的差距，结合组织的共同目标和实际商业价值，对数据职能任务优先级排序，提供资源和资金保障，推动战略实施。为实现管理目标，可按照以下流程进行管理。

● 评估准则。建立数据战略规划实施评估标准、规范评估过程和方法。
● 现状评估。对组织当前数据战略落实情况进行分析，评估各项工作开展情况。
● 评估差距。根据现状评估结果与组织数据战略规划进行对比，分析存在的差异。
● 实施路径。利益相关者结合组织的共同目标和实际商业价值进行数据职能任务优先级排序。
● 保障计划。依据实施路径，制定开展各项活动所需的预算。

- 任务实施。根据任务开展工作。
- 过程监控。依据实施路径，及时对实施过程进行监控。

数据战略评估的目标是建立数据职能项目的业务案例，符合组织目标和业务驱动要求，帮助项目获取执行层面的支持，同时为投资模型提供参考；建立一个或一组可持续的投资模型，满足组织文化和业务案例需求；遵循投资模型，进行合理的成本收益分析，同时项目资金支持反映业务目标和组织优先级考虑；对业务案例、资金支持方法及活动进行记录、跟踪、审计、评估。为实现管理目标，可按照以下流程进行管理。

- 建立任务效益评估模型。从时间、成本、效益等方面建立数据战略相关任务的效益评估模型。
- 建立业务案例。建立了基本的用例模型，明确项目计划、初始风险评估和项目描述，能确定数据管理和数据应用相关任务（项目）的范围、活动、期望的价值以及合理的成本收益分析。
- 建立投资模型。作为数据职能项目投资分析的基础性理论，投资模型确保在充分考虑成本和收益的前提下对所需资本合理分配，投资模型要满足不同业务的信息科技需求，且具备对应的数据职能，同时要广泛沟通，以保障对业务或技术的前瞻性支持，并确保符合相关的监管及合规性要求。
- 阶段评估。在数据工作开展过程中，定期从业务价值、经济效益等维度对已取得的成果进行效益评估。

15.6.2 数据治理

随着数据的不断增多，需要对数据进行恰当的治理。可如何制定数据治理的标准、规范，如何实施数据治理过程，确保数据治理的有效性，需要拥有正式的数据治理规范数据管理和实施数据治理的流程。

数据治理是在管理数据资产过程中行使权力和管控，包括计划、监控和实施。在所有组织中，无论是否有正式的数据治理职能，都需要对数据进行决策。建立了正式的数据治理规程及有意向性地行使权力和管控的组织，能够更好地增加从数据资产中获得的收益。数据治理职能有利于指导所有其他数据管理领域的活动。数据治理的目的是确保根据数据管理制度和最佳实践正确地治理数据。而数据治理的整体驱动力是组织可以从数据中获得价值，数据治理聚焦于如何制定有关数据的决策，以及人员和流程在数据方面的行为方式。

以企业财务管理为例，会计负责管理企业的金融资产，遵守相关制度和规定，同时接受审计员的监督；审计员负责监管金融资产的管理活动。数据治理扮演的角色与审计员类似，其作用就是确保企业的数据资产得到正确有效的管理。

根据 DCMM，数据治理管理能力域包含数据治理组织、数据治理制度建设和数据治理沟通三个能力项。

　　数据治理组织包括组织架构、岗位设置、团队建设、数据责任等内容，是各项数据职能工作开展的基础。组织在数据治理和数据应用中行使职责规划和控制，并指导各项数据职能的执行，以确保组织能有效落实数据战略目标。

　　数据治理制度建设的工作内容是为保障数据治理和数据应用各项功能的规范化运行，应该建立对应的制度体系。数据制度体系通常分层次设计，遵循严格的发布流程并定期检查和更新。数据治理制度建设是数据治理和数据应用各项工作有序开展的基础，是数据治理沟通和实施的依据。

　　数据治理沟通旨在确保组织内全部利益相关者都能及时了解相关政策、标准、流程、角色、职责、计划的最新情况，开展数据治理和应用相关的培训，掌握数据治理相关的知识和技能。数据治理沟通旨在建立与提升跨部门及部门内部数据治理能力，提升数据资产意识，构建数据文化。

　　依据 DCMM 框架进行数据治理，需要围绕以上三个能力项的管理目标，制定相关标准规范和管理制度，并落实到数据管理工作中，具体如下。

　　数据治理组织的目标是建立完善的组织架构及对应的工作流程机制；数据治理明确归口管理，并设置足够的专、兼职岗位，持续推动团队建设；建立支撑数据治理和数据应用战略的绩效评价体系。为实现目标，可按照以下流程进行管理。

- 建立数据治理组织。建立数据体系配套的权责明确且内部沟通顺畅的组织，确保数据战略的实施。
- 岗位设置。建立数据治理所需的岗位，明确岗位的职责、任职要求等。
- 团队建设。制订团队培训、能力提升计划，通过引入内部、外部资源，定期开展人员培训，提升团队人员的数据治理技能。
- 数据归口管理。明确数据所有人、管理人等相关角色，以及数据归口的具体管理人员。
- 建立绩效评价体系。根据团队人员职责、管理数据范围的划分，制定相关人员的绩效考核体系。

　　数据治理制度建设的目标是建立数据制度体系，并在组织范围内广泛征求意见后发布；建立制度的管理流程，进行制度的检查、更新、发布、推广。为实现目标，可按照以下流程进行管理。

- 制定数据治理制度框架。根据数据职能的层次和授权决策次序，数据制度框架分为政策、办法、细则三个层次，该框架规定了数据治理和数据应用的具体领域、各个数据职能领域内的目标、遵循的行动原则、完成的明确任务、实行的工作方式、采取的一般步骤和具体措施。
- 整理数据治理制度内容。数据治理政策与数据治理办法、数据治理细则共同构成组织数据治理制度体系，其基本内容包括：数据治理政策说明数据治理和数据应用的目的，明确其组织与范围；数据治理办法是为数据治理和数据应用各领域内活动开展而规定的相关规则和流程；数据治理细则是为确保各数据方法落地而制定的相关文件。

● 数据制度发布。组织内部通过文件、邮件等形式发布审批通过的数据治理制度。

● 数据制度宣贯。定期开展与数据治理制度相关的培训、宣传工作。

● 数据制度实施。结合数据治理组织的设置，推动数据制度的落地实施。

数据治理沟通的目标包括：沟通保障数据管理和数据应用活动的信息能被相关人员及时获知并理解；及时发布影响数据管理和数据应用的监管合规性指导文件；建立利益相关者参与数据治理沟通的机制；加强组织人员对于数据相关制度、组织、标准的理解。

为实现管理目标，可按照以下流程进行管理。

● 沟通路径。明确数据管理和应用的利益相关者，分析各方的诉求，了解沟通的重点内容。

● 沟通计划。建立定期或不定期沟通计划，并在利益相关者之间达成共识。

● 沟通执行。按照沟通计划安排实施具体沟通活动，同时记录沟通情况。

● 问题协商机制。包括引入高层管理者等方式，以解决分歧。

● 建立沟通渠道。在组织内部明确沟通的主要渠道，如邮件、文件、网站、自媒体、研讨会等。

● 制订培训宣贯计划。根据组织人员和业务发展的需要，制定相关的培训宣贯计划。

● 开展培训。根据培训计划的要求，定期开展相关培训。

15.6.3 数据架构

在《系统和软件工程—体系结构描述》（ISO/IEC/IEEE 42010:2011）中，将架构定义为"系统的基本结构，具体体现在架构构成中的组件、组件之间的相互关系以及管理其设计和演变的原则"。广泛来说，"架构"可以包括系统的组件、系统设计的准则、系统的构建、对系统当前状态的描述、执行设计工作的团队等。架构是对组件要素有组织的设计，旨在优化整个结构或系统的功能、性能、可行性、成本和用户体验。

数据架构是在不同抽象层级上进行组织数据的描述，是指不同抽象层级主要设计文档的集合，包括数据的收集、使用、存储和删除等标准。数据架构的构件包括当前状态的描述、数据需求的定义、数据整合的指引、数据管控策略中要求的数据资产管理规范。数据架构的主要目标是有效地管理数据，以及有效地管理、存储和使用数据的系统。良好的数据架构有助于了解系统当前的状态和系统的运行，也有助于更好地了解数据，对系统里的数据进行有效的管理，提高数据管理的效率。由于大多数组织拥有的数据超出了个人可以理解的范围，因此有必要在不同抽象层级上描述组织的数据，以便更好地了解数据，帮助管理层做出决策。

简而言之，需要用一个数据架构来统筹组织内各个系统中产生、使用的数据，确保数据使用的高效、便捷。例如在构建企业数据仓库的过程中，数据往往都是周期性地从业务系统中同步到大数据平台，完成一系列 ETL 转换动作之后，最终形成数据集市等应用。但是对于一些时间要求比较高的应用，例如实时报表统计，则必须有非常低的延时展示统计结果，为此可以提出一套架构方案来处理不同类型的数据。

根据 DCMM，数据架构管理能力域包含数据模型、数据分布、数据集成与共享及元数据管理四个能力项。

数据模型是使用结构化的语言将收集到的组织业务经营、管理和决策中使用的数据需求进行综合分析，按照模型设计规范将需求重新组织。

数据分布是针对组织级数据模型中数据的定义，明确数据在系统、组织和流程等方面的分布关系，定义数据类型，明确权威数据源，为数据相关工作提供参考和规范。通过数据分布关系的梳理，定义数据相关工作的优先级，指定数据的责任人，并进一步优化数据的集成关系。

数据集成与共享是建立起组织内各应用系统、各部门之间的集成共享机制，通过组织内部数据集成共享相关制度、标准、技术等方面的管理，促进组织内部数据的互联互通。

元数据管理是关于元数据的创建、存储、整合与控制等一整套流程的集合。

依据 DCMM 框架进行数据架构管理，需要围绕以上四个能力项的管理目标，制定相关标准规范和管理制度，并落实到数据管理工作中，具体如下。

数据模型的目标是指建立并维护组织级数据模型和系统应用级数据模型，建立一套组织共同遵循的数据模型设计的开发规范，使用组织级数据模型来指导应用系统的建设。为实现目标，须遵循以下管理过程。

- 收集和理解组织的数据需求。包括收集和分析组织应用系统的数据需求和实现组织的战略、满足内外部监管、与外部组织互联互通等的数据需求等。
- 制定模型规范。包括数据模型的管理工具、命名规范、常用术语以及管理方法等。
- 开发数据模型。包括开发设计组织级数据模型、系统应用级数据模型。
- 数据模型应用。根据组织级数据模型的开发，指导和规范系统应用级数据模型的建设。
- 符合性检查。检查组织级数据模型和系统应用级数据模型的一致性。
- 模型变更管理。根据需求变化对数据模型进行实时维护。

数据分布的目标是指对组织的数据资产建立分类管理机制，确定数据的权威数据源，梳理数据和业务流程、组织、系统之间的关系，规范数据相关工作的建设。为实现目标，须遵循以下管理过程。

- 数据现状梳理。对应用系统中的数据进行梳理，了解数据的作用，明确存在的数据问题。

- 识别数据类型。将组织内的数据根据其特征分类管理，一般类型包括但不限于主数据、参考数据、交易数据、统计分析数据、文档数据、元数据等。
- 数据分布关系梳理。根据组织级数据模型的定义，结合业务流程梳理的成果，定义组织中数据和流程、数据和组织机构、数据和系统的分布关系。
- 梳理数据的权威数据源。对每类数据明确相对合理的唯一信息采集和存储系统。
- 数据分布关系的应用。根据对数据分布关系的梳理，对组织数据相关工作进行规范，包括定义数据工作优先级、优化数据集成等。
- 数据分布关系的维护和管理。根据对组织中业务流程和系统建设的情况，定期维护和更新组织中的数据分布关系，保持及时性。

数据集成与共享的目标是指建立高效、灵活、适应性好的组织级应用系统间数据交换规范和机制，建立数据集成共享环境，可实现结构化和非结构化数据处理，具备复杂数据加工、挖掘分析和便捷访问等功能。为实现目标，须遵循以下管理过程。

- 建立数据集成共享制度，指明数据集成共享的原则、方式和方法。
- 形成数据集成共享标准，依据数据集成共享方式的不同，制定不同的数据交换标准。
- 建立数据集成共享环境，将组织内多种类型的数据整合在一起，形成对复杂数据加工处理、便捷访问的环境。
- 建立对新建系统的数据集成方式的检查。

元数据管理的目标是指根据业务需求、数据管理和应用需求，对元数据进行分类，建立元模型标准，保障不同来源的元数据集成和互操作，元模型变更实现规范管理；实现不同来源的元数据有效集成，形成组织的数据全景图，能从业务、技术、操作、管理等不同维度管理和使用数据，元数据变更应遵循相关规范；建立元数据应用和元数据服务，提升相关方对数据的理解，辅助数据管理和数据应用。为实现目标，须遵循以下管理过程。

- 元模型管理。对包含描述元数据属性定义的元模型进行分类并定义每一类元模型，元模型可采用或参考相关国家标准。
- 元数据集成和变更。基于元模型对元数据进行收集，对不同类型、不同来源的元数据进行集成，形成对数据描述的统一视图，并基于规范的流程对数据的变更进行及时更新和管理。
- 元数据应用。基于数据管理和数据应用需求，对于组织管理的各类元数据进行分析应用，如查询、血缘分析、影响分析、符合性分析、质量分析等。

15.6.4 数据标准

随着大数据行业的兴起，数据的重要性不言而喻，对数据进行应用的工具层出不穷，带来了巨大的经济效益，可很快就出现了诸多数据问题，制约着数据应用的持续发展。企业处理数据问题总是摆脱不了"头痛治头，脚痛治脚"的弊端，往往会导致数据问题重复出现。若要从根本上解决这些数据问题，就必须从数据标准管理出发，对数据全生命周期进行规范化管理。

数据标准是数据的命名、定义、结构和取值的规则，是保障数据的内外部使用和交换的一致性和准确性的规范性约束。数据标准是进行数据标准化、消除数据业务歧义的主要依据。构建一套完整的数据标准体系是开展数据标准管理工作的良好基础，有利于打通数据底层的互通性，提升数据的可用性。

我们需要在组织内定义一套关于数据的规范，以便我们都能理解这些数据的含义。比如在银行业，对于"客户"这个字段，往往不同部门的理解都会出现偏差，可能客户部认为"客户"就是办了他们银行的卡的人，而网银部认为"客户"是在他们的银行网站注册过的人，或者通过这个银行转账的人。如果没有统一标准的话，不仅增加沟通成本，而且项目实施、交付、信息共享、数据集成、协同工作往往会出现各种问题，这些花了大代价的数据就体现不出应有的价值。而数据标准管理就是将通过各种管理活动，推动数据进行标准化的一个过程，是数据标准落地必不可少的过程。

根据 DCMM，数据标准管理能力域包含业务术语、参考数据与主数据、数据元、指标数据四个能力项。

业务术语是组织中业务概念的描述，包括中文名称、英文名称、术语定义等内容。业务术语管理就是制定统一的管理制度和流程，并对业务术语的创建、维护和发布进行统一的管理，进而推动业务术语的共享和组织内部的应用。业务术语是组织内部理解数据、应用数据的基础。通过对业务术语的管理，能保证组织内部对具体技术名词理解的一致性。

参考数据与主数据是用于将其他数据进行分类的数据。参考数据管理是对定义的数据值域进行管理，包括标准化术语、代码值和其他唯一标识符，每个取值的业务定义，数据值域列表内部和跨不同列表之间的业务关系的控制，并实现对相关参考数据的一致、共享使用。主数据是组织中需要跨系统、跨部门共享的核心业务实体数据。主数据管理是对主数据标准和内容进行管理，实现主数据跨系统的一致、共享使用。

数据元是由一组属性规定其定义、标识、表示和允许值的数据单元。通过对组织中核心数据元的标准化，使数据的拥有者和使用者对数据有一致的理解。

指标数据是组织在经营分析过程中衡量某一个目标或事物的数据，一般由指标名称、时间和数值等组成。指标数据管理指组织对内部经营分析所需要的指标数据进行统一规范化定义、采集和应用，用于提升统计分析的数据质量。

依据 DCMM 框架进行数据标准管理，需要围绕以上四个能力项的管理目标，制定相关标准规范和管理制度，并落实到数据管理工作中。

业务术语管理的目标。组织建立了全面、已发布的业务术语字典，业务术语的定义能够遵循相关标准，可准确描述业务概念的含义，通过管理流程来统一管理业务术语的创建和变更，通过数据治理来提升业务术语的管理和应用。为实现目标，组织要遵循以下管理过程。

- 制定业务术语标准。同时制定业务术语管理制度，包含组织、人员职责、应用原则等。
- 业务术语字典。是组织中已定义、审批和发布的术语集合。
- 业务术语发布。业务术语变更后及时进行审批并通过邮件、网站、文件等形式进行发布。
- 业务术语应用。在数据模型建设、数据需求描述、数据标准定义等过程中引用业务术语。
- 业务术语宣贯。组织内部介绍、推广已定义的业务术语。

参考数据和主数据的管理目标。组织能够建立识别参考数据和主数据的 SOR，建立参考数据和主数据的准确记录，建立参考数据和主数据的管理规范。为此，组织要遵循以下主要管理过程。

- 制定参考数据和主数据标准规范，包括定义编码规则，定义参考数据和主数据唯一标识的生成规则；定义数据模型，定义参考数据和主数据的组成部分及其含义；识别数据值域，识别参考数据和主数据取值范围。
- 制定参考数据和主数据管理制度体系，创建与参考数据和主数据管理相关的流程。
- 建立与参考数据和主数据相关的质量规则，检查与参考数据和主数据相关的业务规则和管理要求。
- 集成共享，主要指参考数据、主数据与应用系统集成。

数据元管理的目标是建立统一的数据元管理规范，建立统一的数据元目录。组织对数据元的管理，需遵循以下过程：

- 建立数据元的分类和命名规则。根据组织的业务特征建立数据元的分类规则，制定数据元的命名、描述与表示规范。
- 建立数据元的管理规范。建立数据元管理的流程和岗位，明确管理岗位职责。
- 数据元的创建。建立数据元创建窗口，进行数据元的识别和创建。
- 建立数据元的统一目录。根据数据元的分类及业务管理需求，建立数据元管理的目录，对组织内部的数据元分类存储。
- 数据元的查找和引用。主要指提供数据元查找和引用的在线工具。
- 数据元的管理。提供对数据元以及数据元目录的日常管理。
- 数据元管理报告。根据数据元标准定期进行引用情况分析，了解各应用系统中对数据元的引用情况，促进数据元的应用。

指标数据管理的目标。组织能够建立指标数据分类规范、格式规范；建立内部统一的指标数据字典，清晰地描述指标定义及含义；建立统一的指标数据管理流程。指标数据的管理应遵循以下过程。

- 根据组织业务管理需求，制定组织内指标数据分类管理框架，保证指标分类框架的全面性和各分类之间的独立性。
- 定义指标数据标准化的格式，梳理组织内部的指标数据，形成统一的指标字典。
- 根据指标数据的定义，由相关部门或应用系统定期进行数据的采集、生成。
- 对指标数据进行访问授权，并根据用户需求进行数据展现。
- 对指标数据采集、应用过程中的数据进行监控，保证指标数据的准确性、及时性。

划分指标数据的归口管理部门应明确管理职责和管理流程，并按照管理规定对指标标准进行维护和管理。

15.6.5 数据质量

随着大数据行业的深入发展，数据质量已经成为一个绕不开的话题。2001 年，美国公布《数据质量法案》（*Data Quality Act*），提出提升数据质量的指导意见。2018 年，银保监会发布《银行业金融机构数据治理指引》，强调高质量的数据在发挥数据价值中的重要性。数据质量是保证数据应用效果的基础。数据质量是描述数据价值含量的指标，如同矿石的含金量，数据质量的好坏直接决定着数据价值的高低。

数据质量是指在业务环境下，数据符合数据消费者的使用目的，能满足业务场景具体需求的程度。在国标《信息技术 数据质量评价指标》（GB/T 36344—2018）中，数据质量的评价指标分为以下六个维度。

- 规范性。数据符合数据标准、数据模型、业务规则、元数据或权威参考数据的程度。
- 完整性。按照数据规则要求，数据元素被赋予数值的程度。
- 准确性。数据准确表示其所描述的真实实体（实际对象）真实值的程度。
- 一致性。数据与其他特定上下文中使用的数据无矛盾的程度。
- 时效性。数据在时间变化中的正确程度。
- 可访问性。数据能被访问的程度。

此外，还有其他根据企业实际情况制定的评价指标。事实上，在不同的业务场景中，数据消费者对数据质量的需求不尽相同，有些企业主要关注数据的准确性和一致性，还有些企业则关注数据的时效性和完整性。因此，只要数据能满足使用目的，满足业务需求，就可以说数据质量符合要求。

根据 DCMM，数据质量管理能力域包含数据质量需求、数据质量检查、数据质量分析、数据质量提升四个能力项。

数据质量需求指明确数据质量目标，根据业务需求及数据要求制定用来衡量数据质量的规则,包括衡量数据质量的技术指标、业务指标以及相应的校验规则与方法。数据质量需求是度量和管理数据质量的依据,需要依据组织的数据管理目标、业务管理的需求和行业的监管需求并参考相关标准来统一制定、管理。

数据质量检查指根据数据质量规则中的有关技术指标和业务指标、校验规则与方法对组织的数据质量情况进行实时监控,从而发现数据质量问题,并向数据管理人员进行反馈。

数据质量分析是对数据质量检查过程中发现的数据质量问题及相关信息进行分析,找出影响数据质量的原因,并定义数据质量问题的优先级,作为数据质量提升的参考依据。

数据质量提升是对数据质量分析的结果,制订、实施数据质量改进方案,包括错误数据更正、业务流程优化、应用系统问题修复等,并制订数据质量问题预防方案,确保数据质量改进的成果得到有效保持。

依据 DCMM 框架进行数据应用管理,需要围绕以上四个能力项的管理目标,制定相关标准规范和管理制度,并落实到数据管理工作中。

数据质量需求管理的目标是形成明确的数据质量管理目标,明确各类数据质量管理需求,建立持续更新的数据质量规则库。为实现管理目标,要求组织遵循以下管理过程。

- 定义数据质量管理目标。依据组织管理的需求,参考外部监管的要求,明确组织数据质量管理目标。
- 定义数据质量评价维度。依据组织数据质量管理的目标,制定组织数据质量评估维度,指导数据质量评价工作的开展。
- 明确数据质量管理范围。依据组织业务发展的需求以及对常见数据问题的分析,明确组织数据质量管理的范围,梳理各类数据的优先级以及质量需求。
- 设计数据质量规则。依据组织的数据质量管理需求及目标,识别数据质量特性,定义各类数据的质量评价指标、校验规则与方法,并根据业务发展需求及数据质量检查分析结果对数据质量规则进行持续维护与更新。

数据质量检查的管理目标是制订数据质量检查计划,全面监控组织数据质量情况,建立数据质量问题管理机制。为实现管理目标,要求组织遵循以下管理过程。

- 制订数据质量检查计划。根据组织数据质量管理目标的需要,制订统一的数据质量检查计划。
- 数据质量情况剖析。首先根据计划对系统中的数据进行剖析,查看数据的值域分布、填充率、规范性等,切实掌握数据质量的实际情况。
- 数据质量校验。依据预先配置的规则、算法,对系统中的数据进行校验。
- 数据质量问题管理。包括问题记录、问题查询、问题分发和问题跟踪。

数据质量分析的管理目标包括建立数据质量问题评估分析方法,定期分析组织数据质量情况,建立持续更新的数据质量知识库。为实现管理目标,要求组织遵循以下管理过程。

- 数据质量分析方法和要求。整理组织数据质量分析的常用方法，明确数据质量分析的要求。
- 数据质量问题分析。深入分析数据质量问题产生的根本原因，为数据质量提升提供参考。
- 数据质量问题影响分析。根据数据质量问题的描述以及数据价值链的分析，评估数据质量对于组织业务开展、应用系统运行等方面的影响，形成数据质量问题影响分析报告。
- 数据质量分析报告。包括对数据质量检查、分析等过程中累积的各种信息进行汇总、梳理、统计和分析。
- 建立数据质量知识库。收集各类数据质量案例、经验和知识，形成组织的数据质量知识库。

数据质量提升的管理目标包括建立数据质量持续改进策略，制定数据质量改进方案，建立良好的数据质量文化。为实现目标，组织要遵循以下管理过程。

- 制定数据质量改进方案。根据数据质量分析的结果，制定数据质量提升方案。
- 数据质量校正。采用数据标准化、数据清洗、数据转换和数据整合等手段和技术，对不符合质量要求的数据进行处理，并纠正数据质量问题。
- 数据质量跟踪。记录数据质量事件的评估、初步诊断和后续行动等信息，验证数据质量提升的有效性。
- 数据质量提升。对业务流程进行优化，对系统问题进行修正，对制度和标准进行完善，防止将来同类问题的发生。
- 数据质量文化。通过数据质量相关培训、宣贯等活动，持续增强组织数据质量意识，建立良好的数据质量文化。

15.6.6 数据安全

在数字信息技术日新月异的发展趋势下，数据已经成为我国政府和企业最核心资产。随着数据价值的愈加凸显，数据安全面临的考验也愈加严峻。根据公开报道，2020 年全球数据泄露的平均损失成本为 1145 万美元，2019 年数据泄露事件达到 7098 起，涉及 151 亿条数据记录，比 2018 年增幅 284%，数据泄露事件影响大，损失重。

2021 年 6 月 10 日，第十三届全国人民代表大会常务委员会第二十九次会议通过《中华人民共和国数据安全法》，自 2021 年 9 月 1 日起施行。《数据安全法》的发布标志着我国将数据安全保护的政策要求，通过法律文本的形式进行了明确和强化，进一步彰显了数据安全的重要性和提升数据安全管理能力的紧迫性。

数据安全是通过管理和技术措施，确保数据有效保护和合规使用的状态。

数据安全一方面是指数据本身的安全，如数据备份、异地容灾、防篡改措施等，另一方面是指数据在使用过程中的安全，主要是采用技术手段对数据进行主动防护，如身份认证、数据监控等。此外，围绕上述两个方面的管理活动也属于数据安全的范畴。

根据 DCMM，数据安全管理能力域包含数据安全策略、数据安全管理、数据安全审计三个能力项。

数据安全策略是数据安全的核心内容，在制定的过程中需要结合组织管理需求、监管需求以及相关标准等统一制定。

数据安全管理是在数据安全标准与策略的指导下，通过对数据访问的授权、分类分级的控制、监控数据的访问等进行数据安全的管理工作，满足数据安全的业务需要和监管需求，实现组织内部对数据生命周期的数据安全管理。

数据安全审计是一项控制活动，负责定期分析、验证、讨论、改进数据安全管理相关的政策、标准和活动。审计工作可由组织内部或外部审计人员执行，审计人员应独立于审计所涉及的数据和流程。数据安全审计的目标是为组织以及外部监管机构提供评估和建议。

依据 DCMM 框架进行数据应用管理，需要围绕以上三个能力项的管理目标，制定相关标准规范和管理制度，并落实到数据管理工作中。具体如下。

数据安全策略的管理目标是建立统一的数据安全标准，提供适用的数据安全策略。为实现目标，组织要遵循以下管理过程。

- 了解国家、行业等监管需求，并根据组织对数据安全的业务需要，进行数据安全策略规划，建立组织的数据安全管理策略。
- 制定适合组织的数据安全标准，确定数据安全等级及覆盖范围等。
- 定义组织数据安全管理的目标、原则、管理制度、管理组织、管理流程等，为组织的数据安全管理提供保障。

数据安全管理的管理目标包括对组织内部的数据进行分级管理，重点关注数据的管理需求；对数据在组织内部流通的各个环节进行监控，保证数据安全；分析潜在的数据安全风险，预防风险的发生。为实现目标，组织要遵循以下管理过程。

- 数据安全等级的划分。根据组织数据安全标准，充分了解组织数据安全管理需求，对组织内部的数据进行等级划分并形成相关文档。
- 数据访问权限控制。制定数据安全管理的利益相关者清单，围绕利益相关者的需求，对其数据访问、控制权限进行授权。
- 用户身份认证和访问行为监控。在数据访问过程中对用户的身份进行认证识别，对其行为进行记录和监控。
- 数据安全的保护。提供数据安全保护控制相关的措施，保证数据在应用过程中的隐私性。
- 数据安全风险管理。对组织已知或潜在的数据安全进行分析，制定防范措施并监督落实。

数据安全审计的管理目标包括：确保组织的安全需求、监管需求得到满足；及时发现数据安全隐患，改进数据安全措施；提出数据安全管理建议，促进数据安全的优化提升。为实现此目标，组织要遵循以下管理过程。

- 过程审计。分析实施规程和实际做法，确保数据安全目标、策略、标准、指导方针和预期结果相一致。
- 规范审计。评估现有标准和规程是否适当，是否与业务要求和技术要求相一致。
- 合规审计。检索和审阅机构相关监管法规要求，验证机构是否符合监管法规要求。
- 供应商审计。评审合同、数据共享协议，确保供应商切实履行数据安全义务。
- 审计报告发布。向高级管理人员、数据管理专员以及其他利益相关者报告组织内的数据安全状态。
- 数据安全建议。推荐数据安全的设计、操作和实践等方面的改进工作建议。

15.6.7　数据应用

在大数据时代，数据量大，种类多，增长快，企业拥有的数据资产也在急剧增加。如何利用好数据这一生产要素，让数据资产发挥价值，在激烈的市场竞争中赢得先机，是企业亟须解决的问题。数据应用就是企业发挥数据价值的一把利刃，帮助企业在商场中谋求一席之地。数据应用是发挥数据价值、实现数字化转型目标的重要形式。通过数据应用可以有效盘活组织数据资产，实现数据对业务场景和市场的赋能，推动企业数据跨行业、跨区域资源整合和开放合作，进而整合行业产业链，持续释放数据价值。

数据应用是数据通过管理和技术措施以某种使用方式，为企业或者社会创造价值。

数据应用为企业和社会创造价值的常见形式有以下三种。第一，数据辅助决策。管理层可以通过数据掌握公司业务运营状况，业务人员可以通过数据发现业务问题并确定业务运营的策略和方向。第二，数据驱动业务。通过数据产品、数据挖掘模型实现企业产品和运营的智能化，从而极大地提高企业的整体效能产出。最常见的有基于个性化推荐技术的精准营销服务、广告服务等。第三，数据对外变现。通过与外部组织合作，让数据跨行业流通，对业务和市场的判断预测更加全面和精准，实现多赢的局面。

根据 DCMM，数据应用管理能力域包含数据分析、数据开放共享、数据服务三个能力项。

数据分析是对组织各项经营管理活动提供数据决策支持而进行的组织内外部数据分析或挖掘建模，以及对应成果的交付运营、评估推广等活动。数据分析能力会影响到组织制定决策、创造价值、向用户提供价值的方式。

数据开放共享是指按照统一的管理策略对组织内部的数据进行有选择的对外开放，同时按照相关的管理策略引入外部数据供组织内部应用。数据开放共享是实现数据跨组织、跨行业流转的重要前提，也是数据价值最大化的基础。

数据服务是通过对组织内外部数据的统一加工和分析，结合公众、行业和组织的需要，以数据分析结果的形式对外提供跨领域、跨行业的数据服务。数据服务是数据资产价值变现最直接的手段，也是数据资产价值衡量的方式之一，通过良好的数据服务对内提升组织的效益，对外更好地服务公众和社会。数据服务的提供可能有多种形式，包括数据分析结果、数据服务调用接口、数据产品或数据服务平台等，具体服务的形式取决于组织数据的战略和发展方向。

依据 DCMM 框架进行数据应用管理，需要围绕以上三个能力项的管理目标，制定相关标准规范和管理制度，并落实到数据管理工作中。

数据分析管理的目标是指数据分析能力满足组织的业务运营需求，并适应业务、技术领域的发展变化。数据分析能促进数据驱动型决策和业务价值实现，让数据分析成为组织的核心竞争力。为实现目标，组织要遵循以下管理过程。

- 常规报表分析。按照规定的格式对数据进行统一的组织、加工和展示。
- 多维分析。分析各类别之间的数据度量关系，从而找出同类性质的统计项之间数学上的联系。
- 动态预警。基于一定的算法、模型对数据进行实时监测，并根据预设的阈值进行预警。
- 趋势预报。根据客观对象已知的信息而对事物在将来的某些特征、发展状况的一种估计、测算活动，运用各种定性和定量的分析理论与方法，对发展趋势进行预判。

数据开放共享的管理目标是数据开放共享可满足安全、监管和法律法规的要求；数据开放共享可促进内外部数据的互通，促进数据价值的提升。为实现目标，组织要遵循以下管理过程。

- 梳理开放共享数据。组织需要对其开放共享的数据进行全面的梳理，建立清晰的开放共享数据目录。
- 制定外部数据资源目录。对组织需要的外部数据进行统一梳理，建立数据目录，方便内部用户的查询和应用。
- 建立统一的数据开放共享策略，包括安全、质量等内容。
- 数据提供方管理。建立对外数据使用政策、数据提供方服务规范等。
- 数据开放。组织可通过各种方式对外开放数据，并保证开放数据的质量。
- 数据获取。按照数据需求进行数据提供方的选择。

数据服务的管理目标是指通过数据服务探索组织对外提供服务或产品的数据应用模式，满足外部用户的需求，通过数据服务，实现数据资产价值的变现。为实现目标，组织要遵循以下管理过程。

- 数据服务需求分析。需要有数据分析团队来分析外部的数据需求，并结合外部的需求提出数据服务目标和展现形式，形成数据服务需求分析文档。
- 数据服务开发。数据开发团队根据数据服务需求分析对数据进行汇总和加工，形成数据产品。
- 数据服务部署。部署数据产品，对外提供服务。
- 数据服务监控。能对数据服务有全面的监控和管理，实时分析数据服务的状态、调用情况、安全情况等。
- 数据服务授权。对数据服务的用户进行授权，并对访问过程进行控制。

15.6.8 数据生命周期

数据生命周期是将原始数据转化为可用于行动的知识的一组过程。数据生命周期管理是一种基于策略的方法，用于管理信息系统的数据在整个生命周期内的流动：从创建和初始存储到最终被删除，即指某个集合的数据从产生或获取到销毁的过程。

数据生命周期管理有助于组织降低数据安全风险，降低数据维护成本，提高数据质量，从而帮助组织在数据生命周期的各个阶段以最低的成本获得最大的价值。特别是随着数据爆发井喷式的增长，数据日益资产化，建立起从数据产生到销毁的数据全生命周期管理体系，是保障数据持续发挥最大价值不可或缺的管理过程。

根据 DCMM 标准框架，数据生命周期管理包含数据需求、数据设计和开发、数据运维、数据退役四个能力项，即四个数据生命周期管理过程。

数据需求是指组织对业务运营、经营分析和战略决策过程中产生和使用数据的分类、含义、分布和流转的描述。数据需求管理过程中应识别所需的数据，确定数据需求优先级并以文档的方式对数据需求进行记录和管理。

数据设计和开发是指设计、实施数据解决方案，提供数据应用，持续满足组织的数据需求的过程。数据解决方案包括数据库结构、数据采集、数据整合、数据交换、数据访问及数据产品（报表、用户视图）等。

数据运维是指数据平台及相关数据服务建设完成上线投入运营后，对数据采集、数据处理、数据存储等过程的日常运行及其维护过程，保证数据平台及数据服务的正常运行，为数据应用提供持续可用的数据内容。

数据退役是对历史数据的管理。根据法律法规、业务、技术等方面的需求对历史数据的保留和销毁，执行历史数据的归档、迁移和销毁工作，确保组织对历史数据的管理符合外部监管机构和内部业务用户的需求，而非仅满足信息技术需求。

依据 DCMM 框架进行数据生命周期管理，需要围绕以上四个能力项的管理目标，制定相关标准规范和管理制度，并落实到数据管理工作中。

数据需求管理的目标旨在建立数据需求管理制度，统一管理各类数据需求；各类数据需求得到梳理和定义；数据的命名、定义和表示遵循组织发布的相关标准。为此，组织要遵循以下管理过程。

- 建立数据需求管理制度。明确组织数据需求的管理组织、制度和流程。
- 收集数据需求。需求人员利用各种方式分析数据应用场景，并识别数据应用场景中的数据分类、数据名称、数据含义、数据创建、数据使用、数据展示、数据质量、数据安全、数据保留等需求，编写数据需求文档。
- 评审数据需求。组织人员对数据需求文档进行评审，评审关注各项数据需求是否与业务目标、业务需求保持一致，数据需求是否使用已定义的业务术语、数据项、参考数据等数据标准，相关方对数据需求是否达成共识等问题。
- 更新数据管理标准。对于已有数据管理标准中尚未覆盖的数据需求以及经评审后达成一致需要变更数据标准的，由数据管理人员根据相关流程更新数据标准，保证数据标准与实际数据需求的一致性。
- 集中管理数据需求。各方数据用户的数据需求应集中由数据管理人员进行收集和管理，确保能够进行需求的汇总分析和历史回顾。

数据设计和开发的管理目标是要求组织能够设计满足数据需求的数据结构和解决方案，实施并维护满足数据需求的解决方案，确保解决方案与数据架构和数据标准的一致性，确保数据的完整性、安全性、可用性和可维护性。其管理过程如下。

- 设计数据解决方案。设计数据解决方案包括概要设计和详细设计，其设计内容主要是面向具体的应用系统设计，如逻辑数据模型、物理数据模型、物理数据库、数据产品、数据访问服务、数据整合服务等，从而形成满足数据需求的解决方案。
- 数据准备。梳理组织的各类数据，明确数据提供方，制订数据提供方案。
- 数据解决方案的质量管理。数据解决方案设计应满足数据用户的业务需求，同时也应满足数据的可用性、安全性、准确性、及时性等数据管理需求，因此需要进行数据模型和设计的质量管理，主要内容包括开发数据模型和设计标准，评审概念模型、逻辑模型和物理模型的设计，以及管理和整合数据模型的版本变更。
- 实施数据解决方案。通过质量评审的数据解决方案进入实施阶段，主要内容包括开发和测试数据库、建立和维护测试数据、数据迁移和转换、开发和测试数据产品、数据访问服务、数据整合业务、验证数据需求等。

数据运维管理的目标是保障组织的内外部数据提供方可按照约定的服务水平提供满足业务需求的数据，保证数据相关平台和组件的稳定运行。开展数据运维管理，组织要遵循以下管理流程。

- 制定数据运维方案。根据组织数据管理的需要，明确数据运维的组织，制定统一的数据运维方案。
- 数据提供方的管理包括对组织的内部和外部的数据提供方。建立数据提供的监控规则、监控机制和数据合格标准等服务水平协议和检查手段，持续监控数据提供方的服务水平，确保数据平台和数据服务有持续可用的、高质量的、安全可靠的数据。

- 数据平台的运维。根据数据运维方队对数据库、数据平台、数据建模工具、数据分析工具、ETL 工具、数据质量工具、元数据工具、主数据管理工具的选型、部署、运行等进行管理，确保各项技术工具的选择符合数据架构整体规划，正常运行的各项指标满足数据需求。
- 数据需求的变更管理。数据需求实现之后，需要及时跟踪数据应用的运行情况，监控数据应用和数据需求的一致性，同时对用户提出的需求变更进行管理，确保设计和实施的一致性。

数据退役管理的目标是对历史数据的使用、保留和清除方案符合组织的内外部业务需求和监管需求，建立流程和标准，规范开展数据退役需求收集、方案设计和执行。数据退役管理须遵循以下流程。

- 数据退役需求分析。向公司管理层、各领域业务用户进行对于内部和外部的数据退役需求调研，明确外部监管要求的数据保留和清除要求，明确内部数据应用的数据保留和清除要求，同时兼顾信息技术对存储容量、访问速度、存储成本等的需求。
- 数据退役设计。综合考虑法规、业务和信息技术需求，设计数据退役标准和执行流程，明确不同类型数据的保留策略，包括保留期限、保留方式等，建立数据归档、迁移、获取和清除的工作流程和操作规程，确保数据退役符合标准和流程规范。
- 数据退役执行。根据数据退役设计方案执行数据退役操作，完成数据的归档、迁移和清除等工作，满足法规、业务和技术需要，同时根据需要更新数据退役设计。
- 数据恢复检查。数据退役之后需要制定数据恢复检查机制，定期检查退役数据状态，确保数据在需要时可恢复。
- 归档数据查询。根据业务管理或监管需要，对归档数据的查询请求进行管理，并恢复相关数据以供应用。

15.7　小结

随着企业数字化转型的广泛开展，以及国家对数据管理的高度关注和对 DCMM 贯标工作的推动，在"十四五"期间，可以预见 DCMM 将在各行各业广泛落地，DCMM 的成功案例和最佳实践也将越来越丰富，DCMM 通过完善、科学的数据资产管理框架，为企业跨入数字化、智能化发展新阶段奠定良好数据基础。

解 决 方 案 篇
财务数据治理

第 16 章
财务数据
治理指南

治理是手段，应用是目的，数据治理支持数据应用，数据应用引领数据治理。这是始终贯穿数据治理活动的主线。

财务数据治理是数据治理的专业领域，必须以数据治理一般方法论为指导，紧紧围绕实现财务管理职能数字化展开。

财务职能是指企业财务在运行中所固有的功能。财务的职能源于企业资金运动及其所体现的经济关系，表现为筹资、用资、耗资、分配等过程中的管理职能，包括财务预测、财务决策、财务计划、财务控制、财务分析等。

财务管理的职能是由财务管理的性质决定的。财务管理是一项管理活动，一般指企事业单位的财务管理。从本质上说，企业财务管理是企业中的一项经济管理工作。财务管理既具有与其他经济管理工作相同的共有职能，又具有不同于其他经济管理工作的独特职能。

16.1　财务管理的职能

每一家企业对财务管理都很重视。尽管企业规模不同，企业性质各有差异，财务机构的设置、人员配备、岗位设置也不尽相同，但从企业财务应具备的职能上看，无论企业财务部门和岗位如何设置，人员如何配备，作为企业管理过程中不可或缺的财务管理，应具备以下职能。

16.1.1　筹资职能

财务首先是一种本金的投入活动。由于企业再生产过程是不断进行的，本金在再生产过程中不断投入与周转。企业本金投入的数额是由生产经营要素形成的规模与本金周转速度所决定的。这就要求财务不断筹集投入所需的本金，所以财务具有筹资职能。筹资职能的内容主要包括筹资量的确定、筹资渠道的选择以及相联系的本金所有权结构的优化。在社会主义市场经济条件下，筹资渠道与方式是多种多样的。发挥财务筹资职能，是进行财务组织的前提。随着企业再生产规模的扩大，财务筹资的规模也要扩大，筹资职能更凸显其重要性。

16.1.2　调节职能

财务是一种经济机制，对再生产过程具有调控功能。

财务作为本金的投入活动，本金投入的规模与方向一方面受制于生产经营要素形成的规模与结构，另一方面当本金筹集量（可供量）一定时，为执行资产所有者调整结构的决策或贯彻国家有关宏观调控的政策措施。通过本金投向与投量的调整，财务使企业原有的生产规模与经济结构（技术结构、产品结构等）发生变化，这是财务调节职能的主要内容。在生产经营成果的形成与实现方面，财务作为企业本金的投入活动，通过优化本金配置，进而调节资源配置，达到提高经济效率与效益的目标，这也是财务调节职能的重要内容。发挥财务调节职能，是调整企业经济行为并使之合理化的重要手段，也是国家宏观调控政策作用于企业微观活动的重要连接装置。

16.1.3　分配职能

财务作为企业本金的投入收益活动，当取得货币收入后，要按照上缴流转税、补偿所得税、缴纳成本、提取公积金与公益金、向投资者分配利润的顺序进行收入分配，这就是财务分配职能的基本内容。财务分配的对象是企业在一定时期内实现的全部商品价值的货币表现额。由此可见，财务分配不仅是资产保值、保证简单再生产的手段，同时也是资产增值、实现扩大再生产的工具还是正确处理满足国家政治职能与组织经济职能的需要，处理所有者、经营者、劳动者等方面物质、利益关系的基本手段。财政分配、信用分配、保险分配与企业的关系，是以财务分配为纽带来连接的。财务分配职能是使财务范畴与其他经济范畴区别开的又一重要特征。

16.1.4　监督职能

财务作为企业本金的投入收益活动，对企业生产经营与对外投资活动具有综合反映性。一方面，财务活动反映生产经营要素的形成、资源的利用以及生产经营与对外投资的成果，能揭示企业各项管理工作的问题；另一方面，财务关系集中反映国家行政管理者、所有者、经营者和劳动者等之间的物质利益关系，能揭示在这些关系处理中存在的问题。为了合理组织财务活动，正确处理财务关系，国家制定了有关财税、金融、财务的法规，所有者与经营者也制定了各种有关财务决策方略与内部管理的制度。财务管理必须按国家与所有者及经营者的有关规定实施财务监督，并使这些规定得以执行，这就是财务监督职能的基本内容。财务监督是保障企业财务活动有效性和财务关系处理合理性的重要手段，是国家财税监督、信用监督和其他宏观经济监督措施得以落实到企业的重要桥梁。

16.1.5　会计核算职能

会计核算作为一门管理科学，有一套严格的确认、计量、记录与报告的程序与方法。会计是用价值的方式来记录企业经营过程、反映经营得失、报告经营成果。会计的核算职能不仅仅是对经济活动进行事后反映，还包括事前核算、事中核算和事后核算。事前核算的主要形式是进行预测，参与计划，参加决策；事中核算的主要形式是干预经济活动；事后核算的主要形式是记账、报账、算账。依据国家统一的会计制度、会计政策等，会计核算规则按大家熟知的《会计法》《企业会计准则》《财务通则》等进行分类整理。作为管理科学的一个分支，它有一整套的国际通行的方法和制度，包括记账方法、会计科目、会计假设及国家制定的会计准则、制度、法规、条例等，这些规则为整个会计核算提供了较多的规范，目的就是要得出一本"真账"，使其结论具有合法性、公允性以及一贯性，相对来讲结论是"死的"，不同的人对相同的会计业务进行核算，在所有重大方面不应存在大的出入。在财务的七件事中，此职能最受大家的认可，也是目前企业财务中运用较好的职能之一。

16.1.6　会计监督职能

会计监督是全方位的，包含企业各个方面，其中对企业资金的监督是每家企业都非常重视的事。对任何企业来说，资金的运用与管理都是非常重要的事，资金于企业而言犹如人们身上的血液，多了，少了，流动快了，流动慢了，不动了，带病了，都有可能使企业走向窘境，作为企业价值管理的财务部门，其重要职能包含资金的筹集、调度与监管，简单来说就是把企业的"钱"管好。

资金的运用与管理有别于会计核算，没有一套严格的管理方法，企业间差别较大，资金计划、筹融资、各项结算与控制，都属于资金运用与管理的范围。企业性质、资金量、会计政策、信用政策、行业特点、主要决策者偏好、企业的组织架构认知、岗位设置与角色任务；以人为本的企业经营流程与产品营销理念；以实现经营目标为目的对员工进行招聘、晋升、调岗与解聘；以人力资源会计为核算依据的薪资管理、成本控制（主要体现人力资源成本控制）、报表分析；以企业战略为目标的岗位绩效定义与角色绩效考核；平衡计分卡基于业绩的团队建设方法和考核，基于价值贡献和促进企业发展的人才价值评估。以上要点的设定，必将强化人力资源合理架构与企业人力成本的相关性，从而树立起人力资源管理目标与企业经营目标重合、一致的良性发展战略管理思想。资金调度人员的工作经验都可能会给企业资金运用与管理带来偏差，通过建立企业资金管理制度可在一定程度上防止资金使用不当。若要提高企业资金效用，单靠制度很难实现，除应建立一套适合企业的资金审批、监控系统外，还需要选择有一定经验的人员进行此项工作。

16.1.7　决策职能

无论参与决策，还是提供决策依据，全靠财务与会计是不够的，还要求与管理会计相结合。管理会计与财务会计不一样，它是通过对财务等信息的深加工和再利用，实现对经济过程的预测、决策、规划、控制、责任考核评价等职能的一个会计分支。如果说财务会计记录企业的过去，那么管理会计则预测企业的未来。财务会计能为企业内、外部相关利益者提供数据，而管理会计专为企业决策者提供数据。

管理会计主要从管理的角度，根据决策者的需要将企业以往发生的财务事项进行重新组合、分解，利用趋势预测等方法，为决策者提供一些参考数据。虽然管理会计的重要来源是财务会计，但不像财务会计那样有严格的方法和政策限制，管理会计不受财务会计"公认会计原则"的限制和约束，得出的结论往往带有一些假设成分。管理会计与企业会计核算不可分割，因此它成为财务管理的重要内容之一。

16.1.8　绩效考核职能

绩效考核少不了各项完成指标的计量与比较。这些计量与比较当然少不了会计方面的价值计量，而且大多的价值计量，如生产过程中的增值、费用控制、产值等，都是财务会计的计量范围，在价值计量上企业还没有哪一个部门能比财务部门更专业和全面。因此，企业绩效考核工作少不了财务部门的参与。绩效考核中的大部分计算工作成为财务职责之一，分解、计算各部门绩效是财务部门须做的七件事之一。

正确认识财务职能，充分发挥财务的作用，促使企业经济活动良性循环，实现企业经济发展速度与效益相结合，是企业财务管理的基本任务。明确了企业财务职能，才能明确从什么方向去开展财务数据治理。

16.2　财务数据治理方法

16.2.1　财务数据治理目标

（1）健全管理机制与体制

大数据时代，财务信息处理的水平更高，信息处理具有自动化和流程化的特点。对于企业而言，是否能够建立健全管理机制与体制，做好内部控制对企业信息安全具有重要影响。因此，企业应当加强内部控制，建立全面科学的管理机制，确保财务信息高质量使用和安全。首先，应当做好岗位职责的明确，根据不同的岗位制定健全的岗位职责，使得每一位成员都能够在此基础上有效开展工作。其次，要做好工作流程的进一步规范。对工作流程进行清晰的规定，使得相关人员能够根据具体的工作流程有效开展工作，提升工作的效率，避免工作过程混乱，避免出现不利于企业健康发展的情况。最后，要做好对工作过程的监控，大数据时代虽然为企业发展提供了机遇，推动企业更加高效地运行，但是也为企业发展带来了一定的挑战——不法人员利用大数据技术进行信息的盗取或者复制，容易导致企业发展陷入困境。

因此，做好工作过程的监控及工作全过程的规范化至关重要。

（2）重塑财务风险管理理论

传统财务管理模式下，财务人员主要是对企业的各项财务信息进行统计与分类，对财务风险的防范并没有过多的关注，财务风险防范的重视力度不高。然而，财务风险管理是企业管理的重要部分，只有做好风险的防范才能为企业发展扫清障碍，营造良好的发展环境，因此企业应当顺应大数据时代的发展特点，合理用大数据技术对市场进行预测和分析，及时了解市场发展的具体情况，并对企业的发展规划进行调整，重塑企业的财务风险管理理论，这样才能提升企业风险防范的能力，从而推动企业更好地发展。同时，也只有这样才能推动企业财务管理工作的开展，有助于财务管理人员及时发现企业的财务风险，并提出对应的改进对策。

（3）提升大数据人才队伍的建设力度和培养财务人员数据意识

财务人员业务水平的高低直接影响了企业财务管理的质量。高素质和高技能的财务人员能够合理分析企业的发展情况，及时了解企业发展的全过程，并制定出合理的财务工作规划，有效进行数据信息的分类和汇总，为企业领导提供更加有用的数据信息，促进合理决策的形成。从事基础业务的财务人员如不能在财务管理中发挥有效作用，会不利于企业财务管理的高效进行。因此企业领导应当认识到财务人员专业技能的重要性，并根据企业发展的具体情况进行大数据人才队伍的培养，为财务人员基于治理后的高质量数据进行分类和汇总数据提供有效支撑。同时对财务人员进行数据治理和大数据知识培养，有助于提升财务人员的素养和技能，建立基于数据的绩效考核和财务管理等机制，推动企业财务管理迈向更加高效的阶段。

16.2.2　全面财务数据治理的开展方式

对于全面的财务领域的业务数据（动态数据）治理而言，通常建议数据治理落地要与业务数字化场景落地相结合。不建议启动单纯的"数据治理"项目，而是把数据治理的每个环节贯穿到业务数字化场景落地过程中一起实现，同步创造价值。数字化开展方案如图 16-1 所示。

财务数字化的一些典型场景包括法定合并、全面预算、管理报表、资金管理、监管报送、财务共享中心的数字化支撑。对一般企业而言，传统 ERP 定位和架构迁移等场景也在其中。财务数据治理及数据体系搭建过程需要与上述具体场景相结合，通过切实完善数据治理的每一个环节来推动财务数字化转型。

从技术角度来看，目前的通用做法是在数据治理基础上建立统一数据湖，并推进数据应用建设，按应收尽收的方式尽量抽取和存储管理各个平台的业务数据，结合数据资产管理平台，使企业数据地图开放和共享，促进数字化应用场景落地。

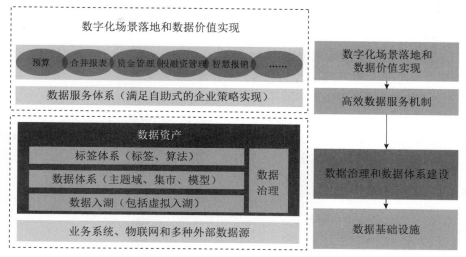

图16-1 数字化开展方案

在数字化场景落地和数据应用的过程中,通过工具切实地落地数据治理各环节。从数据入湖开始到建模、开发、应用等每一个环节,落地数据治理的要素(如标准、质量、安全、架构管理等),实现数据全流程的透明、可靠、可控。

财务数字化及企业数字化转型落地的核心在于,从开展数据治理的组织、流程、技术的建设到治理与价值同步实现,充分发挥业务主导的驱动力,逐步实现数字化场景,以推动企业的业务发展战略。

16.2.3 财务主数据治理问题

企业主数据是用来描述企业核心业务实体的基础数据,是具有高业务价值、可在企业内跨越各个业务部门被重复使用的数据。财务主数据作为企业主数据的一部分,与财务日常业务相关,主要包括会计科目主数据、客户主数据、供应商主数据、员工主数据等。因此,财务主数据的建设也是企业主数据建设过程中十分重要的一部分。财务主数据遇到的问题如下。

(1)缺乏标准

各系统之间缺乏统一的标准,造成数据在各系统之间的不一致问题,特别是编码混乱。例如,多个系统都有默认的成本中心编码,但在各系统中的编码规则各不相同,如果不能统一标准,将造成十分混乱的局面。

(2)数据质量低

两套或多套财务核算系统分别维护,容易导致出现重复数据。例如,SAP和EBS中都维护了各自的核算主体,但其中可能存在重复数据,在从EBS转移到SAP时也有可能出现问题。数据质量无法提高也会导致后续问题频现。数据质量问题出现后,因无法准确定位到数据问题产生的源头和主体上,以及大量历史问题和管理问题，导致数据问题解决周期长，涉及面广，复杂程度高，难度大。

（3）数据整合困难

各系统存在多套组织架构维护分散。例如，HR组织架构、OA组织架构、财务组织架构分别在各自业务系统中进行维护，导致数据整合困难。

（4）数据安全隐患

若未对数据做脱敏或分层处理，数据整合提供应用时就不能保障隐私和安全。例如，SAP将供应商信息放在表头时，所有银行账户信息都可以被看到，但实际上应该是A公司只能看到A公司维护的银行账户信息。

16.2.4 财务主数据建设

财务主数据的建设目标如下。

（1）统一管理

实现财务主数据的集中管控，规范管理流程，确保相关编码一致，为系统建设提供标准化财务依据。

（2）数据共享

一次录入，多方共享，减少人工介入，提升基于财务信息的业务交互和分析的效率。

（3）助力分析

为各系统提供统一的财务核心数据，降低企业层面财务分析的难度，提高分析的准确性。

企业财务主数据建设的主要步骤包括前期调研准备工作，制定财务主数据标准及管理制度，确定历史数据整合策略，确定财务主数据维护策略，实现财务主数据持续管理。具体如下。

（1）调研工作

前期调研需要从业务和技术两个角度出发，如图16-2所示。通过收集文档资料、问卷访谈等形式，确定企业管控现状和业务流转情况，为后续工作开展提供依据；通过对信息系统和现有数据的调研及深度分析，从数据层面发现问题，并针对特殊问题确定改造难度及改造方向。

（2）建立标准及管理制度

标准层面，需要调研并整理企业现有数据字典及其问题所在，结合国标、行标和优秀项目实践，生成适合企业数据现状的一套数据标准体系。

管理制度层面，需要建立管理组织和管理流程，制定相应考核办法，保障财务主数据持续正常运行。如图16-3所示。

（3）历史数据的整合、清洗

针对历史数据的清洗，主要分为数据接入、初步标记、分类处理、汇总检查、整体清洗、检查反馈六个步骤，如图16-4所示。

　　将历史数据通过接口、ETL、文件的方式导入主数据管理平台，通过质检发现重复数据及不一致数据，完成数据的清洗转换，保障历史数据的高质量。

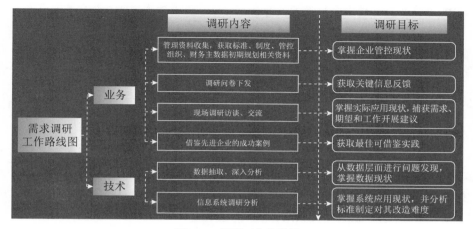

图 16-2　调研工作路线图

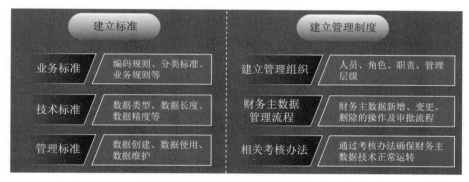

图 16-3　建立标准及管理制度

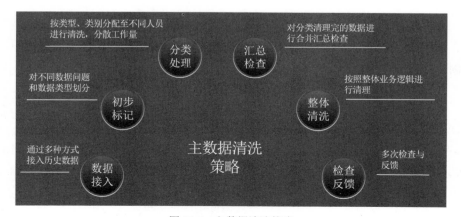

图 16-4　主数据清洗策略

（4）财务主数据维护策略

财务主数据维护策略主要分为以下三种。

- 在主数据管理平台中进行主数据的新增、变更和删除，及时向各业务系统分发。此策略适用于对实时性要求不高的财务主数据。
- 在单一的业务系统中进行主数据的新增、变更和删除，由主数据管理平台及时更新数据并向其他业务系统分发。此策略适用于单一可信来源，且不受其他系统影响的财务主数据。
- 在多个业务系统中进行主数据的新增、变更和删除，由主数据平台整合处理后分发给所有业务系统。此策略适用于对实时性要求较高的财务主数据。

完成了企业现状调研、标准及制度制定、历史数据清洗转换和财务主数据维护策略确定，项目的最后一步就是主数据管理平台的上线了。主数据管理平台提供主数据新增、修改、审核质检、逐级审批、数据分发等完善的功能，可帮助企业实现财务主数据的持续化管理，提高财务主数据质量，帮助企业高效运营。

16.2.4　基于管理会计开展数据治理

在宏观经济和行业发展形势日益严峻的情况下，企业对精细化管理手段的依赖不断增强。管理会计以构建多维度价值衡量为核心内容，对有价值创造能力的节点进行识别、计量与分析，能够实现分机构、业务条线、客户、产品等多维度的成本核算、盈利分析、价值评估、预算控制和考核评价，而管理会计对数据质量有较高要求，是引领财务数据治理的核心应用。

（1）管理会计闭环

企业内部管理可分为事前、事中、事后三个环节，以精细化管理理念和手段贯穿其间的管理会计闭环管理体系，在事前履行预测和规划职能，在事中履行控制和监督职能，在事后履行评价和考核职能。整体闭环高效运作，最终推动企业整体战略目标的实现。

全面预算管理、多维度盈利核算分析体系以及绩效管理是会计管理闭环的三大核心环节，三者相互依存，密不可分，形成覆盖事前、事中、事后的完整管理闭环，共同支持经营管理决策，实现长期价值最大化的经营目标。

（2）多维度盈利分析核算体系

在管理会计闭环中，多维度盈利分析核算体系是其他管理手段的基石，是管理会计闭环体系的中枢与核心，也是数据治理工作需要首先聚焦的重点领域。

多维度盈利分析核算体系由代表管理分析视角的核算维度信息和业务要素信息两部分构成。

1）核算维度信息

机构：标注数据所属的具体机构，是按机构层级逐级汇总的基础。

部门：标注数据所属的部门，是从部门视角进行数据提取和应用的基础。

产品：标注数据的具体产品类别，是从产品视角进行数据提取和应用的基础。

客户类型：标注数据所服务的客户分类，用于按照客户分类进行数据的提取和应用。

会计科目：按照《企业会计准则》要求标注数据所使用的会计科目，支持报表生成及其他应用。

币种：标注数据金额的数据种类，区分不同币种的业务。

2）业务要素信息

客户号：标注开展业务的具体客户编号，是对每一位客户开展价值分析的必要信息。

账户号：每笔业务的具体账号，是区分具体业务的最小单位。

余额：记录每笔业务的余额数据。

利息收支：记录每笔资产负债类业务在特定期间产生的利息收入和利息支出数据。

FTP 收支：记录每笔资产负债类业务在特定期间产生的内部转移收入和支出数据。

手续费收支：记录每笔业务产生的手续费收入和手续费支出数据。

营运成本：记录每笔业务所耗费的人力费用、业务费用等，具体可由核算列支或成本分摊生成。

风险成本：记录每笔业务在特定期间内因预期的信用风险而产生的损失数据。

税务成本：记录每笔业务在特定期间内应缴纳的增值税、所得税等。

资本成本：记录每笔业务在特定期间内所占用经济资本的成本数据。

（3）管理会计体系建设中的数据问题

多维度盈利分析核算体系是管理会计体系建设的基石，也是数据问题聚集的领域。在核算维度信息方面主要表现为核算维度缺失、应用标准缺失问题；在业务要素信息方面主要表现为数据缺失、数据错误、颗粒度不匹配、数据生成不及时不稳定四类问题。

下面以银行业管理会计建设实践遇到的问题为例进行说明。

1）核算维度缺失

在业务核算、绩效考核及分析管理等领域，经常需要使用考核机构信息和交易渠道信息，目前中小型银行普遍缺失这两个维度（考核机构与核算机构有时不是一个机构，如 A 网点的营销人员营销的客户，其业务可能核算在客户就近的 B 网点，这时，核算机构和考核机构就不一致）。在业务数据流转过程中，若核算维度数据从前台传输到后台，就会导致考核只能用手工处理的方式进行还原。

中小型银行普遍缺失规范统一的渠道维度的管理与应用，随着互联网的快速发展，从销售渠道维度分析线上渠道交易替代率、渠道的使用率、渠道的投入产出情况等，将更好地支撑业务发展和业务布局。

2）维度应用标准缺失

部门维度：总行与各分行组织架构不一致，导致总分行同类部门采用不同的部门代码核算业务数据。对于同一业务，前、中、后台产生的相关数据使用不同的部门代码。

产品维度：现有产品代码定义不明确，影响日常选择使用。对于同类业务，前、中、后台产生的相关数据使用不同的产品代码。前、中、后台存在多种产品分类标准，无法按照一套标准有效整合实际上属于同类产品的各项数据。

客户维度：客户类型核算维度定义及口径不明确，缺少明确应用规则，使用随意性较强，使同一业务的规模、风险成本、营运成本等使用不同的客户类型代码进行核算。前、中、后台存在多种客户分类标准，分别应用于客户营销、风险管理、监管统计报送等领域，缺乏统一的应用分类标准，无法按照一套标准有效整合实际上属于同类客户的各项数据。

3）业务要素信息问题

一项业务在客户申请办理至中、后台支持管理的全流程中，产生的规模、收支、成本、税务、资本成本等数据，应在各自环节内按照统一的颗粒度和信息完备标准生成，才可有效支持后续的整合加工，从而获得完整的盈利测算分析数据。中小型银行目前多种业务在其各类业务要素信息生成过程中，存在数据缺失、数据错误、颗粒度不匹配、数据生成不及时不稳定等问题。下面以增值税价税分离过程中的数据问题举例说明。

数据缺失：普惠金融实行税收优惠政策，增值税系统处理账户级免税利息数据进度晚于政策执行时间，要对相关账户中增值税后的免税利息数据进行手工调整。

数据错误：因业务变化和系统改造频繁，经常出现系统处理错误和业务逻辑错误。一方面影响了后续系统的正常运行，进而影响绩效考核等工作的进度。另一方面，发生的错误账务无法系统追溯调整，只能通过手工账务调整，导致后续承接数据的系统也只能通过手工的方式调整大量的数据。

颗粒度不匹配：增值税系统优先实现科目级增值税数据处理，账户级的增值税数据处理工作进程常常晚于科目级，导致账户级增值税数据缺失，须在系统外手工加工生成。

数据生成不稳定不及时：增值税系统经常发生的系统运行问题使数据生成不稳定，不及时。

（4）治理关键点

上述问题的治理，应从完善核算维度标准体系和数据模型标准体系着手，作为解决数据问题的标尺和整合数据的具体方式。其中，产品核算维度标准化、部门核算维度标准化和产品盈利分析模型标准体系是开展工作的突破口，也是高效开展绩效评价、客户价值分析的必要前提和基础。同时也具有开展成本低、落实阻力小、价值凸显快、受益周期长等优点。而其突出的难点在于产品体系的设计和模型的设计。

1）产品核算维度标准化

梳理制定科学的产品标准体系是产品核算维度标准化工作的核心。在产品标准体系基础上，进一步制定完善相关管理制度，并具体探索系统实现方案，提升产品视角相关应用管理的精细化水平。

产品代码体系标准：应满足业务需求、核算需求及分析评价需求的统一产品体系。

产品代码管理制度流程：对产品代码的总体编制规则制度化，促进产品代码编制方式的持久统一，避免出现编制标准缺失所带来的一系列数据问题。同时，建立完整的新增产品代码工作流程，将编制产品代码所需参考的产品盈利模式、服务客户对象等进行进行必要的介绍，说明信息完整收集，编制形成产品及产品代码说明手册，推动由产品视角开展相关管理的精细化水平提升。

产品代码核算应用标准：基于产品体系标准，细化明确产品核算标准，建立按产品维度的核算体系，确保产品的核算内容、核算规则、核算数据颗粒度等能支持产品的管理与分析，并在产品的全生命周期保持不变。

2）部门核算维度标准化

明确部门代码的应用原则，是解决部门核算维度应用领域存在的数据问题的关键。在业务数据核算中分别明确按管理部门核算的业务范围和按营销行为部门核算的业务范围。在费用核算中要坚持"谁受益，谁承担"的原则。完善部门代码管理制度和管理流程，持续推动业务部门核算维度的规范化管理。监测业务数据和费用数据中的部门维度核算情况，对出现的问题进行及时纠正。

3）产品盈利分析模型标准体系

产品盈利分析模型标准：统一设计包括营收、营运成本、风险成本、税收成本及资本成本等全收入、全成本的产品盈利分析模型，明确产品分析要素，合理分析产品盈利情况，支持产品的事前经营预测及事后绩效评价。

系统数据颗粒度标准：明确各系统的数据颗粒度标准，要求精细化系统建设与维护，从系统层面支持精细化数据应用，便于系统间数据对接整合。

数据展现：在解决数据质量问题，实现数据高效整合基础上，建设数据展现应用平台，依托强大的商务智能工具，将与核心应用相关的数据报表等集中在同一个平台，实现分析结果展现，报表展现，在线模拟测算，交互分析，数据查询，数据下载，移动端数据交互应用等多种数据应用需求。

16.3　指标数据的治理

16.3.1　主题

主题是一个抽象概念，是在较高层次上将企业经营管理指标数据综合、归类并进行分析利用的抽象概念。每一个主题对应一个业务的分析领域。在逻辑意义上，它对应企业中某一个宏观分析领域所涉及的分析对象。面向主题的数据组织方式，就是在较高层次上对分析对象数据的一个完整并且一致的描述，能刻画各个分析对象所涉及的企业各项数据，以及数据之间的联系。主题可根据分析领域的广度和深度分为一级主题、二级主题等。

如表 16-1 为某银行指标类数据主题分类框架。

表 16-1 某银行指标类数据主题分类框架

指标数据标准分类框架		
主题名称	子主题名称	子主题说明
业务规模	存款业务规模	反映存款业务经营规模和成长能力的指标
	信贷业务规模	反映信贷业务经营规模和成长能力的指标
	中间业务规模	反映中间业务经营规模和成长能力的指标
	金融市场业务规模	反映金融市场业务经营规模和成长能力的指标
	卡业务规模	反映银行卡业务经营规模和成长能力的指标
	渠道业务规模	反映渠道业务经营规模和成长能力的指标
	机构业务规模	反映机构业务经营规模和成长能力的指标
	投行业务规模	反映投行业务经营规模和成长能力的指标
	托管业务规模	反映托管业务经营规模和成长能力的指标
	理财业务规模	反映理财业务经营规模和成长能力的指标
	其他业务规模	反映除上述业务外的其他业务经营规模和成长能力的指标
客户管理	客户规模	反映客户规模、质量的指标
	客户持有产品管理	反映客户持有产品状况的指标
	其他客户管理	反映客户的其他管理指标，如客户行为分析指标、客户流失分析指标等
风险合规管理	资本充足	反映监管资本状况的指标
	信用风险	反映资产质量、单一客户授信集中度、关联授信状况的指标
	市场风险	反映外汇敞口头寸和利率敏感性的指标
	操作风险	反映由于内部程序不完善、操作人员差错或舞弊以及外部事件的风险损失的指标
	流动性风险	反映流动性状况及其波动性的指标
	其他风险	反映除信用风险、市场风险、操作风险、流动性风险外的其他风险监管指标
	风险抵补	反映盈利能力和准备金充足程度的指标
财务绩效管理	资产负债指标	反映资本配置和募集状况、信贷损失准备，以及资产和负债头寸变化的指标
	损益指标	反映盈利和损失状况的指标
	财务分析指标	反映内部财务统计分析结果的指标
	绩效考核指标	反映绩效考核相关的指标

指标数据标准分类框架

主题名称	子主题名称	子主题说明
运营管理	人力资源	反映员工状况的指标
	机构管理	反映内部组织机构状况的指标
	设备管理	反映设备运行状况的指标
	其他内部管理	反映除人力资源、机构管理、设备管理外的其他内部管理方面的指标
监管指标	人民银行	报送人民银行的指标
	银保监会	报送银保监会的指标
	外汇管理局	报送外汇管理局的指标
	财政部	报送财政部的指标
	国税总局	报送国税总局的指标
	审计署	报送审计署的指标
	人力资源和社会保障部	报送人力资源和社会保障部的指标

16.3.2 指标属性

指标属性分为管理属性、业务属性及技术属性。

（1）管理属性

管理属性包括标准编号、主题名称、子主题名称、管理部门、标准状态。

标准编号：标准编号是指标标准项的唯一识别码，根据设定的规则编制。

主题名称：指标标准项所属指标分类体系中的主题名称。

子主题名称：描述指标标准项对应主题下细分的子主题名称，是对指标标准项进行归类及管理的重要参照。

管理部门：对该指标标准项拥有最终业务解释权的部门，通常为该指标所涉及业务的主管部门，经认责后生效。

标准状态：描述指标标准项的状态，包括有效和失效两种状态。

（2）业务属性

指标数据的业务属性包括标准中文名称、业务定义、业务取值范围、统计口径、适用的常用统计规则、适用的维度、数值属性、统计周期、度量单位、数据安全等级、标准来源、定义依据。

标准中文名称：每个指标具有唯一的规范化名称。针对在不同业务场景下统计口径有细微差异的指标，可采用指标名称后添加括号说明其适用的业务场景的命名方式予以区分。指标中文名称命名应遵守数据标准体系，中文名称中包含的单词，应预先在单词库中进行定义，中文名称构成应为"单词＋域名"的方式。

业务定义：指标的整体概括性描述，说明指标的概要性含义及适用范围。主要从以下几个方面进行描述。

- 指标的原理或概念解释。
- 指标用途。
- 指标统计所覆盖业务范围、产品条线范围等。
- 本行的业务特色，与通用概念、监管要求的差异性等。

业务取值范围：数据可接受的业务取值范围，即数据的允许值的集合。

- 对于比率型数据，值域应描述相关业务或流程中规定的比率上、下限范围。
- 对于金额型数据，值域应描述相关业务或流程中规定的金额上、下限范围。
- 对于数值型数据，值域应描述相关业务或流程中可接受的数值的上、下限范围。

统计口径：指标的计算方法描述，主要是指标通过哪些数据进行加工运算。对运算关系的描述包括 +、一、×、/、∑ 等，其中既包含直接计算关系，也包含所涉及的子项的计算关系。如果指标的计算公式引用的是会计科目，则表示为会计科目名称（科目号）；如果指标是由其他指标衍生运算的，在引用相应的指标时，则表示为"指标名称（＋指标编号）"。

适用的常用统计规则：常用统计规则是对指标实际数据计算过程中一些常见的计算方法、统计分析方法等进行说明。为减少指标冗余度，对通过常用计算方法衍生出来的指标一般不再重复定义，而是在核心指标定义中明确适用的常用统计规则。

适用的维度：维度主要用来描述在业务活动中会从哪些角度对指标进行使用和分析，例如产品类型、机构、担保方式、发放期限、行业投向等。具体可参考"常用维度定义"说明，并根据实际管理需要进行调整。对于特定维度衍生出来的指标，如果其计算方式特殊，还需要单独定义指标。

数值属性：指标反映总量水平的时点或时期特征，包括时点值、期间值、混合值。

统计周期：指标统计的频率，包括日、周、旬、月、季度、半年度、年度。如适用多种统计频率，要用"/"隔开。

度量单位：指标具体取值的数值单位。

数据安全等级：参照下一条中基础数据标准业务属性中的数据安全等级划分。

标准来源：描述数据标准项的业务依据来源，包括但不限于国家法律法规、监管要求、国家标准、国际标准、行业标准、内部制度与规范、行业惯例等。

定义依据：描述数据标准项定义所依赖的参考依据，是对标准来源的详细说明，具体描述数据标准项定义参考的文档名称。

（3）技术属性

指标数据的技术属性包括数据类型、数据格式、权威系统。

数据类型：数据类型是对指标标准项表现形式进行的分类，一般包括以下三类。

- 数值型：指标数据形式是整数型的，如个数、客户数、账户数等。
- 金额型：指标是以货币单位来度量的，如余额类指标、发生额类指标、利息收入、收益等以货币单位来度量的指标。
- 比率型：指标是比例型的或占比型的，如环比增幅、机构占比、利率等指标。

数据格式：数据格式是指标标准项在精度、长度、形态上的规范，一般用 M（N）表示，其中 M 代表数据的长度（含小数点），N 代表精确到小数点后 N 位。对于比率型的数据格式，默认是以"%"作为度量单位，定义长度和精度时是针对"%"前面的数值进行规范，例如 100.00%，数据格式为 6（2）。

权威系统：获取指标数值的可信数据来源。若该指标从系统中自动加工生成，则填写该指标的加工系统名称，如果可以明确加工系统的具体表和字段，可将其准确填写；若该指标仍通过手工计算，系统暂时不能自动生成，则填写"手工"。

16.3.3 数据认责

数据认责是数据管理和服务各领域、各环节工作落到实处的有效手段。通过数据认责，将数据定义、产生、使用、监督等全生命周期中的各类职责落实到组织中的相关部门，明确数据质量、数据标准等具体工作的参与部门与责任。

企业数据责任包括数据定义责任、数据使用责任以及数据质量相关责任。

企业数据责任部门类型包括业务责任部门、系统归口部门、系统开发维护部门、数据录入部门、数据使用部门、数据管理部门。

表 16-2 为某公司数据部门责任描述。

表 16-2 某公司数据部门责任描述

数据责任部门类型	具体数据责任	数据责任描述
业务责任部门	数据定义责任	负责对数据进行数据内容定义、业务规则定义、统计口径定义，并负责定义的解释说明
	数据质量解决责任	负责分析数据质量问题的原因，组织制定数据质量整改实施方案； 负责组织推进数据质量整改实施方案的执行，并跟踪评价
	数据发布责任	负责提供数据相关信息，并保证信息的准确性与及时性
系统归口部门	系统业务需求责任	负责接收相应的数据定义和业务规则，整合、转化为相应 IT 系统的需求，并向系统开发维护部门提出需求； 参与进行数据质量问题排查与原因分析
系统开发维护部门	系统开发维护责任	负责依据系统归口部门提出的系统需求，制订系统实施方案，并进行系统建设； 负责维护相应的 IT 系统； 参与进行数据质量问题排查与原因分析
数据录入部门	数据录入责任	负责根据数据定义和业务规则据实录入与维护数据； 参与数据质量问题的整改与实施； 参与进行数据质量问题的排查与原因分析
数据使用部门	数据使用责任	遵循行内外相关管理制度和法规
数据管理部门	数据质量定位责任	负责收集、整理数据质量问题； 负责组织相关部门分析数据质量问题原因，制订数据质量整改工作方案，并进行跟踪
	数据质量监督考核责任	负责制订数据质量考核方案； 负责依据数据质量考核方案开展考核工作

第 17 章
财务数据治理方案

17.1 大数据审计问题整改方案建议

17.1.1 加快审计系统应用和建设

审计系统建设是发展大数据审计的基础，也是审计人员充分挖掘自身业务能力的关键。通过搭建审计系统，实现数据分析、审计作业和审计管理功能的有效贯通。审计系统一般包括分析平台、监控平台、作业平台和支持平台等功能模块。审计系统的应用架构设计应该考虑组织内部三道线在数据、模型、工具、流程和成果方面的共享，构建三道线联防联控的企业级审计平台。同时，要考虑多法人架构，满足组织内部母子公司资源共享和未来审计能力对外输出的需要。

17.1.2 建立统筹联动大数据审计组织机制和数据认责

在开展大数据审计的过程中，力求加强统筹，整合资源，协同作战，实现审计全覆盖"一盘棋"，提升审计的整体性、宏观性与建设性。审计过程中要明确上下级审计机关的衔接机制、数据报送机制、重点问题共同商讨机制，以及审计人员与专业人员配备机制等，并确定审计涉及数据的业务部门认责，明确数据的权威来源。在审计项目中好审计人员与数据分析人员要做好协调工作，明确审计过程中的沟通机制与问题反馈机制，确保数据分析人员能够深入参与审计的各个环节，充分发挥技术人员的优势，实现数据分析与审计业务的深度融合，共同完成大数据审计工作。

17.1.3 加强数字化审计人才培养

通过大数据审计平台的建设和应用，产生了海量的审计数据资源，需要审计人员有分析和处理数据资源的能力。在大数据审计背景下，审计人员既需要掌握传统审计理论方法的基础，又要掌握数据分析技术，具有信息化思维，此外还要通过不断的实践、创新，更新自身的知识体系。因此，人才培养是大数据审计技术发展的最强大动力。

建立分层级的新审计组织团队，逐步加大具有数据分析能力和业务背景的复合型人才的占比。通过加大培训力度，完善培训体系，改善培训方式，加快知识更新，拓宽审计人员知识体系，提升审计人员大数据思维以及数据分析能力，加强人才保障和管理，建立一支科技能力突出、数据思维能力强、业务精通、"多专多能"的审计科技队伍，推动审计团队转型升级。

17.1.4 持续推进数据质量提升

将数据建设作为大数据审计的基础工作，持续加强各类数据的获取、治理和应用。一是建立健全数据归集机制，推进审计数据采集、集成、维护线上化和规范化，实现审计数据资源归集常态化；二是构建数据标准体系，针对原始数据涉及种类繁多、口径不一的问题，制定数据标准规范，通过标准自动化工具，实现事前落标，确保审计数据标准化；三是推进审计数据平台建设，坚持"以用促建"原则，在全面梳理审计应用场景及组织内外数据的基础上，构建"数据全，响应快，安全高，扩展强"的审计数据基础平台，加强数据治理能力；四是持续提升数据质量，制定数据质量管理机制，加强数据源头采集规范化，推进日常数据质量检测和改进，建设企业级数据质量问题解决平台，实现数据质量问题全面发现、及时登记，集中分发，流程化处理，全程监控，全程留痕，效果统计，绩效考核，确保数据质量持续稳步提升。

17.2 财务指标治理方案建议

为实现财务指标的统一管理，支持用户的自主用数与指标分层管理，满足财务日常管理需要，使财务指标持续为企业经营分析提供保障，需要构建企业级财务指标体系和指标库。通过在企业级层面统一财务指标口径，构建多维的指标分类体系，为不同业务用户的自主、灵活用数和查询统计提供良好的指标基础，为用户提供用数服务，引导用户自主用数，提升企业数据使用能力。

17.2.1 财务指标体系建设目标

（1）统一标准与规范

在全企业形成对指标的规范和一致认识，避免同名不同义、同义不同名等容易产生混淆和歧义的情况，确保统一、有效的指标统计应用。

（2）高效开发，灵活用数

在满足信息安全的前提条件下，支持用户灵活自主用数，迅速响应指标需求，提供报表开发效率，降低数据统计成本，改善用户体验。

（3）指标关联分析

支持管理信息的下钻与关联分析，提高数据质量，促进业务能力与数据管理能力提升，支持经营管理决策。

17.2.2　财务指标体系建设思路

（1）需求收集调研

收集分析现有预算管理、绩效考核等财务相关报表。同时通过调研的形式，了解各团队的财务指标需求，并结合同业领先实践，明确财务指标数据需求。

（2）单一报表指标梳理

制定指标梳理模板，整理收集的指标，通过单一报表指标梳理，形成指标清单和维度清单。

（3）财务指标整合

通过跨报表指标的整合，形成整合后的财务指标清单，梳理指标含义口径等标准化信息，并规划财务指标设计框架。

（4）财务指标维度整合

通过跨报表维度的整合，形成财务指标维度清单，建立财务指标维度。

（5）财务指标认责

通过分析指标口径，识别"非标准化指标"并与相关部门或团队讨论指标口径，明确所有指标项在企业级层面的数据属主和指标项属主部门，并向下逐层明晰和落实数据提供方。

17.2.3　财务指标体系落地

基于企业数据仓库成果，根据梳理后的指标优化财务管理维度模型，并搭建指标库存储指标标准和指标结果，承接指标体系工作成果。

实 战 篇
应用案例分析

第 18 章
金融行业
典型案例

18.1　某城商行数据治理案例

18.1.1　背景介绍

（1）加速激发数据生产要素潜能的必要性

《中华人民共和国国民经济和社会发展第十四个五年规划和 2035 年远景目标纲要》提出"十四五"时期要加快数字化发展，激活数据要素潜能，以数字化转型整体驱动生产方式、生活方式和治理方式改革，稳妥发展金融科技。随着信息技术革命深入发展，数字经济形态向社会生产的各个领域快速渗透，数据作为新生产要素已经成为经济发展、产业革新和创造未来发展机遇的战略资源。与此同时，"标准助推创新发展，标准引领时代进步"的理念深入人心，数据标准作为数据价值发挥的基础，促进数据标准化的实施落地，将进一步激发数据生产要素活力，有效提升数据质量与数据赋能水平。

（2）满足监管要求和遵守监管规范的必要性

随着大数据、人工智能、互联网、云计算、5G 等新信息技术与金融领域的深度融合应用，金融业务不断向自动化、智慧化、数字化转型升级，2021 年中国人民银行发布的《金融业数据能力建设指引》和 2018 年中国银保监会发布的《银行业金融机构数据治理指引》等都对银行数字化转型和数据能力提升提出更高、更新的要求，金融机构数据资产价值的发挥能力逐步成为金融机构竞争力的关键因素，数据治理的关键作用不断凸显。加速推进全行级数据资产管理的实施落地，符合央行数据建设能力和银保监会数据治理指引要求，是金融市场主体和监管部门的数据共享能力、数据管理能力和综合分析能力建设的必要组成部分。

（3）加强内部数据管理，提升数据标准化程度和数据质量的必要性

随着数据要素市场的不断完善、监管报送要求的逐步提升、该行数字化转型的持续推动，快速提升全行级数据标准化程度和数据质量已成为当前最紧迫的任务。因此，该行从以下方面着手，全面开展数据资产管理实现对全行级系统数据标准实施的有效管控，包括开展元数据的规范和统一管理,实现全行数据资产的分类和展现,打造数据质量问题发现、分析、跟踪和解决的闭环管理流程，实现元数据采集解析

自动化，数据管理平台化、流程化等。

18.1.2 项目实施

（1）数据治理规划

数据治理是一项长期的工作，制定长期规划尤为重要。某大型城商行首先制定了三年数据治理规划。

第一年，2020 年的工作重点为基础建设。主要包含以下三项内容。

- 建章立制：岗位职责完善、数据标准对标流程建设、元数据纳管体系建设、数据质量体系建设。
- 平台建设：建设可落地的数据治理平台，初步实现元数据纳管，支撑支持数据质量和数据标准管理功能。
- 试点运行：覆盖 20% 现有系统及当年新建所有系统数据字典纳管，规范数据字典变更申报流程并挑选 5 套关键业务系统进行试点，通过平台实现元数据纳管全流程。

第二年，2021 年工作重点为推广应用。主要包含以下三项内容。

- 深化应用：迭代优化元数据管控流程、数据标准管控流程、数据标准智能对标流程，扩大数据治理工作范围，超 100 套主要业务系统全部纳入数据治理范围。
- 看板建设：实现数据质量问题收集、数据质量问题分发、进度跟踪展示、数据质量问题定期监测评价，打造数据质量管控闭环。
- 数据资产：开启数据资产分类、盘点，实现元数据管理、展示、查询。

第三年，2022—2023 年核心为全面治理。主要包含以下 3 项内容。

- 生命周期管理：通过数据管理全面融入开发、业务管理流程实现全数据全生命周期管控。
- 资产服务深化：拓展资产服务内容，构建数据全景视图，使数据使用人员对数据资产情况一目了然，挖掘资产价值，开展资产运营。
- 量化管理考核：开展数据标准实施效果的监测、元数据管理准确度的分析和数据质量看板的进度监测等，实现数据治理工作成果可视化，对数据治理机构和人员进行评估、考核和排名。

（2）实施路径

结合三年的长期规划，实施路径如下。

1）准备阶段

分析梳理行内现状，厘清数据治理痛点及主要诉求，确认项目实施范围，确定数据治理组织架构。

2）第一阶段

- 采集纳管系统元数据，梳理数据字典，实现线上化、流程化管控数据字典的变更。
- 修订覆盖业务系统、数仓、大数据平台的数据标准（包含业务标准及技术标准），并完成全量对标。
- 打通行内指标管理平台，统一管理全行指标。
- 以 EAST 监管报送为试点，完善数据治理检核规则，并线上化调度运行。

3）第二阶段
- 推广数据字典、标准实施、数据质量流程应用，优化业务流程，迭代数据标准版本。
- 制定 SQL 脚本统一规范，解析系统、数仓、大数据平台内外血缘关系。
- 通过血缘关系实现指标溯源，完善血缘及影响分析。

4）第三阶段
- 持续开展数据资产集中管理和科学分类，使平台接入的数据资产编目清晰、随时可查，拓展数据资产服务场景。
- 结合数据质量管理办法自动生成数据质量报告，并在质量看板系统中展示，实现各类数据质量日常监测。
- 数据全生命周期管理，实现平台与现有开发工具打通，元数据管控全面融入开发、业务管理流程。

18.1.3 项目成果

（1）实现全行级元数据管理

实时监控元数据变化，构建动态数据地图，构建全行级信息系统元数据管理知识库。

一是定时采集、解析元数据，包括关系型数据库、数据仓库、大数据平台和报表平台以及 ETL 迁移、存储过程日志 SQL 解析等，展示表级、字段级元数据的血缘分析和影响分析，如图 18-1 和图 18-2 所示。二是调研现有的信息系统，分析各系统元数据内容，建立全行级信息系统元数据知识库，实现元数据全面采集、准确解析、全局展示的目标，将数据资产管理平台打造成为用户提供数据认知的服务型系统平台。三是构建动态的数据地图，发挥数据地图的定位性、实时性、准确性、导航性等功效，为掌握数据资产的整体布局、来龙去脉、变化影响等内容提供有力支撑。

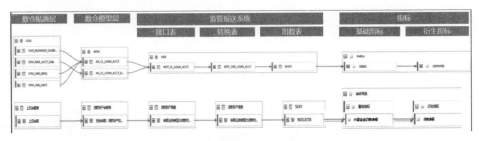

图 18-1　指标溯源血缘展示效果图

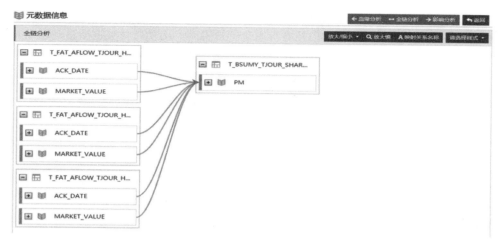

图 18-2　表级、字段级血缘展示效果图

（2）实现数据标准智能管理

实现数据标准的线上化、流程化管理，提供数据标准的落标和智能对标。

一是搭建数据资产管理平台，实现数据标准管理，为用户提供数据标准查询功能，支持数据标准的申请、审核流程。数据标准管理内容包括业务标准、技术标准和指标标准；二是基于自然语言形成的单词库，进行智能对标，自动建立系统数据字典与数据标准的映射关系，多种对标推荐模式（精确推荐、模糊推荐、自定义推荐等）进行数据标准精确推荐，准确率达到 90% 以上；三是项目建设过程中，为数据仓库、大数据平台提供技术标准，开展数据标准的实施。

（3）实现数据字典流程化管控

梳理业务系统数据字典，进行数据结构变更流程化管控。

一是梳理重点业务系统、数据仓库、数据集市的数据字典，通过对数据字典批量规则检核、人工补录的方式提升数据字典入库的质量，目前已纳管超 100 套系统；二是平台上线后，对纳入管控的系统进行流程化管理，将数据字典变更流程嵌入开发流程，从需求分析到数据字典变更上线，进行全流程管理，实现入仓源系统数据字典及下游数据字典透明化管控；三是定时检测生产、测试、开发等环境的数据字典，支持跨环境差异比对；四是提供数据字典版本管理、变更影响度、差异比对和差异 DDL、数据字典变更自动生成 DDL 等功能，辅助项目经理进行数据字典管理；五是提供数据字典差异排名、质量校验排名等统计分析可视化报表。

（4）实现数据质量与考核结合

将数据质量与数据考核相结合，激励数据质量提升。

一是提供数据质量计划管理、解决方案管理、规则模板管理、规则管理、规则调度和问题分发等功能，保证问题从产生到解决的流程化管控，自动生成数据质量问题情况并在看板系统中展示，以此激励数据质量的提升；二是实现数据质量全生命周期管控，提供灵活自定义规则功能，完善数据质量问题分发及问题解决跟踪流程及机制，逐步建立总行各部门及分行质量评价机制，实现针对数据质量问题及时发现、及时解决、效果可评价的目标；三是目前已制定 1000+ 数据质量规则，规则主要围绕客户数据、账户数据、业务数据及监管关注重点数据。

（5）实现与流程管理系统对接

与 IT 综合管理平台以及测试管理平台对接，实现数据字典变更和数据标准落地的强管控。

一是与 IT 综合管理平台流程相结合，在需求、开发及测试阶段管理数据字典和标准落标情况，新建系统上线需要在 IT 管理平台进行数据字典流程审批，审批通过后项目方可上线；二是提供数据字典变更的影响分析和数据标准对标的智能推荐，提升数据字典管理的效率及效果。

18.1.4 项目创新点

（1）存量与增量字段全贯标，结合数据平台制定全面覆盖的技术标准

综合考虑实施难度和成本，采取"存量对标、增量落标"的策略。一方面，存量系统清单式管理，根据对标结果在变更时实施强制落标。通过平台的智能对标功能智能实现存量系统字段全面对标，将数据标准与数据字典中的数据项建立映射关系。结合数据字典变更申报流程，在有新的表、字段增加或者修改时，对存量系统中的新增字段要求落标。另一方面，新建系统要求全面落标。在新建系统数据字典设计阶段，要求在平台申报、审核、对标，并出具数据标准实施意见，要求应落标字段全面落标。

通过存量、新增系统差异化的数据标准实施策略，一方面避免了由于存量字段过多、涉及系统范围过大，强制落标可能造成的风险，另一方面，达到了业务字段全贯标的要求，并且能促进全行级数据标准的迭代修订，使数据标准更契合业务实际。

在制定数据标准的过程中，秉承"权威主导、多方支持、用户参与"的原则，吸纳权威标准、制度文件、各类监管要求中的标准信息项，组织使用标准的部门共同参与梳理流程，制定切实可用的企业级数据标准。以大数据平台的标准层、模型层为切入点，逐渐将落标范围覆盖至数仓、业务系统及大数据平台。同时，通过与存量重点业务系统的对标，紧密结合业务实际，吸纳"事实标准"，实现业务反哺标准。

在修订业务标准时，细化颗粒度至单词、数据元级别。通过由单词构成标准的方式进一步规范标准中文名称的一致性，通过中文语义的词根和类型、长度进一步规范标准的技术属性。

（2）事前贯标、事中管控、事后差异比对，实现元数据全流程管控

嵌入行内 IT 综合管理平台，管控项目全生命周期的各重要阶段。

在需求阶段规范业务人员提出的数据项，并对其进行标准化。

在设计阶段，提供标准引用及智能对标服务，确保高贯标率。在智能对标服务中，

采用人工智能算法，基于自然语言分析技术和历史贯标结果的自主学习，为用户提供自动对标、精确推荐、模糊推荐等便捷的映射方法，极大地提高人工贯标的效率。另外，针对变更的表、字段，实时查询血缘及影响分析，支持数据管控前移。

在测试投产阶段，严控贯标后的执行情况。投产 DDL 脚本使用资产管理平台生成的脚本，并将生成的脚本直接发至可执行目录下，避免手动编写脚本，降低人为原因导致的投产风险。

投产完成后，再次采集生产环境元数据进行差异比对，事后监测是否按照落标要求投产，若有差异则通过邮件、短信、OA 系统推送等多种渠道发送预警信息。

在全流程管控体系中，覆盖了各类业务系统以及大数据平台。对 db2、oracle、mysql、postgre 等关系型数据库及 cdh 中的 impala、hive、hbase、hdfs 等大数据组件，均完全适配。

（3）制定企业级 SQL 规范，自动解析血缘关系，实现基础数据、指标双溯源

制定企业级的 SQL 编写规范，有效解决不同系统、不同厂商、不同环境间 SQL 脚本风格和写法不一致的问题。资产管理平台通过对统一规范的 SQL 进行自动解析，获得各系统、环境之间及内部的血缘关系。血缘关系的时效性为 T+1，准确性达到 95% 以上。主要价值如下：

提供更直观的宏观数据地图展示，实时掌握各系统、环境间的数据流向，为架构设计、数据分析应用、供数取数服务夯实基础；

在各类需求导致的数据库结构变更流程中，在设计阶段提前分析表结构变更可能带来的影响和风险，真正做到事前管控，并在变更完成后通知到被影响的系统，要求排查及验证；

打通报表平台，对全行指标的来源、计算口径做统一流程管理，并将报表的取数依据与血缘关系相结合，对报表数据的异常情况，能够迅速定位异常数据的来源，高效解决报表问题。

（4）数据质量规则在关系型数据库、大数据平台中双落地，数据质量闭环管理线上化

针对不同的数据质量检核场景，检核规则在关系型数据库与大数据平台双落地。质量规则检核模块支持对接关系型数据库和大数据平台 impala，实现数据质量问题明细获取、问题数据总量统计监测等多类场景应用。目前已部署质量规则千余条，应用场景涵盖 EAST、客户信息质量、数据标准一致性等。

通过数据资产管理平台，将数据质量管理流程化、可视化。支持数据质量问题按责任部门或责任机构自动分发至对应责任人、责任角色，通过"流转""回退""分发""解决"等操作，实现对问题数据处理环节的准确记录和跟踪监测。

数据资产管理平台通过统一调度，自动比对两次质量规则检核的结果差异，实时更新问题数据状态，汇总解决情况。根据质量检核管理办法，自动计算解决率、解决时效、问题占比等信息，自动生成数据质量报告并在看板系统展示，为后续质

量问题量化考核、评估提供支撑。

为了推动各业务条线和分支机构积极配合解决问题数据，将数据质量的整改率、完成率等指标作为考核指标，与其绩效考核挂钩，大幅调动了各个业务条线及分支机构的积极性，问题数据的整改数量和效率得到了显著提升。

18.2 某国有银行数据治理案例

18.2.1 背景介绍

2020 年 4 月，中共中央、国务院颁发《关于构建更加完善的要素市场化配置体制机制的意见》，首次明确将数据纳入生产要素，习近平总书记进一步强调了"要构建以数据为关键要素的数字经济，发挥数据的基础资源作用和创新引擎作用"的要求，为全社会树立数据治理的正确理念，为推进数据管理和应用工作指明了方向。

2018 年，银保监会发布《银行业金融机构数据治理指引》，明确了商业银行推进和完善数据治理工作的工作方针。而早在 2011 年，银保监会就已经通过颁发《银行监管统计数据质量管理良好标准》等文件对商业银行开展数据质量管理工作提出要求。

针对银保监会的监管要求，某国有银行结合自身业务发展和管理提升需要，其总行党委高度重视全行数据治理工作，并于 2020 年 5 月正式成立总行数据管理与应用部，以"夯实基础、以用带建、问题导向"为总纲，全面统筹推动数据治理项目。

该行数据管理与应用部自成立以来，始终紧紧围绕数据体系面临痛点与难点，按照行领导要求，全面规划并推进数据治理的组织、制度、标准以及中台建设，搭建企业级数据标准体系，推动形成全行数据治理体系，以数据治理赋能全行数字化转型。

18.2.2 项目范围

数据治理核心领域实践项目的范围包括以下部分：

一是盘点全行数据资产。采集全行业务系统元数据，识别自身数据资产，构建企业级数据资产目录，以便于数据架构师、数据分析师等数据人员更好地查找和理解数据。与此同时，归纳形成企业级数据词根词典，为后续标准编写打下基础。

二是建立企业级数据标准。统筹做好存量系统与新建系统的标准衔接，提升数据管理的规范化水平，以企业级数据字典为核心，形成"两套标准，一套规范"的数据标准体系，有序推进数据标准落标。

三是搭建数据治理平台。数据治理平台作为数据治理的统一门户，集中展示数据治理成果以及数据治理过程中的各类流程管理工作，实现跨部门的流程贯通。平台包括数据标准管理、数据资产查询、数据质量检核、数据分类分级及其他具体功能模块。

四是建设数据建模工具，深入推进数据标准的落标工作。将数据标准与开发流程相结合，保证开发项目组的便捷化落标，保障数据标准管控深度嵌入开发流程，并在接口发布等过程中完成数据标准的检核，实现数据标准的真正落地。

五是建设数据质量管理工具。以平台工具为支撑，探索数据质量闭环管控机制，并以业务关键问题为出发点，持续梳理数据质量检核规则，推动实现数据质量问题发现、分析、解决、监控的线上化、流程化管理。

18.2.3　项目成果

（1）构建企业级数据标准体系

构建标准体系一般是将此前系统级、项目级的数据标准拓展至全领域、企业级范围，着力解决物理命名不规范、业务定义不明确、业务口径不统一等问题。标准的构建需要将业务部门、数据管理部门、开发实施部门之间的工作在数据标准的内容层面衔接起来，兼顾各部门的职责，发挥各部门的特点，既同心合力，又分工明确。在此过程中，只有业务部门深入参与，才能真正做好标准体系的构建，也只有针对业务自身需求进行的治理，才能得到业务部门的认可和支持。

为此，项目所构建的数据标准体系分为业务术语、数据标准和数据字典。业务术语是指全行各部门在业务和技术活动中对自身所产生数据项的业务定义。业务术语一般包括概念定义、规则说明、统计口径和质量规则等要素，分为基础业务术语和指标业务术语两类。数据标准是指基于全行数据管理、使用和共享的目的而编制的标准化数据项规范，分为基础数据标准和指标数据标准两类，分别是对基础业务术语和指标业务术语的标准化和规范化，其中基础数据标准涵盖枚举代码标准。数据字典是指为统一管理全行信息系统的数据模型所制定的表结构和字段定义规范，是技术部门在信息系统开发过程中的参照标准。数据字典一般包括数据命名、数据类型、数据长度和取值范围等要素。

（2）打造治理平台

数据治理平台是数据中台的一个重要组成部分。数据中台主要由计算平台、服务平台、分析平台和数据治理平台四大平台构成，结合开发端一体化协同研发平台及业务应用系统与应用前台，组成了从数据加工、存储、治理到服务的完整体系，用户面向全行员工。

整个数据中台基于"4U"原则建设。"4U"指的是数据统一采集、统一标准、统一加工、统一服务。通过数据计算平台进行数据的整合以及指标的统一加工，实现各域各场景下的数据指标口径统一；通过数据服务平台实现数据的统一联机及批量服务共享；通过数据分析平台支持业务人员安全、快速取用数据，挖掘数据价值；

通过数据治理平台支撑数据标准的流程化管理。

数据治理平台参考了 DAMA 数据治理体系、DCMM 以及 2021 年中国人民银行发布的《金融业数据能力建设指引》等理论框架，形成以数据战略、数据架构、数据应用、数据质量、数据治理、数据标准、数据安全与数据生命周期八个核心能力域为基础划分的治理平台。数据治理平台的部分应用架构如图 18-3 所示。

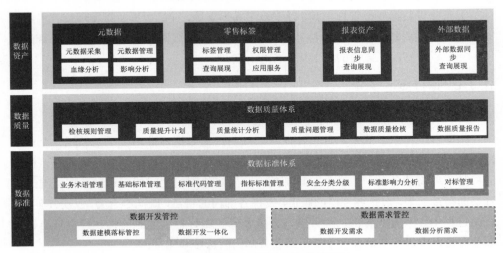

图 18-3 数据治理平台应用架构图示例

数据标准管理是整个数据治理工作的起点也是其最重要的部分，由项目组牵头，通过对数据去重、筛查和甄别，核定业务过程各类数据项的业务术语和口径，参考人民银行指引实施数据分类分级，从而形成全行企业级数据标准，并且在数据标准基础上制定数据字典，配套数据模型管控工具，使开发人员在模型设计时可直接使用数据标准进行建模，从而在实现建模的同时完成落标管控。

数据质量是数据治理成果的集中体现，数据质量提升是一个持续的过程，针对外部监管和内部经营反馈的各种数据问题逐步充实数据质量规则库，制订数据质量提升计划，对源头数据进行检核，从而针对不同数据问题的原因进行程序改造或问题数据修正。

数据资产是企业及组织所拥有或控制的，预期能给企业及组织带来经济利益的数据资源，目前数据治理平台的数据资产包含元数据、零售标签、报表资产和外部数据。该行业务系统的库表结构信息已经导入元数据管理模块，并对其中的中文表名和字段名进行了完善，形成该行的技术元数据基础库。未来将不断丰富数据资产内容，提供更便捷的数据资产使用服务，提升数据资产使用体验，打造以用户体验为核心的数据资产目录。

1）数据治理平台与其他系统间的关系（如图 18-4 所示）

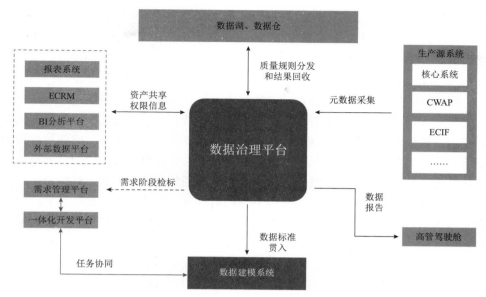

图 18-4　数据治理平台与其他系统的关系示意图

元数据采集是在源系统生产环境部署元数据采集程序，自动采集以库表结构信息为主的技术元数据。考虑到生产系统的安全性，治理平台不直连源系统数据库，而是通过治理平台制定元数据采集接口格式，各个源系统自行按接口格式导出元数据信息，最后由行内数据交换系统传送至数据治理平台的方式实现元数据自动采集。

数据标准贯入是将数据标准贯入数据建模系统，以便开发人员在需求开发的数据建模阶段就能通过建模系统完成落标工作。另外，将数据建模作为开发过程的必备步骤，嵌入开发流程，完成落标管控的同时又实现了元数据的管控。

资产共享权限信息是由数据治理平台统一维护业务用户的数据使用权限，管控范围包括标签库和指标库的数据使用权限，该权限适用于包括 BI 分析应用、外部数据平台等所有数据访问平台。权限管控分为数据授权和访问控制两个环节。其中，数据授权的主管部门为业务部门，负责在治理平台进行权限分配和回收，访问控制由应用平台实现，对接治理平台获取用户数据权限进行实际的数据访问控制。

质量规则分发和结果回收是在治理平台的质量检核系统中进行质量规则管理，根据所选取的质量规则生成质量检核执行语句分发到计算平台执行，同时将执行结果返回给质量检核系统。业务人员可以制订质量提升计划，选择需要执行的质量规则，并查看执行后返回的错误明细数据，从而制定问题解决方案。

需求阶段检标要求业务人员在需求提出环节使用数据标准提出数据需求，比如新增报表时的报表数据项应该使用数据标准定义的名称，若现有标准不能覆盖需求，则同时提出新建数据标准的需求。此项内容正在需求讨论阶段，待下一期实现。

数据报告为应用系统提供数据资产查询接口，接口内容包括技术元数据详细信息、基础标准详细信息、指标标准详细信息和零售标签详细信息等。应用系统可直接调用相应接口获取详细信息。

2）数据标准

数据标准是企业各部门共同的"数据语言"，是打破"数据孤岛"的关键，也是近几年监管关注的重点领域。对于传统的大型企业，实现数据标准统一绝非易事——既要面对业务动态调整中的新建系统，也要面对数量庞大的存量系统和既有库表；既要适应业务部门的需求编写方式，也要符合开发部门的开发原则。在这样的语境下，数据标准体系需要逐步演进，并包含业务术语、数据标准、数据字典的多层结构。业务术语对应业务部门对自身业务的提炼，数据标准对应数据管理部门对业务术语的标准化与规范化，数据字典对应技术部门在系统开发中的物理落地。

数据标准模块主要由业务术语、数据标准、数据字典三部分组成。

业务术语是指全行各部门在业务和技术活动中对自身所产生数据项的业务定义。业务术语一般包括概念定义、规则说明、统计口径和质量规则等要素，分为基础业务术语和指标业务术语两类。

数据标准是指基于全行数据管理、使用和共享目的而编制的标准化数据项规范，分为基础数据标准和指标数据标准两类。基础数据标准是对基础业务术语的标准化和规范化，代码类的基础数据标准涵盖了标准代码。指标数据标准是企业内共同遵守的数据含义和业务规则，通过标准化统一口径，消除歧义。

数据字典是指为统一管理全行信息系统的数据模型所制定的表结构和字段定义规范，作为技术部门在信息系统开发过程中的参照标准。数据字典一般包括数据命名、数据类型、数据长度和取值范围等要素。

在开展数据治理专项工作之前，软件中心的需求开发管理由需求管理平台、协同研发平台、SOA 平台共同完成。在数据治理工作开展之后，数管部将数据建模管理系统和数据治理平台嵌入需求开发管理流程中，并对协同研发平台、SOA 平台进行改造形成系统间的流程联动，确保数据治理工作落实。

3）元数据

元数据包括系统、数据库、表、字段等基础信息。

在协助 EAST 整改专项工作的过程中，发现血缘关系对发现问题、定位问题有着重要的作用。因此数管部提出将 EAST 溯源结果导入到治理平台中，使用全链分析进行图形化展现，再结合治理平台已经采集的元数据信息将英文表名、英文字段名转换成中文表名、中文字段名，为 EAST 整改工作提供助力。

4）标签库

标签库是专为该行提供标签数据统一管理、统一发布、统一申请、统一审批的功能模块。

由业务主管部门负责零售标签的管理工作，包括标签的增删改、标签权限审批、标签业务口径管理、标签开发需求提交等。零售标签库除了供用户查看标签属性的功能以外，还对接其他应用系统，提供标签属性及权限供应用系统使用，如图 18-5 所示。比如 BI 分析平台根据零售标签库中分行用户拥有的标签使用权限，限制该用户在 BI 分析平台上能查看的标签数据范围，营销中台则根据零售标签库中的标签属性生成模型参数。

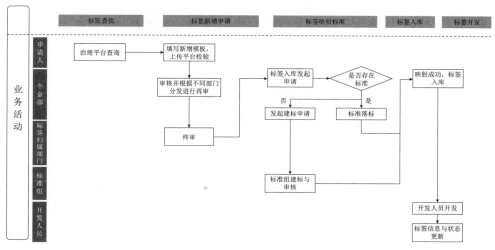

图 18-5　零售标签维护流程图

5）外部数据

该行所有外部数据由外部数据采集系统统一管理，数据治理平台对接外部数据采集系统，集中展示目前已有的所有外部数据信息，包括数据源、表、字段信息，所有信息每日定时更新一次。

6）报表数据

数据治理平台集中采集该行最重要的四个报表系统信息，包括报表名称、报表数据项、归属部门、更新频率、功能码等报表信息。

7）数据资产

首页的数据资产查询可以一站式查询该行已纳入管理的所有数据资产，可查询的数据资产类型包括元数据、基础标准、指标标准、零售标签、报表数据、外部数据。用户可输入任意关键字进行搜索，支持关键字模糊搜索，可以指定数据资产类型缩小查询范围，支持同时搜索所有资产类型。

（3）数据质量管理流程

数据质量检核系统以数据清洁为目标，以业务需求为驱动，通过质量提升任务形成质量规则库，通过质量检核了解数据源质量、监控异常数据、督促质量改进，将数据质量管理作为一项持续性工作，使之"系统化""持续化""常态化"。根据质量规则形成质量度量指标，对整体数据质量水平进行综合评价，披露数据质量问题与短板，促进问题改进。质量评测范围包含数据资产目录、数据标准、数据模型、数据分布、设计质量等。

由于数据质量检核功能涉及生产业务数据，考虑到生产数据的安全性，将数据质量检核系统单独部署，与数据治理平台隔离。通过访问企业级数据服务平台 API 接口，连接计算平台进行数据检核，异步提取数据到质量平台 Hadoop 集群环境。

数据质量管理流程的参与方有数管部、业务部门、软件中心三方。数管部负责制订数据质量管理办法和数据质量考核方案，并组织制定数据质量度量规则和检核方法，推动质量问题解决流程等工作。业务部门负责提出质量问题，分析问题产生的原因，提出质量提升方案，并参与制定质量度量规则等工作。软件中心配合分析解决数据质量问题，并负责问题涉及系统的开发等工作。

18.2.4 项目创新点

（1）面向存量与增量系统"既要……又要……"的数据标准管理

在数据管理实践中，数据标准管理既要对接好现有系统，又要标准化新建系统，还要解决好数据质量问题在源头系统的改进。为有效推进标准体系建设，本次项目形成了"三个策略、三个维度"的解决方案。

1）三个策略

一是按业务领域推进数据治理，在有需求、有资源、有驱动力的前提下按需推进标准化。业务部门的深入参与是做好数据标准管理的保障，只有针对业务需求进行的治理，才能得到业务部门的认可和支持。二是按系统推进标准落标，在需求流程中实施数据标准的强管控。通过引入建模工具，联合技术开发部门使用标准化的数据字典建模，实现数据字典在开发过程中的管控。三是按问题推进源头改造，针对数据治理过程中发现的重点数据质量问题，例如监管数据质量问题、数据多口径问题、数据低时效问题等，通过改造系统落实数据标准，从源头消除数据不规范等问题，达到提升数据质量的目的。

2）三个维度

一是业务术语维度。业务术语是业务部门在经营管理活动中使用的业务定义、业务规则和统计口径。梳理业务术语可统一业务人员对业务概念的理解，从而避免业务人员在编写业务需求时概念混淆，减少数据冗余。二是数据标准维度。数据标准是数据管理部门基于业务术语进行的标准化规范。相较于业务术语，数据标准需要建立标准索引、设置业务主题归类、对照进行数据安全分类分级和设置必要的质量规范定义。三是数据字典维度。数据字典是数据标准开发实施的参照与依据。数据字典规范了表、字段的命名规则，在开发实施过程中，开发部门应该遵循数据字典，推进数据标准的落地应用。

（2）形成了商业银行"点、线、面、体"的质量管理有效循环在做好数据标准体系管理的同时，本项目形成了"点、线、面、体"的数据质量管理策略。点是以问题为导向抓数据质量发力点，线是以数据生命周期为线索抓数据质量持续改进，面是以数据架构切面抓重点数据质量，体是以数据治理制度构建长效质量管控机制。

1）点：质量问题的发力点

项目着重在以下场景发力。

监管报送场景：在监管检查时，通过数据质量检查规则，往往会发现数据不准确、不完整等问题。例如，在核验过程中发现客户评级信息为空，说明客户信息系统及内部评级系统缺少对客户财务数据完整性的核验。若企业有完善的数据质量管控体系，即可提前预警或减少此类问题的出现。

数据分析场景：在经营管理过程中，往往需要通过数据分析提供支持和参考。比如：业务部门需要通过报表或指标查看经营情况，在指标开发过程中可能会出现标准不统一、指标口径不一致的问题；在面向客户营销时，可能因数据质量低下导致营销不准确，转化率无法达到期望；在风险控制方面，风险是多方面的，包括信贷风险、市场风险、运营风险等，高质量数据是降低风险、减少企业损失的保障。

内、外审场景：从数据治理的角度来讲，内、外审部门定期对企业进行审计，除数据质量检查规则外，企业需要意识到政策和流程的必要性，即企业需具备来源于完善的数据质量管控体系的数据质量检查政策、程序及考核评价体系。

2）线：数据生命周期中质量问题的原因分析

项目遍历梳理银行数据流转过程，发现数据的生命周期分为需求、创建、抽取、转换、加载、存储、应用和维护八个阶段，在各个阶段数据质量问题的成因也各不相同，可按照以下类别管控。

需求沟通产生的数据质量问题。一是业务部门未形成统一规范的业务规则手册，导致无法将规则有效运用于数字化落标。二是系统建设未充分考虑监管机构统计口径与银行总分账统计口径间的差异，导致报表数据与实际情况逻辑不一致。三是业务部门与开发部门需求对接发生了理解偏差，业务规则未正确转化成取数规则。

源发性产生的数据质量问题。由于业务源系统的数据库种类不同，比如主流的关系型数据库有 Oracle、SQL Server、db2、Sybase 等，或新老数据库迁移，导致从以上各类不同的生产系统数据库表和文件中抽取数据到数据仓库，天然就存在数据异构问题。

采集录入产生的数据质量问题。业务部门没有严格遵守数据采集录入规范，比如未完整录入数据、录入无效数据、采集录入数据造假等。

数据交换和 ETL 过程中产生的数据质量问题。一是数据仓库或应用层与源系统之间采用直接数据库连接方式抽取和交换数据，系统架构耦合性过高导致空间不足、锁表等异常。二是传输交换系统和网络不可靠产生的数据丢包异常。三是抽取过程中出现接口参数编码问题、配置信息错误以及锁库、锁表形成的数据质量问题。四是转换环节可能发生的因 SQL 脚本错误、表空间不足、字段类型转换出错、NULL 数据插入非 NULL 字段导致的数据质量问题。五是调度机制和算法存在问题导致取数时点错误，使得源数据在整合成报表数据时发生计算错误。

数据应用层中产生的数据质量问题。经过 ETL 服务器进行清洗加工处理后，大部分数据是规范和符合标准的，但是在应用层也可能由于业务规则的定义错误和查询方式异常导致数据最后展示的结果不正确。

补录维护流程中产生的数据质量问题。开发部门元数据管理不规范导致表间关系、库间关系在发生质量问题后无法有效溯源；后期在监管报送等紧急情况下，随意进行人工调整，如随意补录，调整报表数据，导致越补越乱，越改越错。

3）面：数据质量问题的四个管控域

项目在四个领域搭建对应的管控体系。

管理域：首先是要从企业战略角度不断完善企业数据模型规划，把数据质量管控融入银行数据治理工作中，其次是将数据人才队伍作为质量管控的战略性资源，明确业务到技术各个人才培养路径的分支和路线，并有效嵌入质量管控的流程中，再次是分析数据质量情况的变化趋势和原因，量化应用于全行数据质量绩效考核体系，最后是对严重影响安全生产事件和监管统计数量的违规行为进行数据问责，做到"谁的问题谁负责"。

制度域：一是明确数据质量问题在各个阶段的归口管理部门，避免质量问题发生时业务部门、开发部门相互推诿，在制度层面落实数据确权；二是在操作层面统一规范化数据相关人员的工作实施，强化数据的标准化生产，在数据的各个生命周期环节保证数据质量。

流程域：在质量问题发生的不同阶段明确相关部门要去做什么和怎么做，同时通过流程实现数据质量的痕迹化管理，将数据质量工作从阶段性治理逐渐转变成常态化工作，推动数据质量管控的贯彻执行。

技术域：以主数据锚定数据架构链路管理，解决数源冲突和矛盾；数据模型在数字化环境准确映射业务规则，并起到"入仓入湖"质量守门员的作用；元数据作为数据的数据，让数据管理部门和开发部门可以通过血缘分析追溯定位质量问题的源头；最后通过质量校验规则辅以质量检查完成最后管控闭环。

4）体：数据质量管控体系

以质量问题的发生场景为点，数据全生命周期链路为线，四大管控域为面，提炼形成了数据质量管控体系。自此，数据质量的管理不再盲目、散乱，而是从宏观角度出发，有体系、有支撑地进行数据质量管控。

19.1　项目背景

　　某控股有限公司（以下简称该公司）经过近40年的发展，已形成以金融、房地产、工程、化工、畜牧业、零售为核心产业的多元化公司，为了有效支撑企业经营战略的实现和业务快速发展，企业信息化建设扩展刻不容缓。该公司战略部门在五年前进行了信息化战略规划，提出"实现降本增效和信息服务的基础目标，支撑战略管控和业务协同的核心目标，进而达成引领创新的最终目标"的战略目标。规划中明确提出数据是企业经营管理的核心，制定数据标准、提升数据质量是数据应用的重要保证，主数据平台是企业基础数据管理的重要平台，应建立配套的数据管控组织，完成对公司上下游系统数据的治理工作。此外，规划指出由公司IT部门主导并推进金融、房地产、工程、化工、畜牧业、零售等业务单元的数据治理体系建设。

　　公司按照信息化战略愿景（如图19-1所示）大力推进纵向贯通、横向关联、信息共享的企业级一体化平台建设和决策支持系统建设工作，构建"业财一体化"平台，为实现全面的数据互通和流程整合奠定基础，并通过总部先行、下属业务单元跟随的方式逐步打造全公司的企业管理信息化建设平台（如图19-2所示）。为此公司迫切需要解决基础数据编码不一致、数据来源多元化、数据规范不清晰、数据内容不准确等问题，实现对基础数据的统一编码、统一维护和统一管理，并通过主数据管理平台固化数据管理流程和管理规范，改善公司数据管理和使用现状，从而更好地实现信息资源的充分共享和最大化利用。

　　公司和下属业务单元主要进行房地产开发和经营管理、企业自有资金投资、工程建筑投资、实业投资、畜牧业项目开发、加工种植和商超零售等业务的构建、运营和处置等管理活动。各业务条线在日常管理活动中产生大量交互信息，是投资型企业最为重要的信息资源和财富，也是总部主数据管理的基础数据来源，在项目启动之前公司总部对这类数据的管理还停留在无序的状态，具体表现如下。

- 数据对接困难。业务单元内部除了核心业务管理系统建设外，采购管理系统、客户管理系统、小程序等都在实施过程中，系统重复建设、独立维护，间接导致出现了系统集成性较低、数据一致性不足的问题。各业务单元自定义一套数据标准，例如供应商编码自成体系，员工编码规则不一致，组织机构编码多样化等，数据标准不统一导致系统之间数据传递存在障碍。

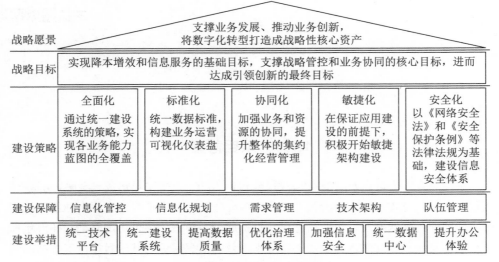

图 19-1 信息化战略愿景

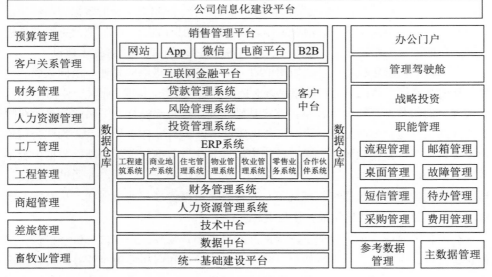

图 19-2 信息化建设平台

- 数据手工收集。下属企业向公司上报数据需要通过 EXCEL 预处理，信息处理速度慢，数据准确性差，指标数据自动化获取率偏低；对国资委等外部监管机构报送的数据报告，需要手工加工处理收集的数据并调整格式，耗时耗力。

- 基础数据管理混乱。公司业务部门与下属业务单元以及分子公司之间数据多头管理，缺乏相应的管控机制，数据报送缺乏协调和配合，部分报表数据缺失或者不准确。

● 主数据管理系统建设难统一。公司总部未建设成熟的主数据管理系统，工程公司采购部署国内主流厂商的主数据管理系统，地产公司使用国外某品牌主数据管理系统，分别实现了部分主数据域的管理，化工公司、金融公司、零售公司及畜牧公司尚未建设专业的主数据管理平台。

● 各业务线在实际工作中生成的数据没有得到有效利用，数据资源无法转换为知识，价值没有得到充分发挥。

数据管理现状分析如图 19-3 所示。

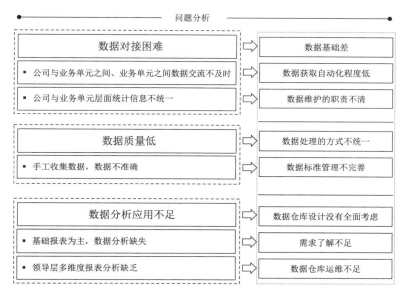

图 19-3　数据管理现状

因此，开展公司总部主数据标准体系建设，建立适用于跨行业跨领域的基础数据描述规范，实现主数据在公司各个业务层面之间统一管理具有重要意义。

● 建立公司级数据管理体系，包括组织、制度、流程、平台，规范管控数据标准，提高数据质量。

● 通过梳理并管控基础数据、主数据和指标数据等数据，为实现公司数字化转型战略奠定基础。

● 提高管理驾驶舱数据的准确性和数据分析效率，使管理决策效率得到提升。

19.2　建设目标

为了解决数据管理存在的问题，实现"数字化转型"战略目标，公司决定开展主数据建设项目，建立覆盖各项业务、各应用系统的统一的数据标准、管理规范及业务操作流程，健全企业统一管理的信息化标准，整合已有信息系统和信息资源，实现企业主数据管理，促进企业内外部资源的互联互通、资源共享和业务协同。

主数据建设目标为"三年内由总部和业务单元各自搭建主数据平台，三年后逐步统一"。属于公司统一管控的主数据域由总部制定、管理、分发给业务单元，属于业务单元自身业务范畴内的主数据域由业务单元自行管理，其中公司总部统一管控的主数据包含行政组织（员工和组织）、财务组织（公司代码）、股权组织、核算科目、成本中心、利润中心、金融机构、供应商、客户、物料、合同、项目以及相应的基础数据。

19.2.1 建立主数据管理组织架构

在公司层面建立数据治理委员会，并在数据治理委员会框架下建立包括总部和业务单元的多级主数据管理组织，造就一支数据标准化管理团队，并逐步建立健全数据标准化管理组织和激励机制，促进主数据管理组织平稳运营，如图 19-4 所示。

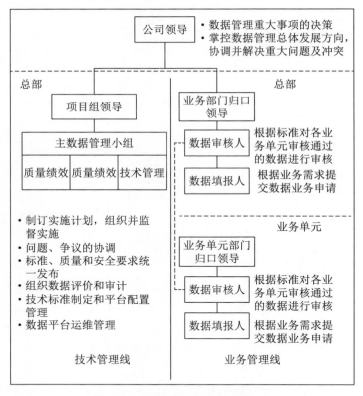

图 19-4 主数据管理组织及职责示例

19.2.2 建设主数据管理模式

主数据管理存在四种不同的建设（部署）模式。数据治理委员会依据公司战略，立足于组织管控规划成果、IT 规划成果以及公司现状，结合对业务和信息化建设的理解，并参考领先实践，根据不同主数据主题、管控模式确定主数据管理模式，如图 19-5 所示。

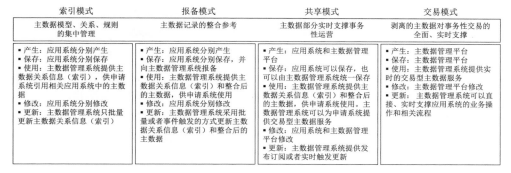

图 19-5　主数据管理模式

19.2.3　建立主数据管理流程制度

根据不同主题和对应选择的不同管理模式，设计符合管控要求的管理流程和规章制度，确保主数据治理体系的流畅运转，如图 19-6 所示。

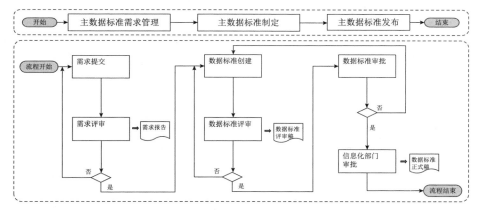

图 19-6　主数据标准管理流程

19.2.4　建立主数据质量评价体系

建立事前预防、事中监控、事后考核的主数据质量监控体系，如图 19-7 所示。

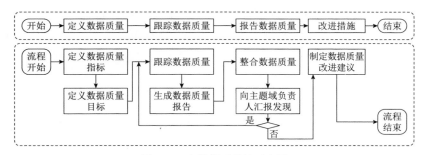

图 19-7　主数据质监控示意图

设计评价主数据标准是否有成熟的质量探查手段和质量评价体系标准，确保主数据治理体系的顺畅运转。从主数据完整性、准确性、有效性、一致性等方面管理主数据质量。

（1）主数据完整性

描述主数据信息缺失的程度，是主数据质量中最基础的一项评估标准。

（2）主数据准确性

描述主数据与它所描述的客观事物的真实值之间的接近程度，主数据记录的信息是否存在异常或错误。

（3）主数据有效性

描述主数据遵循预定语法规则的程度。

（4）主数据一致性

描述主数据与上下游业务系统之间主数据编码、属性等是否一致。检查主数据表和业务系统表相同或者类似字段值是否一致。

19.2.5　建设主数据管理平台

确保主数据完整和准确，实现主数据在各个业务系统之间自动化、流程化管理和"单点维护、统一管理、充分共享"的目标，如图 19-8 所示。

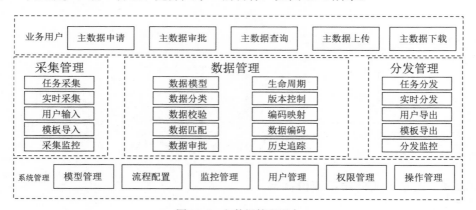

图 19-8　主数据管理平台

根据严格标准的主数据管理体系框架，在保障数据安全的前提下，通过人力、财务、客户、供应商、物料主数据建设，实现业务系统和财务系统业财一体化管理，在此基础上实现公司所有人力、财务、客户、供应商信息共享，提高客户、供应商风险管理水平。

19.3　实施过程

第一期主数据项目于 2017 年年中正式启动，该公司成立了主数据建设项目小组，由总经理签发项目章程，明确项目目标、项目范围和项目计划，由项目组制定公司主数据管理框架，对主数据体系建设过程中的任务进行分解，针对难点问题开展专题研究，深入讨论，确定主数据建设思路，如图19-9所示。截至2021年，共开展了三期主数据项目建设。

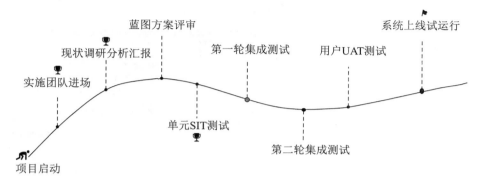

图 19-9　主数据项目周期

19.3.1　组建主数据项目小组

项目由公司IT部门发起，由公司首席信息官、业务部门负责人、数据部门负责人牵头，业务单元IT部门和业务部门共同参与，其涉及部门多，用户广。因此，项目组成立了强有力的项目管理组织（如图19-10所示），并制订了项目管理计划（如图19-11所示），以保障项目成功运行。

图 19-10　主数据项目管理组织

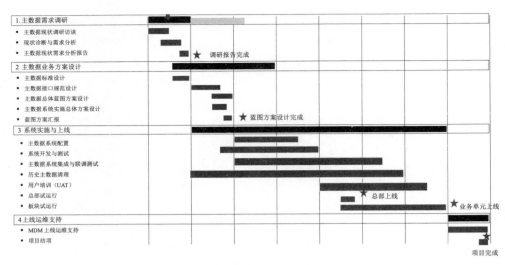

图 19-11　主数据项目管理计划

19.3.2　进行主数据业务调研

项目组对公司相关职能部门和业务单元以及分子公司开展详细访谈，与应用系统供应商沟通了解系统技术细节，开展了国内外相关规范及标准情况研究。此外，项目组还调研了公司总部大量报告和数据报表，查阅了有关技术规范和数据字典以及与公司总部有关的法律法规及术语等重要资料。

一期项目组陆续对公司人力、财务、投资、法务、审计、风控 6 个部门进行了共 22 场访谈，涉及 82 人次的讨论和方案汇报。二期项目组与公司总部财务、人力、法务、客户、办公室等业务部门和业务系统承建商进行了多次技术交流讨论。调研工作历时 2 个月，共完成调研访谈 27 次，访谈 109 人次，共收集 100 份资料，整理会议、访谈纪要 18 份。三期项目组对公司总部财务、销售、采购、业务单元公司开展了为期 20 天、超过 100 人参与的调研，进行了 25 场调研会，收集 200 多份资料，撰写 90 份会议纪要和 30 多场专题方案汇报。

19.3.3　撰写主数据标准

项目组在广泛调研的基础上，参照相关国际标准和《数据管理能力成熟度评估模型》（GB/T 36073—2018）《信息技术服务 治理 第 5 部分：数据治理规范》（GB/T 34960.5—2018）、《银行客户基本信息描述规范 第 1 部分：描述模型》（GB/T 31186.1—2014）、《信息技术 数据质量评价指标》（GB/T 36344—2018）、《法人和其他组织统一社会信用代码数据管理规范》（GB/T 36106—2018）等国家标准，并参考国家关于房地产、金融、交通基建、食品等行业的相关数据标准规范，立足公司实际情况，结合公司当下和未来业务发展的需求进行主数据标准的起草工作。项目小组于 2018 年年底开始起草主数据标准，经过多次征求意见和修改后，分步骤发文，在 2020 年年中终于完成全部主数据标准的制定工作。

19.3.4　搭建主数据管理平台

为了降低项目实施难度，公司采用成熟的主数据管理系统，并在此基础上实施主数据管理。项目组完成人员、组织、财务、供应商、客户、物料等相关主数据的标准制定、蓝图方案规划后，设计主数据模型，并在主数据平台开发主数据新增、修改、冻结、审批、导入、分发以及数据质量检查等功能。此外，项目组同步开展主数据系统与相关业务系统的集成工作，包括 OA 办公系统、财务系统、人力资源系统、采购系统、客户管理系统、投资管理系统以及业务单元业务系统等，实现了主数据编码统一生成、标准统一管理，推动基础数据资源在各业务单元间的共享和整合。

19.4　建设成果

公司主数据标准体系建设是贯彻落实信息化战略的必由之路，并在"十四五"数字化战略转型中进一步推进。通过公司与业务单元公司的联合行动，主数据管理项目取得了丰硕的成果。

主数据管理项目于 2018 年正式启动，至 2020 年年底，项目完成了多轮需求调研、方案设计、数据清洗、系统实施、系统集成、上线试运行等工作，成功构建起符合公司管理特色的主数据标准化体系，梳理了包括人力、财务、法人、客户、供应商和物料等在内的 300 余万条主数据。

19.4.1　公司主数据全景识别

基于公司 IT 战略规划确定的公司九大业务领域和共性系统，识别出公司的组织、员工、岗位、会计科目、成本中心、利润中心、金融机构、客户和供应商、物料等主数据；基于业务单元特有的业务特性，通过访谈和方案建议，分别识别出地产、金融、工程、化工、畜牧业等业务单元的主数据，包括分期、楼栋、产品、仓库、销售组织等个性主数据，完成了公司主数据全景规划图，如图 19-12 所示。

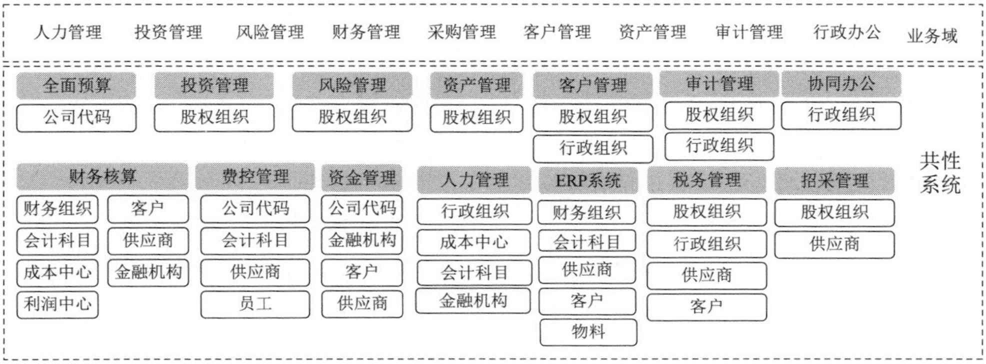

图 19-12　主数据全景规划图

项目组在参照咨询商数据标准化知识库的基础上，结合公司生产经营需要梳理了公司人力、财务、客户、供应商、物料分类原则、编码规则、标准模板、计量单位、描述符号、特征量参照附表等，形成了具有公司特色的数据标准库，其中客户主数据 200 万余条，供应商主数据 20 万余条，金融机构主数据 15 万余条，公司代码主数据 2000 余条，成本中心主数据 2000 多条，利润中心主数据 1000 多条，会计科目主数据 5000 多条，员工主数据 8 万余条，行政组织主数据 5000 余条，法人组织主数据 1000 多条。

19.4.2　建设主数据管理模式

基于公司的主数据全景图，结合公司主数据平台的建设模式，将主数据的管理分为公司集中管理、公司与业务单元分级管理、业务单元自行管理三类管理模式（如图 19-13 所示），从公司到业务单元分别建立主数据管理组织，实现分级差异化管理。其中，公司集中管理的主数据标准由公司制定，在主数据系统集中维护；总部与业务单元分级管理的主数据由公司与业务单元共同制定标准，分级维护；业务单元自行管理的主数据由业务单元制定标准并自行维护数据。

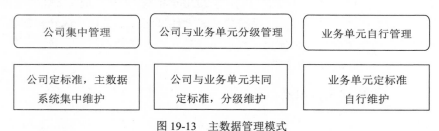

图 19-13　主数据管理模式

19.4.3　建设主数据标准体系

制定完整的公司主数据标准体系框架，为公司数据标准工作的持续推进奠定基石。主数据标准体系由规章制度、数据组织、标准规范、集成规范、运营体系五个部分组成，规范了系统之间人力、财务、法人、供应商、客户、物料共六大类十八项主数据编码规则，为公司和业务单元之间的信息定义、分类、使用和扩展提供了具体的操作办法，具有较好的实用价值。

项目组制定了主数据管理标准和主数据管理细则，梳理了约二十五项主数据管理流程，使主数据管理有据可依、有规可循。主数据项目组制定的规范文件包括《主数据管理工作指引》（如图 19-14 所示）《供应商主数据标准》《客户主数据标准》《人力主数据标准》《财务主数据标准》《物料主数据标准》等（如图 19-15 所示），累计约 15 万字。主数据管理流程包括《主数据运营管理流程》《主数据新增流程》《主数据变更流程》《主数据冻结流程》《主数据标准管理流程》等。

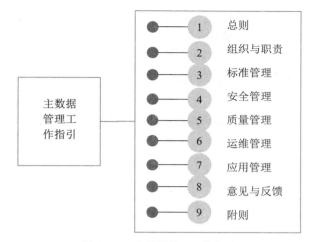

图 19-14　主数据管理工作指引

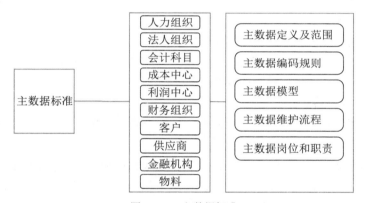

图 19-15　主数据标准

19.4.4　建设主数据平台

项目组完成了主数据管理平台的部署实施，通过 WebService 总线集成实现了与人力系统、财务核算系统、费控系统、资金系统、采购系统、客户管理系统、投资系统、ERP 系统、风险管理系统、业务单元主数据系统、零售核心系统等十二类三十多套应用系统的深度对接。

（1）主数据系统功能框架

公司主数据平台（如图 19-16 所示）具备以下功能。

1）平台管理

平台主要负责主数据管理平台的权限、角色管理、流程配置以及相关系统参数配置。

权限管理：对于每个角色授权其是否可操作哪些流程或者特定动作。

角色管理：基于组织和部门进行主数据平台系统中角色的配置。

系统监控：主数据平台系统运行情况监控。

参数管理：系统参数调整与配置，用于系统管理员系统运维。

流程配置：基于角色进行流程的灵活配置。

2）工作流程审批

这指的是负责主数据编码申请提报、审批、下达、分发的流程，与业务单元各业务系统深度集成。

批量载入：将需要在主数据端维护或需要在主数据端线下初始化的客户、供应商、金融机构、物料等的主数据批量加载到主数据平台，可用于初期初始化。

下达、分发：对主数据平台中的数据进行定向或者广播式的发布。

3）数据质量管理

通过数据标准化、搜索匹配、自动生成或验证等功能，提高数据质量。

搜索匹配、去重：定义全局匹配规则，并通过自动规则匹配进行数据的识别去重。

有效性校验：值域字段值校验数据有效性。

必输校验：绝对必输或条件必输字段无值则无法通过校验，使用外部第三方数据，对企业客户和供应商进行数据质量校验。

4）主数据存储

这主要指存储主数据管理平台中的主数据、编码、标准、元数据及相关数据的质量报告数据。

主数据定义：定义主数据管理实体，可通过灵活的配置对主数据域的属性名称、属性类型（如 Varchar、Date、Number 等）、是否必输、属性间的逻辑校验、属性是自由录入还是值集选择等进行管理。

元数据管理：可自由对基础数据属性进行值域定义，并提供相关接口支持从其他系统中同步基础数据，或者将基础数据同步给其他业务系统。

5）主数据分发

主数据分发包括主数据平台内的数据访问、搜索，以及主数据平台与其他业务系统的发布接口等。

数据访问、搜索：对于具有访问权限的用户，可访问或搜索主数据平台中的相关数据，支持多条件组合搜索及自定义搜索。

数据发布：通过标准的服务接口规范，主数据平台可与业务单元的业务系统进行交互。

（2）主数据集成

建立了元数据和数据交换标准，为相关系统的集成和应用提供支撑。主数据系统接口方案包括系统接口类型、接口动作、推拉方式和同步方式四部分内容，旨在描述未来公司主数据管理平台与对接系统集成时的相关系统性或技术性。

1）接口类型

公司 MDM 与业务系统涉及的所有接口基于 SOAP 协议，采用 WebService 方式，与 SAP 系统间采用 Proxy 适配器，由被调用者提供 WebService 服务，经 WebService 总线进行数据交互。

2）接口动作

公司 MDM 接口动作只区分针对公司 MDM 导入接口（数据新增、修改与删除均调用此接口，由公司 MDM 内部逻辑判定具体动作，下游同理），交互报文通信格式要求一致。如出现格式解析等问题，由双方负责修改调整。

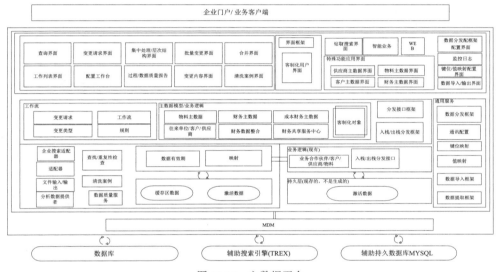

图 19-16　主数据平台

3）推拉方式

针对公司 MDM 接收数据接口，上游系统主动推送变更数据到公司 MDM 系统；针对公司 MDM 分发数据接口，下游系统主动拉取公司 MDM 激活版本数据；金融机构、物料主数据由主数据系统主动将已激活的数据推送至公司财务系统。

4）同步方式

涉及的所有接口中，若无实时性要求可采用异步交互方式，若有实时性要求（如验证、操作控制等）则采用同步交互方式。

本项目对公司主数据采用 IT 界通行的统一建模语言进行描述，不仅适用于业务单元管理全流程，而且方便 IT 系统之间数据的联通与开发，在业务管理与系统实现之间搭建了一座桥梁，让过去蜘蛛网状的数据集成模式变得清晰。

19.4.5　实施成效分析

（1）降低数据维护成本

项目为公司主数据系统日常维护提供了内部沟通捷径，强化了专业技术支持力度，减少了手工维护主数据时会出现的错误。通过整合的主数据管理，减少了数据冗余成本。定义清晰的主数据接口，以减少应用、开发及维护成本。

（2）提升数据质量

项目通过建设主数据管理系统，在公司内部统一"度量衡"，确保标准化管理规范的执行。通过严格数据校验和数据标准提升企业核心数据质量，通过主数据集成管理，杜绝企业内冗余或不一致的主数据处理。

（3）提高了客商管控能力和防风险水平

通过收集、整理主数据，并引入外部数据核对，有利于资源的有效利用和整体风险的控制。主数据行业专家审批把关，保证编码的规范化和标准化，强化了"合格供应商管理准入制度"的推行，提高了客户管控能力和防风险水平，而且极大提高了需求、采购和供应商之间的沟通效率。

（4）人才队伍培养

通过项目为公司培养出一支数据标准化管理团队，并建立数据标准化管理组织，完善数据管理激励机制，促进数据管理工作稳步开展。

19.5　经验总结

通过公司主数据项目实现了主数据全生命周期的统一规范管理、统一分发和集成共享，满足了公司对主数据管理以及精细管理的需求，保证了主数据的准确性、唯一性、一致性和完整性，全面提升了数据质量，加速统一企业级数据模型，优化企业业务流程，全面提升业务的响应速度，为下一步构建数据中台和全面提升数据治理和数据服务水平，实现数字化管控提供有力支撑。

19.5.1　公司领导高度重视是项目成功的关键

主数据标准体系建设是一次自上而下的系统工程，需要得到高层领导的重视并由高层领导牵头。公司首席信息官亲自挂帅负责，公司各业务部门总经理以及业务单元分管领导亲自督导，积极参与项目建设，从调研、立项到招标和实施的各个关键节点，在人力、资金等方面给予大力支持。

19.5.2　强有力的组织是项目成功的保证

项目初始就建立了矩阵式的项目管理小组，将涉及的相关部门主要领导纳入主数据项目组织，并选择合适的关键用户。在此过程中，根据公司相关主管部门的职责，要求主要领导要对本部门涉及的主数据审核把关，明确每类主数据的牵头部门，如财务类主数据由财务部牵头，人员和组织机构类主数据由人力资源部牵头，客户主数据由客户管理部门牵头，供应商主数据由采购部门牵头。

在项目的实施过程中，咨询公司项目经理负责制订项目的计划，预测风险，组织会议向项目组全体成员汇报，并形成会议纪要跟进待办事项；定期组织项目高层汇报会，向公司和相关公司高层汇报项目进展，包括每周组织项目例会汇报项目进展、工作任务安排、项目问题和风险；组织阶段性评审，达到关键节点对阶段性成果进行正式评审，例如蓝图方案评审、设计方案评审、系统集成上线方案评审、试运行验收评审、系统竣工终验评审。

19.5.3　制订科学的系统切换方案是项目上线的关键

主数据系统按照进度在测试系统和正式系统进行了反复的模拟测试和冒烟测试。项目组制订了详细的上线计划，经过反复评审，确保上线的每项工作有责任人，有完成时间节点，做到事事有跟进，并按照业务单元分步骤试点、逐步上线的策略，稳步有序切换实施系统。

19.5.4　严格执行主数据标准是主数据质量提升的前提

公司各业务系统存在一定的点对点数据交换，数据编码多样且有较多历史数据情况。主数据建设项目启动后，所有已建及在建的应用系统必须通过代码映射或者系统改造严格执行主数据标准，完善数据质量。新建或在建系统将数据标准的落地执行作为方案评审、系统验收的重要条件，项目责任部门需要确保标准落到实处。

综上所述，主数据标准化建设是一项循序渐进、持续优化的基础工作。虽然数据标准化不能直接创造经济收益，但是通过数据标准的梳理，对数据进行深层次的挖掘和分析，可以及时找出各项管理工作中的差距和不足，为公司决策和"业财一体化"管理提供全面、实时、准确、可靠的基础数据。公司开展主数据标准体系建设是对传统信息化模式的一场变革，是"数字化转型"战略的重要里程碑，是先进管理理念与企业经营相融合的数字化创新。

参考文献

[1] Scott W. Ambler. Agile Database Techniques: Effective Strategies for the Agile Software Developer. John

[2] Wiley and Sons, 2003. Print.

[3] David E. Avison and Christine Cuthbertson. A Management Approach to Database Applications.

[4] McGraw-Hill Publishing Co. 2002. Print. Information systems series.

[5] Michael Blaha. UML Database Modeling Workbook. Technics Publications, LLC, 2013. Print.

[6] Michael H. Brackett. Data Resource Design: Reality Beyond Illusion. Technics Publications, LLC, 2014. Print.

[7] Michael H. Brackett. Data Resource Integration: Understanding and Resolving a Disparate Data

[8] Resource. Technics Publications, LLC, 2014. Print.

[9] Michael H. Brackett. Data Resource Simplexity: How Organizations Choose Data Resource Success or Failure. Technics Publications, LLC, 2014. Print.

[10] Thomas A. Bruce. Designing Quality Databases with IDEF1X Information Models. Dorset House, 1991. Print.

[11] Larry Burns. Building the Agile Database: How to Build a Successful Application Using Agile Without Sacrificing Data Management. Technics Publications, LLC, 2011. Print.

[12] John Carlis and Joseph Maguire. Mastering Data Modeling: A User-Driven Approach. Addison-Wesley Professional, 2000. Print.

[13] Edward F. Codd. A Relational Model of Data for Large Shared Data Banks. Communications of the ACM, Volume 13, Issue 6, June 1970. p377-387.

[14] DAMA International. The DAMA Dictionary of Data Management. 2nd Edition: Over 2,000 Terms Defined for IT and Business Professionals. 2nd ed. Technics Publications, LLC, 2011. Print.

[15] Norman Daoust. UML Requirements Modeling for Business Analysts: Steps to Modeling Success. Technics Publications, LLC, 2013. Print.

[16] C. J. Date An Introduction to Database Systems. 8th ed. Pearson, 2003. Print.

[17] C. J. Date and Hugh Darwen. Databases, Types and the Relational Model. 3rd ed. Addison-Wesley, 2006. Print.

[18] C. J. Date. The Relational Database Dictionary: A Comprehensive Glossary of Relational Terms and Concepts, with Illustrative Examples. O'Reilly Media, 2006. Print.

[19] Paul Dorsey. Enterprise Data Modeling Using UML. McGraw-Hill Osborne Media, 2009. Print.

[20] Håkan Edvinsson and Lottie Aderinne. Enterprise Architecture Made Simple: Using the Ready, Set, Go Approach to Achieving Information Centricity. Technics Publications, LLC, 2013. Print.

[21] Barbara Fleming, Candace C. and Von Halle. Handbook of Relational Database Design. 12th ed. Addison-Wesley Publishing Company, 1989. Print.

[22] John Giles. The Nimble Elephant: Agile Delivery of Data Models using a Pattern-based Approach. Technics Publications, LLC, 2012. Print.

[23] Charles Golden. Data Modeling 152 Success Secrets - 152 Most Asked Questions On Data Modeling - What You Need to Know. Emereo Publishing, 2014. Print. Success Secrets.

[24] Terry Halpin, Ken Evans, Patrick Hallock, and Bill MacLean. Database Modeling with Microsoft Visio for Enterprise Architects. Morgan Kaufmann, 2003. Print. The Morgan Kaufmann Series in Data Management Systems.

[25] Terry Halpin. Information Modeling and Relational Databases. Morgan Kaufmann, 2001. Print. The Morgan Kaufmann Series in Data Management Systems.

[26] Jan L. Harrington. Relational Database Design Clearly Explained. 2nd ed. Morgan Kaufmann, 2002. Print. The Morgan Kaufmann Series in Data Management Systems.

[27] David C. Hay. Data Model Patterns: A Metadata Map. Morgan Kaufmann, 2006. Print. The Morgan Kaufmann Series in Data Management Systems.

[28] David C. Hay. Enterprise Model Patterns: Describing the World（UML Version）. Technics Publications, LLC, 2011. Print.

[29] David C. Hay. Requirements Analysis: From Business Views to Architecture. Prentice Hall, 2002. Print.

[30] David C. Hay. UML and Data Modeling: A Reconciliation. Technics Publications, LLC, 2015. Print.

[31] Michael J. Hernandez. Database Design for Mere Mortals: A Hands-On Guide to Relational Database Design. 2nd ed. Addison-Wesley Professional, 2003. Print.

[32] Steve Hoberman, Donna Burbank, Christopher Bradley, et al. Data Modeling for the Business: A Handbook for Aligning the Business with IT using High-Level Data Models. Technics Publications, LLC, 2009. Print. Take It with You Guides.

[33] Steve Hoberman. Data Model Scorecard: Applying the Industry standard on Data. Technics Publications, LLC, 2015. Print.

[34] Steve Hoberman. Data Modeling Made Simple with ER/Studio Data Architect: Adapting to Agile Data Modeling in aBi Data world. Technics Publications, LLC, 2015. Print.

[35] Steve Hoberman. Data Modeling Master Class Training Manual. 7th ed. Technics Publications, LLC, 2017. Print.

[36] Steve Hoberman. The Data Modeler's Workbench: Tools and Techniques for Analysis and Design. Wiley, 2001. Print.

[37] Jeffrey A. Hoffer, Joey F. George, and Joseph S. Valacich. Modern Systems Analysis and Design. 7th ed. Prentice Hall, 2013. Print.

[38] IIBA and Kevin Brennan, ed. A Guide to the Business Analysis Body of Knowledge（Babok Guide）. 2nd ed. International Institute of Business Analysis, 2009. Print.

[39] William Kent. Data and Reality: A Timeless Perspective on Perceiving and Managing Information in Our Imprecise World. 3rd ed. Technics Publications, LLC, 2012. Print.

[40] John Krogstie, Terry Halpin, and Keng Siau, eds. Information Modeling Methods and Methodologies: Advanced Topics in Database Research. Idea Group Publishing, 2004. Print. Advanced Topics in Database Research.

[41] Dan Linstedt, Kent Graziano. Super Charge Your Data Warehouse: Invaluable Data Modeling Rules to Implement

[42] Your Data Vault. Amazon Digital Services. 2012. Data Warehouse Architecture Book 1.

[43] Robert J. Muller. Database Design for Smarties: Using UML for Data Modeling. Morgan Kaufmann,

1999. Print. The Morgan Kaufmann Series in Data Management Systems.

[44] Doug Needham. Data Structure Graphs: The structure of your data has meaning. Doug Needham Amazon Digital Services, 2015. Kindle.

[45] Judith J. Newton and Daniel C. Wahl, eds. Manual for Data Administration. NIST Special Publications, 1993. Print.

[46] Fabian Pascal. Practical Issues in Database Management: A Reference for The Thinking Practitioner. Addison-Wesley Professional, 2000. Print.

[47] Michael C. Reingruber. and William W. Gregory. The Data Modeling Handbook: A Best-Practice Approach to Building Quality Data Models. Wiley, 1994. Print.

[48] Rebecca M. Riordan. Designing Effective Database Systems. Addison-Wesley Professional, 2005. Print.

[49] Peter Rob and Carlos Coronel. Database Systems: Design, Implementation, and Management. 7th ed. Cengage Learning, 2006. Print.

[50] Bob Schmidt. Data Modeling for Information Professionals. Prentice Hall, 1998. Print.

[51] Len Silverston and Paul Agnew. The Data Model Resource Book, Volume 3: Universal Patterns for Data Modeling. Wiley, 2011. Print.

[52] Len Silverston. The Data Model Resource Book, Volume 1: A Library of Universal Data Models for All Enterprises. Rev. ed. Wiley, 2001. Print.

[53] Len Silverston. The Data Model Resource Book, Volume 2: A Library of Data Models for Speciffic Industries. Rev. ed. Wiley, 2001. Print.

[54] Graeme Simsion and Graham C. Witt. Data Modeling Essentials. 3rd ed. Morgan Kaufmann, 2004. Print.

[55] Graeme Simsion. Data Modeling: Theory and Practice. Technics Publications, LLC, 2007. Print.

[56] Toby J. Teorey, et al. Database Modeling and Design: Logical Design, 4th ed. Morgan Kaufmann, 2006. Print. The Morgan Kaufmann Series in Data Management Systems.

[57] Richard T. Watson. Data Management: Databases and Organizations. 5th ed. Wiley, 2005. Print.

[58] 霍伯曼. 数据建模经典教程[M].2版, 北京: 人民邮电出版社, 2020.

[59] DAMA国际. DAMA数据管理知识体系指南[M].2版, 北京: 机械工业出版社, 2020.